高等院校会计与财务管理系列教材
上海市第三期本科教育高地建设项目

财务管理学

（第二版）

刘锦辉　任海峙　主编

上海财经大学出版社

图书在版编目(CIP)数据

财务管理学/刘锦辉，任海峙主编．—2版．—上海：上海财经大学出版社，2010．10
(高等院校会计与财务管理系列教材)
ISBN 978-7-5642-0887-5/F·0887

Ⅰ．①财… Ⅱ．①刘… ②任… Ⅲ．①财务管理-高等学校-教材
Ⅳ．①F275

中国版本图书馆 CIP 数据核字(2010)第 193466 号

□ 责任编辑　王　芳
□ 封面设计　周卫民

CAIWU GUANLIXUE
财 务 管 理 学
(第二版)

刘锦辉　任海峙　主编

上海财经大学出版社出版发行
(上海市武东路 321 号乙　邮编 200434)
网　　址：http://www.sufep.com
电子邮箱：webmaster @ sufep.com
全国新华书店经销
上海华教印务有限公司印刷
上海远大印务发展有限公司装订
2010 年 10 月第 2 版　2013 年 1 月第 4 次印刷

787mm×960mm　1/16　21.75 印张　449 千字
(习题集 10.5 印张　217 千字)
印数：20 001—24 000　定价：39.00 元

前　言

“财务管理学”是高等院校经济管理类各专业的一门必修课程。随着我国资本市场的发展，以及经济转型下现代企业制度的不断完善，企业的财务活动呈现出开放性、创新性的特征，如何提高财务管理水平，科学地制定和执行投融资决策程序，有效规避风险，已成为我国企业的重要课题。这就迫切要求我们必须系统地学习财务管理的基本理论、方法与技能，熟悉财务管理的主要环节，有效指导实践，同时这也对高等院校经济管理类各专业财务管理的教学提出了更高、更新的要求。基于上述认识，在系统地研究应用型本科教育的特点，总结多年教学、科研与实践经验的基础上，我们编写了这本教材。

本书从企业资本运作的角度，对财务管理基础理论、基本方法及其应用进行了系统阐述，全面介绍企业资金的筹集、投放、运用和分配管理，以及财务预算和财务控制等基本内容，并对企业并购中的财务战略做了专题介绍。本书立足于我国企业财务管理实际，将理论与实践结合，具有较高的应用性和可操作性；在内容结构上，在保证学科体系完整性的前提下，增加了一些可灵活选读的章节；每章设“学习目标”和“复习思考题”，有利于学生掌握所学知识、提高思考与分析问题的能力。

本书既可作为高等院校经济管理类各专业的教学用书，亦可作为财会及其他经济管理人员阅读参考之用。

本书由上海金融学院多年从事财务管理研究与教学工作的七位教师共同编写。刘锦辉、任海峙任主编，负责全书设计、拟订编写大纲、统稿定稿，并分别编写第二章、第五章、第十一章和第三章、第四章、第七章。其他五位教师编写内容：袁树民第一章、第十二章，单惟婷第八章，刘莹第六章，蒋小敏第九章，胡娅梅第十章。

为了帮助学生进一步理解和掌握本教材的内容，我们编写出版了配套的《财务管理学》练习册，配备了题型多样的练习题及其参考答案。

在本书编写过程中，我们参考了国内外的优秀教材和文献，在此谨向有关作者和出版单位表示最诚挚的感谢。我们还要特别感谢对于本书的出版高度重视并给予大力帮助的上海财经大学出版社。

本书编写中融入了我们多年教学与研究的体会，务求有益于学生对财务管理知识的学习与理解，但由于作者水平与能力限制，可能没能完全实现设计时的初衷，书中难免有问题和不妥之处，敬请同行专家与读者批评并提出宝贵意见，以便我们不断修改完善。

编　者

2010年9月

目　录

第一章

财务管理总论

【学习目标】

通过本章学习，要求掌握下列内容：

- 企业的财务活动和财务关系
- 财务管理的主要内容和环节
- 财务管理目标的基本观点及其优缺点
- 财务管理的原则和环境

第一节　财务管理概述

一、财务管理的产生与发展

(一)财务管理的产生

财务管理作为企业的一项独立经济活动，是伴随公司制的产生和发展而逐渐形成的。

财务管理的萌芽可追溯到15、16世纪，当时地中海沿岸一带的城市商业得到了迅猛的发展，在某些城市中出现了以商人、王公大臣乃至一般市民为股东主体的城市商业组织。这种股份组织，一般都由官方设立并监督其业务，股份不能够随意转让，但投资者可以收回投资，国外有些学者称其为“原始的股份形式”。商业股份经济的发展，要求企业做好筹集资金、股利分配和股利回收等工作。只是当时这些活动尚未从商业经营中分离出来且具备独立的财务管理职能，因此可视为财务管理的萌芽。

现代财务管理学产生于19世纪末的西方发达资本主义国家。17～18世纪，随着资本的原始积累和生产规模的扩大，股份公司逐渐发展成为一种典型的企业组织。尤其是19世纪50年代以后，随着西方国家产业革命的完成、制造业的迅速崛起，股份公司已占国民经济的主导地位，企业的规模越来越大，生产经营所需资金显著增多，财务关系日益复杂。同时,金融市场兴旺,企业发行股票、债券等筹资活动十分频繁,财务管理工作日益繁重,迫使各公司纷纷设立专门的财务管理机构和配备专门的财务管理人员,使财务管理从企业管理中分离,形成一项独立的专门工作。财务管理实践的发展,促使财务管理的理论和方法逐渐成形。1897 年,美国著名经济学家格林出版了《公司财务》专著,标志着财务管理学科的初步形成。

(二)财务管理的发展

20 世纪以来,财务管理职能的发展和财务管理理论的逐步成熟主要经历了以下几个阶段。

第一阶段,以筹资为重心的管理阶段。20 世纪初期,随着经济和科学技术的发展,新行业大量涌现,企业迅速发展壮大,竞争更加激烈。为了扩大规模,拓展经营领域,企业需要筹措大量资本。这一阶段财务管理是以筹资为重心的管理阶段,如何做好筹资工作,合理预计公司资金需要量和筹集公司所需要的资金,尽量降低资本成本,是这一时期财务管理的重要职能。

第二阶段,以内部控制为重心的管理阶段。20 世纪 30 年代爆发了世界性的经济危机,造成大量公司因严重亏损、资产变现能力差等而倒闭,财务管理的重点不得不转到维持公司生存上来。西方各国政府为维护投资人的利益,加强了对证券市场的监管,如美国政府分别于 1933 年和 1934 年颁布了证券法和证券交易法,要求公司公布财务信息。政府监管的加强客观上要求公司把财务管理的重心转向内部控制。同时,对企业来说,要尽快走出经济危机的困境,如何以低价优质的产品占领市场求得企业生存,内部控制也显得十分必要。在这种背景下,财务管理逐渐转到以内部控制为重心的管理阶段。这一阶段财务管理更注重合理运用企业拥有或控制的经济资源,加强财务分析和规划,提高资本的使用效益。

第三阶段,以投资管理为重心的管理阶段。第二次世界大战以后,企业规模越来越大,生产经营日趋复杂,再加上国际大资本和跨国公司的形成,通货膨胀和市场竞争的加剧,使得企业的生存和发展不仅取决于筹资和内部控制,更重要的还取决于投资管理,投资管理越来越受到重视,投资决策在公司财务管理中逐渐取得主导地位。于是,财务管理的重心由内部控制转向投资管理。这一阶段财务管理强调投资决策程序科学化,并逐步建立科学的风险投资决策理论和方法,为正确进行风险投资决策提供了科学的依据。

第四阶段,以资本运作为重心的综合管理阶段。20 世纪 80 年代以后,随着市场经济和经济全球化的发展,特别是资本市场的不断发展,企业集团化与国际经营已经成为必然趋势,财务活动和财务关系日益复杂,财务管理开始朝着综合性管理的方向发展。这一时期,财务管理的特点是以资本运作为重心的综合管理。其主要表现是:(1)财务管理被视为企业管理的中心,资本运作被视为财务管理的中心,财务管理广泛关注以资本运作为重心的资本筹集、资本运用和资本收益分配，追求资本收益的最大化；(2)财务管理方式综合化，预测、决策、计划、控制、分析和评价等在实践中得以综合应用；(3)财务管理的视野不断拓展，新的财务管理领域不断出现，如通货膨胀财务问题、跨国经营的国际财务问题、企业并购财务问题、网络财务问题等；(4)财务管理的定性和定量方法不断得到创新，计算模型在财务管理中的运用变得越来越普遍；(5)计算机的应用促进了财务管理手段的重大变革，极大地提高了财务管理的效率。

我国财务管理理论与实践同样也有一个逐步演变的过程。新中国成立后，企业财务管理的发展大致经历了以下三个阶段。

第一阶段，从 20 世纪 50 年代初到 70 年代后期。这一时期国家对企业实行统收统支的财务体制，企业财务管理明显具有很强的政府干预色彩。由于受财务体制限制，财务管理的职能没有得到应有的发挥。

第二阶段，从 20 世纪 70 年代末到 90 年代初。这一时期企业的所有权与经营权已实现适当分离，但并没有实现真正的自主经营、自负盈亏，资金的筹集和使用不能由企业自主决定，加之企业产权关系不清、分配关系不顺，企业财务管理仍处于初级阶段。

第三阶段，从 20 世纪 90 年代起到现在。随着我国市场经济和资本市场的不断发展和日益完善，财务管理在企业管理中的地位越来越重要，必将引起财务管理思想、管理理论和管理方法的重大变革，这些变革为财务管理注入新的思想和活力，不断拓展和延伸财务管理的职能，使财务管理朝着现代化方向迈进。

二、财务管理的内容

在商品经济条件下，社会产品是使用价值和价值的统一体。企业生产经营过程不仅生产使用价值，还要生产价值；不仅生产价值，还要生产剩余价值，是劳动过程与价值增值过程的统一。在这个过程中，实物商品或服务在不断地变化，其价值形态也在不断地变化，由一种形态变为另一种形态，即由货币资本 G 出发，变换为生产资本、商品资本，进而转换为货币资本 G'，使价值得到了增值。这样，周而复始、连续不断地循环，形成了资本运动。企业的资金运动，构成企业生产经营活动的一个独立方面，具有自己的运动规律，这就是企业的财务活动。企业财务活动中所体现的与有关方面的经济利益关系，形成了企业的财务关系。

财务管理是企业组织财务活动、处理财务关系的一项综合性经济管理工作。

(一)财务活动

1. 筹资活动

筹资活动是指企业为满足投资和资金营运的需要，筹措和集中所需资金的行为。在筹集资金的过程中，一方面企业要根据战略发展需要和投资计划来确定筹资的总规模，以保证投资所需要的资金；另一方面要通过正确选择筹资渠道、筹资方式或工具，合理确定资本结构，降低筹资成本和筹资风险，提高企业价值。

企业通过筹资可以形成两种不同性质的资金来源：一是企业权益资金，可以通过向投资者吸收直接投资、发行股票、公司留存收益等所有权融资方式取得；二是企业负债资金，可以通过从银行借款、发行债券、利用商业信用等负债融资方式取得。

这种因企业筹资而引起的财务活动，构成了企业的筹资活动。

2. 投资活动

投资是指企业资金的投放和使用，是企业预先投入一定数额的资本，以便获得预期经济利益的财务行为。在投资过程中，企业必须分析影响投资决策的各种因素，进行科学细致的可行性研究。重点考虑投资规模（即为确保获取最佳投资效益，企业应投入的资金数额）；同时通过投资方向和投资方式的选择来确定合适的投资结构；权衡投资的风险和报酬，以较低的投资风险，获取较多的投资收益。

企业投资可以分为广义投资和狭义投资两种。广义投资包括内部使用资金（如购置固定资产、无形资产、流动资产等）和对外投资（包括投资购买其他公司股票、债券、基金等金融性资产，或与其他企业联营，或投资于外部项目）。狭义投资仅指对外投资。

这种因企业投资而引起的财务活动，构成了企业的投资活动。

3. 资金营运活动

企业在日常生产经营活动中，会发生一系列的资金收付行为。首先，企业需要采购材料或商品，从事生产和销售活动，同时，还要支付工资和其他营业费用；其次，当企业把商品或产品售出后，便可取得收入、收回资金；最后，如果资金不能满足企业经营需要，还要采取短期借款方式来筹集所需资金。为满足企业日常营业活动的需要而垫支的资金，称为营运资金。因企业日常经营而引起的财务活动，也称为资金营运活动。

在一定时期内，营运资金周转速度越快，资本的利用效率就越高，企业就可获取更多的收入，获得更好的经济效益。为此，企业需要确定营运资金的持有政策、合理的营运资金融资政策以及合理的营运资金管理策略，包括：现金和交易性金融资产持有计划的确定；应收账款的信用标准、信用条件和收账政策的确定；存货周期、存货数量、订货计划的制定；短期借款计划、商业信用筹资计划的确定等。

4. 资金分配活动

企业通过投资和资金的营运活动可以取得相应的收入，实现资本的保值增值。分配活动是对资本运用获取成果的分配，是企业一次资本运动的终点，又是下一次资本运动的起点，起着两次资本运动之间的联结作用，是企业资本不断循环周转的重要条件。

资本收益分配是多层次的。企业取得的各种收入在补偿成本、缴纳税金后，还应依据有关法律对剩余收益进行分配。广义的分配是指对企业所取得的各种收入进行分割和分派的行为，狭义的分配仅指对净利润的分配。

分配活动涉及各经济主体的利益，影响着企业的价值。因此，企业需要依据法律的有关规定，合理确定分配规模和分配方式，提高企业潜在的收益能力，有利于企业长期发展战略的实施。

上述财务活动的四个方面，是相互联系、相互依存的，它们构成了财务管理的基本内容：企业筹资管理、企业投资管理、营运资金管理、利润分配管理。

（二）财务关系

企业在筹资、投资、资金运营和资金分配等财务活动中，与企业各方面有着广泛的财务关系。这些财务关系主要表现在以下几个方面。

1. 企业与投资者之间的财务关系

这主要是指企业投资者按约定向企业投入资金，企业向投资者分配投资报酬和剩余财产所形成的经济关系。企业的投资人主要有国家、法人单位、个人和外商等。公司与投资者之间的财务关系，体现了所有权的性质，反映了所有权和经营权的关系。

2. 企业与债权人之间的财务关系

这主要是指企业向债权人借入资金，并根据合同规定按时支付利息和归还本金所形成的经济关系。企业除利用资本金进行经营活动外，还要借入一定数量的外部资金，以便扩大公司经营规模，降低资金成本。公司的债权人主要有金融机构、公司、个人等。企业与债权人的财务关系体现的是债务与债权的关系。

3. 企业与受资者之间的财务关系

这主要是指企业将其资金以购买股票或直接投资的形式向其他公司投资所形成的经济关系。随着市场经济的不断深入发展，公司经营规模和经营范围的不断扩大，这种关系将会越来越广泛。企业与受资者的财务关系体现的是所有权性质的投资与受资的关系。

4. 企业与债务人之间的财务关系

这主要是指企业将其资金以购买债券、提供借款或商业信用等形式借给其他单位所形成的经济关系。企业将资金借出后，有权要求债务人按约定的条件支付利息、归还本金和偿付货款。企业同债务人的关系体现的是债权与债务关系。

5. 企业与供货商、客户之间的财务关系

这主要是指企业购买供货商的商品或接受其服务，以及企业向客户销售商品或提供服务过程中形成的经济关系。

6. 企业与政府之间的财务关系

这是指政府作为行政管理者，通过收缴各种税款的方式与企业形成的经济关系。

7. 企业内部各单位之间的财务关系

这主要是指企业内部各单位之间在生产经营各环节中相互提供产品或劳务所形成的

经济关系。企业在实行内部经济核算的条件下，供、产、销各部门以及各生产单位之间，相互提供劳务和产品要进行计价核算。这种在企业内部形成的资金结算关系，体现了企业内部各单位之间的利益均衡关系。

8. 企业与职工之间的财务关系

这主要是指公司在向职工支付劳动报酬过程中所形成的经济关系。职工是企业的劳动者，企业根据劳动者提供的劳动情况向职工支付劳动报酬，并提供公益设施等，这种企业与职工的财务关系体现的是职工个人和集体在劳动成果上的分配关系。

三、财务管理的环节

财务管理环节是指财务管理的工作步骤与一般工作程序。一般来说，财务管理的基本环节具体包括财务预测、财务决策、财务预算、财务控制和财务分析，这些环节构成了完整的财务管理工作体系。

(一)财务预测

财务预测是指根据企业财务战略目标和规划，利用企业财务活动的历史资料，结合现实条件与要求，对企业未来财务活动的发展趋势做出科学的预计和测量。财务预测是进行财务决策的基础，也是编制财务预算的前提。

财务预测的内容涉及企业资本运作的全过程，一般包括流动资产需要量的预测、固定资产需要量的预测、成本费用预测、销售收入预测、利润总额与分配预测，以及有关长短期投资预测等。财务预测的程序是：明确预测目标、收集整理资料、建立预测模型、论证预测结果。

财务预测的方法包括定性预测方法和定量预测方法两大类。定性预测方法是由熟悉情况和业务的专职人员，根据过去的经验和专业知识，各自进行分析、判断，提出初步预测意见，然后通过一定的形式(如座谈会、讨论会、咨询调查、征求意见等)进行综合，作为预测未来的依据。定量预测方法主要依据历史和现实的资料，建立数学模型，进行定量预测。常见的财务预测模型有因果关系预测模型、时间序列预测模型、回归分析预测模型等。以上两类预测方法并不是相互排斥的，为提高预测的质量，应当将两者结合起来使用。

(二)财务决策

财务决策是指财务人员根据财务战略目标的总体要求，运用专门的方法从各种备选方案中选择最佳方案的过程。财务决策是财务管理的核心，是在财务预测的基础上进行的。财务决策实质上是财务目标和实施方案的选优过程，成功与否直接关系到企业的兴衰成败。

财务决策的内容非常广泛，主要包括投资决策、资产管理决策、筹资决策和股利决策等。在企业的主要财务决策中,投资决策是最主要的。财务决策的基本程序是:确定决策目标、提出实施方案、评价选择方案。

财务决策的方法主要有两类:一类是经验判断法,这是根据决策者的经验来判断选择的,常用的方法有淘汰法、排队法、归类法等;另一类是定量分析法,是应用决策论的定量方法进行方案的确定、评价和选择,常用的方法有数学分析法、数学规划法、概率决策法、优选对比法以及综合平衡法等。

(三)财务预算

财务预算是指企业根据各种预测信息和各项财务决策确立的预算指标和编制的财务计划。

企业在制定了财务目标、财务规划后,首先要在全企业内部建立财务预算体系,并根据各种预测信息和各项财务决策确立财务预算的指标和编制财务计划,预算体系的建立和财务预算的编制是实现企业财务目标乃至实现企业整体战略目标的出发点和基础。财务预算就是企业财务战略规划的具体计划,是控制财务活动的依据。

财务预算一般包括以下环节:分析财务环境,确定预算指标;协调财务能力,组织综合平衡;选择预算方法,编制财务预算。

(四)财务控制

财务控制就是对预算和计划的执行进行追踪监督、对执行过程中出现的问题进行调整和修正,确保企业全面实现财务计划目标的过程。

在控制过程中,由于企业各个部门的运作及预算的执行都会最终以价值的形式体现出来,都会对企业的资金运动产生影响,这就需要协调企业各部门的关系,发动和激励企业全体员工参与全面预算的落实和执行,以使得企业的经营能高效运转,实现价值增值。此外,还要协调好与企业外部各方面的关系,并充分利用各方面的资源,为企业谋取更大的利益。另一方面,为保证对各部门财务预算的执行情况进行有效的监督和控制,需要设计适当合理的财务控制制度以监控预算的执行,同时保证这种财务控制制度符合企业整体对内部控制制度的要求。

更为重要的是,要对财务活动的各个环节进行风险控制和管理,以保证目标和预算的执行。风险控制和管理就是要预测风险发生的可能性,尽可能地提出预警方案,确定和甄别风险,采取有效措施规避、化解风险或减少风险所带来的危害,等等。

财务控制的程序:确定控制目标,建立控制系统,信息传递与反馈,纠正实际偏差。

(五)财务分析

财务分析是以企业财务报表等有关资料为主要依据,运用专门的方法,对企业财务活动过程及其结果进行分析、解释和评价的一项专门工作。财务分析是评价和衡量企业、部门以及各级管理人员经营业绩的重要依据,是挖掘潜力、改进工作、实现财务管理目标和企业战略的重要手段,也是投资者、债权人、管理者以及其他信息使用者做出正确经济决策的重要依据。

财务分析的内容主要包括:分析偿债能力,分析营运能力,分析盈利能力,分析综合财务能力。财务分析主要包括以下步骤:占有资料,掌握信息;指标对比,解决矛盾;分析原因,明确责任;提出措施,改进工作。财务分析常用的方法主要有对比分析法、因素分析法、趋势分析法和比率分析法。

第二节 财务管理的目标

一、财务管理目标的含义和种类

财务管理目标是企业财务管理活动所希望实现的结果,它是评价企业财务活动是否合理有效的基本标准,是财务管理工作的行为导向,是财务工作实践的出发点和归宿。财务管理目标制约着财务工作的基本特征和发展方向,不同的财务管理目标,会产生不同的财务管理运行机制。因此,科学地设计财务管理目标,对优化理财行为、实现财务管理的良性循环具有重要意义。

财务管理的目标,取决于企业的总目标,并且受财务管理自身特点的制约。因此,财务管理目标的设置,必须要与企业整体发展战略相一致,符合企业长期发展战略需要。

财务管理目标有以下几种具有代表性的观点。

(一)利润最大化目标

利润最大化目标就是假定在投资预期收益确定的情况下,财务管理行为将朝着有利于企业利润最大化的方向发展。以追逐利润最大化作为财务管理的目标,理由有三个:(1)利润可以直接反映企业创造剩余产品的多少。人类进行生产经营活动的目的是为了创造更多的剩余产品,在商品经济条件下,剩余产品的多少可用利润这个价值指标来衡量。(2)利润是企业补充资本、扩大经营规模的源泉。在自由竞争的资本市场中,资本的使用权最终属于获利最多的企业。(3)利润在一定程度上反映了企业经济效益的好坏和对社会贡献的大小。每个企业都最大限度地获取利润,整个社会的财富才可能实现最大化,从而带来社会的进步和发展。因此,以利润最大化作为财务管理的目标有其科学合理的成分。

利润最大化目标在实践中存在如下问题:(1)没有考虑资金时间价值,这里的利润是指企业一定时期实现的税后净利润,没有考虑利润实现的时间;(2)没有考虑风险因素,高额利润往往要承担过大的风险,一旦过多的累积风险暴发,可能给企业造成无法挽回的损失;(3)没有考虑所获利润与投入资本之间的关系;(4)片面追求利润最大化,可能导致企业财务决策带有短期行为的倾向，与企业发展的战略目标相背离。

(二)每股收益最大化目标

所有者作为企业投资者，其投资目标是取得资本收益，具体表现为净利润与出资额或股份数(普通股)的对比关系，这种关系可以用每股收益这一指标来反映。每股收益是指归属于普通股的净利润与发行在外的普通股股数的比值，它的大小反映了投资者投入资本获得回报的能力。

每股收益最大化目标的优点是将企业实现的利润额与股东投入资本或股本进行对比联系起来考察，能够说明企业的盈利水平，可以在不同资本规模的企业或同一企业不同时期之间进行比较，揭示其盈利水平差异。但这种观点存在以下缺陷：仍然没有考虑资金时间价值与风险因素，也不能避免企业的短期行为，可能会导致与企业的战略目标相背离。

(三)股东财富最大化目标

这种观点是站在所有者(股东)的角度定位财务管理目标。股东投资于公司的重要目的在于创造尽可能多的财富，企业对投资者注入的资本进行合理经营，从而使股东财富达到最大。在股份公司，股东财富由其所拥有的股票数量和股票市场价格两方面来决定。在股东持有股份数既定的情况下，股票价格最高时，股东的财富也就达到最大，由此，股东财富最大化又演变为股价最大化。

股东财富最大化目标有其合理的方面，它考虑了资金时间价值和风险因素，在一定程度上能够克服公司在决策时的短期行为，因为股价不仅和当期收益相关，而且也会受到预期收益和风险的影响；股价客观、明确，股东财富容易计量。

股东财富最大化目标也存在以下缺点：它只适用于上市公司，对非上市公司并不适用；它只强调股东利益，而对其他关系人的利益重视不够；另外股价并非为企业所控制，是受多种因素影响的结果，并不完全和公司经营业绩相关，把与公司无关的因素引入财务管理目标是不合理的。特别是在资本市场效率低的情况下，股价很难反映企业所有者的价值，只有当资本市场高度发达、有效时，上市公司把股东财富最大化作为财务管理的目标才是一个比较好的选择。

(四)企业价值最大化目标

投资者创建企业的重要目的，在于使所有者权益的市场价值最大化。企业的市场价值就是企业的价值，是指企业所能创造的预计未来现金流量的现值，反映了企业潜在的或预期的获利能力和成长能力。未来现金流量的现值这一概念，包含了资金的时间价值和风险价值两个方面因素。因为未来现金流量的预测包含了不确定性和风险因素，而且现金流量的现值是以资金的时间价值为基础对现金流量进行折现计算出来的。

企业价值最大化是指通过企业财务上的合理经营，采用最优的财务决策，充分考虑资金的时间价值和风险与报酬的关系，在保证企业长期稳定发展的基础上使企业价值达到最大。

具体内容主要包括：(1)强调风险与报酬的均衡，将风险限制在可以承受的范围内；(2)强调股东的首要地位，创造企业与股东之间利益的协调关系；(3)加强对企业代理人即企业经理人或经营者的监督和控制，建立有效的激励机制以便企业战略目标的顺利实施；(4)关心本企业一般职工的利益，创造舒适和谐的工作环境和合理恰当的福利待遇，激励职工长期努力地为企业工作；(5)不断加强与债权人的关系，请债权人参与重大财务决策，培养可靠的资金供应者；(6)关心顾客的长期利益，以便保持销售收入长期稳定地增长；(7)加强与供应商的合作，共同面对市场竞争，并注重企业形象的宣传，遵守承诺，讲究信誉；(8)保持与政府部门的良好关系。

以企业价值最大化作为财务管理的目标，其优点主要表现在：(1)考虑了资金的时间价值和风险价值，有利于选择投资方案，统筹安排长短期规划，有效筹措资金，合理制定股利政策等；(2)反映了对企业资产保值增值的要求，从某种意义上说，股东财富越多，公司资产的市场价值就越大，追求股东财富最大化的结果可促使公司资产保值增值；(3)有利于克服管理上的片面性和短期行为；(4)有利于社会资源合理配置。社会资本通常流向公司价值最大化或股东财富最大化的企业或行业，从而实现社会效益最大化。

以企业价值最大化作为财务管理的目标也有其局限性：(1)尽管对于股票上市企业，股票价格的变动在一定程度上揭示了企业价值的变化，但是股价是受多种因素影响的结果，特别是在资本市场效率低下的情况下，股票价格很难反映企业所有者权益的价值。(2)为了控股或稳定购销关系，现代企业不少采用环形持股的方式，相互持股。法人股东对股票市价的敏感程度远不及个人股东，对股票价值的增加没有足够的兴趣。(3)对于非股票上市企业，只有对企业进行专门的评估才能真正确定其价值。而在评估企业的资产时，由于受评估标准和评估方式的影响，这种估价不易做到客观和准确，这也导致企业价值确定上的困难。

从理论和实践上看，公司价值的确定可以采用现金流量折现法、经济利润法、相对价值法以及资产评估等方法。其中使用最广泛的方法就是现金流量折现法，该方法可以通过以下函数关系来确定：

$$V=\sum_{t=1}^{n}\frac{CF_t}{(1+i)^t}$$

式中：V——企业价值；

t——现金流量的发生时间；

CF_t——第 t 年的现金流量；

i——包含了预计现金流量风险的贴现率；

n——资产的年限。

由于公司在未来的经营期间各期的现金流量和所适用的贴现率都具有很大的不确定性，所以客观确定公司价值并不是一件容易的事情。

二、不同利益主体的利益冲突与协调

股东和债权人都为企业提供了财务资源，但是他们处在企业之外，只有经营者即管理当局在企业里直接从事管理工作。股东、经营者和债权人之间构成了企业最重要的财务关系。企业是所有者即股东的企业，所有者追求的是股东财富最大化和企业价值最大化目标，股东委托经营者代表他们管理企业，为实现他们的目标而努力，但经营者与股东的目标并不完全一致。债权人把资金借给企业，并不是为了实现股东财富最大化和企业价值最大化，与所有者的目标也不一致。公司必须协调这三方面的利益冲突，才能实现“企业价值最大化”的目标。

（一）所有者与经营者的冲突与协调

企业价值最大化实质上是所有者的愿望和追求目标，并要求经营者以最大的努力去完成。经营者作为最大合理收益的追求者，其目的就是在物质上获取较高的经济报酬、非物质上增加闲暇时间、规避风险以及提高荣誉和社会地位等。由于经营者目标与所有者目标不完全一致，经营者就有可能放弃受托责任，为了自身目标而背离所有者的利益。这种背离主要表现在经营者的道德风险和享受成本两方面。

经营者的道德风险是指经营者为了自己的目标不尽最大努力去实现企业的财务目标，在工作中不十分卖力，只求不犯什么过错，以增加闲暇时间，规避风险。由于这样做并不构成法律和行政责任问题，只涉及道德问题，股东很难追究其责任，故称为经营者的道德风险。

对所有者来讲，他所放弃的利益就是经营者所得到的利益。在西方，这种被放弃的利益也称为所有者支付给经营者的享受成本。问题的关键不是享受成本的多少，而是在增加了享受成本的同时，是否更多地提高了股东财富和企业价值。经营者往往为了自己的目标而背离股东的愿望，蓄意压低股票价格，然后自己买回，增加自己的报酬，提高了享受成本，但并没有增加企业价值，反而损害了所有者的利益。

一般来说，解决所有者与经营者之间在财务目标上矛盾的做法有以下几种。

1. 监督

经营者背离企业财务目标的根本原因在于经营者与所有者之间的信息不对称，所有者掌握的企业财务信息远远不及经营者多。协调这种矛盾的方法主要是经营者向所有者定期公布财务状况和经营成果，并进行必要的财务监督。事实上，全面、直接地监督在实际上是行不通的，所有者往往聘请独立、公正的注册会计师来实施财务监督，为此，经营者被迫必须实现企业的财务管理目标。

2. 激励

即通过将经营者的报酬与其绩效挂钩的办法，使经营者分享企业的利润，鼓励经营者采取有效措施实现企业的财务目标。激励通常有两种基本方式：(1)“股票期权”方式，即允许经营者以约定价格购买一定数量企业股票的选择权，当股票的价格越是高于固定价格时，这种选择权就越有价值，以约定价格购买股票的经营者所获得的报酬就越多。所以，经营者为获得更大的股价上涨的好处，就必须主动采取能够提高股价的行动。(2)“绩效股”形式，企业运用每股收益、资产报酬率等指标来评价经营者的业绩，视其业绩大小给予其数量不等的股票作为报酬。如果企业的经营业绩未能达到规定目标，经营者也将部分丧失原先持有的“绩效股”。这种方式促使经营者为多得“绩效股”而不断采取措施提高公司的经营业绩，从而增加股东财富和企业价值。

3. 解聘

如果经营者未能使企业价值达到最大，所有者就会解聘经营者。经营者由于担心被解聘而被迫从企业整体利益出发，努力实现企业总体目标，从而达到对经营者的约束。但是这种方法不宜经常使用，因为这会增加企业的不稳定性，不利于企业发展。

所有者往往采用前两种方式来协调自己与经营者之间的冲突，并时常在监督成本、激励成本和偏离财务目标的损失之间进行权衡，以选择最佳的方式进行最有效的协调。

（二）所有者与债权人的冲突与协调

股东财富最大化和企业价值最大化的目标不一定符合债权人的利益。债权人将资金借给企业的基本目的是获取利息收入并到期收回本金，而所有者（股东）为实现其财务目标，可能会通过经营者实施违背债权人意愿的行为。

所有者与经营者可能未经债权人同意，改变举债资金的原定用途，投资于比债权人预期风险更高的项目。如果高风险的项目成功，额外的利润归所有者独享；如果项目不幸失败，债权人不仅不能获取利息收入，甚至连本金也难以收回，这等于债权人与所有者共同承担高风险，却不能共同分享高收益，两者的风险与收益不对称。

所有者与经营者可能未经债权人同意发行新债券，致使旧债券或其他老债务的价值下降（因为企业的偿债风险增加）。如果企业破产，老债权人与新债权人要共同分配剩余财产，致使旧债券或其他老债务的风险增加。

债权人为了解决与所有者（股东）之间的冲突，除寻求法律保护外，往往采取以下方式加以协调。

(1)在借款合同中加入限制性条款，如规定筹集资金的用途、担保方式、信用条款等。

(2)采取提前收回债权或不再提供新债权的方式，即当债权人发现企业有侵蚀其债权价值的意图时，便采取收回债权和不给予公司增加放贷等来保护自身的权益。

（三）企业目标与社会责任的关系及其协调

企业目标与社会责任的履行在许多方面是一致的。企业在追求其目标的过程中，自然会使社会受益。例如，企业为了生存，必须生产出符合顾客需要的产品，满足社会的需求；企业为了发展，必须不断引进与开发新技术，并扩大经营规模，这样就会增加就业机会，提供更多的税收；企业为了获利，必须提高劳动生产率，改进产品质量，改善服务，从而提高社会生产效率和公众的生活质量；企业通过实现企业价值的最大化，从而实现社会财富的最大化。

企业目标与社会责任之间也有不一致的地方。例如，企业为了获利，可能会生产低劣产品、不顾员工的健康和利益、造成环境污染、损害其他企业的利益等。社会责任要求企业讲究环保、合理雇佣工人、保护消费者权益等，但这些社会责任的履行，必然会造成股东财富或企业价值一定程度的损失，从而不利于企业目标的实现。

企业目标与社会责任间的差异，主要通过政府干预的手段和道德规范的手段来协调：一是运用法律手段，如制定反不正当竞争法、环境保护法、合同法、反暴利法、消费者权益保护法和有关产品质量的法规等；二是通过行政和经济杠杆，来调节和约束企业行为；三是依靠社会公众的舆论进行监督，以促进企业履行社会责任，构建和谐社会。

第三节　财务管理的原则

财务管理的原则，也称理财原则，是指人们对财务活动的共同的、理性的认识，它是联系理论与实务的纽带。如何概括理财原则，人们的认识不完全相同。道格拉斯·R. 爱默瑞和约翰·D. 芬尼特的观点具有代表性，他们将理财原则概括为三类。

一、有关竞争环境的原则

有关竞争环境的原则，是对资本市场中人的行为规律的基本认识。

（一）自利行为原则

自利行为原则是指人们在进行决策时按照自己的财务利益行事，在其他条件相同的情况下，人们会选择对自己经济利益最大的行动。

自利行为原则的依据是理性的经济人假设。该假设认为，人们对每项交易都会衡量其代价和利益，并且会选择对自己最有利的方案来行动。自利行为原则假设企业决策人对企业目标具有合理的认识程度，并且对如何达到目标具有合理的理解。在这种假设情况下，企业会采取对自己最有利的行动。自利行为原则并不认为钱是任何人生活中最重要的东西，或者说钱可以代表一切。问题在于商业交易的目的是获利，在从事商业交易时人们总是为了自身的利益作出选择和决定，否则他们就不必从事商业交易。自利行为原则也并不认为钱以外的东西都是不重要的，而是说在“其他条件都相同时”，所有财务交易集团都会选择对自己经济利益最大的行动。

自利行为原则的一个重要应用是委托代理理论。根据该理论，应当把企业看成是各种自利的人的集合。如果企业只有业主一个人，他的行为将十分明确和统一。如果企业是一个大型的公司，情况就变得非常复杂，因为这些关系人之间存在利益冲突。一个公司涉及的利益关系人包括普通股东、优先股东、债券持有者、银行、短期债权人、政府、社会公众、经理人员、员工、客户、供应商、社区等。这些人或集团，都是按自利行为原则行事的。企业和各种利益关系人之间的关系，大部分属于委托代理关系。这种相互依赖又相互冲突的利益关系，需要通过“契约”来协调。因此，委托代理理论是以自利行为原则为基础的。

自利行为原则的另一个应用是机会成本的概念。当一个人采取某个行动时，就等于取消了其他可能的行动，因此他必然要用这个行动与其他的可能行动相比，看该行动是否对自己最有利。采用一个方案而放弃另一个方案时，被放弃方案的收益是被采用方案的机会成本。尽管人们对机会成本的概念有分歧，它们的计算也经常会遇到困难，但是人们都不否认机会成本是一个在决策时不能不考虑的重要问题。

（二）双方交易原则

双方交易原则是指每一项交易都至少存在两方，在一方根据自己的经济利益决策时，另一方也会按照自己的经济利益决策行动，并且对方和你一样聪明、勤奋和富有创造力，因此你在决策时要正确预见对方的反应。

双方交易原则的建立依据是商业交易至少有两方、交易是“零和博弈”，以及各方都是自利的。每一项交易都有一个买方和一个卖方，这是不争的事实。无论是买方市场还是卖方市场，在已经成为事实的交易中，买进的资产和卖出的资产总是一样多。例如，在证券市场上卖出一股就一定有一股买入。既然买入的总量与卖出的总量永远一样多，那么一个人的获利只能以另一个人的付出为基础。一个高的价格使购买人受损而卖方受益；一个低的价格使购买人受益而卖方受损，一方得到的与另一方失去的一样多，从总体上看双方收益之和等于零，故称为“零和博弈”。在“零和博弈”中，双方都按自利行为原则行事，谁都想获利而不是吃亏。那么，为什么还会成交呢？这与事实上人们的信息不对称有关。买卖双方由于信息不对称，因而对金融证券产生不同的预期。不同的预期导致了证券买卖，高估股票价值的人买进，低估股票价值的人卖出，直到市场价格达到他们一致的预期时交易停止。如果对方不认为对自己有利，他就不会和你成交。因此，在决策时不仅要考虑自利行为原则，还要使对方有利，否则交易就无法实现。除非对方不自利或者很愚蠢，不知道自己的利益是什么，但是这样估计商业对手本身就不明智。

双方交易原则要求在理解财务交易时不能“以我为中心”，在谋求自身利益的同时要注意对方的存在，以及对方也在遵循自利行为原则行事。这条原则要求我们不要总是“自以为是”，错误认为自己优于对手。

双方交易原则还要求在理解财务交易时要注意税收的影响。由于税收的存在，主要是利息的税前扣除，使得一些交易表现为“非零和博弈”、政府是不请自来的交易第三方，凡是交易，政府都要从中收取税金。减少政府的税收，交易双方都可以受益。避税就是寻求减少政府税收的合法交易形式。避税的结果使交易双方均受益，但其他纳税人会承担更大的税收份额，从更大范围来看并没有改变“零和博弈”的性质。有的人主张，把“税收影响决策”单独作为一条理财原则，因为税收会影响所有的交易。

（三）信号传递原则

信号传递原则，是指行动可以传递信息，并且比公司的声明更有说服力。信号传递原则是自利行为原则的延伸。由于人们或公司是遵循自利行为原则的，所以一项资产的买进能暗示出该资产“物有所值”，买进的行为提供了有关决策者对未来的预期或计划的信息。例如，一个公司决定进入一个新领域，反映出管理者对自己公司的实力以及新领域的未来前景充满信心。

信号传递原则要求根据公司的行为判断它未来的收益状况。例如，一个经常用配股的办法找股东要钱的公司，很可能自身产生现金能力较差；一个大量购买国库券的公司，很可能缺少净现值为正数的投资机会；内部持股人出售股份，常常是公司盈利能力恶化的重要信号。例如，安然公司在破产前报告的利润一直不断上升，但是其内部人士在一年前就开始陆续抛售股票，并且没有任何内部人士购进安然股票的记录（在美国，上市公司的董事、高级经理人员和持股10%以上的股东，在买卖本公司股票时，必须向证监会申报，并且会被证监会在其网站上公告，使得内部人士的交易成为公开信息）。这一行动表明，安然公司的管理层已经知道公司遇到了麻烦。特别是在公司的宣告（包括它的财务报表）与其行动不一致时，行动通常比语言更具说服力。这就是通常所说的，“不但要听其言，更要观其行”。

信号传递原则还要求公司在决策时不仅要考虑行动方案本身，还要考虑该项行动可能给人们传达的信息。在资本市场上，每个人都在利用他人交易的信息，自己交易的信息也会被别人所利用，因此应考虑交易的信息效应。

（四）引导原则

引导原则是指当所有办法都失败时，寻找一个可以信赖的榜样作为自己的引导。所谓“当所有办法都失败”，是指我们的理解力存在局限性，不知道如何做，才对自己更有利；或者寻找最准确答案的成本过高，以至于不值得把问题完全搞清楚。在这种情况下，不要继续坚持采用正式的决策分析程序，包括收集信息、建立备选方案、采用模型评价方案等，而是直接模仿成功榜样或者大多数人的做法。

引导原则是行动传递信号原则的一种运用。承认行动传递信号，就必然承认引导原则。不要把引导原则混同于"盲目模仿"。它只在两种情况下适用：一是理解存在局限性，认识能力有限，找不到最优的解决办法；二是寻找最优方案的成本过高。在这种情况下，跟随值得信任的人或者大多数人才是有利的。引导原则不会帮你找到最好的方案，却常常可以使你避免采取最差的行动。它是一个次优化准则，其最好结果是得出近似最优的结论，最差的结果是模仿了别人的错误。这一原则虽然有潜在的问题，但是我们经常会遇到理解力、成本或信息受到限制的情况，无法找到最优方案，需要采用引导原则解决问题。

引导原则的一个重要应用，是行业标准概念。例如，资本结构的选择问题，理论不能提供公司最优资本结构的实用化模型。观察本行业成功企业的资本结构，或者多数企业的资本结构，不要与它们的水平偏离太远，就成了资本结构决策的一种简便、有效的方法。

引导原则的另一个重要应用就是"免费跟庄"概念。一个"领头人"花费资源得出一个最佳的行动方案，其他"追随者"通过模仿节约了信息处理成本。《中华人民共和国专利法》和《中华人民共和国著作权法》是在知识产权领域中保护领头人的法律，强制追随者向领头人付费，以避免自由跟庄问题的影响。在财务领域中并不存在这种限制。当然，"庄家"也会利用免费跟庄现象，进行恶意炒作，损害小股民的利益。因此，各国的证券监管机构都禁止操纵股价的恶意炒作，以维持证券市场的公平性。

二、有关创造价值的原则

有关创造价值的原则，是人们对增加企业财富基本规律的认识。

(一)有价值的创意原则

有价值的创意原则，是指新创意能获得额外报酬。

竞争理论认为，企业的竞争优势可以分为经营奇异和成本领先两方面。经营奇异，是指产品本身、销售交货、营销渠道等客户广泛重视的方面在产业内独树一帜。任何独树一帜都来源于新的创意。创造和保持经营奇异性的企业，如果其产品溢价超过了为产品的独特性而附加的成本，就能获得高于平均水平的利润。正是许多新产品的发明，使得发明人和生产企业变得非常富有。

有价值的创意原则主要应用于直接投资项目。一个项目依靠什么取得正的净现值？它必须是一个有创意的投资项目。重复过去的投资项目或者别人的已有做法，最多只能取得平均的报酬率，维持而不是增加股东财富。新的创意迟早要被别人效仿，失去原有的优势，因此创新的优势都是暂时的。企业长期的竞争优势，只有通过一系列的短期优势才能维持。只有不断创新，才能维持经营的奇异性并不断增加股东财富。

该项原则还应用于经营和销售活动。例如，连锁经营方式的创意使得麦当劳的投资人变得非常富有。

（二）比较优势原则

比较优势原则是指专长能创造价值。在市场上要想赚钱，就必须发挥你的专长。大家都想赚钱，你凭什么能赚到钱？你必须在某一方面比别人强，并依靠你的强项来赚钱。没有比较优势的企业，很难增加股东财富。

比较优势原则的依据是分工理论。让每一个人去做最适合他做的工作，让每一个企业生产最适合它生产的产品，社会的经济效率才会提高。

比较优势原则的一个应用是"人尽其才、物尽其用"。在有效的市场中，你不必要求自己什么都能做得最好，但要知道谁能做得最好。对于某一件事情，如果有人比你自己做得更好，就支付报酬让他代你去做。同时，你去做比别人做得更好的事情，让别人给你支付报酬。如果每个人都去做能够做得最好的事情，每项工作就找到了最称职的人，就会产生经济效率。每个企业要做自己能做得最好的事情，一个国家的效率就提高了。国际贸易的基础，就是每个国家生产它最能有效生产的产品和劳务，这样可以使每个国家都受益。

比较优势原则的另一个应用是优势互补。合资、合并、收购等，都是出于优势互补原则。一方有某种优势，如独特的生产技术，另一方有其他优势，如杰出的销售网络，两者结合可以使各自的优势快速融合，并形成新的优势。

比较优势原则要求企业把主要精力放在自己的比较优势上，而不是日常的运行上。建立和维持自己的比较优势，是企业长期获利的根本。

（三）期权原则

期权是指不附带义务的权利，它是有经济价值的。期权原则是指在估价时要考虑期权的价值。

期权概念最初产生于金融期权交易，它是指所有者（期权购买人）能够要求出票人（期权出售者）履行期权合同上载明的交易，而出票人不能要求所有者去做任何事情。在财务上，一个明确的期权合约经常是指按照预先约定的价格买卖一项资产的权利。

广义的期权不限于财务合约，任何不附带义务的权利都属于期权。许多资产都存在隐含的期权。例如，一个企业可以决定某个资产出售或者不出售，如果价格不令人满意就什么事也不做，如果价格令人满意就出售。这种选择权是广泛存在的。一个投资项目，本来预期有正的净现值，因此被采纳并实施了，上马以后发现它并没有原来设想的那么好。此时，决策人不会让事情按原计划一直发展下去，而会决定方案下马或者修改方案，使损失减少到最低。这种后续的选择权是有价值的，它增加了项目的净现值。在评价项目时就应考虑到后续选择权是否存在以及它的价值有多大。有时，一项资产附带的期权比该资产本身更有价值。

（四）净增效益原则

净增效益原则是指财务决策建立在净增效益的基础上，一项决策的价值取决于它和替代方案相比所增加的净收益。

一项决策的优劣，是与其他可替代方案（包括维持现状而不采取行动）相比较而言的。如果一个方案的净收益大于替代方案，我们就认为它是一个比替代方案好的决策，其价值是增加的净收益。在财务决策中净收益通常用现金流量计量。

净增效益原则的应用领域之一是差额分析法，也就是在分析投资方案时只分析它们有区别的部分，而省略其相同的部分。净增效益原则初看似乎很容易理解，但实际贯彻起来需要非常清醒的头脑，需要周密地考察方案对企业现金流量总额的直接影响和间接影响。例如，一项新产品投产的决策引起的现金流量，不仅包括新设备投资，还包括动用企业现有非货币资源对现金流量的影响；不仅包括固定资产投资，还包括需要追加的营运资金；不仅包括新产品的销售收入，还包括对现有产品销售积极或消极的影响；不仅包括产品直接引起的现金流入和流出，还包括对公司税务负担的影响等。

净增效益原则的另一个应用是沉没成本概念。沉没成本是指已经发生、不会被以后的决策改变的成本。沉没成本与将要采纳的决策无关，因此在分析决策方案时应将其排除。

三、有关财务交易的原则

有关财务交易的原则，是人们对于财务交易基本规律的认识。

（一）风险—报酬权衡原则

风险—报酬权衡原则是指风险和报酬之间存在一个对等关系，投资人必须对报酬和风险作出权衡，为追求较高报酬而承担较大风险，或者为减少风险而接受较低的报酬。所谓"对等关系"，是指高收益的投资机会必然伴随巨大风险，风险小的投资机会必然只有较低的收益。

在财务交易中，当其他一切条件相同时人们倾向于高报酬和低风险。如果两个投资机会除了报酬不同以外，其他条件（包括风险）都相同，人们会选择报酬较高的投资机会，这是由自利行为原则所决定的。如果两个投资机会除了风险不同以外，其他条件（包括报酬）都相同，人们会选择风险小的投资机会，这是由风险反感决定的。所谓"风险反感"，是指人们普遍对风险有反感，认为风险是不利的事情。

如果人们都倾向于高报酬和低风险，而且都在按照他们自己的经济利益行事，那么竞争结果就产生了风险和报酬之间的权衡。你不可能在低风险的同时获取高报酬，因为这是每个人都想得到的。即使你最先发现了这样的机会并率先行动，别人也会迅速跟进，竞争会使报酬率降至与风险相当的水平。因此，现实的市场中只有高风险同时高报酬和低风险同时低报酬的投资机会。

如果你想有一个获得巨大收益的机会，你就必须冒可能遭受巨大损失的风险，每一个市场参与者都在他的风险和报酬之间作权衡。有的人偏好高风险、高报酬，有的人偏好低风险、低报酬，但是每个人都要求风险与报酬对等，不会去冒没有价值的风险。

(二)投资分散化原则

投资分散化原则，是指不要把全部财富投资于一个公司，而要分散投资。

投资分散化原则的理论依据是投资组合理论。马柯维茨的投资组合理论认为，若干种股票组成的投资组合，其收益是这些股票收益的加权平均数，但其风险要小于这些股票的加权平均风险，所以投资组合能降低风险。

如果一个人把他的全部财富投资于一个公司，这个公司破产了，他就失去了全部财富。如果他投资于10个公司，只有10个公司全部破产，他才会失去全部财富。10个公司全部破产的概率，比一个公司破产的概率要小得多，所以投资分散化可以降低风险。

分散化原则具有普遍意义，不仅仅适用于证券投资，公司各项决策都应注意分散化原则。不应当把公司的全部投资集中于个别项目、个别产品和个别行业；不应当把销售集中于少数客户；不应当使资源供应集中于个别供应商；重要的事情不要依赖一个人完成；重要的决策不要由一个人做出。凡是有风险的事项，都要贯彻分散化原则，以降低风险。

(三)资本市场有效原则

资本市场是指证券买卖的市场。资本市场有效原则，是指在资本市场上频繁交易的金融资产的市场价格反映了所有可获得的信息，而且面对新信息完全能迅速地做出调整。

资本市场有效原则要求理财时重视市场对企业的估价。资本市场是企业的一面镜子，又是企业行为的校正器。股价可以综合反映公司的业绩，弄虚作假、人为地改变会计方法对于企业价值的提高毫无用处。一些公司把巨大的精力和智慧放在报告信息的操纵上，通过“创造性会计处理”来提高报告利润，企图用财务报表给使用人制造幻觉，这在有效市场中是无济于事的。用资产置换、关联交易操纵利润，只能得逞于一时，最终会付出代价，甚至导致公司破产。市场对公司的评价降低时，应分析公司的行为是否出了问题并设法改进，而不应设法欺骗市场。妄图欺骗市场的人，最终会被市场所抛弃。

市场有效性原则要求理财时慎重使用金融工具。如果资本市场是有效的，购买或出售金融工具交易的净现值就为零。公司作为从资本市场上取得资金的一方，很难通过筹资获取正的净现值(增加股东财富)。公司的生产经营性投资带来的竞争，是在少数公司之间展开的，竞争不充分。一个公司，因为它有专利权、专有技术、良好的商誉、较大的市场份额等相对优势，可以在某些直接投资中取得正的净现值。资本市场与商品市场不同，其竞争程度高、交易规模大、交易费用低、资产具有同质性，使得其有效性比商品市场要高得多。所有需要资本的公司都在寻找资本成本低的资金来源，大家都平起平坐。机会均等的竞争，使财务交易基本上是公平交易。在资本市场上，只获得与投资风险相称的报酬，也就是与资本成本相同的报酬，很难增加股东财富。

(四)货币时间价值原则

货币时间价值原则,是指在进行财务计量时要考虑货币时间价值因素。“货币的时间价值”是指货币在经过一定时间的投资和再投资所增加的价值。

货币具有时间价值的依据是货币投入市场后其数额会随着时间的延续而不断增加。这是一种普遍的客观经济现象。要想让投资人把钱拿出来,市场必须给他们一定的报酬。

货币时间价值原则的首要应用是现值概念。由于现在的1元货币比将来的1元货币经济价值大,不同时间的货币价值不能直接加减运算,需要进行折算。通常,要把不同时间的货币价值折算到“现在”时点,然后进行运算或比较。财务估价中,广泛使用现值来计量资产的价值。

货币时间价值的另一个重要应用是“早收晚付”观念。对于不附带利息的货币收支,与其晚收不如早收,与其早付不如晚付。货币在自己手上,可以立即用于消费而不必等待将来消费,可以投资获利而无损于原来的价值,可以用于预料不到的支付,因此早收、晚付在经济上是有利的,但要遵循市场经济的信用原则。

第四节 财务管理的环境

财务管理环境又称理财环境,是指对企业财务管理产生影响作用的各种条件或影响因素。

企业财务活动在相当大程度上受理财环境的制约,如政治因素、经济因素、法律因素、金融市场等宏观环境,还有企业组织形式、生产状况、产品销售市场状况、资本供应情况、公司素质、管理者水平等微观环境,对企业财务活动都有重大影响。只有在理财环境的各种因素作用下实现财务活动的协调平衡,企业才能生存和发展。研究财务管理环境,有助于正确制定理财战略,增强企业财务管理对环境的适应能力,实现财务管理的目标。

影响企业财务管理的环境因素很多,涉及的范围很广,其中最主要的为经济环境、法律环境和金融环境。

一、经济环境

经济环境是财务管理的重要环境,经济环境一般包括经济周期、经济发展水平和经济政策等。

(一)经济周期

经济周期,即在市场经济条件下,经济发展与经济运行的波动性,包括复苏、繁荣、衰退、萧条几个阶段的循环。

经济的周期性波动对财务管理有着非常重要的影响。在不同的发展时期,企业的生产规模、销售能力、获利能力以及由此而产生的资本需求都会出现重大差异。例如,在经济萧条阶段,由于整个宏观经济不景气,企业很可能处于紧缩状态,产品产销量下降,投资锐减,财务状况不佳甚至恶化。在此时期,企业应停止扩张,出售多余设备,停产不利产品,停止长期采购,削减存货,裁减雇员,采用比较稳健的负债经营策略。在经济复苏阶段,经济运行的周期从低谷逐步回升,企业经营状况开始好转,企业财务状况也开始好转,资信能力有所提高,投资者对企业的投资信心开始增强。此时,企业应增加厂房,建立存货,开发新产品,增加劳动力,实行长期租赁,为"负债经营"提供条件。在繁荣阶段,市场需求旺盛,销售大幅度上升,公司为扩大生产就要增加投资,以扩建厂房、添置设备、增加存货和劳动力。此时,企业应扩大产品生产、提高产品价格、开展营销策略,这就要求财务人员迅速地筹集所需资本,提高投资决策和资本运作水平。在经济衰退阶段,经济的运行周期由顶峰逐步回落,此时,企业可采取的措施有:停止扩张,出售多余设备,停止长期采购和扩招雇员,停产不利产品,削减存货等。总之,经济周期性波动对企业的投资、筹资和资产管理等理财活动都有影响,财务人员必须预测到经济变化情况,适当调整财务政策。

(二)经济发展水平

企业财务管理的发展水平与经济发展水平是密切相关的,经济发展水平越高,财务管理水平一般也越好。经济发达的国家或地区的经济生活中存在复杂的经济关系和完善的生产方式,不断出现新的经济内容,使财务管理的内容和方法不断创新。

(三)经济政策

经济政策是国家进行宏观经济调控的重要手段,包括产业政策、金融体制、财税体制、外汇体制、价格体制、社会保障制度、会计准则体系等各项改革,对企业的财务活动都会产生重要影响。例如,金融政策中的货币发行量、信贷规模会影响企业的资本结构和投资项目的选择等;价格政策会影响资本的投向、投资回收期及预期收益。会计准则改革通过影响会计要素的确认和计量,对企业财务活动的预测、决策及事后评价产生影响等,这就要求财务人员把握好经济政策,解决好财务管理中出现的问题。

二、法律环境

市场经济是以法律规范和市场规则为特征的经济制度。法律和政府法规为企业经营活动规定了活动空间,也为企业在相应空间内自主经营管理提供了法律上和制度上的保护。理财的法律环境主要包括以下几个因素。

(一)企业组织形式的法规

企业是市场经济的主体,不同组织形式的企业所适用的法律是不同的。经营性企业的组织形式划分为独资企业、合伙企业和公司制企业。不同类型的组织形式对财务管理有着不同的影响。

1. 独资企业

独资企业是由业主个人出资兴办、完全归个人所有和控制的企业。其出资人既是所有者,也是管理者。其特点是易于设立和解散,经营方式灵活多样,所得归业主,在法律上不具有法人地位,对企业的债务承担无限责任。其财务管理的内容比较简单,资本的投入和抽回也比较方便,个人所得和企业所得之间没有区别,因此企业全部所得都视同个人所得而纳税。可以筹集到的权益资金限于业主个人的财富,受信用限制,银行信贷能力十分有限,主要靠供应商提供的商业信用,这种限制通常使企业由于资本不足而失去新的机会。独资企业是开办最为简单的组织,规模较小,建立多,消失也快。当独资形式妨碍公司的进一步发展时,它们会转向其他更有利的形式,也有许多独资企业发展为大型公司。

2. 合伙企业

合伙企业是由两个或两个以上的投资人共同出资兴办、联合经营、共负盈亏的企业。合伙企业往往采用书面协议的形式明确收益分享和亏损分担的责任。合伙企业的优缺点与独资企业基本类似,企业全部所得都视同个人所得而纳税,在法律上不具有法人地位,对其债务需承担无限责任,较之独资企业资本来源和信用能力有所增强,盈余分配也更加复杂,扩大了筹资来源和信用能力,使经营风险分散化,财务管理活动比独资企业复杂。所有权难以转让,企业的寿命受到限制。合伙企业的成长能力也会受到资金筹集能力的限制而失去好的投资机会。

3. 公司制企业

公司制企业是由两个以上的股东共同出资,每个股东以其认缴的出资额或认购的股份对公司承担有限责任,公司以其全部资产对其债务承担有限责任的法人公司。公司包括有限责任公司和股份有限公司两种形式。

有限责任公司是指由 2 个以上 50 个以下股东共同出资,每个股东以其所认缴的出资额为限对公司承担有限责任,公司以其全部资产对其债务承担责任的企业法人。其特点是:公司资本不分为等额份额;公司向股东签发出资证明书而不发行股票;公司股份的转让有严格的限制;股东人数受到限制;股东以其出资额比例,享受权利,承担义务。

股份有限公司是指其全部资本分为等额股份,股东以其所持股份为限度对公司承担责任,公司以其全部资产对公司的债务承担责任的企业法人。其特点是:公司的资本划分为股份,每一股的金额相等;公司的股份采取股票的形式,股票是公司签发证明股东所持股份的凭证;同股同权,同股同利;股东出席股东大会,所持每一股份有一份表决权;股东可以依法转让持有的股份;股东不得少于规定的数目,但没有上限限制;经批准后,其股票可以向社会公开发行,股票可以交易或转让;股东按其持有的股份享受权利、承担义务;上市股份公司要定期公布经注册会计师审查验证的财务报告。

公司制企业组织形式的主要优点是所有者对企业债务承担的责任以其投资额为限

度，能够比其他形式的组织更迅速、更容易转让，比较容易筹资，通过发行股票、债券等可以迅速筹集到大量资金，这使公司制企业比独资企业和合伙企业有更大发展的可能性。

（二）税收法规

税收是国家凭借政治权力，无偿地征收实物或货币，以取得财政收入的一种手段，是调整税收征纳关系的法律规范。税收具有三个特征，即无偿性、强制性和固定性。税收既有调节社会总供给与总需求、经济结构的关系，维护国家主权和利益等宏观作用，又有保护公司经济实体地位、促进公平竞争、改善经营管理和提高经济效益等微观作用。国家税种的设置、税率的高低、征收范围、减免规定、优惠政策等都会影响公司的财务活动。

与企业相关的主要税种有：

1. 所得税类

该税种是以纳税人的所得额为征税对象的一种税收。我国现行的对所得额的课税主要有企业所得税、个人所得税等。企业所得税是指国家对境内企业生产、经营所得依法征收的一种税。在中华人民共和国境内，企业和其他取得收入的组织（以下统称企业）为企业所得税的纳税人。企业分为居民企业和非居民企业。居民企业，是指依法在中国境内成立，或者依照外国（地区）法律成立但实际管理机构在中国境内的企业。非居民企业，是指依照外国（地区）法律成立且实际管理机构不在中国境内，但在中国境内设立机构、场所的，或者在中国境内未设立机构、场所，但有来源于中国境内所得的企业。企业所得税的税率为25%。非居民企业适用税率为20%。符合条件的小型微利企业，减按20%的税率征收企业所得税。国家需要重点扶持的高新技术企业，减按15%的税率征收企业所得税。企业每一纳税年度的收入总额，减除不征税收入、免税收入、各项扣除以及允许弥补的以前年度亏损后的余额，为应纳税所得额。企业的下列支出，可以在计算应纳税所得额时加计扣除：一是开发新技术、新产品、新工艺发生的研究开发费用；二是安置残疾人员及国家鼓励安置的其他就业人员所支付的工资。

2. 流转税类

流转税是对企业的流转额所征收的税金。流转额包括商品流转额和非商品流转额。商品流转额是指商品在流转过程中所发生的货币金额，即销售方的销售收入。非商品流转额就是非商品营业额，一般是指一切不从事商品生产和商品交换活动的单位和个人，因从事其他经营活动所取得的业务或劳务收入的金额，如交通运输、金融保险、建筑安装、旅游业、服务业等。我国现行的流转税主要有增值税、消费税、营业税、城市维护建设税和关税。

3. 资源税类

主要包括资源税、城镇土地使用税和土地增值税。

4. 财产税类

财产税是对纳税人所有的财产课征税。主要有房产税、城市房地产税等。

5. 行为税类

行为税是以纳税人的某种特定行为为征税对象的税种。主要包括固定资产投资方向调节税、印花税、车船使用税、契税和屠宰税等。

税收对于企业资本供给、资本投放和税收负担有着重要影响,税种的设置、税率的调整对企业生产经营活动具有调节作用。因此,财务决策应当适应税收政策的导向,合理安排资本投放,以追求更大的经济效益。

(三)证券法规

证券法规是确认和调整在证券管理、发行交易过程中各主体的地位、权利、义务关系的法律规范。证券法规规定了证券上市规则和交易规则,其中涉及许多财务方面的要求。证券法规对企业以证券形式进行的筹资与投资、对上市公司信息的披露具有重要的影响,对企业财务管理的影响主要表现在公司内部财务制度如何具体体现这些要求,来规范自身财务行为。一般来讲,这些要求可以作为公司财务制度的内容,以促进公司按上市公司的标准来强化公司的财务管理。

(四)财务法规

企业财务法规、制度是规范公司财务活动、协调企业财务关系的行为准则。它是按照社会主义市场经济和完善企业经营机制的要求建立的,有利于企业成为依法自主经营、自负盈亏、自我发展、自我约束的商品生产者和经营者,使企业成为产权清晰、权责明确、政企分开、管理科学的现代企业。因此,财务法规、制度对企业财务管理的规范化和科学化有着重要的作用。我国目前企业财务法规体系主要包括《中华人民共和国会计法》、《企业财务通则》、《企业财务规章制度》、《内部财务管理体制和财务管理制度》。

三、金融环境

金融市场、金融机构、金融政策以及利率都对企业营业活动、投资和筹资产生重大影响。金融环境是企业最为重要的外部环境因素,尤其是金融市场在公司制企业理财中起着极为重要的作用。

(一)金融市场

1. 金融市场的构成要素

金融市场是指资金供应者和资金需求者双方通过信用工具进行交易而融通资金的市场,广而言之,是实现货币借贷和资金融通、办理各种票据和进行有价证券交易活动的市场。金融市场的构成要素主要有以下四个:

(1)金融市场主体。

金融市场主体是指参与金融交易活动的各个经济单位。包括公司、个人、政府机构、商业银行、中央银行、证券公司、保险公司、基金会等。

(2)金融工具。

金融工具是金融市场的交易对象,是能够证明债权债务关系或所有权关系并据以进行货币资金交易的合法凭证,包括债权债务凭证和所有权凭证。资本供求者对借贷资本数量、期限和利率的多样化要求,决定了金融市场上金融工具的多样化,而多样化的金融工具不仅满足了资本供求者的不同需要,也由此形成了金融市场的各类子市场。

(3)组织形式和方式。

金融市场的组织形式主要有交易所交易和柜台交易两种。组织方式即金融市场的交易方式,主要有现货交易、期货交易、期权交易、信用交易。

(4)内在机制。

金融市场交易活动的内在机制主要是指具有一个能够根据市场资本供求情况灵活调节的利率体系。金融市场的交易价格是利率,反映的是在一定时期内转让货币资金使用权的报酬。

2. 金融市场的种类

(1)按期限划分为短期金融市场和长期金融市场。

短期金融市场又称货币市场,是指以期限一年以内的金融工具为媒介,进行短期资金融通的市场。其主要特点有:①交易期限短;②交易的目的是满足短期资金周转的需要;③所交易的金融工具有较强的货币性。

长期金融市场是指以期限一年以上的金融工具为媒介,进行长期性资金交易活动的市场,又称资本市场。其主要特点有:①交易的主要目的是满足长期投资性资金的供求需要;②收益较高而流动性较差;③资金借贷量大;④价格变动幅度大。

(2)按证券交易的方式和次数分为初级市场和次级市场。

初级市场,也称一级市场或发行市场,是指新发行证券的市场,这类市场使预先存在的资产交易成为可能。

次级市场,也称二级市场或流通市场,是指现有金融资产的交易场所。初级市场我们可以理解为“新货市场”,次级市场我们可以理解为“旧货市场”。

(3)按金融工具的属性分为基础性金融市场和金融衍生品市场。

基础性金融市场是指以基础性金融产品为交易对象的金融市场,如商业票据、企业债券、企业股票的交易市场。

金融衍生品市场是指以金融衍生产品为交易对象的金融市场。所谓金融衍生产品,是一种金融合约,其价值取决于一种或多种基础资产或指数,合约的基本种类包括远期、期货、掉期(互换)、期权,以及具有远期、期货、掉期(互换)和期权中一种或多种特征的结构化金融工具。

除上述分类外,金融市场还可以按交割方式分为现货市场、期货市场和期权市场;按交易对象分为票据市场、证券市场、衍生工具市场、外汇市场、黄金市场等;按交易双方在地理上的距离而划分为地方性的、全国性的、区域性的金融市场和国际金融市场。

(二)金融机构

在资金市场上资金转移方式有两种:一种是直接融资。直接融资是指资金的供需双方不需要金融机构作为中介,直接协商借贷或直接发行有价证券融通资金的方式。另一种是间接融资。间接融资是指资金的供需双方通过金融机构进行的融资活动。

金融机构作为专门从事货币信用活动的中介组织,在金融市场中起着重要的作用。我国的金融机构基本上可以分为银行和非银行金融机构两类。

1. 银行

银行是指通过存款、放款、汇兑、储蓄等业务承担信用中介的信用机构。它包括中央银行、政策性银行(国家开发银行、中国农业发展银行、进出口信贷银行)及各类商业银行等。中国人民银行是我国的中央银行。中央银行一般不经营普通银行业务,不以营利为目的。其主要职能是:制定金融工作的方针、政策、法令、制度,经批准后组织实施;调控货币供应量,促进国内信用和货币流通,保持币值稳定;对商业银行的经营管理、业务活动实行监督;代理国家发行债券;管理国家黄金和外汇储备等。

政策性银行一般是指由政府设立,以贯彻国家产业政策、区域发展政策为目的,不以营利为目标的金融机构。目前我国政策性银行包括:国家开发银行、中国农业发展银行、进出口信贷银行。国家开发银行、中国农业发展银行主要承担政策金融业务,如办理政策性国家重点建设贷款及贴息业务,承担支持农业开发、重点农副产品合同收购及国家粮油储备等政策性贷款,并代理财政拨付和监督使用支农资金等。进出口信贷银行主要为大型成套设备的进出口提供买方或卖方信贷。

商业银行以经营存贷款、办理转账结算为主要业务,以营利为主要经营目标。目前我国的商业银行包括由各专业银行改组建立的国有商业银行以及其他商业银行,如交通银行、招商银行、民生银行、中信银行、华夏银行、农村合作银行、城市合作银行及外资银行等。

2. 非银行金融机构

非银行金融机构也是从事资金融通的中介机构,包括保险公司、信托投资公司、证券公司、租赁公司、集团财务公司等。

(三)利率

利率也称利息率,是利息占本金的百分比。从资金借贷关系看,利率是一定期间内资金交易的价格。利率决定着企业必须为借钱而付出的代价，在资金分配及企业财务决策中起着重要作用。

1. 利率的类型

(1)按利率之间的变动关系，可分为基准利率和套算利率。基准利率又称基本利率，是指在多种利率并存的条件下起决定作用的利率。基准利率变动时，其他利率也会随之而相应变动。基准利率在西方国家通常是中央银行的再贴现利率，在我国是中国人民银行对商业银行贷款的利率。套算利率是指在基准利率确定后，各金融机构根据基准利率和借贷款项的特点而换算出的利率。

(2)按利率与市场资金供求情况的关系，可分为固定利率和变动利率。固定利率是指在借贷期内固定不变的利率。受通货膨胀的影响，采用固定利率会使债权人利益受到损失。浮动利率是指在借贷期内可以调整的利率。在通货膨胀条件下，采用浮动利率会使债权人减少损失。

(3)按利率的形成机制不同，可分为市场利率和法定利率。市场利率是根据资金市场上的供求关系，随市场而自由变动的利率。法定利率是指由政府金融管理部门或者中央银行确定的利率。

2. 利率的构成

利率主要是由供给与需求来决定的，作为借贷资金的价格一般由下式构成：

利率＝纯利率＋通货膨胀补偿率＋风险补偿率

纯利率是指没有风险和通货膨胀情况下的社会平均资金利润率；通货膨胀补偿率是指由于持续的通货膨胀使货币实际购买力下降，为补偿其购买力损失而要求提高的利率；风险补偿率也称风险收益率，是投资者要求的除纯利率和通货膨胀补偿率之外的风险补偿，包括违约风险补偿率、流动性风险补偿率和期限风险补偿率。其中，违约风险补偿率是指为了弥补因债务人无法按时还本付息而带来的风险，投资人要求提高的利率；流动性风险补偿率是指为弥补因资产流动性不好而带来的风险，投资人要求提高的利率；期限风险补偿率是指为弥补因过期时间长而带来的风险，由投资人要求提高的利率。

复习思考题

1. 财务管理发展经历了哪些阶段？各阶段有何特点？
2. 企业财务活动的过程和内容是什么？
3. 企业的财务关系主要有哪些？如何处理好企业与各方面的财务关系？
4. 什么是财务管理目标？它有几种表述？分析各种表述的优缺点。

5. 财务管理的环节有哪些？分析各种环节的关系。

6. 什么是财务管理原则？如何理解其在整个财务管理中的作用？

7. 简述所有者与经营者、债权人的利益矛盾及其协调方法。

8. 财务管理与金融市场的关系是怎样的？

第二章

财务管理的价值观念

【学习目标】

通过本章学习，要求掌握下列内容：

- 货币时间价值的概念、经济实质及其计算应用
- 风险报酬的概念、经济实质与相关计算
- 债券与股票的基本估价模型

第一节　货币时间价值

一、货币时间价值的含义

货币时间价值(Time Value of Money)，是指货币经历一定时间的投资和再投资所增加的价值，又称为资金时间价值。西方经济学家通常解释为：在没有风险和通货膨胀的条件下，现在1元钱的价值要高于以后1元钱的价值。并举例说，当人们面对现在得到1元钱或一年后得到1元钱的选择时，人们总会选择前者。因为他可以将现在的1元存入银行，明年得到1.06元(假设银行存款利率为6%)。这一简单的事实往往给人以假象，似乎钱能生钱，从而掩盖了时间价值的本质。

等量货币在不同时期，其价值量是不一样的。其原因在于，一定额度的货币经过有效的运用，可以为投资者带来一个新增加的货币量。如果货币所有者放弃了现在使用货币的机会，而将这个机会让给某一经营者，可以换取按放弃这个使用机会时间长短所计算的报酬，这个报酬就代表着货币的时间价值。

如果某居民将手中现有闲置货币1 000元存入银行，定期一年取回。一年期满后，银行付给该居民1 072元，其中的72元是银行年存款利息，利息与存款本金的比值是7.2%。利息和利率分别以绝对数和相对数的形式表现着货币的时间价值。上

例中的1 000元本金为该货币的现值，1 072 元是本金和利息之和，即该笔货币的终值。

二、单利与复利

单利和复利是货币时间价值两种不同的计息方法，在单利计息法下，货币时间价值中的利息不再计息；而复利计息下，利息也要计息。

如：100 元的存款，年利率为 4%，存期 2 年，按单利和复利两种不同的计息方式，其本利和是不同的。

单利下：$100\times(1+2\times4\%)=108$（元）

复利下：$100\times(1+4\%)\times(1+4\%)=108.16$（元）

可见，单利下第一年的利息不作为第二年存续的本金，复利则将第一年利息作为第二年续存的本金，复利计息亦称为利滚利。货币时间价值是时间的函数，因此复利计息更为准确。货币时间价值一般都是按复利方式进行计算的，在本书中，如不作特别提示，均为复利计息。

三、复利终值与现值

（一）复利终值

终值（Future Value）是指若干期以后复利计息下本金和利息的本利和。

复利终值的计算公式是：

$$FV_n=PV(1+i)^n$$

式中：FV_n——复利终值；

PV——复利现值；

i——利息率；

n——计息期数。

公式中的$(1+i)^n$表示本金 1 元、n 期末的复利终值，称为复利终值系数。$(1+i)^n$ 可以写成 $FVIF_{i,n}$。复利终值的计算公式可写为：

$$\begin{aligned}FV_n&=PV(1+i)^n\\&=PV\cdot FVIF_{i,n}\end{aligned}$$

为了简化计算，可编制复利终值系数表，该表见附录一，表 2—1 是其简表。表中 i 和 n 的范围及详细程度可视情况而定。教学用表中的系数，一般只取 3 或 4 位小数，实际工作中，位数要多一些。

表 2—1　　1 元的复利终值系数(*FVIF*)简表

n \ i(%)	4%	5%	6%	7%	8%	9%	10%
1	1.040 0	1.050 0	1.060 0	1.070 0	1.080 0	1.090 0	1.100 0
2	1.081 6	1.102 5	1.123 6	1.144 9	1.166 4	1.188 1	1.210 0
3	1.124 9	1.157 6	1.191 0	1.225 0	1.259 7	1.295 0	1.331 0
4	1.169 9	1.215 5	1.262 5	1.310 8	1.360 5	1.411 6	1.464 1
5	1.216 7	1.276 3	1.338 2	1.402 6	1.469 3	1.538 6	1.610 5
6	1.265 3	1.340 1	1.418 5	1.500 7	1.586 9	1.677 1	1.771 6
7	1.315 9	1.407 1	1.503 6	1.605 8	1.713 8	1.828 0	1.948 7
8	1.368 6	1.477 5	1.593 8	1.718 2	1.850 9	1.992 6	2.143 6
9	1.423 3	1.551 3	1.689 5	1.838 5	1.999 0	2.171 9	2.357 9
10	1.480 2	1.628 9	1.790 8	1.967 2	2.158 9	2.367 4	2.593 7

注：$FVIF_{6\%,3}$为 1.191 0 。

【例 2—1】 某人将 10 000 元投资于一项事业，年报酬率为 6%，第三年的期终金额是多少？

解：$FV_n = PV(1+i)^n = PV\ (1+6\%)^3$

$= PV \cdot FVIF_{6\%,3} = 10\ 000 \times 1.191\ 0 = 11\ 910$(元)

其中$(1+6\%)^3$ 通过“1 元的复利终值表”求得。

(二)复利现值

复利现值(Present Value)是复利终值的对称概念，系指未来一定时间的特定资金按复利计算的现在价值，或者说是将来特定本利和所需要的本金。

复利现值的计算公式是：

$$PV = \frac{FV_n}{(1+i)^n}$$

$$= FV(1+i)^{-n}$$

式中的$(1+i)^{-n}$是把终值折算为现值的系数，称为复利现值系数，可通过查“复利现值系数表”（见附录二，表 2－2 是其简表）求得。

表 2－2　　**1 元的复利现值系数（*PVIF*）简表**

i (%) / n	4%	5%	6%	7%	8%	9%	10%
1	0.961 5	0.952 4	0.943 4	0.934 6	0.925 9	0.917 4	0.909 1
2	0.924 6	0.907 0	0.890 0	0.873 4	0.857 3	0.841 7	0.826 4
3	0.889 0	0.863 8	0.839 6	0.816 3	0.793 8	0.772 2	0.751 3
4	0.854 8	0.822 7	0.792 1	0.762 9	0.735 0	0.708 4	0.683 0
5	0.821 9	0.783 5	0.747 3	0.713 0	0.680 6	0.649 9	0.620 9
6	0.790 3	0.746 2	0.705 0	0.666 3	0.630 2	0.596 3	0.564 5
7	0.759 9	0.710 7	0.665 1	0.622 7	0.583 5	0.547 0	0.513 2
8	0.730 7	0.676 8	0.627 4	0.582 0	0.540 3	0.501 9	0.466 5
9	0.702 6	0.644 6	0.591 9	0.543 9	0.500 2	0.460 4	0.424 1
10	0.675 6	0.613 9	0.558 4	0.508 3	0.463 2	0.422 4	0.385 5

注：$PVIF_{8\%,5}$ 为 0.680 6。

【例 2－2】 某人拟在 5 年后获得本利和 20 000 元，假设投资报酬率为 8%，他现在应投入多少元？

解：$PV = FV \times (1+i)^{-n}$

$= 20\ 000 \times (1+8\%)^{-5}$

$= 20\ 000 \times PVIF_{8\%,5}$

$= 20\ 000 \times 0.680\ 6$

$= 13\ 612$（元）

四、年金终值与现值

年金（Annuity）指在一个特定的时期内，每隔一段相同的时间，收入或者支出相等金额的款项。比如，企业承租一台设备，租期 3 年，每年支付的等额设备租金就是年金。

年金按其收入或支出的时点可分为多种形式。凡是收入或支出在每期期末的年金，叫做普通年金或后付年金，大部分年金属普通年金；凡收入或支出在每期期初的年金，叫做预付年金或即付年金；凡收入或支出在第一期末以后的某一时间的年金，称为递延年金或延期年金；凡无限期继续收入或支出的年金，称为永续年金或无限支付年金。运用年金概念计算终值和现值时以复利计算作为货币时间价值的基础。

（一）后付年金

1. 后付年金终值的计算

后付年金终值是每期期末等额收入或支出的复利终值之和，其计算方式类似于等额零存整取。由于后付年金是各种年金中最基本的形式，在实际工作中被广泛运用。

【例 2—3】 假如每年年末定期存款 1 000 元，存款年利率为 8%，经过 3 年，其后付年金终值如图 2—1 所示。

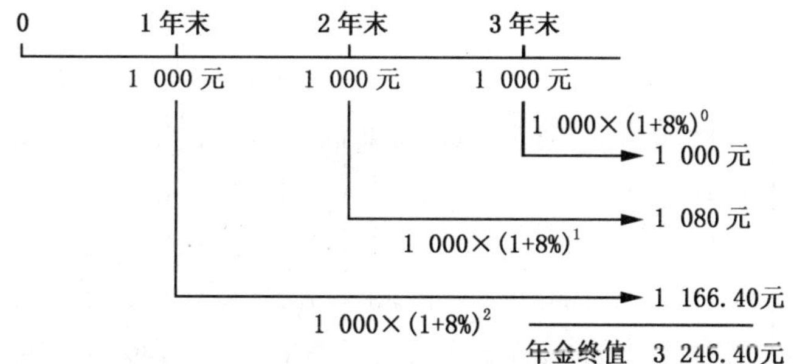

图 2—1 后付年金终值

图 2—1 的计算过程可用公式表示：

设：FVA_n 为年金终值，A 为每期的年金，i 为利率

$$FVA_n = A(1+i)^0 + A(1+i)^1 + A(1+i)^2 + A(1+i)^3 + \cdots + A(1+i)^{n-2} + A(1+i)^{n-1}$$

$$= A\sum_{t=1}^{n}(1+i)^{t-1}$$

$$= A \cdot \frac{(1+i)^n - 1}{i}$$

上式的推导过程：

由于 $FVA_n = A(1+i)^0 + A(1+i)^1 + A(1+i)^2 + \cdots + A(1+i)^{n-2} + A(1+i)^{n-1}$ (1)

将(1) 式两边同乘以 $(1+i)$ 得：

$$FVA_n(1+i) = A(1+i)^1 + A(1+i)^2 + \cdots + A(1+i)^{n-1} + A(1+i)^n \quad (2)$$

将(2) − (1) 得：

$$FVA_n(1+i)-FVA_n=-A+A(1+i)^n$$

$$FVA_n=A\cdot\frac{(1+i)^n-1}{i}$$

式中的$\sum_{t=1}^{n}(1+i)^{t-1}$或$\frac{(1+i)^n-1}{i}$称为年金终值系数，记作$FVIFA_{i,n}$。

年金终值系数可通过查年金终值系数表（见附录三）直接获得。表2—3是年金终值系数表的简表。

表2—3　　年金终值系数（*FVIFA*）简表

n \ i (%)	4%	5%	6%	7%	8%	9%	10%
1	1.000 0	1.000 0	1.000 0	1.000 0	1.000 0	1.000 0	1.000 0
2	2.040 0	2.050 0	2.060 0	2.070 0	2.080 0	2.090 0	2.100 0
3	3.121 6	3.152 5	3.183 6	3.214 9	3.246 4	3.278 1	3.310 0
4	4.246 5	4.310 1	4.374 6	4.439 9	4.506 1	4.573 1	4.641 0
5	5.416 3	5.525 6	5.637 1	5.750 7	5.866 6	5.984 7	6.105 1
6	6.663 0	6.801 9	6.975 3	7.153 3	7.335 9	7.523 3	7.715 6
7	7.898 3	8.142 0	8.393 8	8.654 0	8.922 8	9.200 4	9.487 2
8	9.214 2	9.549 1	9.897 5	10.259 8	10.636 6	11.028 5	11.435 9
9	10.582 8	11.026 6	11.491 3	11.978 0	12.487 6	13.021 0	13.579 5
10	12.00 6	12.578	13.181	13.816	14.487	15.193	15.937

注：$FVIFA_{8\%,3}$为3.246 4。

例2—3的年金终值可按公式计算如下：

$$FVA_n=A\cdot\frac{(1+i)^n-1}{i}$$
$$=1\,000\times FVIFA_{8\%,3}$$
$$=1\,000\times 3.246\,4$$
$$=3\,246.40\text{（元）}$$

2. 偿债基金的计算

偿债基金（Sinking Fund）是为了约定在未来某一时点清偿某笔债务或积聚一定数额的资金而必须分次等额形成的存款准备金。这种等额的准备金类似年金存款，可以得到复利计算的利息，因而债务可视为年金终值，每年存入的偿债基金视为年金。偿债基金的计算实际为年金终值的逆运算。计算公式：

$$A=FVA_n \cdot \frac{i}{(1+i)^n-1}$$

式中的$\frac{i}{(1+i)^n-1}$称作“偿债基金系数”。偿债基金系数可以通过年金终值系数的倒数推算出来。公式可记为：

偿债基金＝终值÷年金终值系数

即：

$$A=FVA_n \cdot (1/FVIFA_{i,n})$$

【例 2—4】 假如有一笔 5 年后到期的借款，到期值为 102 800 元。若年存款利率为 6%，则为偿还这笔借款应建立的偿债基金为：

$A=102\ 800 \times (1/FVIFA_{6\%,5})$

$=102\ 800 \times (1/5.637\ 1)$

$=18\ 236.33$（元）

3. 后付年金现值的计算

后付年金现值是每期期末等额款项的收入或支出的复利现值之和，其计算过程与年金终值相反。假设按年利率 8%，计算每年 1 000 元的 3 年期后付年金现值。如图 2—2 所示。

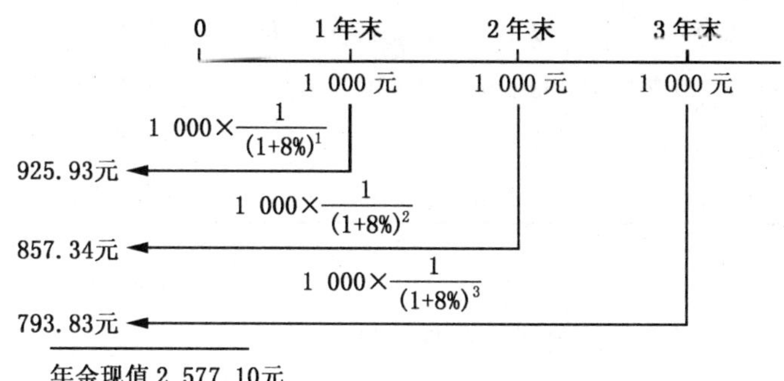

图 2—2　后付年金现值

图 2—2 的年金现值计算过程可用公式表示如下：

设：PVA_n 为年金现值

$$PVA_n = A\frac{1}{(1+i)^1}+A\frac{1}{(1+i)^2}+A\frac{1}{(1+i)^3}+\cdots+A\frac{1}{(1+i)^{n-2}}+A\frac{1}{(1+i)^{n-1}} +A\frac{1}{(1+i)^n}$$

$$= A\sum_{t=1}^{n}\frac{1}{(1+i)^{t}}$$

$$= A\cdot\frac{1-(1+i)^{-n}}{i}$$

式中，$\sum_{t=1}^{n}\frac{1}{(1+i)^{t}}$ 或 $\frac{1-(1+i)^{-n}}{i}$ 称为年金现值系数，可记作：$PVIFA_{i,n}$。

为简化计算，可以编制年金现值系数表（见附录四），表 2—4 是其简表。

表 2—4　　**年金现值系数（*PVIFA*）简表**

n \ i (%)	4%	5%	6%	7%	8%	9%	10%
1	0.961 5	0.952 4	0.943 4	0.934 6	0.925 9	0.917 4	0.909 1
2	1.886 1	1.859 4	1.833 4	1.808 0	1.783 3	1.759 1	1.735 5
3	2.775 1	2.723 2	2.673 0	2.624 3	2.577 1	2.531 3	2.486 9
4	3.629 9	3.546 0	3.465 1	3.387 2	3.312 1	3.239 7	3.169 9
5	4.451 8	4.329 5	4.212 4	4.100 2	3.992 7	3.889 7	3.790 8
6	5.242 1	5.075 7	4.917 3	4.766 5	4.622 9	4.485 9	4.355 3
7	6.002 1	5.786 4	5.582 4	5.389 3	5.206 4	5.033 0	4.868 4
8	6.732 7	6.463 2	6.209 8	5.971 3	5.746 6	5.534 8	5.334 9
9	7.435 3	7.107 8	6.801 7	6.515 2	6.246 9	5.995 2	5.759 0
10	8.110 9	7.721 7	7.360 1	7.023 6	6.710 1	6.417 7	6.144 6

注：$PVIFA_{8\%,3}$ 为 2.577 1

例 2—3 中的年金现值可按公式计算如下：

$$PVA_n = A\cdot PVIFA_{i,n}$$
$$= 1\,000\times PVIFA_{8\%,3}$$
$$= 1\,000\times 2.577\,1$$
$$= 2\,577.10（元）$$

4. 投资回收额的计算

投资回收额是指在约定年限内等额回收初始投入资本或清偿所欠债务的金额。年投资回收额是年金现值的逆运算。计算公式为：

$$A = PVA_n\cdot\frac{i}{1-(1+i)^{-n}}$$

式中的分式$\frac{i}{1-(1+i)^{-n}}$称为“投资回收系数”。投资回收系数可利用年金现值系数的倒数求得。公式可记为：

投资回收额＝年金现值÷年金现值系数

即：
$$A=PVA_n \cdot (1/PVIFA_{i,n})$$

【例 2－5】 假如 R 公司现在借得 800 000 元的贷款，在 6 年内以 10%的年利率等额偿还，求每年应付的金额。

解：$A=800\ 000\times(1/PVIFA_{10\%,6})$

$=800\ 000\times(1/4.355\ 3)$

$=183\ 684.25$（元）

（二）先付年金

先付年金是指在每期期初收付的年金。后付年金与先付年金的区别仅在于付款时间的不同。由于后付年金是最常用的，因此，年金终值和现值系数表是按后付年金编制的。在计算先付年金时，为了利用后付年金现值和终值系数，须将先付年金转换为后付年金形式。

n 期先付年金终值与 n 期后付年金终值之间的关系可用图 2－3 来表示。

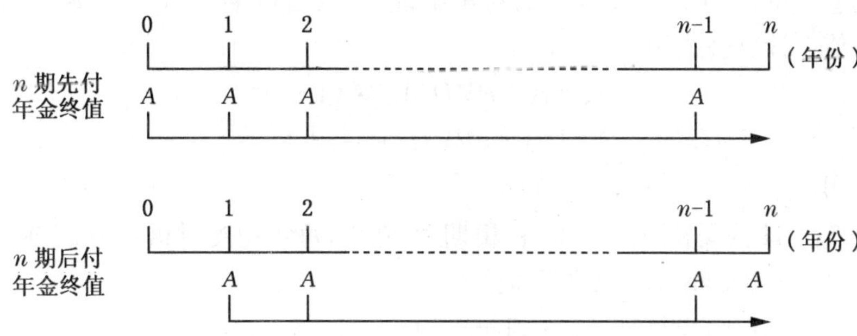

图 2－3 先付年金终值与后付年金终值之间的关系

n 期先付年金与 n 期后付年金的付款次数相同，但由于付款时间不同，n 期先付年金终值比 n 期后付年金终值多计算一期利息。所以，可以先求 n 期后付年金终值，然后再乘以$(1+i)$，便可求出 n 期先付年金的终值。计算公式如下：

$$V_n=A \cdot FVIFA_{i,n} \cdot (1+i)$$

或
$$V_n=A \cdot (FVIFA_{i,n+1}-1)$$

举例说明：

【例 2－6】 G 公司出租一部大型工程车辆，租期 10 年，每年年初收到租金 5 万元，假定利率为 8%，问：该笔出租设备租金收入的终值为多少？

解：$V_{10}=50\ 000\cdot FVIFA_{8\%,10}\cdot(1+8\%)$
$=50\ 000\times14.487\times1.08$
$=782\ 298$（元）

n 期先付年金现值与 n 期后付年金现值之间的关系可用图 2－4 表示。

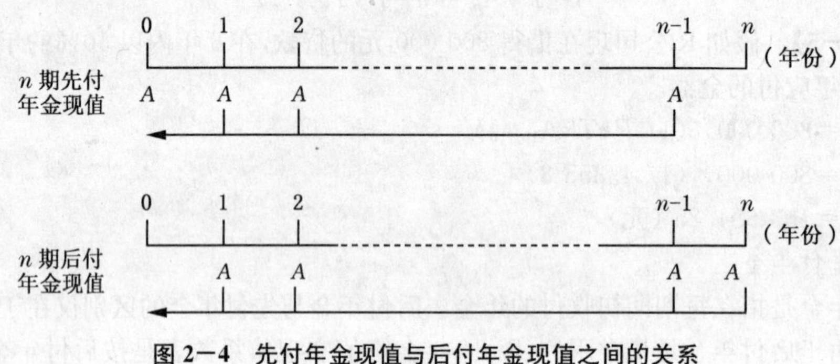

图 2－4　先付年金现值与后付年金现值之间的关系

n 期先付年金与 n 期后付年金的付款次数相同，但由于付款时间不同，n 期后付年金是期末付款，n 期先付年金是期初付款，计算现值时，n 期后付年金比 n 期先付年金现值多贴现一期利息。所以，可以先求 n 期后付年金现值，然后再乘以 $(1+i)$，便可求出 n 期先付年金的现值。计算公式如下：

$$V_n=A\cdot PVIFA_{i,n}\cdot(1+i)$$

或：

$$V_n=A\cdot(PVIFA_{i,n-1}+1)$$

举例说明：

【例 2－7】 H 公司租入一台设备，租期为 20 年，每年初支付租金为 25 000 元。假定利率为 8%，求：该租金收入的现值是多少？

解：$V_0=25\ 000\cdot PVIFA_{8\%,20}\cdot(1+8\%)$
$=25\ 000\times9.818\ 1\times1.08$
$=265\ 088.70$（元）

（三）递延年金

递延年金是指在最初若干期没有收付款项的情况下，后面若干期等额地系列收付款项。假设最初有 m 期没有收付款项，后面 n 期有等额的收付款项，则递延年金的现值即为后 n 期年金贴现至 m 期期初的现值。可以用图 2－5 说明。

从图 2－5 中可以看出，先求出递延年金在 n 期期初（m 期期末）的现值，再将其作为终值贴现至 m 期期初，便可求出递延年金的现值。其计算公式为：

$$V=A\cdot PVIFA_{i,n}\cdot PVIF_{i,m}$$

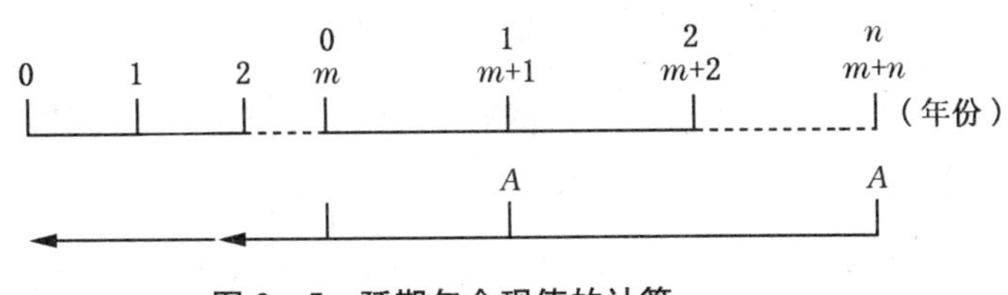

图 2—5　延期年金现值的计算

递延年金现值还有另外一种算法，先求出 $m+n$ 期后付年金现值，减去没有付款的前 m 期后付年金现值，两者之差便是延期 m 期的 n 期后付年金现值。其计算公式为：

$$V_0 = A \cdot PVIFA_{i,m+n} - A \cdot PVIFA_{i,m}$$
$$= A \cdot (PVIFA_{i,m+n} - PVIFA_{i,m})$$

【例 2—8】　S 公司向某金融机构借入一笔款项，借款的年利率为 8%，借款合同规定前 5 年不用还本付息，但从第六年至第十年每年年末偿还本息 80 000 元，问这笔款项的现值为多少。

解：$V_0 = 80\ 000 \times PVIFA_{8\%,5} \times PVIF_{8\%,5}$

$= 80\ 000 \times 3.992\ 7 \times 0.680\ 6$

$= 217\ 394.53$（元）

或　$V_0 = 80\ 000 \times (PVIFA_{8\%,10} - PVIFA_{8\%,5})$

$= 80\ 000 \times (6.710\ 1 - 3.992\ 7)$

$= 217\ 392$（元）

（四）永续年金

永续年金是指无限期收付的年金。西方有些债券为无限期债券，这些债券的利息可视为永续年金。优先股因为有固定股利而又无到期日，因而优先股股利有时可视为永续年金。此外，期限长、利率高的年金现值可按永续年金的计算公式计算其近似值。

永续年金的现值系数 $PVIFA_{i,\infty}$，可按下式计算：

$$PVIFA_{i,\infty} = \frac{1}{i}$$

推导过程为：

$$PVIFA_{i,n} = \frac{1-(1+i)^{-n}}{i}$$

当 $n \to \infty$ 时，$(1+i)^{-n} \to 0$

故

$$PVIFA_{i,\infty} = \frac{1}{i}$$

因此，永续年金现值的计算公式为：

$$V_0 = A \cdot \frac{1}{i}$$

【例 2－9】 某永续年金每年年末的收入为 10 000 元，利息率为 4%，求该永续年金的现值。

$$V_0 = 10\ 000 \times \frac{1}{4\%} = 25\ 000\ (\text{元})$$

五、货币时间价值计算中的几个特殊问题

(一)不等额现金流量现值的计算

在企业理财管理中，经常要计算每次流出、流入款项不相等的现金流出或流入的现值。

假设：A_0——第 0 年末的付款；

A_1——第 1 年末的付款；

A_2——第 2 年末的付款；

⋮

A_n——第 n 年末的付款。

则其现值计算过程可用图 2－6 表示。

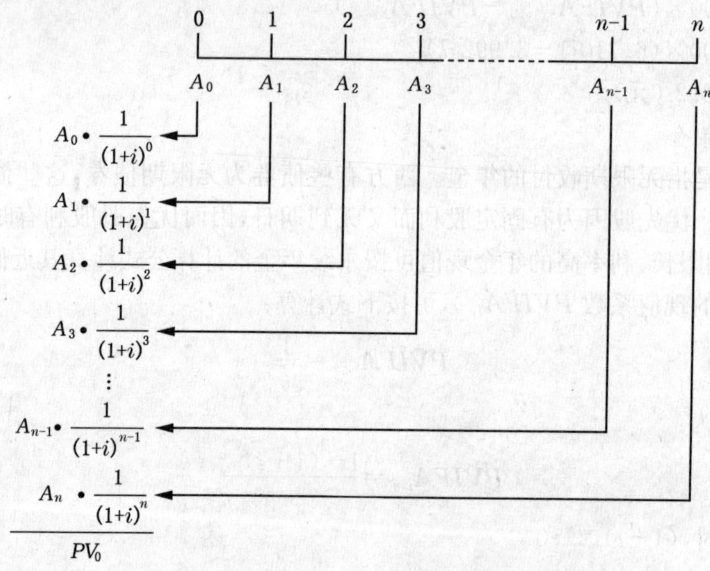

图 2－6　不等额现金流量现值的计算

由图 2—6 可得：

$$PV_0 = A_0 \cdot \frac{1}{(1+i)^0} + A_1 \cdot \frac{1}{(1+i)^1} + A_2 \cdot \frac{1}{(1+i)^2} + \cdots$$
$$+ A_{n-1} \cdot \frac{1}{(1+i)^{n-1}} + A_n \cdot \frac{1}{(1+i)^n}$$
$$= \sum_{t=0}^{n} A_t \cdot \frac{1}{(1+i)^t}$$

【例 2—10】 有一笔现金流量如表 2—5 所示，贴现率为 6%，求这笔不等额现金流量的现值。

表 2—5　　现金流量

年	0	1	2	3	4
现金流量(元)	2 000	3 000	800	5 000	7 000

这笔不等额现金流量的现值可按下列公式计算：

$$PV_0 = A \cdot \frac{1}{(1+i)^0} + A_1 \cdot \frac{1}{(1+i)^1} + A_2 \cdot \frac{1}{(1+i)^2}$$
$$+ A_3 \cdot \frac{1}{(1+i)^3} + A_4 \cdot \frac{1}{(1+i)^4}$$
$$= 2\ 000 \times PVIF_{6\%,0} + 3\ 000 \times PVIF_{6\%,1} + 800 \times PVIF_{6\%,2} + 5\ 000 \times PVIF_{6\%,3}$$
$$+ 7\ 000 \times PVIF_{6\%,4}$$
$$= 2\ 000 \times 1.000 + 3\ 000 \times 0.943\ 4 + 800 \times 0.890\ 0 + 5\ 000 \times 0.839\ 6$$
$$+ 7\ 000 \times 0.792\ 1$$
$$= 15\ 284.9\ (\text{元})$$

(二)年金和不等额现金流量混合情况下的现值

在年金和不等额现金流量混合情况下，能用年金公式计算现值使用年金公式计算，不能用年金计算的部分用复利公式计算，然后加总，得出年金和不等额现金流量混合情况下的现值。

【例 2—11】 W 公司的新生产流水线 1～10 年的系列现金流量如表 2—6 所示，公司要求的报酬率为 8%，求新流水线系列现金流量的现值。

表 2－6　　现金流量　　单位：元

年	1	2	3	4	5	6	7	8	9	10
现金流量	20 000	20 000	20 000	36 000	36 000	36 000	36 000	36 000	36 000	68 000

这笔现金流量的现值可用下列方法计算求得：

$$PV_0 = 20\,000 \times PVIFA_{8\%,3} + 36\,000 \times PVIFA_{8\%,6} \times PVIF_{8\%,3} + 68\,000 \times PVIF_{8\%,10}$$
$$= 20\,000 \times 2.577\,1 + 36\,000 \times 4.622\,9 \times 0.793\,8 + 68\,000 \times 0.463\,2$$
$$= 215\,147.29\text{（元）}$$

（三）计息期短于1年的时间价值的计算

终值和现值通常按年计算，但有时会遇到计息期短于1年的情况。例如有些公司每半年分配股利，有些债券按季计息一次，有些贷款则是按月计息。这就出现了以半年、1个季度、1个月甚至以天数为期间的计息期。

当计息期短于1年，而使用的利率又是年利率时，计息期数和计息率均应按下式进行换算。

$$r = \frac{i}{m}$$

$$t = m \cdot n$$

式中：r——期利率；

i——年利率；

m——每年的计息次数（复利次数）；

n——年数；

t——换算后的计息期数。

【例 2－12】 某人准备在第八年末获得 80 000 元收入，假设年利息率为 10%，每半年计息一次，现在应存入多少钱？

解：因为 $n=8$，$i=10\%$，$FV_8=80\,000$，$m=2$

$r=i/m=10\%/2=5\%$

$t=m \cdot n=8\times 2=16$

则 $PV = FV \cdot PVIF_{5\%,16}$

$= 80\,000 \times 0.458\,1$

$= 36\,648$（元）

（四）贴现率的计算

在财务决策中，经常会遇到已知计息期数、终值和现值，求贴现率的问题。求贴现率可分为两步：

第一步：求出换算系数；

第二步：根据换算系数和有关系数求贴现率。

$\because \quad FV_n = PV \cdot FVIF_{i,n}$

$$\therefore \quad FVIF_{i,n} = \frac{FV_n}{PV}$$

同理

$$PVIF_{i,n} = \frac{PV}{FV_n}$$

$$FVIFA_{i,n} = \frac{FVA_n}{A}$$

$$PVIFA_{i,n} = \frac{PVA_n}{A}$$

【例 2－13】 现有资金 1 200 元，存入银行，按复利计息，欲在 15 年后使其达到 4 371.58元，求：银行的存款利率应达到多少？

$$\text{解：} PVIF_{i,15} = 1\,200 \div 4\,371.58 = 0.274\,5$$

查"1 元的复利现值系数表"，在 $n=15$ 的行中寻找到 0.274 5，对应的 i 值为 9%，所以，$i=9\%$，即存款利率为 9%，才可使原有资金在 15 年后达到 4 371.58 元。

【例 2－14】 存入银行 1 000 000 元，按复利计息，在利率为多少时，才能保证在以后 10 年中每年得到 138 000 元？

$$\text{解：} PVIFA_{i,10} = \frac{1\,000\,000}{138\,000} = 7.246\,4$$

查年金现值系数表，当利率为 6%时，系数是 7.360 1；当利率是 7%时，系数是 7.023 6：可见利率在 6%～7%之间。求利息率 i，则可用插值法计算：

$$i = 6\% + \frac{7.360\,1 - 7.246\,4}{7.360\,1 - 7.023\,6} \cdot (7\% - 6\%) = 6.34\%$$

第二节　风险与报酬

企业的财务管理活动是在存在风险与不确定情况下进行的。因此，要从市场整体来分析不同资产的风险，以及与该项资产相对应的必要报酬。

一、风险报酬的概念

本章第一节叙述的货币时间价值是在不存在风险和通货膨胀条件下的投资报酬率。但是风险是客观存在的，财务决策不能不考虑风险问题。

在财务定义中，风险是指在一定条件下和一定时期内可能发生的各种实际结果偏离预期结果的程度。当人们承担风险时，都相应要求取得预期收益，冒的风险越大，收益预期越高。例如，投资国库券平均收益率为 3.8%，而投资某一小公司的股票（风险度最高的证券），其平均收益可能达到 17.6%，两者之差（13.8%）被认为是对投资者所承担风险的补偿，即风险收益。所谓风险报酬，是指投资者因冒风险进行投资而获得的超过时间价值的那部分额外报酬。风险报酬率则是指风险报酬额与原投资额的比率。

与风险相对应的另一个概念是不确定性。这两个概念在程度上有所不同。风险一般事前知道所有可能的情况，以及每种情况的概率；不确定性是事前不知道所有可能情况，或不知道出现的概率。因此，风险可以用概率统计来计量，而不确定性则不能。现实中很难将两者区分，为简化分析，往往将风险与不确定性视为同义语。

二、单一投资风险与报酬

（一）概率

一个事件的概率是指这一事件可能发生的机会。在财务理论中，人们可以借助于分析投资的可能结果及其出现的可能概率来度量风险。如某股票投资报酬为 20% 的概率是 0.3，就意味着该股票投资报酬率为 20% 的可能性为 30%。通过考察，无论随机事件的发生有多少种可能，各种可能发生的概率之和为 1。

（二）计算期望报酬率

期望报酬率是各种可能的收益率按其概率进行加权平均得到的报酬率，是反映集中趋势的一种量度。期望报酬率可按下列公式计算：

$$\overline{K} = \sum_{i=1}^{n} K_i P_i$$

式中：$\overline{K}$——期望报酬率；

K_i——第 i 种可能结果的报酬率；

P_i——第 i 种可能结果的概率；

n——可能结果的个数。

【例 2－15】 A 公司与 B 公司的股票报酬率及概率分布见表 2－7，计算两家公司的期望报酬率。

表 2—7　**A 公司与 B 公司股票报酬率**

市场状况	概率	A 公司报酬率	B 公司收益率
繁荣	0.3	60%	20%
一般	0.4	45%	15%
衰退	0.3	−70%	10%
合计	1.0		

A 公司 $\overline{K}=0.3\times60\%+0.4\times45\%+0.3\times(-70\%)$

$=15\%$

B 公司 $\overline{K}=0.3\times20\%+0.4\times15\%+0.3\times10\%$

$=15\%$

上述结果可用图 2—7 表示。

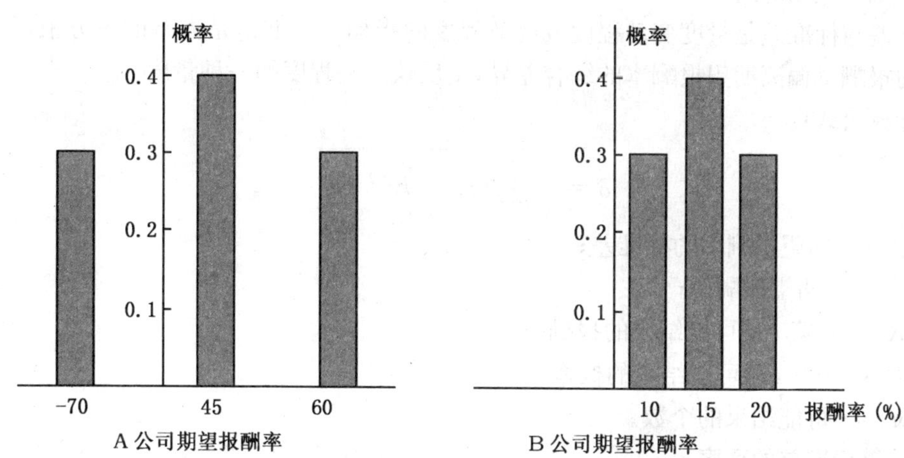

图 2—7　A 公司与 B 公司期望报酬率概率分布

以上只假定了三种情况，实践中可能发生很多种可能的结果。每种可能的结果的概率总和要等于 1。对每种可能的结果都给予一个收益率，把它们绘制到图标系中，便可得到连续的概率分布，如图 2—8 所示。

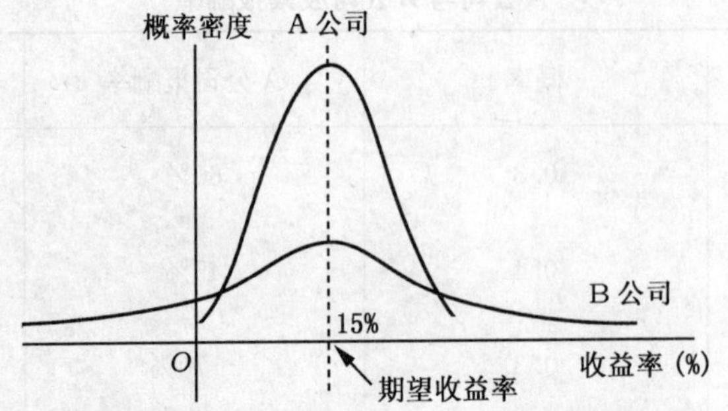

图2－8　A公司与B公司收益率连续概率分布

三、单一投资的风险衡量

我们可以从统计方法上衡量风险，并利用收益数频数分布的离散程度来显示其风险的大小。收益分布的离散程度所表示的是某一具体收益与平均收益之间的距离。统计上有两种常用方法可用于衡量这种离散程度：方差与标准差、标准离差率。

1. 方差与标准差

方差与标准差是量度变动程度或离散程度的指标。标准差是方差的平方根，是各种可能的报酬率偏离期望报酬率的综合差异，是反映离差程度的一种量度。

计算公式：

$$\delta = \sqrt{\sum_{i=1}^{n}(K_i - \overline{K})^2 \cdot P_i}$$

式中：δ—— 期望报酬率的标准差；

$\overline{K}$—— 期望报酬率；

K_i—— 第 i 种可能结果的报酬率；

P_i—— 第 i 种可能结果的概率；

n—— 可能结果的个数。

计算标准差的程序：

(1) 计算期望报酬率。

$$\overline{K} = \sum_{i=1}^{n} K_i P_i$$

(2) 把期望报酬率与每一结果相减，得到每一种结果的报酬率与期望报酬率的差异。

$$D_i = K_i - \overline{K}$$

(3) 计算每一差异的平方，乘以与其相关的结果发生的概率，汇总得到概率分布的方差。

$$\delta^2 = \sum_{i=1}^{n} (K_i - \overline{K})^2 \cdot P_i$$

(4) 对方差开方，得到标准差。

$$\delta = \sqrt{\sum_{i=1}^{n} (K_i - \overline{K})^2 \cdot P_i}$$

将例 2－15 中的 A 公司资料代入上式计算 A 公司标准差(见表 2－8)。

表 2－8　　　　标准差的计算

$D_i = K_i - \overline{K}$	$(K_i - \overline{K})^2$	$(K_i - \overline{K})^2 P_i$
60%－15%＝45%	20.25%	20.25%×0.3＝6.075%
45%－15%＝30%	9%	9%×0.4＝3.6%
－70%－15%＝－85%	72.25%	72.25%×0.3＝21.675%

方差：δ^2＝6.075%＋3.6%＋21.675%＝31.35%

标准差：δ＝55.99%

根据同样的方法可计算出 B 公司的方差和标准差分别为 0.15%、3.87%。

通过上述计算，可以得到对某项投资或资产风险水平的量度。在收益一定的条件下，标准差(或方差)越大，则该项投资(或资产)的风险也就越大；反之，则越小。

2. 计算标准离差率

标准离差是反映随机变量离散程度的一个指标。但它是一个绝对值，而不是一个相对量，只能用来比较期望报酬率相同的投资项目的风险程度，而不能用来比较期望报酬率不同的投资项目的风险程度。对比期望报酬率不同的投资项目的风险程度，需要用标准离差率。

标准离差率计算公式：

$$V = \frac{\delta}{\overline{K}} \times 100\%$$

式中：V——标准离差率；

δ——标准差；

$\overline{K}$——期望报酬率。

例如，假设 X 项目的期望报酬率为 40%，标准差为 10%；Y 项目的期望报酬率为 20%，标准差为 8%。我们可通过标准离差率比较两者的风险程度。

$$V_X=\frac{10\%}{40\%}=0.25$$

$$V_Y=\frac{8\%}{20\%}=0.4$$

通过标准离差率的计算，我们看到虽然X项目期望值和风险均高于Y项目，但由于其单位报酬率水平所承担的风险低于Y项目，也即X项目的标准离差率小于Y项目，因此，X项目的风险水平相对较低。

四、证券组合投资的风险与报酬

投资者在投资时不会把资本集中于一种证券资产上。与单一投资相对应，我们将投资两种或两种以上资产的投资称为组合投资。一般机构投资者都要进行投资组合，即使个人投资者也需要进行必要的投资组合，因此必须了解证券组合的风险与报酬。

（一）证券组合的风险

证券组合的风险可以分为可分散风险和不可分散风险。

1. 可分散风险

又称为非系统风险或公司特别风险，是指某些因素对单个证券造成经济损失的可能性。

2. 不可分散风险

又称为系统风险或市场风险，是指某些因素给市场上所有证券带来经济损失的可能性。

不可分散风险的程度，通常用β系数来计量。β系数所反映的是某一投资对象相对于整体市场的表现情况。其绝对值越大，显示其收益变化幅度相对于整体市场的变化幅度越大；绝对值越小，显示其变化幅度相对于整体市场越小。如果是负值，则显示其变化的方向与整体市场的变化方向相反：整体市场涨的时候它跌，整体市场跌的时候它涨。

整体证券市场的β系数为1，如果哪种股票的风险情况与整个证券市场的风险情况相一致，则该种股票的β系数也等于1；如果某种股票的β系数大于1，说明其风险大于整个市场的风险；反之，某种股票的β系数小于1，说明其风险小于整个市场的风险。

β系数有多种计算方法，实际计算过程十分复杂，但β系数一般不需要投资者自己计算，而由一些投资服务机构定期计算公布。表2－9列示了2007年度我国11家上市公司的β系数。

表 2—9　　2007 年度我国 11 家上市公司的 β 系数

股票代码	公司名称	β系数
600004	白云机场	0.84
600616	第一食品	0.84
000538	云南白药	0.67
600362	江西铜业	1.06
600220	江苏阳光	1.02
000503	海虹控股	1.06
600628	新世界	1.01
600006	东风汽车	1.18
600779	水井坊	0.95
600415	宝钢股份	0.67
000045	深纺织 A	1.13

β 系数应用

β 系数反映了个股对市场(或大盘)变化的敏感性,也就是个股与大盘的相关性或通俗说的"股性"。可根据市场走势预测选择不同的 β 系数的证券从而获得额外收益,特别适合做波段操作使用。当有很大把握预测到一个大牛市或大盘某个上涨阶段的到来时,应该选择那些高 β 系数的证券,它将成倍地放大市场收益率,为你带来高额的收益;相反在一个熊市到来或大盘某个下跌阶段到来时,你应该调整投资结构以抵御市场风险,避免损失,办法是选择那些低 β 系数的证券。为避免非系统风险,可以在相应的市场走势下选择那些相同或相近 β 系数的证券进行投资组合。比如,一只个股 β 系数为 1.3,说明当大盘涨 1%时,它可能涨 1.3%,反之亦然;但如果一只个股 β 系数为－1.3%时,说明当大盘涨 1%时,它可能跌 1.3%,同理,大盘如果跌 1%,它有可能涨 1.3%。

证券组合的 β 系数是单个证券 β 系数的加权平均,权数为单个品种在证券组合中所占的比重。其计算公式为:

$$\beta_p = \sum_{i=1}^{n} x_i\beta_i$$

式中：β_p——证券组合的 β 系数；

x_i——证券组合中第 i 种股票所占的比重；

β_i——第 i 种股票的 β 系数；

n——证券组合中股票的数量。

(二)证券组合的风险报酬

与单项投资不同，证券组合投资要求补偿的风险只是不可分散风险，而不要求对可分散风险进行补偿。因此，证券组合的风险报酬是投资者因承担不可分散风险而要求的、超过时间价值的那部分额外报酬。其计算公式为：

$$R_p = \beta_p(K_m - R_F)$$

式中：R_p——证券组合的风险报酬率；

β_p——证券组合的 β 系数；

K_m——所有股票的平均报酬率，也就是由市场上所有股票组成的证券组合的报酬率，简称市场报酬率；

R_F——无风险报酬率，一般用国库券的利息率来衡量。

【例 2-16】 爱科公司持有甲、乙、丙、丁四种股票组成的证券组合，其 β 系数分别为 1.92、2.1、1.7、1.5，它们在证券组合中所占的比重分别为 55%、5.2%、38%、1.8%，股票的市场报酬率为 12%，无风险报酬率为 8%，确定这个组合的风险报酬率。

(1)确定证券组合的 β 系数。

$$\beta_p = \sum_{i=1}^{n} x_i\beta_i$$

$$= 55\% \times 1.92 + 5.2\% \times 2.1 + 38\% \times 1.7 + 1.8\% \times 1.5$$

$$= 2.288\ 2$$

(2)确定投资组合的风险报酬率。

$$R_p = \beta_p(K_m - R_F)$$

$$= 2.288\ 2 \times (12\% - 8\%)$$

$$= 9.15\%$$

计算出风险报酬率后，便可根据投资额计算出风险报酬的数额。

(三)风险和报酬率的关系

在西方金融学中，有许多模型论述风险和报酬率的关系，其中一个最重要的模型为资本资产定价模型，这一模型为：

$$K_i = R_F + \beta_i(K_m - R_F)$$

式中：K_i——第 i 种股票或第 i 种证券组合的必要报酬率；

R_F——无风险报酬率；

β_i——第 i 种股票或第 i 种证券组合的 β 系数；

K_m——所有股票的平均报酬率。

资本资产定价模型是建立在投资者是理性的、资本市场是完全竞争和有效的基础之上的。其阐述的是充分多元化的组合投资中风险与要求报酬率之间的均衡关系。

【例 2—17】 NHK 公司股票的 β 系数为 1.50，无风险利率为 7%，市场上所有股票的平均报酬率为 10%，那么 NHK 公司的股票报酬率应为：

$$K_i = R_F + \beta_i(K_m - R_F)$$

$$= 7\% + 1.50 \times (10\% - 7\%) = 11.5\%$$

即，NHK 公司股票的报酬率达到或超过 11.5%时，投资者方肯进行投资。如果低于 11.5%，投资者应该不会购买该公司股票。

复习思考题

1. 什么是货币时间价值？如何理解这一概念？
2. 复利和单利的区别是什么？
3. 如何计算年金的终值与现值？
4. 怎样理解风险与报酬的关系？
5. 债券与股票的估价有何意义？

第三章 筹资方式

【学习目标】

通过本章学习，要求掌握下列内容：

- 企业筹资的概念与基本动机
- 企业筹资的渠道与方式
- 各种筹资方式的程序及其优缺点
- 债券发行价格的影响因素和确定方法

第一节 筹资概述

一、企业筹资的概念与分类

（一）筹资的概念

企业筹资，是指企业根据其生产经营、对外投资以及调整资本结构等需要，通过一定的渠道，采取适当的方式，经济有效地筹措和集中资本的活动。企业筹资活动是企业的一项基本财务活动，企业筹资管理是企业财务管理的一项主要内容。

（二）筹资的分类

企业筹集的资金可按不同标准进行分类，其中最主要是按资金的来源渠道和使用期限的长短进行的分类。

1. 按照资金的来源渠道不同，可将企业筹资分为权益性筹资和负债性筹资

权益性筹资或称为自有资金筹资，是指企业通过吸收直接投资、发行股票、内部积累等方式筹集资金。企业采用吸收自有资金的方式筹集资金，一般不用还本，财务风险小，但付出的资金成本相对较高。

负债性筹资或称借入资金筹资，是指企业通过向银行借款、发行债券、融资租赁等方

式筹集的资金。企业采用借入资金的方式筹集资金，到期要归还本金和支付利息，一般承担较大风险，但相对而言，付出的资金成本较低。

2. 按照所筹资金使用期限的长短，可将企业筹资分为短期资金筹集与长期资金筹集

短期资金，是指使用期限在一年及一年以内或超过一年的一个营业周期以内的资金。短期资金主要投资于现金、应收账款、存货等，一般在短期内可收回。短期资金通常采用短期银行借款、商业信用、短期融资券等方式来筹集。

长期资金，是指使用期限在一年以上或超过一年的一个营业周期以上的资金。长期资金主要投资于生产规模的扩大、固定资产的更新改造、新产品的开发和推广、取得无形资产等，一般需几年甚至十几年才能收回。长期资金通常采用吸收直接投资、发行股票、发行债券、长期借款、融资租赁和利用留存收益等方式来筹集。

二、企业的筹资动机

资金不仅是企业生产经营活动的前提，也是决定企业生产规模和发展速度的基础。企业筹资的基本目的，是为了自身的生存与发展。但每次具体的筹资活动，往往受到特定动机的驱使。企业筹资的具体动机是多种多样的，归纳起来有四类，即新建筹资动机、扩张筹资动机、调整筹资动机和混合筹资动机。

(一)新建筹资动机

新建筹资动机是在企业新建时为满足正常生产经营活动所需的铺垫资金而产生的筹资动机。企业新建时，要按照经营计划和策略所确定的生产规模核定固定资金需要量和流动资金需要量，筹措相应数额的资本金——所有者权益，资本金不足部分即需通过短期负债或长期负债进行筹集。

【例 3—1】 宏业公司新建，经核定资金，确定固定资产需 3 200 万元，存货 1 100 万元，货币资金 700 万元，共计 5 000 万元；筹建时实收资本金 3 000 万元，向银行取得长期借款 2 000 万元，共计 5 000 万元。新建筹资后的资产负债状况如表 3—1 的 A 栏所示。

表 3—1　扩张筹资前和扩张筹资后的资产负债状况　单位:万元

资　产	A	B	负债及所有者权益	A	B
	初始金额	扩张筹资后		初始金额	扩张筹资后
货币资金	700	400	短期借款		
应收账款		800	应付账款		200
存货	1 100	1 500	长期借款	2 000	2 000
长期股权投资		500	应付债券		800
固定资产	3 200	3 800	股东权益	3 000	4 000
合　计	5 000	7 000	合　计	5 000	7 000

（二）扩张筹资动机

扩张筹资动机是企业因扩大生产经营规模或追加对外投资而产生的筹资动机。具有良好发展前景、处于成长时期的企业，通常会产生扩张筹资动机。例如，企业生产经营的产品供不应求，需要购置设备增加市场供应；需要引进技术，开发适销对路的新产品；追加有利的对外投资规模，开拓有发展前途的对外投资领域；等等。

【例3－2】 宏业公司扩张筹资前的资产负债状况如表3－1的A栏所示。该企业根据扩大生产经营和对外投资的需要，现追加筹资2 000万元。其中，发行债券800万元，发生应付账款200万元，股东投入资本1 000万元；用以增添设备价值600万元，增加流动资金900万元，追加长期投资500万元，其他项目没有变动。扩张筹资后的资产负债状况如表3－1的B栏所示。

将表3－1的A、B栏进行比较可以看出，该企业扩张筹资后，资产总额从筹资前的5 000万元扩大为7 000万元，负债及股东权益总额亦同样增长。

扩张筹资动机所产生的直接结果，是企业的资产总额和资本总额的增加。

（三）调整筹资动机

调整筹资动机是企业在不增减资本总额的条件下为了改变现有资本结构而形成的筹资动机。资本结构是指企业各种筹资方式的构成及其比例关系。一个企业在不同时期由于筹资方式的不同组合会形成不尽相同的资本结构，随着相关情况的变化，目前的资本结构可能不再合理，需要相应地予以调整，使之趋于合理。其形式主要有：借新债还旧债，以债转股，以股抵债。

【例3－3】 宏业公司应付款项中有100万元到期，长期借款中有400万元到期，该企业决定向银行借入短期借款500万元清偿到期债务。企业调整筹资后的资产负债状况如表3－2中的D栏所示。

表3－2 调整筹资前和调整筹资后的资产负债状况 单位：万元

资产	C	D	负债及所有者权益	C	D
	调整筹资前	调整筹资后		调整筹资前	调整筹资后
货币资金	400	400	短期借款		500
应收账款	800	800	应付账款	200	100
存货	1 500	1 500	长期借款	2 000	1 600
长期股权投资	500	500	应付债券	800	800
固定资产	3 800	3 800	股东权益	4 000	4 000
合计	7 000	7 000	合计	7 000	7 000

在此业务发生前，企业有400万元货币资金可用于偿还债务，但为了保持一定额度的货币资金，故决定举新债还旧债。这种筹资的结果并没有扩大企业的资产总额和资本总

额，只是改变了企业的资本结构。

（四）混合筹资动机

企业同时既为扩张规模又为调整资本结构而产生的筹资动机，可称为混合筹资动机。即这种筹资动机中兼容了扩张性筹资和调整性筹资两种筹资动机。

【例 3—4】 宏业公司欲投资一新项目，经研究决定采用发行公司债券的方法筹集资金 1 000 万元，用于新项目开发。企业混合筹资后的资产负债状况如表 3—3 中的 F 栏所示。

表 3—3　　混合筹资前和混合筹资后的资产负债状况　　单位：万元

资　产	E	F	负债及所有者权益	E	F
	混合筹资前	混合筹资后		混合筹资前	混合筹资后
货币资金	400	700	短期借款	500	500
应收账款	800	800	应付账款	100	100
存货	1 500	1 500	长期借款	1 600	1 600
长期股权投资	500	500	应付债券	800	1 800
固定资产	3 800	4 500	股东权益	4 000	4 000
合　计	7 000	8 000	合　计	7 000	8 000

将表 3—3 的 E、F 栏进行比较可以看出，在混合筹资动机的驱使下，企业通过筹资，既扩大了资产和资本的规模，又调整了资本结构。

三、筹资渠道与方式

（一）筹资渠道

筹资渠道，是指企业筹集资金来源的方向与通道，体现着资金的源泉和流量。目前我国企业筹资渠道主要包括：

1. 国家财政资金

国家对企业的直接投资历来是国有企业特别是国有独资企业获得资金的主要渠道之一。现有国有企业的资金来源中，其资本部分大多是由国家通过中央和地方财政部门以直接拨款方式形成的。从产权关系来看，财政资金属于国家投入的资金，产权归国家所有。

2. 银行信贷资金

银行信贷资金是各类企业筹资的重要来源。银行一般分为商业性银行和政策性银行。在我国，商业性银行主要有中国工商银行、中国农业银行、中国建设银行、中国银行以及交通银行等；政策性银行有国家开发银行、农业发展银行和中国进出口银行。商业性银行是以营利为目的、从事信贷资金投放的金融机构，它主要为企业提供各种商业贷款。政策性银行主要为特定企业提供政策性贷款。

3. 非银行金融机构资金

非银行金融机构也可以为企业提供一定的资金来源。在我国，非银行金融机构主要有信托投资公司、保险公司、租赁公司、证券公司以及企业集团的财务公司等。它们有的集聚社会资本，融资融物；有的承销证券，提供信托服务。这种筹资渠道的财力虽然比银行要小，但具有广阔的发展前景。

4. 其他企业资金

其他企业资金也可以为企业提供一定的资金来源。企业在日常的生产经营过程中，有时也可能形成部分暂时闲置的资金，为了让其发挥一定的效益，也需要相互融通和投资。另外，企业间的购销业务可以通过商业信用方式来完成，从而形成企业间的债权债务关系。企业间的相互投资和商业信用的存在，使其他企业资金也成为企业资金的重要来源。

5. 民间资金

民间资金也可以为企业提供一定的资金来源。我国企业和事业单位的职工和广大城乡居民持有的结余货币，作为"游离"于银行及非银行金融机构等之外的个人资金，可用于对企业进行投资，形成民间资金来源渠道，从而为企业所用。

6. 企业自留资金

企业自留资金，也称企业内部留存，主要是指企业通过提留盈余公积和保留未分配利润而形成的资金。这是企业内部形成的筹资渠道，比较便捷，有盈利的企业通常都可以加以利用。

(二)筹资方式

筹资方式是指企业筹集资金所采取的具体形式。筹资渠道是客观存在的，而筹资方式是由企业自主决定的，是主观的行为。目前我国企业的筹资方式主要有以下几种。

1. 吸收直接投资

吸收直接投资，即企业直接吸收国家、法人、自然人等直接投入的资金，形成企业资本金的一种筹资方式。这种筹资方式不以股票为媒介，适用于非股份制企业，是非股份制企业取得权益性资金的基本方式。

2. 发行股票

发行股票，即股份公司按照公司章程依法发行股票、筹措权益性资本的一种筹资方式。

3. 利用留存收益

留存收益，是指企业按规定从税后利润中提取的盈余公积金和留存的应分配给投资者的未分配利润。利用留存收益筹资是指企业将留存收益转化为投资的过程，它是企业筹集权益性资本的一种重要方式。

4. 向银行借款

向银行借款,即企业根据借款合同从银行或非银行金融机构借入各种款项的筹资方式。

5. 发行债券

发行债券,即企业通过发行债券筹措债务性资本的一种筹资方式。

6. 利用商业信用

商业信用,是指商品交易中的延期付款或延期交货所形成的借贷关系,它是企业筹集短期资金的重要方式。

7. 融资租赁

融资租赁,也称资本租赁或财务租赁,是企业按照租赁合同向租赁公司等机构租入固定资产而形成的债务,它是企业筹集长期债务性资本的一种方式。

四、筹资的基本原则

为了经济有效地筹集资金,企业筹资必须遵循下列基本原则。

(一)合理性原则

企业筹资必须合理确定所需筹资的数量。不论通过哪些渠道、运用哪些方式筹集资金,都应该预先确定资金的需要量。企业筹资固然应当广开财路,但必须有合理的限度,使资金的筹集量与投资所需数量相适应,避免因筹资数量不足而影响投资活动或因筹资数量过剩而影响筹资效益。

(二)效益性原则

企业筹资与投资在效益上应当相互权衡。投资是决定应否筹资和筹资多少的重要因素之一。因此,企业在筹资活动中,一方面需要认真分析投资机会,讲究投资效益,避免不顾投资效益的盲目筹资;另一方面,由于不同筹资方式的资本成本高低不尽相同,也需要综合研究各种筹资方式,寻求最优的筹资组合,以便降低资本成本,经济有效地筹集资本。

(三)及时性原则

企业筹资要按照资金投放使用的时间来合理安排,使筹资与用资在时间上相互衔接,避免取得资金滞后而贻误投资的有利时机,也要防止取得资金过早而造成投放前的闲置。

(四)合法性原则

企业的筹资活动,影响着社会资金及资源的流向和流量,涉及相关主体的经济权益。为此,企业筹集资金必须接受国家宏观指导与调控,遵守国家有关法律法规,履行约定的责任,维护有关各方的合法权益,避免非法筹资行为给企业本身及相关主体造成损失。

第二节　权益性筹资

权益资金又称为自有资金，是指企业依法筹集的、长期拥有并自主支配的资金。权益资金的筹集主要采取吸收直接投资、发行股票和留存收益等形式。

一、吸收直接投资

吸收直接投资，是指企业按照“共同投资、共同经营、共担风险、共享利润”的原则，直接吸收国家、法人、个人投入资金的一种筹资方式。

(一)吸收直接投资的出资方式

企业在采用吸收直接投资方式筹集资金时，投资者可以用现金、厂房、机器设备、材料物资、无形资产等作价出资。出资方式主要有以下几种：

1. 以现金出资

以现金出资是吸收直接投资中最主要的一种出资方式。企业有了现金，可用于购置资产、支付费用，比较灵活方便。因此，企业一般争取投资者采用现金方式出资。

2. 以实物出资

以实物出资就是投资者以厂房、建筑物、机器设备等固定资产和原材料、商品等流动资产进行的投资。一般来说，企业吸收的实物应符合如下条件：(1)确为企业科研、生产、经营所需；(2)技术性能较好；(3)作价公平合理；(4)非抵押、担保、诉讼财产。

3. 以工业产权出资

工业产权是指专有技术、专利、商标权等无形资产。一般来说，企业吸收的工业产权应符合以下条件：(1)能帮助研究和开发新的高科技产品；(2)能帮助生产出适销对路的高科技产品；(3)能帮助改进产品质量，提高生产效率；(4)能帮助企业大幅度降低各种消耗；(5)作价比较合理。

4. 以土地使用权出资

投资者也可以用土地使用权来进行投资。土地使用权是指土地经营者对依法取得的土地在一定期限内有进行建筑、生产等活动的权利。企业吸收土地使用权投资应考虑以下因素：(1)确为企业科研、生产、销售活动所需要的；(2)交通、地理条件是否比较适宜；(3)作价是否公平合理。

(二)吸收直接投资的程序

企业吸收直接投资一般要按照以下几个程序操作。

1. 确定筹资数量

如果企业新建或扩大经营是采取吸收直接投资的方式，必须先确定所筹集资金的数量，这也是其他筹资方式都应首先考虑的问题。

2. 寻找投资伙伴

为了让更多的投资者了解企业，寻找更多的资金来源，筹资企业应主动宣传自己的经营状况和盈利能力，以便寻找合适的合作伙伴。

3. 签署合同或协议等文件

企业吸收直接投资，相关方都应当签署合同或协议等书面文件，以明确各方的权利和义务。

4. 取得筹集资金

出资方如果采用现金投资方式，通常要编制拨款计划，确定拨款期限、每期数额和划拨方式，企业可以按拨款计划取得现金；出资方采用实物或无形资产投资的，应当首先对实物或无形资产进行评估，然后办理产权转移手续，取得资产。

（三）吸收直接投资的优缺点

1. 吸收直接投资的优点

(1)有利于增强企业信誉。吸收直接投资所筹集的资金属于权益资金，是企业的永久性资本，能增强企业的信誉和借款能力。

(2)有利于尽快形成生产能力。吸收直接投资不仅可以筹集现金，还可以直接获取投资者的先进设备和技术，有利于尽快形成生产能力，尽快开拓市场。

(3)有利于降低财务风险。吸收直接投资可以根据企业的经营业绩和财务状况向投资者分配利润。企业经营状况好，可向投资者多支付一些报酬；企业经营状况不好，则可少支付报酬甚至不支付报酬，因此财务风险较小。

2. 吸收直接投资的缺点

(1)资本成本较高。一般来说，采用吸收直接投资方式筹集资金所需负担的资本成本较高，特别是企业经营状况好时更是如此。

(2)企业控制权容易分散。采用吸收直接投资方式筹集资金，投资者一般都要求获得与投资数量相适应的经营管理权。如果外部投资者的投资较多，则投资者会有相当大的管理权，甚至会对企业实行完全控制，这是吸收直接投资的不利因素。

二、发行股票筹资

（一）股票的种类

股票是股份有限公司为筹措权益资金而发行的有价证券，是公司签发的证明股东持有股份的权利和承担义务的凭证。股票的种类很多，可按不同的标准进行分类。

1. 按股东权利和义务的不同，可将股票分为普通股和优先股

普通股是股份公司依法发行的享有普通权利、股利不固定的股票。普通股是最基本

的股票，具备股票的一般特征，是股份公司资本的最基本部分。

优先股是股份公司依法发行的具有一定优先权的股票。这种优先权主要体现在利润分配和剩余财产分配权利上。

2. 按股票票面是否记名，可将股票分为记名股票和无记名股票

记名股票，是指在股票上载有股东姓名或名称并将其记入公司股东名册的股票。记名股票要同时附有股权手册，只有同时具备股票和股权手册，才能领取股息和红利。记名股票的转让、继承都要办理过户手续。

无记名股票。是指在股票上不记载股东姓名或名称，也不将股东姓名或名称记入公司股东名册的股票。凡持有无记名股票者，都可成为公司股东。无记名股票的转让、继承无须办理过户手续，只要将股票交给受让人，就可发生转让效力，移交股权。

我国《公司法》规定，公司向发行人、国家授权投资的机构和法人发行的股票应当为记名股票；向社会公众发行的股票，可以为记名股票，也可以为无记名股票。

3. 按发行对象和上市地区，可将股票分为 A 股、B 股、H 股和 N 股

在我国内地上市交易的股票主要有 A 股、B 股。A 股是以人民币标明票面金额并以人民币认购和交易的股票。B 股是以人民币标明票面金额，以外币认购和交易的股票。另外，还有 H 股和 N 股。H 股为在香港上市的股票，N 股是在纽约上市的股票。

（二）普通股与优先股

1. 普通股股东的权利

(1)公司管理权。普通股股东具有对公司的管理权。普通股股东的管理权具体表现为：①表决权。出席或委托代理人出席股东大会，有权投票选举董事会成员，并对公司重大事项行使表决权。②查账权。主要是委托会计师事务所查账。③质询权。主要是对公司事务有质询权，阻止越权经营。

(2)分享盈利权。普通股股东有权从公司盈利中得到股利。普通股的股利是不固定的，主要受公司经营业绩及其分配政策影响，并且盈利分配的方案由股东大会决定。普通股股东必须在优先股股东取得固定股息之后才有权享受股利分配权。

(3)出售或转让股份权。即股东有权出售或转让股票。

(4)优先认股权。当公司增发普通股时，原有股东有权按持有公司股票的比例，优先认购新股票，这样做主要是保证原股东的控制权。

(5)剩余财产要求权。当公司解散、清算时，普通股股东对剩余财产有要求权，但分配顺序排在最后。

2. 普通股筹资的优缺点

(1)普通股筹资的优点。

①发行普通股筹措资本具有永久性，无到期日，无须归还。这对保证公司对资本的最

低需要、维持公司长期稳定发展极为有益。

②发行普通股筹资没有固定的股利负担，股利的支付与否和支付多少，视公司有无盈利和经营需要而定，经营波动给公司带来的财务负担相对较小。

③利用普通股筹资没有固定的到期还本付息的压力，所以筹资风险较小。

④发行普通股筹集的资本是公司最基本的资金来源，它反映了公司的实力，能增强公司的信誉和举债能力。

(2)普通股筹资的缺点。

①普通股的资本成本较高。首先，从投资者的角度讲，投资于普通股风险较高，相应地要求有较高的投资报酬率。其次，对于筹资公司来讲，普通股股利从税后利润中支付，不像债券利息那样作为费用从税前支付，因而不具有抵税作用。此外，普通股的发行费用一般也高于其他证券。

②以普通股筹资会增加新股东，这可能会分散公司的控制权，削弱原有股东对公司的控制。

3. 优先股股东的权利

优先股的优先权是相对普通股而言的，其优先权主要表现为：

(1)优先分配股息权。优先股通常有固定的股息，不随公司经营状况而波动，并且可以先于普通股股东领取股息。

(2)优先分配剩余财产。当公司进行财产清算时，优先股股东对公司剩余财产有先于普通股股东的要求权。

(3)表决权。优先股股东一般无表决权，通常也无权过问公司的经营管理，仅在涉及优先股股东权益的相关事项时享有表决权。

4. 优先股筹资的优缺点

(1)优先股筹资的优点。

①与普通股一样，没有固定到期日，不用偿还本金。

②股息支付既固定又有一定的灵活性。

③保持普通股股东对公司的控制权。

④有利于增强公司信誉和举债能力。优先股扩大了权益基础，可增强公司的资金实力。

(2)优先股筹资的缺点。

①筹资成本高。优先股支付的股利是从税后净利中支付的，不像债券利息可以在税前支付。因此，优先股的资本成本虽低于普通股，但一般高于债务资本。

②优先股筹资的制约因素较多。发行优先股，通常有许多限制条款，如对普通股股利支付的限制、对公司借款的限制等，不利于公司的自主经营。

③财务负担重。优先股需要支付固定的股利，又不能税前列支，当公司盈利下降时，会成为公司一项较重的财务负担。

（三）股票发行

我国股份公司发行股票必须符合《公司法》、《证券法》和《上市公司证券发行管理办法》规定的发行条件。股份有限公司在设立时要发行股票；另外，公司设立之后，为了扩大经营、改善资本结构，也会增资发行新股。股份的发行，实行公平、公正的原则，必须同股同权、同股同利。同次发行的股票，每股的发行条件和价格应当相同。股票发行价格可以按票面金额，也可以超过票面金额，但不得低于票面金额。同时，发行股票还应接受国务院证券监督管理机构的管理和监督。

1. 股票发行方式

股票发行方式，指的是公司通过何种途径发行股票。总的来讲，股票的发行方式可分为如下两类。

(1)公开间接发行。指通过中介机构，公开向社会公众发行股票。我国股份有限公司采用募集设立方式向社会公开发行新股时，须由证券经营机构承销的做法，就属于股票的公开间接发行。这种发行方式的发行范围广、发行对象多，易于足额募集资本；股票的变现性强，流通性好；股票的公开发行还有助于提高发行公司的知名度和扩大其影响力。但这种发行方式也有不足，主要是手续繁杂，发行成本高。

(2)不公开直接发行。指不公开对外发行股票，只向少数特定的对象直接发行，因而无须经中介机构承销。我国股份有限公司采用发起设立方式和以不向社会公开募集的方式发行新股的做法，即属于股票的不公开直接发行。这种发行方式弹性较大，发行成本低；但发行范围小，股票变现性差。

2. 股票的销售方式

股票的销售方式，指的是股份有限公司向社会公开发行股票时所采取的股票销售方法。股票销售方式有两类：自销和承销。

(1)自销方式。股票发行的自销方式，指发行公司自己直接将股票销售给认购者。这种销售方式可由发行公司直接控制发行过程，实现发行意图，并可以节省发行费用；但往往筹资时间长，发行公司要承担全部发行风险，并需要发行公司有较高的知名度、信誉和实力。

(2)承销方式。股票发行的承销方式，指发行公司将股票销售业务委托给证券经营机构代理。这种销售方式是发行股票所普遍采用的方式。我国《公司法》规定股份有限公司向社会公开发行股票，必须与依法设立的证券经营机构签订承销协议，由证券经营机构承销。

股票承销又分为包销和代销两种具体办法。所谓包销，是根据承销协议商定的价格，证券经营机构一次性全部购进发行公司公开募集的全部股份，然后以较高的价格出售给社会上的认购者。对发行公司来说,包销的办法可及时筹足资本,免于承担发行风险(股款未募足的风险由承销商承担),但股票以较低的价格售给承销商会损失部分溢价。所谓代销,是证券经营机构代替发行公司代售股票,并由此获取一定的佣金,但不承担股款未募足的风险。

(四)股票上市

股票上市,指股份有限公司公开发行的股票经批准在证券交易所挂牌交易。

1. 股票上市的有利影响

(1)促进公司资本社会化,分散风险。股票上市后,会有更多的投资者认购公司股份,可以防止公司股权集中化,同时也分散了公司的风险。

(2)提高股票的变现力和流动性。

(3)有助于确定公司增发新股的发行价格,便于筹措新资金。

(4)提高公司知名度,吸引更多顾客。股票上市公司为社会所知,并被认为经营优良,这会给公司带来良好的声誉,从而吸引更多的顾客,扩大公司的销售。

(5)便于确定公司价值。股票上市后,公司股价有市价可循,便于确定公司的价值,有利于促进公司财富最大化。

2. 股票上市的不利影响

(1)使公司失去隐私权。公司上市后,各种信息公开的要求,可能会暴露公司的商业秘密。

(2)股价有时会歪曲公司的实际状况,损害公司的声誉。

(3)可能会分散公司的控制权,造成管理上的困难。

三、留存收益筹资

企业的留存收益包括盈余公积和未分配利润两部分。将留存收益进行再投资是一种较发行普通股更为有利的筹资方式。首先,企业利用留存收益不会发生任何筹资费用,资本成本较普通股低,通过留存利润筹集的资金数额较为确定,而发行股票筹资则要支付较高的发行费用,发行是否成功也不能完全确定;其次,留存收益不会削弱现有股东对企业的控制权。

第三节 长期负债筹资

一、长期借款筹资

长期借款是指企业向银行或其他非银行金融机构借入的使用期超过一年的借款,主要用于购建固定资产和满足长期流动资金占用的需要。

(一)长期借款的种类

我国目前各金融机构的长期借款主要有:

(1)按照用途,分为基本建设贷款、更新改造贷款、科技开发和新产品试制贷款等。

(2)按照提供贷款的机构,分为政策性银行贷款、商业性银行贷款等。此外,企业还可从信托投资公司取得实物或货币形式的信托投资贷款,从财务公司取得各种中长期贷款等。

(3)按照有无担保,分为信用贷款和抵押贷款。信用贷款指无须企业提供抵押品,仅凭其信用或担保人信誉而发放的贷款。抵押贷款指要求企业以抵押品作为担保的贷款。长期贷款的抵押品常常是房屋、建筑物、机器设备、股票、债券等。

(二)长期借款筹资的程序

企业向金融机构借款,通常要经过以下步骤:

1. 企业提出申请

企业申请借款必须符合贷款原则和条件,填写包括借款金额、借款用途、偿还能力以及还款方式等主要内容的"借款申请书",并提供以下资料:(1)借款人及保证人的基本情况;(2)财政部门或会计师事务所核准的上年度财务报告;(3)原有的不合理借款的纠正情况;(4)抵押物清单及同意抵押的证明,保证人拟同意保证的有关证明文件;(5)项目建议书和可行性报告;(6)贷款银行认为需要提交的其他资料。

2. 金融机构进行审批

银行接到企业的申请后,要对企业的申请进行审查,以决定是否对企业提供贷款。这一般包括以下几个方面:(1)对借款人的信用等级进行评估。(2)进行相关调查。贷款人受理借款人的申请后,应当对借款人的信用及借款的合法性、安全性和盈利性等情况进行调查,核实抵押物、保证人情况,测定贷款的风险。(3)贷款审批。

3. 签订借款合同

借款合同是规定借贷各方权利和义务的契约,其内容分基本条款和限制条款。基本条款是借款合同必须具备的条款。限制条款是为了降低贷款机构的贷款风险而对借款企业提出的限制条件,限制条款又有一般性限制条款、例行性限制条款和特殊性限制条款之分。

借款合同的基本条款包括借款种类、借款用途、借款金额、借款利率、借款期限、还款资金来源及还款方式、保证条款、违约责任等。

借款合同的一般性限制条款主要包括:

(1)对借款企业流动资金保持量的规定,其目的在于保持借款企业偿债能力;

(2)对支付现金股利的限制,其目的在于限制现金外流;

(3)对资本支出规模的限制；

(4)限制其他长期债务，其目的在于防止其他贷款人取得对企业资产的优先求偿权。限制条款中，一般性限制条款最为常见。

借款合同的例行性限制条款一般包括：

(1)借款企业定期向银行报送财务报表，其目的在于及时掌握企业的财务情况；

(2)不准在正常情况下出售大量资产，以保持企业正常的生产经营能力；

(3)如期缴纳税费和清偿其他到期债务，以防被罚款而造成现金流失；

(4)不准贴现应收票据或出售应收账款，以避免或有负债；

(5)限制租赁固定资产的规模，其目的在于防止企业负担巨额租金以致削弱其偿债能力。

借款合同的特殊性限制条款一般包括：

(1)贷款专款专用；

(2)不准企业投资于短期内不能收回资金的项目；

(3)限制企业高级职员的薪金和奖金总额；

(4)要求企业主要领导人购买人身保险等。

特殊性保护条款是针对某些特殊情况而出现在部分借款合同中的。

4. 企业取得借款

双方签订借款合同后，贷款银行按合同的规定按期发放贷款，企业便可取得相应的资金。贷款人不按合同约定按期发放贷款的，应偿付违约金。借款人不按合同的约定用款的，也应偿付违约金。

(三)长期借款的偿还方式

企业应按借款合同的规定按期付息还本。企业长期借款的偿还方式通常包括：

(1)定期支付利息、到期一次偿还本金的方式。这种偿还方式会加大企业贷款到期时的还款压力。

(2)定期等额偿还方式。这种偿还方式会提高企业使用贷款的实际利率。

(3)分批偿还，每批金额不等。这种偿还方式便于企业灵活安排。

(四)长期借款筹资的优缺点

1. 长期借款筹资的优点

(1)筹资速度快。长期借款的手续比发行股票、债券简单得多，得到借款所花费的时间较短，可以迅速地获取资金。

(2)借款弹性较大。在借款时，企业与银行直接商定贷款的时间、数量和利率等；在用款期间发生变动，亦可与银行再行协商，变更借款数量及还款期限等。

(3) 借款成本较低。利用长期借款筹资，其利息可在税前列支，可减少企业实际负担的成本；长期借款利率一般低于债券利率；此外，由于借款属于间接筹资，筹资费用也较少。

(4)可以发挥财务杠杆的作用。

2. 长期借款筹资的缺点

(1)筹资风险较高。借款通常有固定的利息负担和还本期限，在经营不利的情况下，可能会对企业造成较大的财务负担，故筹资风险较高。

(2) 限制条件较多。企业与银行签订的借款合同中有一些限制性条款，这些条款可能会限制企业的经营活动。

(3)筹资数量有限。银行一般不愿借出巨额的长期借款，因此，利用银行借款筹资都有一定的限度。

二、发行债券筹资

债券是经济主体为筹集资金而发行的，用以记载和反映债权债务关系的有价证券。由企业发行的债券称为企业债券或公司债券。这里所说的债券，指的是期限超过一年的公司债券。

(一)债券的种类

债券可按不同的标准进行分类，主要的分类方式如下：

1. 按债券是否记名，可将债券分为记名债券和无记名债券

记名债券，是指在券面上注明债权人姓名或名称，同时在发行公司的债权人名册上进行登记的债券。

无记名债券，是指债券票面未注明债权人姓名或名称，也不用在债权人名册上登记债权人姓名或名称的债券。

2. 按债券能否转换为公司股票，可将债券分为可转换债券和不可转换债券

可转换债券，是指在一定时期内，可以按规定的价格或一定比例，由持有人自由地选择转换为普通股的债券。

不可转换债券，是指不可以转换为普通股的债券。

3. 按有无特定的财产担保，分为抵押债券和信用债券

发行公司以特定财产作为抵押品的债券为抵押债券；没有特定财产作为抵押，凭信用发行的债券为信用债券。

4. 按利率的不同，分为固定利率债券和浮动利率债券

固定利率债券，是指在发行时将利率明确记载于债券上，并按这一利率向债权人支付利息的债券。

浮动利率债券，是指在发行时规定债券利率随市场利率定期浮动的债券。

5. 按能否上市，分为上市债券和非上市债券

可在证券交易所挂牌交易的债券为上市债券；反之，为非上市债券。

（二）发行债券的条件

我国《证券法》规定，公开发行公司债券的公司必须具备以下条件：

（1）股份有限公司的净资产额不低于人民币 3 000 万元，有限责任公司的净资产额不低于人民币 6 000 万元。

（2）累计债券总额不超过公司净资产额的 40%。

（3）最近 3 年平均可分配利润足以支付公司债券 1 年的利息。

（4）所筹集资金的投向符合国家产业政策。

（5）债券的利率不得超过国务院限定的利率水平。

（6）国务院规定的其他条件。

另外，发行公司债券所筹集的资金，必须用于核准的用途，不得用于弥补亏损和非生产性支出，否则会损害债权人的利益。

（三）债券发行价格的确定

公司债券的发行价格是发行公司发行债券时所使用的价格，亦即投资者向发行公司认购债券时实际支付的价格。公司在发行债券之前，必须依据有关因素，运用一定的方法，确定债券的发行价格。

1. 影响债券发行价格的因素

公司债券发行价格的高低，取决于下述四项因素。

（1）债券面额。债券的票面金额是决定债券发行价格的最基本因素。债券发行价格的高低，从根本上取决于债券面额的大小。一般而言，债券面额越大，发行价格越高。

（2）票面利率。债券的票面利率是债券的名义利率，通常在发行债券之前就已确定，并注明于债券票面上。一般而言，债券的票面利率越高，发行价格也越高；反之，就越低。

（3）市场利率。债券发行时的市场利率是衡量债券票面利率高低的参照系，两者往往不一致，共同影响着债券的发行价格。一般来说，债券的市场利率越高，债券的发行价格越低；反之，就越高。

（4）债券期限。同银行借款一样，债券的期限越长，债权人的风险越大，要求的利息报酬就越高，债券的发行价格就可能较低；反之，可能较高。

此外，债券利息的支付方式也在一定程度上影响债券的发行价格。因此，债券的发行价格是各种因素综合作用的结果。

2. 确定债券的发行价格

公司债券的发行价格通常有三种：平价、溢价和折价。平价指以债券的票面金额为发行价格；溢价指以高出债券票面金额的价格为发行价格；折价指以低于债券票面金额的价

格为发行价格。

债券发行价格的形成受诸多因素的影响，其中主要是票面利率与市场利率的一致程度。债券的票面金额、票面利率在债券发行前即已参照市场利率和发行公司的具体情况确定下来，并载明于债券之上，但在发行债券时已确定的票面利率不一定与当时的市场利率一致。为了协调债券购销双方在债券利息上的利益，就要调整发行价格，即：当票面利率高于市场利率时，以溢价发行债券；当票面利率低于市场利率时，以折价发行债券；当票面利率与市场利率一致时，则以平价发行债券。

债券发行价格的计算公式为：

$$\text{债券发行价格 } P=\frac{\text{票面金额}}{(1+\text{市场利率})^{n}}+\sum_{t=1}^{n}\frac{\text{债券年息}}{(1+\text{市场利率})^{t}}$$

式中：n——债券期限；

t——付息期数。

从资金时间价值的原理来说，按上列公式确定的债券发行价格系由两部分构成：一部分是债券到期还本面额按市场利率折现的价值；另一部分是债券各期利息（年金形式）的现值。

【例 3—5】 华润公司发行债券筹资，债券面额为 100 元，票面利率为 6%，债券期限为 10 年，每年末付息一次。其发行价格可分下述三种情况来分析计算。

(1)市场利率为 4%，低于票面利率，为溢价发行。债券发行价格计算如下：

$$P=\frac{100}{(1+4\%)^{10}}+\sum_{t=1}^{10}\frac{6}{(1+4\%)^{t}}$$
$$=100\times PVIF_{4\%,10}+6\times PVIFA_{4\%,10}=116.23(\text{元})$$

(2) 市场利率为 6%，与票面利率一致，为等价发行。债券发行价格计算如下：

$$P=\frac{100}{(1+6\%)^{10}}+\sum_{t=1}^{10}\frac{6}{(1+6\%)^{t}}$$
$$=100\times PVIF_{6\%,10}+6\times PVIFA_{6\%,10}=100(\text{元})$$

(3) 市场利率为 8%，高于票面利率，为折价发行。债券发行价格计算如下：

$$P=\frac{100}{(1+8\%)^{10}}+\sum_{t=1}^{10}\frac{6}{(1+8\%)^{t}}$$
$$=100\times PVIF_{8\%,10}+6\times PVIFA_{8\%,10}=86.58(\text{元})$$

(四)债券的信用等级

公司公开发行债券通常需要由债券评信机构评定等级。债券的信用等级对于发行公司和购买人都有重要影响。

国际上流行的债券等级是 3 等 9 级。AAA 级为最高级，AA 级为高级，A 级为上中级，BBB级为中级，BB级为中下级，B级为投机级，CCC级为完全投机级，CC级为最大投机级，C级为最低级。

我国的债券评级工作正在开展，但尚无统一的债券等级标准和系统评级制度。根据中国人民银行的有关规定，凡是向社会公开发行的企业债券，需要经由中国人民银行认可的资信评级机构进行评级。这些机构对发行债券企业的企业素质、财务质量、项目状况、项目前景和偿债能力进行评分，以此评定信用级别。

（五）债券筹资的优缺点

1. 债券筹资的优点

（1）资金成本较低。利用债券筹资的成本比股票筹资的成本低。这主要是因为：债券持有人的投资风险比股东的投资风险低，因此要求的投资报酬率相应较低；债券利息允许在税前支付，能降低公司的实际负担；另外，债券的发行费用相对股票较低。

（2）有利于保证控制权。债券持有人无权干涉企业的管理事务，如果现有股东担心控制权旁落，则可采用债券筹资。

（3）能发挥财务杠杆作用。债券利息负担固定，在企业投资效益良好的情况下，更多的收益可用于分配给股东，增加其财富，或留归企业以扩大经营。

2. 债券筹资的缺点

（1）筹资风险高。债券有固定的到期日，并定期支付利息。利用债券筹资，要承担还本付息的义务。

（2）限制条件多。发行债券的契约书中往往有一些限制条款。这种限制比短期债务严格得多，可能会影响企业的正常发展和以后的筹资能力。

（3）筹资额有限。利用债券筹资有一定的限度，当公司的负债比率超过一定程度后，债券筹资的成本要迅速上升，有时甚至会发行不出去。

三、融资租赁

（一）融资租赁的概念

融资租赁又称资本租赁、财务租赁，是由租赁公司按照承租企业的要求融资购买设备，并在契约或合同规定的较长期限内提供给承租企业使用的信用性业务。它是现代租赁的主要类型。融资租赁集融资与融物于一身，是承租企业筹集长期资金的一种特殊方式。

（二）融资租赁的特点

（1）一般由承租人向出租人提出正式申请，由出租人融资购进设备租给承租人使用。

（2）租赁期限较长，大多为设备耐用年限的一半以上。

（3）租赁合同比较稳定，在规定的租期内非经双方同意，任何一方不得中途解约，这有利于维护双方的权益。

(4)由承租人负责设备的维修保养和保险,但无权自行拆卸改装。

(5)租赁期满时,按事先约定的办法处置设备,一般有退租、续租、留购三种选择,通常由承租人留购。

(三)融资租赁的形式

融资租赁包括直接租赁、售后租回和杠杆租赁三种形式。

1. 直接租赁

即承租人直接向出租人租入所需要的资产,并付出租金。

2. 售后租回

即根据协议,企业将某资产卖给出租人,再将其租回使用。

3. 杠杆租赁

杠杆租赁涉及承租人、出租人和贷款人三方当事人。从承租人的角度来看,这种租赁与其他租赁形式并无区别,同样是按合同的规定,在基本租赁期内定期支付定额租金,取得资产的使用权。但对出租人却不同,出租人只出购买资产所需的部分资金作为自己的投资,另外以该资产作为担保向贷款人借入其余资金,因此,出租人既是出租人又是贷款人,同时拥有对资产的所有权,既收取租金又要偿付债务。如果出租人不能按期偿还借款,资产的所有权就要转归资金的出借者。

(四)融资租赁租金的计算

1. 融资租赁租金的构成

融资租赁租金包括设备价款和租息两部分。租息又可分为租赁公司的融资成本、租赁手续费等。

2. 融资租赁租金的支付形式

租金通常采用分次支付的方式,具体类型有:

(1)按支付间隔期的长短,可以分为年付、半年付、季付和月付等方式。

(2)按支付时期先后,可以分为先付租金和后付租金两种。

(3)按每期支付金额,可以分为等额支付和不等额支付两种。

3. 融资租赁租金的计算方法

(1)后付租金的计算。根据年资本回收额的计算公式,可得出后付租金方式下每年年末支付租金数额的计算公式:

$$A=PV/PVIFA_{i,n}$$

(2)先付租金的计算。根据即付年金的现值公式,可得出先付等额租金的计算公式:

$$A=PV/[PVIFA_{i,n-1}+1]$$

（五）融资租赁筹资的优缺点

1. 融资租赁筹资的优点

(1)融资速度快。融资租赁集“融资”与“融物”于一体，一般比先筹集资金再购置设备的时间要短，能很快形成生产能力。

(2)限制条款少。企业运用股票、债券、长期借款等筹资方式要受到很多的条件限制，相比而言，融资租赁的限制要少得多。

(3)设备淘汰风险小。随着科学技术的进步，设备陈旧过时的风险很高，而融资租赁的情况下，承租企业不需要承担这种风险。

(4)财务风险小。全部租金在整个租期内分期支付，可适当减少不能偿付的风险。

(5)税收负担轻。融资租赁的租金费用可在所得税前扣除，承租企业能享受到税收上的优惠。

2. 融资租赁筹资的缺点

融资租赁筹资的主要缺点是成本较高，租金总额一般要高于设备价值的30%，在企业财务困难时，固定的租金也会构成一项较沉重的负担。另外，融资租赁方式下承租方一般不能享有设备的残值，也可视为承租方的一种机会损失。

第四节 混合性筹资

一、发行可转换公司债券

（一）可转换公司债券的性质

可转换公司债券是指发行公司依法发行的，在一定期间内依据约定的条件可以转换成股份的公司债券。

可转换公司债券是一种含权债券，兼有公司债券和股票的双重特征。转股以前，它是一种公司债券，具备债券的特性，在规定的利率和期限体现的是债权债务关系，持有者是债权人；转股以后，它变成了股票，具备股票的特性，体现的是所有权关系，持有者由债权人转变成了股权所有者。在价值形态上，可转换公司债券赋予投资者一个保底收入，即债券利息支付与到期本金偿还构成的普通附息券的价值；同时，它还赋予投资者在股票上涨到一定价格条件下转换成发行人普通股票的权益，即看涨期权的价值。

（二）可转换公司债券筹资的优缺点

1. 可转换公司债券筹资的优点

(1)有利于降低资本成本。由于可转换公司债券赋予持有者一种特殊的选择权，即按事先约定在一定时间内将其转换为公司股票的选择权，因此，可转换公司债券利率通常低于普通债券，减少了利息支出；转换为股票后，又可节省股票的发行费用。

(2)有利于稳定股票市价。可转换公司债券的转换价格通常高于公司当前股价，转换期限较长，有利于稳定股票市价。

(3)有利于调整资本结构。可转换公司债券转换为公司股票前是发行公司的一种债务资本，发行公司可以通过提高转换价格、降低转换比例等方法促使持有者将持有的债券转换为公司股票，即转换为权益资本。

2. 可转换公司债券筹资的缺点

(1)转股后可转换公司债券筹资将失去利率较低的好处。

(2)发行可转换公司债券后，若股价低迷或发行公司业绩欠佳，股价没有按照预期的水平上升时，持有者不愿将可转换公司债券转换为股票，发行公司将承受偿债的压力。

(3)回售条款的规定可能使公司遭受损失。当公司的股票价格在一定时期内连续低于转换价格并达到某一幅度时，债券持有人可以按事先约定的价格将债券回售发行公司，从而使发行公司受损。

二、发行认股权证

认股权证是由股份公司发行的可认购其股票的一种买入期权。它赋予持有者在一定期限内以事先约定的价格购买发行公司一定股份的权利。

(一)认股权证的特点

1. 认股权证作为一种特殊的筹资手段，对于公司发行新债券或优先股股票具有促销作用。

2. 持有人在认股之前，既不拥有债权也不拥有股权，只拥有股票认购权。

3. 用认股权证购买普通股票，其价格一般低于市价。

(二)认股权证的种类

1. 按允许购买的期限长短，分为长期认股权证与短期认股权证

长期认股权证的期限通常持续为几年，有的是永久性的。短期认股权证的期限比较短，一般为90天。

2. 按认股权证的发行方式不同，分为单独发行认股权证与附带发行认股权证

单独发行的认股权证是指不依附于其他证券而独立发行的认股权证。附带发行的认股权证是指依附于债券、优先股或普通股发行的认股权证。

3. 按认股权证认购数量的约定方式不同，分为备兑认股权证与配股权证

备兑认股权证是每份备兑证按一定比例含有几家公司的若干股份。配股权证是确认股东配股权的证书，它按股东的持股比例定向派发，赋予股东以优惠的价格认购发行公司一定数量的新股。

(三)认股权证筹资的作用

1. 为公司筹集额外的资金

认股权证不论是单独发行还是附带发行,大多都为发行公司筹得一笔额外资金,从而增强公司的资本实力和运营能力。

2. 促进其他筹资方式的运用

单独发行的认股权证有利于将来发售股票,附带发行的认股权证可以促进其所依附证券的发行效率。而且由于认股权证具有价值,附认股权证的债券票面利率和优先股股利率通常较低。

第五节 短期负债筹资

一、短期借款

短期借款是指企业向银行和其他非银行金融机构借入的期限在一年以内的借款。

(一)短期借款的种类

短期借款主要有生产周转借款、临时借款、结算借款等。按照国际通行做法,短期借款还可依偿还方式的不同,分为一次性偿还借款和分期偿还借款;依利息支付方法的不同,分为收款法借款、贴现法借款和加息法借款;依有无担保,分为抵押借款和信用借款。

(二)短期借款的取得

企业举借短期借款,首先必须提出申请,经审查同意后借贷双方签订借款合同,注明借款的用途、金额、利率、期限、还款方式、违约责任等;然后企业根据借款合同办理借款手续;借款手续办理完毕,企业便可取得借款。

(三)短期借款的信用条件

银行发放短期借款往往带有条件,主要有:

1. 授信额度

授信额度即贷款限额,是银行对借款人规定的无担保贷款的最高限额。授信额度的有效期限通常为一年,但根据情况也可展期一年。一般来讲,企业在批准的授信额度内,可随时使用银行借款。但是,银行并不承担必须提供全部授信额度的义务。如果企业信誉恶化,即使银行曾同意过按授信额度提供贷款,企业也可能得不到借款。这时,银行不会承担法律责任。

2. 周转信贷协定

周转信贷协定是银行具有法律义务地承诺提供不超过某一最高限额的贷款协定。在协定的有效期内,只要企业的借款总额未超过最高限额,银行必须满足企业任何时候提出的借款要求。企业享用周转信贷协定，通常要对贷款限额的未使用部分付给银行一笔承诺费。

【例 3－6】 某企业与银行商定周转信贷额为 1 000 万元，承诺费率为 0.5％，借款企业年度内使用了 700 万元，余额为 300 万元。则借款企业应向银行支付承诺费的金额为：

承诺费＝300×0.5％＝1.5(万元)

3. 补偿性余额

补偿性余额是银行要求借款人在银行中保持按贷款限额或实际借款额的一定百分比(一般为 10％至 20％)计算的最低存款余额。补偿性余额有助于银行降低贷款风险，补偿其可能遭受的损失；但对借款企业来说，补偿性余额则提高了借款的实际利率，加重了企业的利息负担。实际利率的计算公式为：

$$实际利率=\frac{借款金额\times 名义利率}{借款金额\times(1-补偿性余额比例)}\times 100\%=\frac{名义利率}{1-补偿性余额比例}\times 100\%$$

【例 3－7】 某企业按年利率 8％向银行借款 200 万元，银行要求保留 20％的补偿性余额，企业实际可以动用的借款只有 160 万元。则该项借款的实际利率为：

$$实际利率=\frac{8\%}{1-20\%}\times 100\%=10\%$$

4. 借款抵押

银行向财务风险较大的企业发放贷款，有时需要有抵押品担保，以减少自己蒙受损失的风险。短期借款的抵押品经常是借款企业的应收账款、存货、股票、债券等。银行接受抵押品后，将根据抵押品的价值决定贷款金额。一般为抵押品面值的 30％至 90％。这一比例的高低，取决于抵押品的变现能力和银行的风险偏好。因此，抵押借款的成本通常高于非抵押借款。企业向贷款人提供抵押品，会限制其财产的使用和将来的借款能力。

5. 偿还条件

贷款的偿还有到期一次偿还和在贷款期内定期(每月、季)等额偿还两种方式。一般来说，企业不希望采用后一种偿还方式，因为这会提高借款的实际利率。而银行不希望采用前一种偿还方式，因为这会加重企业的财务负担，增加企业的拒付风险，同时会降低实际贷款利率。

6. 其他承诺

银行有时还要求企业为取得借款而做出其他承诺，如及时提供财务报表、保持适当的财务水平等。如企业违背所作出的承诺，银行可要求企业立即偿还全部贷款。

(四)短期借款利率及其支付方法

短期借款利率及其支付方法多种多样，银行将根据借款企业的情况选用。

1. 借款利率

(1)优惠利率。优惠利率是银行向财力雄厚、经营状况好的企业贷款时收取的名义利率,为贷款利率的最低限。

(2)浮动优惠利率。这是一种随其他短期利率的变动而浮动的优惠利率,即随市场条件的变化而随时调整变化的优惠利率。

(3)非优惠利率。银行贷款给一般企业时收取的高于优惠利率的利率。这种利率经常在优惠利率的基础上加一定的百分比。非优惠利率与优惠利率之间差距的大小,由借款企业的信誉、与银行的往来关系及当时的信贷状况所决定。

2. 借款利息的支付方法

一般来讲,借款企业可以用三种方法支付银行贷款利息。

(1)利随本清法。又称收款法,是在借款到期时向银行支付利息的方法。采用这种方法,借款的名义利率等于其实际利率。

(2)贴现法。贴现法是银行向企业发放贷款时,先从本金中扣除利息部分,而到期时借款企业则要偿还贷款全部本金的一种计息方法。采用这种方法,企业可利用的贷款额只有本金减去利息部分后的差额,因此贷款的实际利率高于名义利率。

$$实际利率=\frac{利息}{借款金额-利息}\times100\%=\frac{名义利率}{1-名义利率}\times100\%$$

【例 3－8】 某企业从银行取得借款 300 万元,期限 1 年,名义利率为 6%,利息额 18 万元;按照贴现法付息,企业实际可利用的资金为 282 万元,该项贷款的实际利率为:

$$实际利率=\frac{18}{282}\times100\%=\frac{6\%}{1-6\%}\times100\%=6.38\%$$

(3)加息法。加息法是银行发放分期等额偿还贷款时采用的利息收取方法。在分期等额偿还贷款的情况下,银行要将根据名义利率计算的利息加到贷款本金上,计算出贷款的本息和,要求企业在贷款期内分期偿还本息之和的金额。由于贷款分期均衡偿还,借款企业实际上只平均使用了贷款本金的半数,却支付全额利息。这样,企业所负担的实际利率便高于名义利率大约 1 倍。

【例 3－9】 某企业借入(名义)年利率为 8%的贷款 60 000 元,分 12 个月等额偿还本息。该项借款的实际利率为:

$$实际利率=\frac{60\ 000\times8\%}{60\ 000\div2}\times100\%=16\%$$

(五)短期借款筹资的优缺点

1. 短期借款筹资的优点

(1)筹资速度快。企业获得短期借款所需时间要比长期借款短得多,因为银行发放长期贷款前,通常要对企业进行比较全面的调查分析,花费时间较长。

(2)筹资弹性大。短期借款数额及借款时间弹性较大,企业可在需要资金时借入,在资金充裕时还款，便于企业灵活安排。

2. 短期借款筹资的缺点

(1)筹资风险大。短期资金的偿还期短，在筹资数额较大的情况下，如企业资金周转出现问题，就有可能无法按期偿付本金和利息。

(2)与其他短期筹资方式相比，资金成本较高，尤其是在补偿性余额和附加利率情况下，实际利率通常高于名义利率。

二、商业信用

商业信用是指在商品交易中由于延期付款或预收货款所形成的企业间的借贷关系。商业信用产生于商品交易之中，运用广泛，在短期负债筹资中占有相当大的比重。商业信用的具体形式有应付账款、应付票据、预收账款等。

(一)应付账款

应付账款是企业因赊购商品而形成的短期债务，即卖方允许买方在购买商品后一定时期内支付货款的一种形式。卖方利用这种方式促销，而对买方来说延期付款则等于向卖方借用资金购进商品，可以满足短期的资金需要。

应付账款通常附有付款期、折扣等信用条件。如卖方规定"2/10，*n*/30"，则表示买方如在10天内付款，可以享受货款2%的折扣；全部货款必须在30天内付清。应付账款按其是否支付对价，分为免费信用、有代价信用和展期信用三种。

1. 免费信用

即买方企业在规定的折扣期内享受折扣而获得的信用。

2. 有代价信用

即买方企业放弃折扣付出代价而获得的信用。

$$\text{放弃现金折扣的成本}=\frac{\text{折扣百分比}}{1-\text{折扣百分比}}\times\frac{360}{\text{付款期}-\text{折扣期}}$$

公式表明，放弃现金折扣的成本与折扣百分比的大小、折扣期的长短同方向变化，与付款期的长短反方向变化。

【例3－10】 某企业按"2/10，*n*/50"的信用条件购买商品，货款100万元。如果该企业在10天内付款，便享受了10天的免费信用期，并获得折扣2万元，免费信用额为98万元。倘若买方企业放弃折扣，在10天后(不超过50天)付款，该企业便要承受因放弃折扣而造成的隐含利息成本。运用上式，该企业放弃折扣所负担的成本为：

$$\text{放弃现金折扣的成本}=\frac{2\%}{1-2\%}\times\frac{360}{50-10}=18.37\%$$

3. 展期信用

即买方企业超过规定的付款期推迟付款而强制获得的信用。展期信用虽然可以降低放弃现金折扣的成本，但会影响企业的信誉，是不可取的。

(二)应付票据

应付票据是企业进行延期付款商品交易时开具的反映债权债务关系的票据。根据承兑人的不同，应付票据分为商业承兑汇票和银行承兑汇票两种，支付期最长不超过6个月。应付票据可以带息，也可以不带息。应付票据的利率一般比银行借款的利率低，且不用保持相应的补偿余额和支付协议费，所以应付票据的筹资成本低于银行借款成本。但是应付票据到期必须归还，如若延期便要交付罚金，因而风险较大。

(三)预收账款

预收账款是卖方企业在交付商品之前向买方预先收取部分或全部货款的信用形式。对于卖方而言，预收账款相当于向买方借用资金后用商品抵偿。预收账款一般用于生产周期长、资金需要量大的商品销售。

(四)商业信用筹资的特点

(1)商业信用筹资最大的优越性就在于容易取得。因为对于多数企业来说，商业信用是一种持续性的借贷形式，属于自发性筹资，无须正式办理筹资手续。

(2)商业信用的资金成本。如果没有现金折扣或企业不放弃现金折扣，企业利用商业信用筹资没有成本；但是，如果企业放弃现金折扣，则要负担较高的资金成本。

(3)商业信用的期限一般较短。

三、短期融资券

短期融资券是指企业依照《短期融资券管理办法》的条件和程序在银行间债券市场发行和交易、约定在一定期限内还本付息、最长期限不超过365天的有价证券。

(一)短期融资券的特征

我国短期融资券具有以下特征：

(1)发行人为非金融企业；

(2)发行利率(价格)由发行人和承销商协商确定；

(3)发行对象为银行间债券市场的机构投资者，不向社会公众发行；

(4)实行余额管理，待偿还融资券余额不超过企业净资产的40%；

(5)可以在全国银行间债券市场机构投资人之间流通转让。

(二)短期融资券的发行

1. 短期融资券的发行条件

一般来讲，只有实力雄厚、资信程度很高的大企业才有资格发行短期融资券。

在我国，短期融资券的发行必须符合《短期融资券管理办法》中规定的发行条件：

(1)是在中华人民共和国境内依法设立的企业法人；

(2)具有稳定的偿债资金来源；

(3)最近一个会计年度盈利；

(4)流动性良好,具有较强的到期偿债能力；

(5)发行短期融资券募集的资金用于本企业生产经营；

(6)近 3 年没有违法和重大违规行为；

(7)近 3 年发行的短期融资券没有延迟支付本息的情形；

(8)具有健全的内部管理体系和募集资金的使用偿付管理制度；

(9)中国人民银行规定的其他条件。

2. 短期融资券的发行程序

(1)公司作出发行短期融资券的决策；

(2)办理发行短期融资券的信用评级；

(3)向有关审批机构提出发行申请；

(4)审批机构对企业提出的申请进行审查和批准；

(5)正式发行短期融资券,取得资金。

(三)短期融资券筹资的优缺点

1. 短期融资券筹资的优点

(1)短期融资券的筹资成本较低。在西方,短期融资券的利率加上发行成本,通常要低于银行的同期贷款利率。但在我国,目前由于短期融资券市场刚刚建立,还不完善,因而有时会出现短期融资券的利率高于银行借款利率的情况。

(2)短期融资券筹资数额比较大。通常银行不会向企业发放巨额的短期借款,因此,银行短期借款常常面临着数额的限制;而发行短期融资券的数额往往较大,可以筹集更多资金。

(3)发行短期融资券可以提高企业的知名度。一个公司如果能发行自己的短期融资券,说明该公司有较好的信誉;同时,随着短期融资券的发行,公司的知名度也会大大提高。

2. 短期融资券筹资的缺点

(1)发行短期融资券的风险较大。短期融资券到期必须归还,一般不会有延期的可能。若到期不归还会对企业的信誉等产生较严重的后果,因此,筹资风险较大。

(2)发行短期融资券的弹性较小。短期融资券一般不能提前偿还,即使企业资金比较充裕,也要到期才能还款。

(3)发行短期融资券的条件比较严格。并不是任何企业都能发行短期融资券,必须是信誉好、实力强、效益高的企业才能利用短期融资券来筹集资金。

复习思考题

1. 简述企业的筹资动机以及对企业产生的影响。
2. 简述企业的筹资渠道和筹资方式。
3. 试分析各种筹资方式的优缺点。
4. 分析股票上市对公司的利弊。
5. 试分析债券发行价格的决定因素。
6. 简述融资租赁的基本特征和主要形式。
7. 试分析认股权证的特点和认股权证筹资的作用。
8. 试说明商业信用筹资的种类和特点。
9. 简述短期融资券的发行条件。

第四章

资本成本和资本结构

【学习目标】

通过本章学习,要求掌握下列内容:

- 资本成本的内容和作用
- 各种资本成本的计算方法
- 经营风险和财务风险
- 各种杠杆的经济含义及杠杆系数的测算
- 资本结构的概念及其影响因素
- 资本结构理论
- 资本结构决策方法

第一节　资本成本

一、资本成本概述

(一)资本成本的概念和内容

1. 资本成本的概念

资本成本是企业筹集和使用资本而承付的代价。资本成本是在市场经济条件下,资金所有权和资金使用权分离的产物。资本是一种特殊的商品,企业通过各种筹资渠道、采用各种筹资方式获得的资本往往都是有偿的,需要承担一定的成本。资本成本是一个重要的经济范畴。

资本成本与资金时间价值既有联系,又有区别。资金时间价值是资本成本的基础,资本成本既包括资金时间价值,又包括投资风险价值。

2. 资本成本的内容

资本成本从绝对量的构成来看，包括用资费用和筹资费用两部分。

(1)用资费用。用资费用是指企业在生产经营、对外投资活动中因使用资本而承付的费用。例如，向债权人支付的利息，向股东分配的股利等。用资费用是资本成本的主要内容。长期资本的用资费用是经常性的，并随使用资本数量的多少和时期的长短而变动，因而属于变动性资本成本。

(2)筹资费用。筹资费用是指企业在筹集资本活动中为获得资本而付出的费用。例如，向银行支付的借款手续费，因发行股票、债券而支付的发行费用等。筹资费用与用资费用不同，它通常是在筹资时一次全部支付的，在获得资本后的用资过程中不再发生，因而属于固定性的资本成本，可视为对筹资额的一项扣除。

资本成本可以用绝对数表示，也可以用相对数表示。在企业筹资实务中，通常运用资本成本的相对数，即企业用资费用与有效筹资额之间的比率，用百分比来表示。其基本计算公式列示如下：

$$K=\frac{D}{P-F}$$

或

$$K=\frac{D}{P(1-f)}$$

式中：K——资本成本，以百分比表示；

D——年度用资费用额；

P——筹资额；

F——筹资费用额；

f——筹资费用率，即筹资费用额与筹资额的比率。

(二)资本成本的作用

资本成本对于企业筹资管理、投资管理，乃至整个财务管理和经营管理都有重要的作用。

1. 资本成本是比较筹资方式、选择筹资方案、进行资本结构决策的依据

资本成本有个别资本成本、综合资本成本、边际资本成本等形式，它们在不同情况下具有各自的作用。

(1)个别资本成本是企业选择筹资方式的依据。一个企业长期资本的筹集往往有多种筹资方式可供选择，包括长期借款、发行债券、发行股票等。这些长期筹资方式的个别资本成本的高低不同，可作为比较选择各种筹资方式的一个依据。

(2)综合资本成本是企业进行资本结构决策的依据。企业的全部长期资本通常是由多种长期资本筹资类型的组合而构成的。企业长期资本的筹资可有多个组合方案供选择。不同筹资组合的综合资本成本的高低，可以用来比较各个筹资组合方案，作出资本结

构决策的一个依据。

(3)边际资本成本是比较选择追加筹资方案的依据。企业为了扩大生产经营规模，往往需要追加筹资。不同追加筹资方案的边际资本成本的高低，可以作为比较选择追加筹资方案的一个依据。

2. 资本成本是评价投资项目、比较投资方案和进行投资决策的经济标准

一般而言，一个投资项目，只有当其投资收益率高于其资本成本率，在经济上才是合理的；否则，该项目将无利可图，甚至发生亏损。在投资决策中，通常将资本成本作为折现率，用于测算各个投资方案的净现值和现值指数，以比较选择投资方案，进行投资决策。

3. 资本成本可以作为评估企业价值的基准

在企业价值评估中，资本成本也是一个重要的参数，在现金流量折现法和经济利润法中，都要利用资本成本作为折现率，计算企业价值。

二、个别资本成本

个别资本成本是指企业各种长期资本的成本，包括长期债务资本成本和权益资本成本。

(一)长期债务资本成本

长期债务资本成本主要有长期借款成本和债券成本。按照企业所得税法的规定，企业债务利息允许从税前利润中扣除，因此，企业实际负担的利息为：利息×(1－所得税率)。

1. 长期借款成本

企业长期借款成本可按下列公式计算：

$$K_l=\frac{I_l(1-T)}{L(1-f)}$$

式中：K_l——长期借款成本；

I_l——长期借款年利息；

T——企业所得税税率；

L——长期借款筹资额，即借款本金；

f——长期借款筹资费用率。

【例 4－1】 东方公司欲从银行取得一笔长期借款 800 万元，手续费率为 0.1%，年利率为 5%，期限 3 年，每年结息一次，到期一次还本。公司所得税税率为 25%。这笔借款的资本成本计算如下：

$$K_l=\frac{800\times5\%\times(1-25\%)}{800\times(1-0.1\%)}=3.75\%$$

相对而言，企业借款的筹资费用主要是借款手续费，一般数额很小，有时可以忽略不计。这时长期借款资本成本可按下式计算：

$$K_l = R_l \times (1-T)$$

式中：R_l——借款利息率。

【例 4—2】 根据例 4—1 但不考虑借款手续费，则这笔借款的资本成本率测算为：

$K_l = 5\% \times (1-25\%) = 3.75\%$

当借款合同附加补偿性余额条款的情况下，企业的长期借款筹资额应扣除补偿性余额，这时借款的实际利率和资本成本将会上升。

【例 4—3】 东方公司欲获借款 800 万元，年利率 5%，期限 3 年，每年结息一次，到期一次还本。银行要求补偿性余额 20%。公司所得税税率为 25%。这笔借款的资本成本计算如下：

$K_l = \dfrac{800 \times 5\% \times (1-25\%)}{800 \times (1-20\%)} = 4.69\%$

2. 债券成本

债券成本中的利息亦在所得税前列支，但发行债券的筹资费用一般较高，应予全面考虑。债券的筹资费用即债券发行费用，包括申请费、注册费、印刷费和上市费以及推销费等，其中有的费用按一定的标准支付。此外，债券的发行价格有等价、溢价和折价等情况，与面值有时不一致。因此，债券资本成本的计算与借款有所不同。企业债券成本可按下列公式计算：

$$K_b = \frac{I_b(1-T)}{B(1-f)}$$

式中：K_b——债券成本；

I_b——债券年利息；

T——企业所得税税率；

B——债券筹资额，按发行价格确定；

f——债券筹资费用率。

【例 4—4】 东方公司拟等价发行面值 100 元、期限 5 年、票面利率 8% 的债券 50 000 张，每年结息一次。发行费用为发行价格的 3%，公司所得税税率为 25%。该批债券的资本成本计算如下：

$K_b = \dfrac{100 \times 8\%(1-25\%)}{100 \times (1-3\%)} = 6.19\%$

在例 4—4 中的债券系以等价发行，如果按每张 110 元的价格发行，即溢价发行，则其资本成本为：

$$K_b=\frac{100\times8\%(1-25\%)}{110\times(1-3\%)}=5.62\%$$

如果按每张 95 元的价格发行，即折价发行，则其资本成本为：

$$K_b=\frac{100\times8\%(1-25\%)}{95\times(1-3\%)}=6.51\%$$

(二)权益资本成本

权益资本成本主要有普通股成本、优先股成本和留存收益成本。各种权益资本的股息或红利是以税后净利润支付的，不会减少企业应缴的所得税。

1. 普通股成本

普通股的资本成本就是普通股投资的必要报酬率。其测算方法一般有三种：股利折现模型、资本资产定价模型和无风险利率加风险溢价法。

(1)股利折现模型。股利折现模型的基本形式是：

$$P_c=\sum_{t=1}^{n}\frac{D_t}{(1+K_c)^t}$$

式中：P_c——普通股融资额；

D_t——普通股第 t 年的股利；

K_c——普通股投资必要报酬率，即普通股资本成本。

运用上列模型计算普通股资本成本率，因具体的股利政策而有所不同。

①如果公司采用固定股利政策，即每年分派现金股利 D 元，则普通股成本可按下式计算：

$$K_c=\frac{D}{P_c(1-f)}$$

【例 4—5】 东方公司拟发行一批普通股，发行价格 15 元，每股发行费用 1.2 元，预定每年分派现金股利 1.6 元。其资本成本计算如下：

$$K_c=\frac{1.6}{15-1.2}\times100\%=11.59\%$$

②如果公司采用固定增长股利政策，股利固定增长率为 g，则普通股成本可按下式计算：

$$K_c=\frac{D_0(1+g)}{P_c(1-f)}+g=\frac{D_1}{P_c(1-f)}+g$$

【例 4—6】 东方公司准备增发普通股，面值 1 元，每股发行价为 18 元，筹资费用率 5%，预期第一年分派现金股利每股 1.8 元，以后每年股利增长 3%。其资本成本计算如下：

$$K_c=\frac{1.8}{18\times(1-5\%)}+3\%=13.53\%$$

(2)资本资产定价模型。资本资产定价模型的含义可以简单地描述为，普通股投资的必要报酬率等于无风险报酬率加上风险报酬率。用公式表示如下：

$$K_c=R_f+\beta(R_m-R_f)$$

式中：R_f——无风险报酬率；

R_m——市场报酬率或市场投资组合的期望收益率；

β——第 i 种股票的贝塔系数。

贝塔系数表示某公司股票收益率相对于市场投资组合期望收益率的变动幅度。当整个证券市场投资组合的收益率增加1%时，如果某公司股票的收益率增加2%，那么该公司股票的 β 值为2，如果另外一家公司股票的收益率仅上升0.7%，则其 β 值为0.7。

在已确定无风险报酬率、市场报酬率和某种股票的 β 值后，就可测算该股票的必要报酬率，即资本成本率。

【例4-7】 已知某股票的 β 值为1.5，市场报酬率为10%，无风险报酬率为5%。该股票的资本成本计算如下：

$K_c=5\%+1.5\times(10\%-5\%)=12.5\%$

(3)无风险利率加风险溢价法。无风险利率加风险溢价法认为，由于普通股的求偿权不仅在债权之后，而且还次于优先股，因此，持有普通股股票的风险要大于持有债权的风险。这样，股票持有人就必然要求一定的风险补偿。一般情况来看，通过一段时间的统计数据，可以测算出某公司普通股股票期望收益率超出无风险利率的大小，即风险溢价 R_p。无风险利率 R_f 一般用同期国债收益率表示，这是证券市场最基础的数据。因此，用无风险利率加风险溢价法计算普通股成本的公式为：

$$K_c=R_f+R_p$$

【例4-8】 假定东方公司普通股的风险溢价估计为8%，而无风险利率为4%，该公司普通股成本计算如下：

$$K_c=8\%+4\%=12\%$$

2. 优先股成本

优先股的股利通常是固定的，公司利用优先股筹资需花费发行费用，因此，优先股资本成本的计算类似于普通股固定增长股利模型。其计算公式是：

$$K_p=\frac{D_p}{P_p(1-f)}$$

式中：K_p——优先股资本成本；

D_p——优先股每股年股利；

P_p——优先股筹资额。

【例4-9】 东方公司准备发行一批优先股，面值1元，每股发行价格6元，筹资费用

率2%,预计年股利0.6元。其资本成本计算如下:

$$K_p=\frac{0.6}{6\times(1-2\%)}=10.20\%$$

3. 留存收益成本

公司的留存收益(或留用利润)是由公司税后利润形成的,属于股权资本。从表面上看,公司留用利润并不花费什么资本成本。实际上,股东愿意将其留用于公司而不作为股利取出投资于别处,总是要求获得与普通股等价的报酬。因此,留存收益也有资本成本,留存收益成本的计算方法与普通股基本相同,只是不考虑筹资费用。

三、综合资本成本

综合资本成本是指企业全部长期资本的总成本,通常是以各种长期资本的比重为权数,对个别资本成本进行加权平均确定的,故亦称加权平均资本成本。

综合资本成本率是由个别资本成本和各种长期资本比例这两个因素决定的,其计算公式如下:

$$K_w=\sum_{j=1}^{n}K_jW_j$$

式中:K_w——综合资本成本,即加权平均资本成本;

K_j——第j种个别资本成本;

W_j——第j种个别资本占全部资本的比重,即权数。

【例4—10】 东方公司现有长期资本总额10 000万元,其中长期借款1 800万元,长期债券3 500万元,优先股1 000万元,普通股3 200万元,留存收益500万元;各种长期资本成本率分别为4%,6%,9%,14%和12%。该公司综合资本成本可按如下两步计算:

第一步,计算各种长期资本占全部资本的比重:

长期借款占全部资本的比重$=\frac{1\ 800}{10\ 000}=18\%$

长期债券占全部资本的比重$=\frac{3\ 500}{10\ 000}=35\%$

优先股占全部资本的比重$=\frac{1\ 000}{10\ 000}=10\%$

普通股占全部资本的比重$=\frac{3\ 200}{10\ 000}=32\%$

留存收益占全部资本的比重$=\frac{500}{10\ 000}=5\%$

第二步,计算综合资本成本:

$K_w = 4\% \times 18\% + 6\% \times 35\% + 9\% \times 10\% + 14\% \times 32\% + 12\% \times 5\% = 8.8\%$

在计算加权平均资本成本时，企业资本结构或各种资本在全部资本中所占的比重取决于各种资本价值的确定。各种资本价值的确定基础主要有三种选择：账面价值、市场价值和目标价值。

按账面价值确定资本比重，反映过去，易于从资产负债表中取得这些资料，容易计算，其主要缺点是：资本的账面价值可能不符合市场价值，如果资本的市场价值与账面价值差别很大，计算结果会与资本市场现行实际筹资成本有较大的差距，从而不利于加权平均资本成本的测算和筹资管理的决策。

按市场价值确定资本比重，是指债券和股票等以现行资本市场价格为基础确定其资本比重，这样计算的加权平均资本成本能反映企业目前的实际情况，但证券市场价格变动频繁。为弥补证券市场价格变动频繁的不便，也可选用平均价格。

按目标价值确定资本比重是指债券和股票等以未来预计的目标市场价值确定其资本比重。这种权数能够反映企业期望的资本结构，而不是像按账面价值和市场价值确定的权数那样只反映过去和现在的资本结构，所以，按目标价值权数计算得出的加权平均资本成本更适用于企业筹措新资金。然而，企业很难客观合理地确定证券的目标价值，有时这种计算方法不易推广。

在实务中，通常以账面价值为基础确定的资本价值计算加权平均资本成本。

四、边际资本成本

(一)边际资本成本的含义

边际资本成本是指资金每增加一个单位而增加的成本。在企业追加筹资时，不能仅仅考虑目前所使用资金的成本，还要考虑为投资项目新筹集资金的成本，这就需要计算资金的边际成本。

企业追加筹资有时可能只采取某一种筹资方式。但在筹资数额较大，或在目标资本结构既定的情况下，往往需要通过多种筹资方式的组合来实现。这时，边际资本成本应该按加权平均法计算，而且其资本比例必须以市场价值确定。因此，边际资本成本也可以称为随筹资额增加而提高的加权平均资本成本。

(二)边际资本成本的计算

(1)确定目标资本结构。

(2)计算个别资本成本。

(3)计算筹资总额分界点。筹资分界点是指在保持某资本成本的条件下，可以筹集到的资金总限度。一旦筹资额超过筹资分界点，即使维持现有的资本结构，其资本成本也会增加。

$$筹资总额分界点=\frac{某种筹资方式的成本分界点}{目标资本结构中该种筹资方式所占比重}$$

(4)计算边际资本成本。根据计算出的分界点,可得出若干组新的筹资范围,对各筹资范围分别计算加权平均资本成本,即可得到各种筹资范围的边际资本成本。

【例4—11】 东方公司现有资金1 000万元,其中,长期借款100万元,长期债券300万元,普通股(含留存收益)600万元。公司考虑扩大经营规模,拟筹措新的资金。试测算追加筹资的边际资本成本。

可按下列步骤进行:

(1)确定目标资本结构。经分析测算后,东方公司的财务人员认为当前的资本结构即为目标资本结构,希望在今后增资时应予保持,即债务资本40%,权益资本60%。

(2)计算个别资本成本。财务人员分析了资本市场状况和公司的筹资能力,认为随着公司筹资规模的不断扩大,各种资金的成本也会增加,测算结果如表4—1所示。

表4—1　　东方公司筹资资料

筹资方式	目标资本结构	追加筹资数额范围(元)	个别资本成本(%)
长期借款	0.1	0～50 000 50 000以上	6 7
长期债券	0.3	0～180 000 180 000以上	8 9
普通股权益	0.6	0～120 000 120 000～420 000 420 000以上	11 12 13

(3)计算筹资总额分界点。东方公司计算的筹资总额分界点如表4—2所示。

表4—2　　东方公司筹资总额分界点计算

筹资方式	资本成本(%)	各种筹资方式的筹资范围(元)	筹资总额分界点(元)	筹资总额范围(元)
长期借款	6 7	0～50 000 50 000以上	$\frac{50\ 000}{0.1}=500\ 000$	0～500 000 500 000以上
长期债券	8 9	0～180 000 180 000以上	$\frac{180\ 000}{0.3}=600\ 000$	0～600 000 600 000以上
普通股权益	11 12 13	0～120 000 120 000～420 000 420 000以上	$\frac{120\ 000}{0.6}=200\ 000$ $\frac{420\ 000}{0.6}=700\ 000$	0～200 000 200 000～700 000 700 000以上

(4)计算边际资本成本。根据第三步计算的筹资总额分界点，可得出如下五组新的筹资范围：①200 000元以下；②200 000～500 000元；③500 000～600 000元；④600 000～700 000元；⑤700 000元以上。对这五个筹资总额范围分别测算其加权平均资本成本，便可得到各种筹资范围资金的边际成本，其计算过程如表4－3所示。

表4－3　　边际资本成本计算

序号	筹资总额范围(元)	筹资方式	目标资本结构	个别资本成本(%)	边际资本成本(%)
1	0～200 000	长期借款 长期债券 普通股权益	0.1 0.3 0.6	6 8 11	0.6 2.4 6.6
第一个筹资范围的边际资本成本＝9.6%					
2	200 000～500 000	长期借款 长期债券 普通股权益	0.1 0.3 0.6	6 8 12	0.6 2.4 7.2
第二个筹资范围的边际资本成本＝10.2%					
3	500 000～600 000	长期借款 长期债券 普通股权益	0.1 0.3 0.6	7 8 12	0.7 2.4 7.2
第三个筹资范围的边际资本成本＝10.3%					
4	600 000～700 000	长期借款 长期债券 普通股权益	0.1 0.3 0.6	7 9 12	0.7 2.7 7.2
第四个筹资范围的边际资本成本＝10.6%					
5	700 000以上	长期借款 长期债券 普通股权益	0.1 0.3 0.6	7 9 13	0.7 2.7 7.8
第五个筹资范围的边际资本成本＝11.2%					

第二节　杠杆原理

杠杆是物理学中的概念，所谓杠杆效应，就是指利用杠杆，可以用较小的力量移动较重物体的现象。财务管理中也存在类似的杠杆效应，表现为：由于特定费用的存在，一个财务变量的小幅度变动会引起另一个财务变量较大幅度的变动。财务管理中的杠杆效应有三种形式,即经营杠杆、财务杠杆和复合杠杆。

一、经营风险和财务风险

企业经营活动通常是在有风险的情况下进行的,从企业角度研究,风险可分为经营风险和财务风险。

(一)经营风险

经营风险是指由于经营上的原因而导致的风险。企业的经营风险受多种因素影响,主要有:

1. 市场需求

市场对企业产品的需求越稳定,经营风险就越小;反之,经营风险则越大。

2. 销售价格

产品售价波动不大,经营风险就越小;反之,经营风险则越大。

3. 成本水平

产品成本变动越小,经营风险就越小;反之,经营风险则越大。

4. 调整价格的能力

当产品成本变动时,若企业具有较强的调整价格的能力,经营风险就小;反之,经营风险则大。

5. 固定成本的比重

在企业全部成本中,固定成本所占比重较小时,经营风险就小;反之,经营风险则大。

(二)财务风险

财务风险亦称筹资风险,是指企业在经营活动中与筹资有关的风险,尤其是指在筹资活动中因使用债务资本可能导致企业权益资本收益下降的风险,甚至可能导致企业破产的风险。

二、经营杠杆

(一)经营杠杆的含义

经营杠杆(degree of operating leverage)是指企业在经营活动中,由于固定成本的存在而导致息税前利润变动率大于销售量变动率的杠杆效应。

企业的成本总额按其与业务量之间的依存关系可分为变动成本和固定成本两部分。其中,变动成本是指总额随着业务量的变动呈正比例变动的成本;固定成本是指在一定时期和一定业务量范围内,其总额不受业务量变动的影响而保持相对固定不变的成本。

企业的经营风险部分取决于其利用固定成本的程度。在其他条件不变的情况下,销售量的增加虽然不会改变固定成本总额,但会降低单位固定成本,从而提高单位利润,使息税前利润的增长率大于销售量的增长率。反之,销售量的减少会提高单位固定成本,降低单位利润,使息税前利润下降率也大于销售量下降率。

【例 4—12】 假定东方公司有关资料如表 4—4 所示,测算其经营杠杆利益。

表 4—4　　东方公司经营杠杆利益测算

项　目	2006 年	2007 年	变动率(%)
销售额(万元)	1 000	1 200	20
变动成本(万元)	600	720	
边际贡献(万元)	400	480	
固定成本(万元)	200	200	
息税前利润(万元)	200	280	40

由表 4—4 可见,东方公司在销售额为 1 000 万元～1 200 万元的范围内,固定成本总额均为 200 万元。公司 2007 年与 2006 年相比,销售额的增长率为 20%,同期息税前利润的增长率为 40%。由此可知,由于东方公司有效地利用了经营杠杆,获得了较高的经营杠杆利益,即息税前利润的增长幅度高于销售额的增长幅度。

【例 4—13】 假定东方公司有关资料如表 4—5 所示,测算其经营风险。

表 4—5　　东方公司经营风险测算

项　目	2006 年	2007 年	变动率(%)
销售额(万元)	1 000	900	—10
变动成本(万元)	600	540	
边际贡献(万元)	400	360	
固定成本(万元)	200	200	
息税前利润(万元)	200	160	—20

由表 4—5 可见,东方公司在销售额为 900 万元～1 000 万元的范围内,固定成本总额均为 200 万元。公司 2007 年与 2006 年相比,销售额的降低率为 10%,同期息税前利润的降低率为 20%。由此可知,由于东方公司没能有效地利用经营杠杆,从而导致了经营风险,即息税前利润的降低幅度高于销售额的降低幅度。

(二)经营杠杆系数

经营杠杆系数,是指息税前利润变动率相当于销售量变动率的倍数。其计算公式为:

$$DOL=\frac{\Delta EBIT/EBIT}{\Delta Q/Q}$$

式中:DOL——经营杠杆系数;

$\Delta EBIT$——息税前利润变动额;

$EBIT$——息税前利润;

ΔQ——销售变动量;

Q——销售量。

假设企业的成本—销售量—利润保持线性关系,变动成本在销售收入中的比例不变,固定成本也保持稳定,经营杠杆系数可用下列公式计算:

$$DOL=\frac{Q(P-V)}{Q(P-V)-F}$$

式中:DOL——经营杠杆系数;

P——产品销售单价;

V——产品单位变动成本;

F——固定成本总额。

【例 4—14】 东方公司的 A 产品销售量 30 000 件,产品销售单价 1 000 元,单位变动成本 600 元,变动成本率为 60%,固定成本总额为 4 000 000 元。其经营杠杆系数计算如下:

$$DOL=\frac{30\ 000\times(1\ 000-600)}{30\ 000\times(1\ 000-600)-4\ 000\ 000}=1.5(\text{倍})$$

在此例中,经营杠杆系数为 1.5 的意义在于:当企业销售增长 1 倍时,息税前利润将增长 1.5 倍;反之,当企业销售下降 1 倍时,息税前利润将下降 1.5 倍。前种情形表现为经营杠杆利益,后一种情形则表现为经营风险。一般而言,企业的经营杠杆系数越大,经营杠杆利益和经营风险就越高;企业的经营杠杆系数越小,经营杠杆利益和经营风险就越低。

三、财务杠杆

(一)财务杠杆的含义

财务杠杆(degree of financial leverage)是指企业在经营活动中,由于固定财务费用的存在而导致普通股每股收益变动率大于息税前利润变动率的杠杆效应。

在资本总额及其结构既定的情况下,企业需要从息税前利润中支付的债务利息通常都是固定的。当息税前利润增大时,每一元盈余所负担的固定财务费用(如利息、融资租赁租金等)就会相对减少,就能给普通股股东带来更多的盈余;反之,每一元盈余所负担的固定财务费用就会相对增加,就会大幅度减少普通股的盈余。

【例 4—15】 假定东方公司有关资料如表 4—6 所示，测算其财务杠杆利益。

表 4—6　　东方公司财务杠杆利益测算

项　目	2006 年	2007 年	变动率(%)
息税前利润(万元)	300	360	20
债务利息(万元)	200	200	
所得税(25%)(万元)	25	40	
净利润(万元)	75	120	
普通股股数(万股)	100	100	
每股收益(元)	0.75	1.2	60

由表 4—6 可见，在资本结构一定、债务利息保持固定不变的条件下，东方公司 2007 年与 2006 年相比，息税前利润的增长率为 20%，同期每股收益的增长率为 60%。由此可知，由于东方公司有效地利用了财务杠杆，从而给企业权益资本所有者带来了额外的利益，即每股收益的增长幅度高于息税前利润的增长幅度。

【例 4—16】 假定东方公司有关资料如表 4—7 所示，测算其财务风险。

表 4—7　　东方公司财务风险测算

项　目	2006 年	2007 年	变动率(%)
息税前利润(万元)	300	270	—10
债务利息(万元)	200	200	
所得税(25%)(万元)	25	17.5	
净利润(万元)	75	52.5	
普通股股数(万股)	100	100	
每股收益(元)	0.75	0.525	—30

由表 4—7 可见，在资本结构一定、债务利息保持固定不变的条件下，东方公司 2007 年与 2006 年相比，息税前利润的降低率为 10%，同期每股收益的降低率为 30%。由此可知，由于东方公司没能有效地利用财务杠杆，从而导致了财务风险，即每股收益的降低幅度高于息税前利润的降低幅度。

下面再对不同财务杠杆的三家公司进行比较。相关资料如表 4—8 所示。

表 4—8 A、B、C 公司的资本结构与普通股利润 单位:元

时 间	项 目	A 公司	B 公司	C 公司
2006 年	普通股本	1 000 000	600 000	200 000
	发行在外的普通股股数	10 000	10 000	10 000
	债务(年利率 8%)	0	400 000	800 000
	资本总额	1 000 000	1 000 000	1 000 000
	息税前利润	100 000	100 000	100 000
	债务利息	0	32 000	64 000
	利润总额	100 000	68 000	36 000
	所得税(税率 25%)	25 000	17 000	9 000
	净利润	75 000	51 000	27 000
	每股收益	7.5	5.1	2.7
2007 年	息税前利润增长率	20%	20%	20%
	增长后的息税前利润	120 000	120 000	120 000
	债务利息	0	32 000	64 000
	利润总额	120 000	88 000	56 000
	所得税(税率 25%)	30 000	22 000	14 000
	净利润	90 000	66 000	42 000
	每股收益	9	6.6	4.2
	每股收益增长率	20%	29.41%	55.56%

(二)财务杠杆系数

财务杠杆系数是指普通股每股收益的变动率相当于息税前利润变动率的倍数。其计算公式为:

$$DFL=\frac{\Delta EPS/EPS}{\Delta EBIT/EBIT}$$

式中:DFL——财务杠杆系数;

ΔEPS——普通股每股收益变动额;

EPS——普通股每股收益;

$\Delta EBIT$——息税前利润变动额;

$EBIT$——基期息税前利润。

上述公式还可推导为:

$$DFL=\frac{EBIT}{EBIT-I}$$

式中:DFL——财务杠杆系数;

$EBIT$——基期息税前利润;

I——债务利息。

将表 4—8 中 2006 年的有关资料代入上式,可求得 A、B、C 三家公司 2007 年的财务

杠杆系数。

$$A公司财务杠杆系数=\frac{100\ 000}{100\ 000-0}=1$$

$$B公司财务杠杆系数=\frac{100\ 000}{100\ 000-32\ 000}=1.47$$

$$C公司财务杠杆系数=\frac{100\ 000}{100\ 000-64\ 000}=2.78$$

【例4－17】 东方公司全部长期资本为3 000万元，其中普通股本占60%，发行在外的普通股股数100万股；债务资本占40%，债务年利率6%，公司所得税税率25%。2007年度息税前利润为360万元。其财务杠杆系数测算如下：

$$DFL=\frac{360}{360-72}=1.25(倍)$$

例4－17中财务杠杆系数为1.25的意义在于：当息税前利润增长1倍时，普通股每股收益将增长1.25倍；反之，当息税前利润下降1倍时，普通股每股收益将下降1.25倍。前一种情形表现为财务杠杆利益，后一种情形则表现为财务风险。一般而言，财务杠杆系数越大，企业的财务杠杆利益和财务风险就越高；财务杠杆系数越小，企业财务杠杆利益和财务风险就越低。

四、复合杠杆

(一)复合杠杆的含义

复合杠杆(degree of combined leverage)亦称联合杠杆或总杠杆，是指由于固定生产经营成本和固定财务费用的共同存在而导致的普通股每股收益变动率大于销售量变动率的杠杆效应。

如前所述，由于存在固定成本，产生经营杠杆的效应，使得销售量变动对息税前利润有扩大的作用；同样，由于存在固定财务费用，产生财务杠杆的效应，使得息税前利润对普通股每股收益有扩大的作用。如果两种杠杆共同起作用，那么，销售额的细微变动就会使每股收益产生更大的变动，产生复合杠杆的效应。

(二)复合杠杆系数

复合杠杆系数是指普通股每股收益变动率相当于销售量变动率的倍数。其计算公式为：

$$DCL=\frac{\Delta EPS/EPS}{\Delta Q/Q}$$

式中：DCL——复合杠杆系数。

复合杠杆系数与经营杠杆系数、财务杠杆系数之间的关系可用下式表示：

$$DCL=DOL\times DFL$$

【例 4－18】 东方公司的营业杠杆系数为 2.5，同时财务杠杆系数为 2。该公司的复合杠杆系数测算为：

$DCL=2.5\times2=5$（倍）

在此例中，复合杠杆系数为 5 的意义在于：当公司销售量或销售额增长 1 倍时，普通股每股收益将增长 5 倍，反映公司的复合杠杆利益；反之，当公司销售量或销售额下降 1 倍时，普通股每股收益将下降 5 倍，反映公司的复合杠杆风险。

在维持总风险一定的情况下，企业可以根据实际，选择不同的经营风险和财务风险组合，实施企业的财务管理策略。

第三节 资本结构

一、资本结构的概念

资本结构是指企业各种资本的价值构成及其比例关系。资本结构是企业筹资决策的核 心问题。在企业筹资管理活动中，资本结构有广义和狭义之分。广义的资本结构是指企业全部资本价值的构成及其比例关系，它不仅包括长期资本，还包括短期资本，主要是短期负债资本。狭义的资本结构是指企业各种长期资本价值的构成及其比例关系，尤其是指长期的权益资本与负债资本的构成及其比例关系。在狭义资本结构下，短期负债资本作为营运资本来管理。本章所指资本结构是指狭义的资本结构。

二、资本结构的影响因素

（一）企业财务状况和发展能力

企业的财务状况和发展能力越强，就越有能力负担财务上的风险，越会更多地进行外部融资，倾向于使用更多的负债资本；而企业的财务状况和发展能力较差，则主要通过留存收益来补充资本。

（二）投资者和经营者的态度

如果一个企业股权较分散，企业所有者并不担心控制权旁落，因而会更多地采用发行股票的方式来筹集资金；反之，有的企业为了保证少数股东的绝对控制权，多采用优先股或负债方式筹集资金。喜欢冒险的财务管理人员，可能会安排比较高的负债比例；一些持稳健态度的管理人员就可能较少地利用财务杠杆，尽量降低负债资本的比例。

（三）债权人的态度

通常情况下，企业在决定资本结构并付诸实施之前，都要向贷款银行和信用评级机构咨询，并对它们提出的意见予以充分的重视。一般而言，大部分贷款人都不希望企业的负债比例太大；同样，如果企业债务太多，信用评级机构可能会降低企业的信用等级，从而影响企业的筹资能力。

（四）行业因素

不同行业，资本结构有很大差别。在资本结构决策中，财务经理应掌握本企业所处行业的特点以及该行业资本结构的一般水准，并以此作为确定本企业资本结构的参照，确定本企业的资本结构。

（五）税收政策

按照税法的规定，企业债务的利息可以抵税，而股票的股利不能抵税。一般而言，企业所得税税率越高，负债的好处越多；如果税率很低，则采用举债方式的减税利益就不显著。

三、资本结构理论

人们对资本结构有着若干不同认识。早期企业的资本结构是按照包括净收益理论、净营业收益理论等建立的；1958年，莫迪格莱尼和米勒又提出了著名的MM资本结构理论；在此基础上，后人又进一步提出了代理理论和啄食顺序理论等。

（一）净收益理论

该理论认为，利用债务可以降低企业的综合资本成本，在公司的资本结构中，债权资本的比例越高，公司的净收益或税后利润就越多，从而公司的价值就越高。由于债权的投资报酬率固定，债权人有优先求偿权，所以债权投资风险低于股权投资风险，债权资本成本率一般低于股权资本成本率。因此，公司的债权资本越多，债权资本比例越高，综合资本成本率就越低，从而公司的价值就越大。

这是一种极端的资本结构理论观点。这种观点虽然考虑到财务杠杆利益，但忽略了财务风险。很明显，如果公司的债权资本比例过高，财务风险就会很高，公司的综合资本成本率就会上升，公司的价值反而下降。

（二）净营业收益理论

该理论认为，资本结构与企业的价值无关，决定企业价值高低的关键因素是企业的净营业收益。按照这种观点，公司的债权资本成本率是固定的，但股权资本成本率是变动的，公司的债权资本越多，公司的财务风险就越大，股权资本成本率就越高；反之，公司的债权资本越少，公司的财务风险就越小，股权资本成本率就越低。经加权平均计算后，公司的综合资本成本率不变，是一个常数。因此，不论企业的财务杠杆程度如何，其整体的资本成本不变，企业的价值也就不受资本结构的影响。

这是另一种极端的资本结构理论观点。这种观点虽然认识到债权资本比例的变动会产生财务风险，也可能影响公司的股权资本成本率，但实际上公司的加权平均资本成本不可能是一个常数。公司净营业收益的确会影响公司价值，但公司价值不仅仅取决于公司净营业收益的多少。

（三）MM资本结构理论

1958年，美国的莫迪格莱尼和米勒两位教授合作发表了《资本成本、公司价值与投资理论》一文，创立了MM资本结构理论，并开创了现代资本结构理论的研究，MM资本结构理论的基本结论可以简要地归纳为：在符合该理论的假设之下，公司的价值与其资本结构无关。公司的价值取决于其实际资产，而不是其各类债权和股权的市场价值。

MM资本结构理论的假设主要有如下9项：(1)公司在无税收的环境中经营；(2)公司经营风险的高低由息税前利润标准差来衡量，公司经营风险决定其风险等级；(3)投资者对所有公司未来盈利及风险的预期相同；(4)投资者不支付证券交易成本，所有债务利率相同；(5)公司为零增长公司，即年平均盈利额不变；(6)个人和公司均可发行无风险债券，并有无风险利率；(7)公司无破产成本；(8)公司的股利政策与公司价值无关，公司发行新债时不会影响已有债权的市场价值；(9)存在高度完善和均衡的资本市场。这意味着资本可以自由流通，充分竞争，预期报酬率相同的证券价格相同，有充分信息，利率一致。

MM资本结构理论在上述假设之下得出两个重要命题：

命题Ⅰ：无论企业有无债权资本，其价值（普通股资本与长期债权资本的市场价值之和）等于公司所有资产的预期收益额按适合该公司风险等级的必要报酬率予以折现。其中，企业资产的预期收益额相当于企业扣除利息、税收之前的预期盈利即息税前利润，企业风险等级相适应的必要报酬率相当于企业的加权资金成本率。

命题Ⅱ：利用财务杠杆的公司，其股权资本成本率随筹资额的增加而提高。因为便宜的债务给公司带来的财务杠杆利益会被股权资本成本率的上升而抵消，所以，公司的价值与其资本结构无关。因此，在没有企业和个人所得税的情况下，任何企业的价值，不论其有无负债，都等于经营利润除以适用于其风险等级的收益率。风险相同的企业，其价值不受有无负债及负债程度的影响。

修正的MM资本结构理论提出，有债务的企业价值等于有相同风险但无债务企业的价值加上债务的节税利益。因此，在考虑所得税的情况下，由于存在税额庇护利益，企业价值会随负债程度的提高而增加，股东也可获得更多好处。于是，负债越多，企业价值也会越大。

（四）代理理论

代理理论是经过研究代理成本与资本结构的关系而形成的。该理论认为，公司债务的违约风险是财务杠杆系数的增函数；随着公司债权资本的增加，债权人的监督成本随之提升，债权人会要求更高的利率。这种代理成本最终要由股东承担，公司资本结构中债权比率过高会导致股东价值的降低。均衡的企业所有权结构是由股权代理成本和债权代理成本之间的平衡关系来决定的，债权资本适度的资本结构会增加股东的价值。除债务的代理成本之外，还有一些代理成本涉及公司雇员、消费者和社会等，在资本结构决策中也应予以考虑。

(五)啄食顺序理论

1984年，梅耶斯等学者提出了一种新的优序融资理论，优序融资理论放宽MM资本结构理论完全信息的假定，以不对称信息理论为基础，并考虑交易成本的存在，认为权益融资会传递企业经营的负面信息，而且外部融资要多支付各种成本，因而企业融资一般会遵循内部融资、债务融资、权益融资这样的先后顺序。

由于企业所得税的节税利益，负债筹资可以增加企业的价值，即负债越多，企业价值增加越多，这是负债的第一种效应；但是，财务危机成本期望值的现值和代理成本的现值会导致企业价值的下降，即负债越多，企业价值减少额越大，这是负债的第二种效应。负债比率较小时，第一种效应大；负债比率较大时，第二种效应大。由于上述两种效应相互抵消，企业应适度负债。最后，由于非对称信息的存在，企业需要保留一定的负债容量以便有利可图的投资机会来临时可发行债券，避免以过高的成本发行新股。

按照啄食顺序理论，不存在明显的目标资本结构，因为虽然留存收益和增发新股均属股权筹资，但前者最先选用，后者最后选用；获利能力较强的公司之所以安排较低的债务比率，并不是由于已确立较低的目标债务比率，而是由于不需要外部筹资；获利能力较差的公司选用债权筹资是由于没有足够的留存收益，而且在外部筹资选择中债权筹资为首选。

四、资本结构的决策方法

企业资本结构决策就是要确定最佳资本结构。所谓最佳资本结构是指在适度财务风险的条件下，使预期的综合资本成本最低，同时使企业达到预期利润或价值最大的资本结构。它应作为企业的目标资本结构。根据前述资本结构原理，确定企业的最佳资本结构，可以采用资本成本比较法、每股收益分析法和公司价值比较法。

(一)资本成本比较法

资本成本比较法的基本思路是：决策前先拟订若干筹资组合方案，分别计算各方案的加权平均资本成本，并根据加权平均资本成本的高低来确定资本结构。

企业的资本结构决策，可分为初始筹资的资本结构决策和追加筹资的资本结构决策。

1. 初始筹资的资本结构决策

企业对拟订的筹资总额，可以采用多种筹资方式来筹集，每种筹资方式的筹资额亦可有不同安排，由此会形成若干资本结构(或筹资组合方案)可供选择。

【例4-19】 东方公司在初创时需资本总额5 000万元，有如下三个筹资组合方案可供选择，有关资料经测算列入表4—9。

表4—9 东方公司初始筹资方案相关资料

筹资方式	筹资方案Ⅰ		筹资方案Ⅱ		筹资方案Ⅲ	
	筹资额(万元)	资本成本(%)	筹资额(万元)	资本成本(%)	筹资额(万元)	资本成本(%)
长期借款	500	6	600	6.5	700	7
债券	1 000	7	1 200	7.5	1 300	8
优先股	800	12	1 000	12	500	12
普通股	2 700	15	2 200	15	2 500	15
合　计	5 000		5 000		5 000	

下面分别测算这三个筹资组合方案的加权平均资本成本，并比较其高低，从而确定最佳筹资组合方案，即最佳资本结构。

方案Ⅰ：

(1)计算各种筹资方式的筹资额占筹资总额的比重。

长期借款：500÷5 000＝0.1

债券：1 000÷5 000＝0.2

优先股：800÷5 000＝0.16

普通股：2 700÷5 000＝0.54

(2)计算加权平均资本成本。

6%×0.1＋7%×0.2＋12%×0.16＋15%×0.54＝12.02%

方案Ⅱ：

(1)计算各种筹资方式的筹资额占筹资总额的比重。

长期借款：600÷5 000＝0.12

债券：1 200÷5 000＝0.24

优先股：1 000÷5 000＝0.2

普通股：2 200÷5 000＝0.44

(2)计算加权平均资本成本。

6.5%×0.12＋7.5%×0.24＋12%×0.2＋15%×0.44＝11.58%

方案Ⅲ：

(1)计算各种筹资方式的筹资额占筹资总额的比重。

长期借款：700÷5 000＝0.14

债券：1 300÷5 000＝0.26

优先股：500÷5 000＝0.1

普通股：2 500÷5 000＝0.5

(2)计算加权平均资本成本。

7％×0.14＋8％×0.26＋12％×0.1＋15％×0.5＝11.76％

比较以上三个筹资方案的加权平均资本成本，方案Ⅱ的加权平均资本成本最低，在适度财务风险的条件下，应选择筹资组合方案Ⅱ作为最佳筹资组合方案，由此形成的资本结构可确定为最佳资本结构。

2. 追加筹资的资本结构决策

企业在持续的生产经营活动过程中，由于扩大业务或对外投资的需要，有时会追加筹措新资金，即追加筹资。因追加筹资以及筹资环境的变化，企业原定的最佳资本结构未必仍是最优的，需要进行调整。因此，企业应在有关情况的不断变化中寻求最佳资本结构，实现资本结构的最优化。

企业追加筹资可有多个筹资组合方案供选择。按照最佳资本结构的要求，在适度财务风险的前提下，企业选择追加筹资组合方案可用两种方法：一种方法是直接测算各备选追加筹资方案的边际资本成本，从中选择最佳筹资组合方案；另一种方法是分别将各备选追加筹资方案与原有最佳资本结构汇总，测算各追加筹资方案下汇总资本结构的综合资本成本，从中比较选择最佳筹资方案。下面举例说明。

【例 4－20】 东方公司拟追加筹资 1 000 万元，现有两个追加筹资方案可供选择，有关资料经测算整理后列入表 4－10。

表 4－10　　东方公司追加筹资方案相关资料

筹资方式	追加筹资方案 A		追加筹资方案 B	
	筹资额(万元)	资本成本(％)	筹资额(万元)	资本成本(％)
长期借款	300	7	600	7.5
优先股	200	13	100	13
普通股	500	16	300	16
合　计	1 000		1 000	

(1)追加筹资方案的边际资本成本比较法。

根据表 4－10 资料，分别计算两个追加筹资方案的边际资本成本。

方案 A：

7％×(300÷1 000)＋13％×(200÷1 000)＋16％×(500÷1 000)＝12.7％

方案 B：

7.5％×(600÷1 000)＋13％×(100÷1 000)＋16％×(300÷1 000)＝10.6％

比较两个追加筹资方案，方案 B 的边际资本成本低于方案 A 的边际资本成本，因此，在适度财务风险的情况下，应选追加筹资方案B。

(2)备选追加筹资方案与原有资本结构综合资本成本比较法。

若东方公司原有资本总额为5 000万元，资本结构是：长期借款600万元、债券1 200万元、优先股1 000万元、普通股2 200万元，现将其与追加筹资方案A、B汇总列示于表4－11。

表4－11　初始筹资方案和追加筹资方案的相关资料

筹资方式	原资本结构		追加筹资方案A		追加筹资方案B		追加筹资后的资本结构	
	资本额（万元）	资本成本（%）	筹资额（万元）	资本成本（%）	筹资额（万元）	资本成本（%）	方案A	方案B
长期借款	600	6.5	300	7	600	7.5	900	1 200
债券	1 200	7.5					1 200	1 200
优先股	1 000	12	200	13	100	13	1 200	1 100
普通股	2 200	15	500	16	300	16	2 700	2 500
合　计	5 000		1 000		1 000		6 000	6 000

根据表4－11资料，分别计算两个汇总资本结构下的综合资本成本。

方案A：

$$\frac{6.5\%\times600+7\%\times300}{6\ 000}+\frac{7.5\%\times1\ 200}{6\ 000}+\frac{12\%\times1\ 000+13\%\times200}{6\ 000}+\frac{16\%\times(2\ 200+500)}{6\ 000}=12.13\%$$

方案B：

$$\frac{6.5\%\times600+7.5\%\times600}{6\ 000}+\frac{7.5\%\times1\ 200}{6\ 000}+\frac{12\%\times1\ 000+13\%\times100}{6\ 000}+\frac{16\%\times(2\ 200+300)}{6\ 000}=11.78\%$$

在上列计算中，根据股票的同股同利原则，原有股票应按新发行股票的资本成本计算，即全部股票按新发行股票的资本成本计算其总的资本成本。

比较两个追加筹资方案与原资本结构汇总后的综合资本成本，结果是方案B与原资本结构汇总后的综合资本成本低于方案A与原资本结构汇总后的综合资本成本。因此，在适度财务风险的前提下，追加筹资方案B优于方案A，由此形成的新的资本结构为东方公司的最佳资本结构。

由此可见，东方公司追加筹资后，虽然改变了资本结构，但经过分析测算，作出正确的筹资决策，公司仍可保持资本结构的最优化。

(二)每股收益(earnings per share)分析法

资本结构是否合理可以通过分析每股收益的变化来衡量，能提高每股收益的资本结构是合理的资本结构。

每股收益分析法是利用每股收益无差别点进行资本结构决策的方法。所谓每股收益无差别点是指两种或两种以上筹资方案下普通股每股收益相等时的息税前利润点，亦称筹资无差别点。运用这种方法，根据每股收益无差别点，可以分析判断在什么情况下可利用债权或股权筹资来安排及调整资本结构，进行资本结构决策，以达到每股收益最大。

每股收益无差别点处息税前利润的计算公式为：

$$\frac{(\overline{EBIT}-I_1)\times(1-T)}{N_1}=\frac{(\overline{EBIT}-I_2)(1-T)}{N_2}$$

式中：$\overline{EBIT}$——每股收益无差别点处的息税前利润；

I_1,I_2——两种筹资方式下的年利息；

N_1,N_2——两种筹资方式下流通在外的普通股股数；

T——所得税税率。

【例 4－21】 东方公司目前的长期资本总额为 5 000 万元，其资本结构为：长期债务 2 000 万元，平均利率为 8%；普通股 3 000 万元(300 万股)。现因生产发展需要，准备再筹集 2 000 万元资金，有两种追加筹资方案可供选择：

(1)按 10%的利率发行债券(原有债务利息不变)；

(2)按 20 元/股的价格增发普通股。

公司适用的所得税税率为 25%，证券发行费可忽略不计。

将上述资料中的有关数据代入计算公式：

$$\frac{(\overline{EBIT}-160-200)\times(1-25\%)}{300}=\frac{(\overline{EBIT}-160)(1-25\%)}{300+100}$$

求得：$\overline{EBIT}=960$(万元)

此时：$\overline{EPS}=1.5$(元)

从图 4－1 可以看出，在每股收益无差别点上，即当公司的息税前利润为 960 万元时，无论是采用负债筹资还是权益筹资，每股收益都是相等的；而当息税前利润高于 960 万元时，运用负债筹资可获得较高的每股收益；当息税前利润低于 960 万元时，运用权益筹资可获得较高的每股收益。

(三)公司价值比较法

公司价值比较法是在充分反映公司财务风险的前提下，以公司价值的大小为标准，经过测算确定公司最佳资本结构的方法。与资本成本比较法和每股收益分析法相比，公司价值比较法充分考虑了公司的财务风险和资本成本等因素的影响，进行资本结构的决策

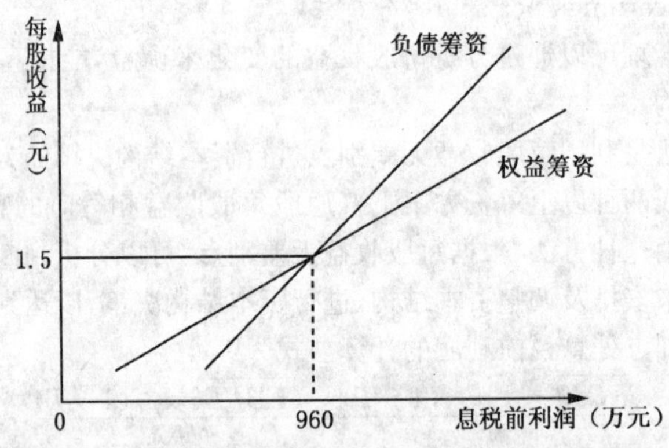

图 4—1　东方公司每股收益无差别点分析示意图

以公司价值最大为标准，更符合公司价值最大化的财务目标；但其测算原理及测算过程较为复杂，通常适用于资本规模较大的上市公司。

关于公司价值的内容和测算基础与方法，目前主要有两种认识：

1. 公司价值等于其未来净收益(或现金流量，下同)按照一定的折现率折现的价值，即公司未来净收益的折现值

公司价值可用公式简要表示如下：

$$V=\frac{EAT}{K}$$

式中：V——公司价值，即公司未来净收益的折现值；

EAT——公司未来的年净收益；

K——公司未来净收益的折现率。

这种测算方法的原理有其合理性，但因其中所含的不易确定的因素很多，所以难以在实践中加以应用。

2. 公司价值是其股票的现行市场价值

公司股票的现行市场价值可按其现行市场价格来计算，有其客观合理性。但一方面，股票的价格经常处于波动之中，很难确定按哪个交易日的市场价格计算；另一方面，只考虑股票的价值而忽略长期债务的价值不符合实际情况。

3. 公司价值等于其长期债务和股票的折现价值之和

与上述两种测算方法相比，这种测算方法比较合理，也比较现实。它至少有两个优点：一是从公司价值的内容来看，它不仅包括了公司股票的价值，而且还包括公司长期债务的价值；二是从公司净收益的归属来看，它属于公司的所有者即属于股东。因此，在测算公司价值时，这种方法用公式表示如下：

$$V=B+S$$

式中：V——公司的总价值，即公司总的折现价值；

B——公司长期债务的折现价值；

S——公司股票的折现价值。

复习思考题

1. 简述资本成本的内容和作用。
2. 简述综合资本成本的概念及其计算方法。
3. 试说明经营杠杆的含义和经营杠杆系数的测算方法。
4. 试说明财务杠杆的含义和财务杠杆系数的测算方法。
5. 试说明复合杠杆的含义和复合杠杆系数的测算方法。
6. 简述资本结构的概念及其影响因素。
7. 简述资本结构理论的代表性观点。
8. 试说明资本成本比较法的基本原理和决策标准。
9. 试说明每股收益分析法的基本原理和决策标准。
10. 试说明公司价值比较法的基本原理和决策标准。

第五章

项目投资管理

【学习目标】

通过本章学习,要求掌握下列内容:

- 项目投资的分类与决策程序
- 项目投资现金流量的构成与计算
- 项目投资指标的计算与财务决策规则

第一节 概 述

一、投资的定义

投资是特定的经济主体为了在未来可预见的时期内获得收益或使货币增值,向一定领域的标的投放资金、实物的经济行为。投资具有如下特点:

1. 目的性

投资是有目的的经济行为,是资金流出的经济活动,其目的性无疑是为了获得报酬。

2. 时间性

投入的资金或实物要经过一段时间才能获得报酬,表明投资是一个行为过程。获取报酬的时间长短会带来报酬的稳定性与风险性。

3. 收益性

投资的目的在于报酬,只有未来报酬超过现在的价值才能获得收益。

4. 风险性

投资具有风险性,而且未来的收益带有很大的不确定性,这种不确定性,即为投资风险。

二、企业投资的动机

企业投资的基本目的是获取收益，以获得持续的发展，因此投资是企业最重要的职能之一，也是企业最简单的本能。可以将企业的投资动机划分为四种类型：其一是获利动机，通过投资获得更大的收益；其二是扩张动机，通过投资扩大企业的经营规模；其三是分散风险动机，通过投资为资金寻找新的投资方向，分散企业单一经营的风险；其四是控制动机，通过投资取得对其他企业的控制权，获得上游资源或下游市场，以达到超常规发展的战略目标。

投资与投机有着不同目的，二者不能混淆。投机属于承担特殊风险获取风险报酬的行为。两者的关系主要体现在：投资是长期行为，谋求长期收益；投机是短期行为，一般注重证券市场市价的短期涨跌，谋取短线收益；相比投机，投资风险更小。

三、投资的分类

广义的投资概念包括企业内部的资金投放与使用，例如企业购置土地、设备及生产线等，狭义的投资概念一般仅指对外部的投出资金。

按投资的不同标志，投资可以分为多种类别。

（一）按投资与生产经营的关系，投资可划分为直接投资和间接投资

直接投资是投入的货币资金形成实物，投资者直接拥有并控制投资形成的资产及经营管理权。间接投资是投资者购买债券、股票的金融资产，一般只享有获得收益的权利，无权干涉被投资对象的具体运作与经营管理决策。直接投资的资金所有者与资金使用者是统一的，而间接投资的资金所有者与资金使用者是分离的。

（二）按投资方向不同，投资可划分为对内投资与对外投资

从单个企业角度看，对内投资就是项目投资，是指企业将资金投放于为获取供本企业生产经营使用的固定资产、无形资产和垫支流动资金而形成的投资。对外投资是指企业购买有价证券等金融资产，或向其他法人企业注入资金、提供实物以获取股权的投资行为。

（三）按投资回收时间长短，投资可划分为长期投资与短期投资

短期投资是能够一年以内收回的投资，主要是企业购置的存货、短期有价证券，以及由于销售形成的应收账款、应收票据等流动资产。长期投资是指一年以上收回的投资，主要为对厂房、机器设备等固定资产项目的投资，也包括一年以上的无形资产投资和长期金融资产、股权投资。

四、项目投资的含义与特点

项目投资是一种以特定项目为对象，直接与新建项目或更新改造项目有关的长期投

资行为，是生产性的对内实物投资。投资内容：单个设备一般仅为购置费，生产线则包括设备购置费和配套流动资金等。

项目投资的特点表现在：一是投资金额大。因其为扩大生产能力的投资，因此投资数额一般较大。二是影响时间长。设备或生产线投资会影响企业长期的生产经营活动。三是变现能力差。由于项目投资是以购买设备为主，因而变现性较差。

五、项目投资的分类与决策

正确进行项目投资的分类，有助于针对不同项目采用不同的视角和方法进行科学的决策。

（一）按投资目的，项目投资可分为固定资产更新项目和扩大经营项目

1. 固定资产更新项目

固定资产更新项目主要是针对已有固定资产的损耗程度对其进行替换或者改造。可细分为两种类型：

一是资产重置。当原有设备或不动产已老化不能继续使用时，重置新资产替代原有资产。

二是资产替代。当原有资产还能继续使用，但已明显技术落后、耗能加大，失去经济性，企业为降低经营成本，提高竞争力购置新资产替代原有资产。

对原有资产进行更新改造是任何企业都必须定期进行的，财务评价是企业更新改造决策中的重要环节之一。

2. 扩大经营项目

扩大经营是企业根据长远发展需要，为扩大产品生产规模提高核心竞争能力，而实施的较大的投资项目，如新建生产线、新建生产基地。由于可能涉及用地、厂房、设备的配套工程，因而相比固定资产的单一项目更新，其投资决策更为缜密、复杂，其风险性较高，财务决策难度更大。

（二）项目投资决策的程序

无论固定资产更新项目还是扩大经营项目在提出时都会有几套备选方案，这就存在着对不同方案进行评估和取舍的问题。例如，某企业要更新一台设备，选择国外设备还是选择国内设备，两个不同的方案要作出决策。再如，某企业选定了建一条生产线的 A 方案，但还必须对其配套的若干环保设施、变电设备等方案等进行评估。由于影响企业项目投资未来收益的因素特别多，投资额大、变现差，投资风险大大高于其他投资。为确保长期投资决策的科学性、合理性与有效性，企业需要制定相关投资决策制度。

投资决策一般可划分为事前、事中、事后三个阶段，即项目筛选与决策、项目实施与监控、项目事后审计与评价。

1. 项目筛选与决策

这是整个投资活动的起点，也是最为重要的阶段。这一阶段主要分析各个备选方案的先进性、盈利性、项目投资的可行性、投资方式、项目寿命期、同类企业或行业内相同项目投入产出比较等。在筛选与决策过程中，对项目的现金流量及风险、贴现率、财务相关指标的计算比较重要。项目决策作出后要撰写可行性报告报管理层或董事会批准。

2. 项目实施与监控

一旦管理层或董事会批准某个投资项目后，即进入实施和监控环节。需具体做好：筹集项目建设资金、实施项目，要全方位监控资金使用、施工质量、成本支出，缜密研究资金的追加，尽力节约资金的使用，并确保项目的顺利完工。

3. 项目事后审计与评价

事后审计是对项目实施结果和投资效果进行审计。侧重于对资金使用、工程预算与支出的有效性作出评价，分析是否存在技术偏差、资金预算与执行的精确性，查找项目执行中的漏洞，找出影响投资的因素，为未来项目实施提供借鉴。

六、项目计算期的构成与资金构成内容

(一)项目计算期的构成

项目计算期是指项目从投资建设开始到最终清理结束整个过程的时间。如果是一个单项设备，则指最初投资购置到设备使用寿命终结。完整的项目计算期包括建设期和生产经营期。其中，建设期的第一年初(记作第0年)称为建设起点，建设期的最后一年末称为投产日；项目计算期的最后一年末称为终结点；从投产日到终结点之间的时间间隔称为生产经营周期。

【例5—1】 某企业拟购建一项固定资产，预计使用寿命15年，按两种不同情况分别确定该项目计算期。

(1)在建设起点投资并投产；

(2)建设期为1年。

解：(1)项目计算期为：0＋15＝15(年)

(2)项目计算期为：1＋15＝16(年)

(二)原始投资总额的内容

原始投资又称为初始投资。原始投资是企业为使项目达到设计生产能力，投入的全部资金，包括建设投资和流动资金投资两项内容。

建设投资包括固定资产投资、无形资产投资和开办费投资三项内容。固定资产投资是项目用于购置、安装固定资产发生的投资，是任何项目必不可少的投资内容；固定资产原值还应包括固定资产建设期资本化了的借款利息。无形资产投资是指项目用于取得无

形资产而发生的投资。开办费投资是指在筹建期发生的不能记入固定资产和无形资产部分的投资。

流动资金投资又称为垫支流动资金或营运资金。

【例 5-2】 S 企业拟新建一条生产线，在建设起点用于购置、安装固定资产的投资500 万元，无形资产投资 10 万元。建设期为 1 年，建设期资本化利息 50 万元，全部计入固定资产原值。投产第一年预计垫支流动资金 100 万元。请进行相关计算。

解：(1)固定资产原值：500＋50＝550（万元）

(2)无形资产投资：10 万元

(3)流动资金投资：100 万元

(4)投资总额：550＋10＋100＝660（万元）

第二节 现金流量

一、现金流量的概念

现金流量是指投资项目在计算期内各项现金流入量与现金流出量的统称。现金流量是评价项目投资决策指标的重要数据。

评价某一投资方案的经济效益，首先应判断和计量该方案的所得与所费。一个投资项目的所得是“将来收取的现金”，其所费则是由于该投资项目引起的全部现金支出。从企业角度看，收回现金即现金流入，支出现金则是现金流出。通过对某一投资项目所引起的全部现金流入和流出的比较，自然可以判断出投资项目为企业带来的是正效益还是负效益。

实施投资决策而形成的固定资产可使用多年，在固定资产的整个寿命周期内各年都会有现金流量产生。例如，为取得固定资产而发生的投资支出为现金流出；固定资产投产以后的各年中，从销售收入中收回的现金，以及固定资产报废后的残值收入等，则是现金流入企业的过程。将现金流入和流出按照时间先后顺序排列起来，就会形成一个现金流量系列。将这个系列绘成图，称为现金流量图。现举例说明现金流量图的绘制方法。

【例 5-3】 某公司以 1 500 元购置机器 1 台，并立即投入使用。预计使用寿命为 5 年，报废后无残值。每年可使公司的现金流入量增加 400 元，则该投资方案的现金流量图如图 5-1 所示。

二、现金流量的构成

长期投资决策中的现金流量，一般由三个部分组成。

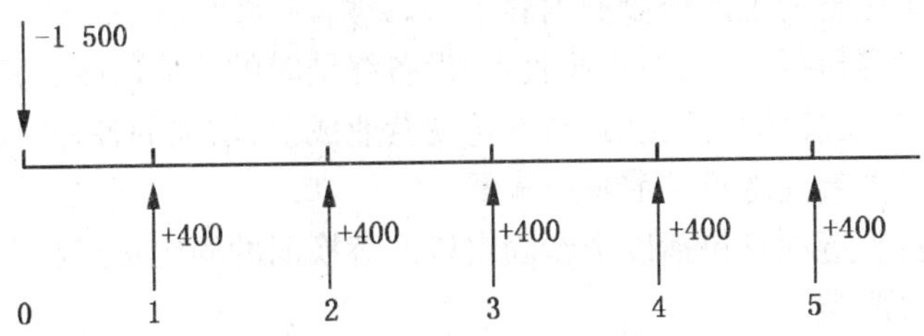

说明：

(1)箭头表示现金流量。方向朝下者为现金流出，流出数以负号表示；方向朝上者为现金流入，其数额用正号表示。

(2)时间轴上的数字系时点标志。其中：0 表示“现在”，1 表示第一期末，2 表示第二期末……以此类推。“期”指一个特定的时段，可以是一年，也可以是一季、一个月，但多数情况均以年为单位。

图 5—1　现金流量

(一)初始现金流量

即开始投资时发生的现金流量，主要包括：(1)固定资产的买价和安装费用；(2)无形资产投资；(3)开办费投资，如工资以及培训费用等其他费用；(4)流动资产投资，即由于固定资产投资而引起的原材料、半成品、产成品以及应收账款等流动资产项目上的投资；(5)原有固定资产的变价收入。

(二)营业现金流量

项目投入使用后，在其寿命期内由于生产经营所带来的现金流入和流出量。

(三)终结现金流量

即项目终结时所发生的现金流量，主要包括固定资产残值收入或变价收入，以及原垫支的流动资金的收回。

应当指出，财务会计中的净利润与企业经营过程中产生的现金净流量并不完全相同。因为净利润是根据权责发生制计算的，而经营现金流量是根据收付实现制计算的。

三、现金流量的内容

不同的投资项目的现金流入量和流出量的构成内容是存在差异的。

(一)完整的生产项目投资的现金流量

现金流入内容包括：营业收入、回收固定资产残值、回收垫支的流动资金、其他流动资金流入。现金流出量包括：项目建设投资、配套流动资金垫支、付现经营成本、各项税款、其他现金流出(如营业外净支出)。

(二)单一固定资产投资项目的现金流量

单一固定资产投资项目只涉及固定资产投资，而不涉及其他长期投资和流动资金投资。其现金流量比完整的生产线投资内容单一。

其现金流入内容包括：增加的营业收入、设备终结时的残值回收。其现金流出内容包括：固定资产购买及安装的相关支出、新增付现营业成本、增加的各种税款支出。

(三)固定资产更新改造项目的现金流量

固定资产更新改造项目包括以全新固定资产替换旧的固定资产和以新型设备替换旧型设备的改造项目两类。

现金流入内容包括：使用新设备增加的营业收入、处置旧设备的变价净收入、新旧设备回收余值的差额。现金流出内容包括：购置新设备买价及安装等相关支出、新增付现营业成本、新增设备可能发生的垫支流动资金、增加的各种税款支出。

四、现金流量的计算

建设期的净现金流量一般小于零，经营期内的净现金流量多为正值。如果一个投资项目的每年销售收入等于营业现金收入，付现成本(不包括折旧支出)等于营业现金支出，即可将年营业净现金流量按下式计算：

年营业净现金流量(NCF)＝年营业收入－付现成本－所得税

或　　年营业净现金流量(NCF)＝净利润＋折旧

年营业净现金流量(NCF)＝营业收入×(1－所得税税率)－付现成本×(1－所得税税率)＋折旧×所得税税率

固定资产折旧的非付现性质，可举例说明如下。

【例 5－4】 某企业于 2005 年投产，固定资产总投资 800 万元，全部固定资产预计使用 10 年，报废后无残值可收回，2005 年该厂营业收入 1 000 万元，付现成本 520 万元，折旧费用 80 万元(800÷10)，假定所得税税率 25%，按权责发生制计算的 2005 年净利润如表 5－1 所示。

2005 年的净现金流量(NCF)＝1 000－520－100＝380 (万元)

或　2005 年的净现金流量(NCF)＝300＋80＝380(万元)

这里之所以把折旧费用视为非付现成本，是因为固定资产折旧是固定资产价值的转移，而固定资产是在 2005 年以前购置的，即为购置固定资产而付出的现金是 2005 年以前付出的，只不过 2005 年上述企业仍然使用这些固定资产进行生产，根据权责发生制，理应负担固定资产原值的 1/10，即 2005 年的折旧费 80 万元。但这 80 万元并不是 2005 年由企业用现金支付的，因此称为非付现费用或非付现成本。

表 5—1　　利润表　　单位:万元

项　目	金　额
营业收入	1 000
减:付现成本	520
折旧费用	80
利润总额	400
减:所得税	100
净利润	300

此外,根据现金流量的定义,所得税是一种现金支付,应当作为每年营业现金流量的一个减项。

在实务工作中,通常通过编制现金流量表来确定项目的净现金流量。但为简化净现金流量的计算,亦可直接计算各阶段及整个项目的净现金流量,评价不同项目的优劣,进行投资决策。

【例 5—5】 W 公司拟购入一台大型设备扩大核心产品的生产能力。现有 1 号和 2 号两个方案可供选择。

1 号方案:投资额 320 万元,使用寿命 10 年,到期无残值。10 年中每年营业收入 118 万元,每年付现成本 22 万元。

2 号方案:投资额 400 万元,使用寿命也为 10 年,到期有残值收入 10 万元。10 年中,第 1～2 年每年营业收入 133 万元,第 3～10 年每年营业收入 163.67 万元;第 1～2 年每年付现成本 26 万元,第 3～10 年每年付现成本 30 万元。需垫支营运资金 50 万元。

两个方案的设备均采用直线折旧法,企业的所得税率为 25%。求两个方案的净现金流量。

解:

(1)两个方案的每年折旧额。

1 号方案每年折旧额:320÷10=32 (万元)

2 号方案每年折旧额:(400−10)÷10=39 (万元)

(2)计算两个方案净现金流量。

1 号方案每年应缴所得税=(118−22−32)×25%=16 (万元)

2 号方案第 1～2 年每年应缴所得税=(133−26−39)×25%=17(万元)

2 号方案第 3～10 年每年应缴所得税=(163.67−30−39)×25%=23.67 (万元)

1 号方案每年净现金流量(NCF)=每年营业收入−付现成本−所得税

=118−22−16

=80(万元)

2号方案第1～2年每年净现金流量(NCF)=每年营业收入-付现成本-所得税

=133-26-17

=90(万元)

2号方案第3～10年每年净现金流量(NCF)=每年营业收入-付现成本-所得税

=163.67-30-23.67

=110(万元)

表5-2　　1号与2号方案投资项目现金流量计算　　单位:万元

t(年度)	0	1	2	3	4	5	6	7	8	9	10
1号方案											
设备投资	-320										
营业现金流量		80	80	80	80	80	80	80	80	80	80
现金流量合计	-320	80	80	80	80	80	80	80	80	80	80
2号方案											
设备投资	-400										
营运资金垫支	-50										
营业现金流量		90	90	110	110	110	110	110	110	110	110
设备残值											10
营运资金收回											50
现金流量合计	-450	90	90	110	110	110	110	110	110	110	170

表5-2中,第0年代表第1年初,第1,2,…,10年,均代表第1年末、第2年末…第10年末。在现金流量的计算中,一般都假定投资在年初一次进行,现金流量发生在各年年末,残值与垫支流动资金收回在最后一年年末。

五、现金流量估计应注意的几个问题

估计投资方案所需的资本支出,以及该方案每年能产生的净现金流量,会涉及很多变量,并且需要企业有关部门的参与。例如,销售部门负责预测售价和销量,涉及产品价格弹性、广告效果、竞争者动向等;产品开发和技术部门负责估计投资方案的资本支出,涉及研制费用、设备购置、厂房建筑等,生产和成本部门负责估计制造成本,涉及原材料采购价

格、生产工艺安排、产品成本等。财务人员的主要任务是：为销售、生产等部门的预测建立共同的基本假设条件，如物价水平、贴现率、可供资源的限制条件等；协调参与预测工作的各部门人员，使之能相互衔接与配合；防止预测者因个人偏好或部门利益而高估或低估收入和成本。在确定投资方案的相关现金流量时，所应遵循的最基本原则是：只有增量现金流量才是与项目相关的现金流量。所谓增量现金流量，是指接受或拒绝某个投资方案后，企业总现金流量因此发生的变动。只有那些由于采纳某个项目引起的现金支出增加额，才是该项目的现金流出；只有那些由于采纳某个项目引起的现金流入增加额，才是该项目的现金流入。

为了正确计算投资方案的增量现金流量，需要正确判断哪些支出会引起企业总现金流量的变动，哪些支出不会引起企业总现金流量的变动。在进行这种判断时，要注意四个问题。

1. 区分相关成本和沉没成本

沉没成本是指那些已被指定用途或已经发生的支出。这些成本不会影响投资方案的取舍，在分析时不应将其包括在内。

【例 5－6】 某公司在 2005 年曾经打算新建一个车间，并请一家投资咨询公司做过可行性分析，支付咨询费 5 万元，后来由于该公司有了更好的投资机会，该项目被搁置下来，这笔咨询费作为费用已经出账了。2006 年旧事重提，在进行投资分析时，这笔咨询费是否仍是相关成本呢？答案应当是否定的。这笔支出已经是沉没成本，不管该公司是否采纳新建一个车间的方案，它都已无法收回，与公司未来的总现金流量无关。如果将沉没成本纳入投资方案的总成本，则一个有利的方案可能因此变得不利，一个较好的方案可能变为较差的方案，从而造成决策错误。

2. 不要忽视机会成本

在投资方案的选择中，如果选择了一个投资方案，则必须放弃投资于其他途径的机会，其他投资机会可能取得的收益，是实行本方案的一种代价，被称为这项投资方案的机会成本。例如，上述公司新建车间的投资方案，需要使用公司拥有的一块土地，在进行投资分析时，因为公司不必动用资金去购置土地，可否不将此土地的成本考虑在内呢？答案是否定的。因为该公司若不利用这块土地来兴建车间，则它可将这块土地挪作他用，并取得一定的收入。只是由于在这块土地上兴建车间，才放弃了这笔收入，而这笔收入代表兴建车间使用土地的机会成本。假设这块土地出售可净得 15 万元，它就是兴建车间的一项机会成本。值得注意的是，不管该公司当初是以 5 万元还是 20 万元购进这块土地，都应以现行市价作为这块土地的机会成本。机会成本不是我们通常意义上的“成本”，它不是一种支出或费用，而是失去的收益。这种收益不是实际发生的而是潜在的。机会成本总是针对具体方案的，离开被放弃的方案就无从计量确定机会成本。机会成本在决策中的意义，在于它有助于全面考虑可能采取的各种方案，以便为既定资源寻求最为有利的使用途径。

3. 要考虑投资方案对企业其他部门的影响

当我们确定一个新的项目后，该项目可能对企业的其他项目造成有利或不利的影响。例如，若新建车间生产的产品上市后，原有其他工厂生产的产品的销路可能减少，而整个企业的销售额也许不增加也不减少。因此，企业在进行投资分析时，不应将新车间的销售收入作为增量收入来处理，而应扣除其他部门因此减少的销售收入。当然，也可能发生相反的情况，新产品上市后促进了其他部门的销售增长。这要看新项目和原有部门是竞争关系还是互补关系。当然，诸如此类的交互影响，事实上很难准确计量，但决策者在进行投资分析时仍要将其考虑在内。

4. 对净营运资金的影响

一般情况下，当企业开办一个新业务并使销售额扩大后，对于存货和应收账款等流动资产的需求也会增加，企业必须筹措新的资金，以满足这种额外需求。另一方面，企业扩充的结果，应付账款与一些应付费用等流动负债也会同时增加，而且会降低企业流动资金的实际需要。所谓净营运资金的需要，指增加的流动资产与增加的流动负债之间的差额。当投资方案的寿命周期快要结束时，企业将与项目有关的存货出售、应收账款变为现金，应付账款和应付费用也随之偿付，净营运资金就恢复到原有水平。通常，在投资分析时假定开始投资时筹措的净营运资金在项目结束时收回。

六、项目投资决策中考察现金流量的意义

投资决策中考察现金流量比考察利润更重要。利润是按照权责发生制确定的分期损益，而现金净流量是根据收付实现制确定的分期损益，两者既有联系又有区别。在企业项目决策中，关注的是项目产生的现金流量，而非项目产生的利润。其原因有三。

1. 采用现金流量有利于考虑项目投资的时间价值因素

决策时务必搞清楚预期获得的收入和支出款项的具体时点，以便考察项目在寿命期内各年的现金流量按资金成本与货币时间价值综合确定。如果单纯看利润会带来不利的因素，如：项目投资支出并未记入成本；记入成本的折旧费用，现金又未流出企业；赊销发出的商品记入销售收入，但货款还未收回。

2. 利润在各年的分布受折旧方法等人为因素的影响，而现金流量的分布不受这些人为因素的影响，可以保证评价的客观性

影响利润分布的人为因素不仅限于折旧方法的选择，还有存货计价方法、间接费用分配方法、成本计算方法等。在考虑货币时间价值的情况下，早期的收益与晚期的收益有明显区别。收益的分布应当具有客观性，不受人为选择的影响，现金流量分布可以满足这种

要求。

3. 在投资分析中现金流动状况比盈亏状况更重要

有利润的年份不一定能产生多余的现金用来进行其他项目的再投资。一个项目能否维持下去,不取决于一定期间是否盈利,而取决于有没有现金用于各种支付。现金一旦支出,不管是否消耗,都不能用于别的目的,只有将现金收回后,才能用来进行再投资。因此,在投资决策中更要重视现金流量的分析。

第三节　投资项目决策的评价指标

投资项目决策的评价指标是指用于衡量和比较投资项目的可行性、据以进行决策的定量化标准与尺度,投资项目决策评价指标由反映投资收益、投入产出关系的量化指标构成。

归纳起来,投资项目决策的评价指标可划分为两类:静态评价指标与动态评价指标。静态评价指标亦称为非贴现评价指标,动态评价指标亦称为贴现评价指标。两者的主要区别在于前者不考虑货币的时间价值,是早期投资决策中普遍运用的方法,尽管这些方法尚存在一些缺陷,但它们简单易懂,便于计算和掌握。后者考虑货币的时间价值,计算精度较高,是现代投资决策中广泛运用的方法。

一、非贴现评价指标

非贴现评价指标是指不考虑货币时间价值的各种指标。此类指标主要有两个。

(一)投资回收期

在传统的投资决策中,投资回收期(Payback Period,PP)是最经常使用的一个指标,它的名称已道出了这种方法的含义:从项目投建之日起,用项目各年末未贴现的现金流将全部投资收回所需要的时间。

如果每年的营业净现金流量(*NCF*)相等,则投资回收期可按下列公式计算:

$$投资回收期(PP)=原始投资额/每年\ NCF$$

如果每年的营业现金流量不相等,计算投资回收期时,则要根据每年年末尚未回收的投资额来确定。

1. 投资回收期指标应用

【例 5－7】 W 公司的相关资料如表 5－3 所示。请分别计算 1 号、2 号两个方案的投资回收期。

表 5—3 2 号方案投资回收期计算 单位:万元

年 度	每年净现金流量	年末尚未收回的投资额
1	90	360
2	90	270
3	110	160
4	110	50
5	110	
6	110	
7	110	
8	110	
9	110	
10	170	

解:

(1)1 号方案每年 NCF 相等,则 $PP=320\div80=4$ (年)

(2)2 号方案每年 NCF 不等,可分别计算各年尚未回收的金额,见表 5—3。

$PP=4+50\div110$

$=4.46$ (年)

从投资回收期看,2 号方案比 1 号方案回收投资速度略快。

2. 投资回收期的优缺点

(1)优点:投资回收期指标概念易于理解,计算简便。

(2)缺点:①没有考虑回收期内现金流量的时间序列,也忽略了回收期后的项目现金流量。②最为重要的缺陷是指标计算中没有考虑货币时间价值,把注意力集中于投资的回收速度。对于较大的投资项目,在未使用其他有力的评估方法之前,投资回收期指标仅可作初步的鉴别。

(二)平均投资报酬率法

投资决策中通常使用的第二种指标是平均投资报酬率(Average Rate of Return,ARR)。因为这种方法与会计中计算资金利润率的方法类似,故亦称“账面报酬率法”。

1. 平均投资报酬率的计算

平均投资报酬率用一项投资带来的净收益占该项目投资额的百分比来表示。但净收益和投资额有许多不同的计算方法,其中最普通的一种是用年平均现金流量和投资方案的初始投资额相比。其计算公式为：

平均投资报酬率＝(年平均现金流量÷初始投资额)×100％

【例5－8】 W公司资料如例5－5及表5－2所示，求该公司项目投资1号方案与2号方案的平均报酬率。

解：(1)1号方案平均投资报酬率(ARR)＝(80÷320)×100％

＝25％

(2)2号方案平均投资报酬率(ARR)

$$=\frac{(90+90+110+110+110+110+110+110+110+170)\div 10}{450}\times 100\%$$

＝24.89％

2. 平均投资报酬率的作用

(1)可以提供一个尺度，用以衡量投资方案的资金利润率是否超过预先确定的最低标准。只有平均投资利润率超过预定标准的投资方案才能被采用。

(2)可以按各备选方案投资报酬率的大小，将几个互斥方案排列起来，只有报酬率高者，才有希望被选中。

3. 平均投资报酬率的优缺点

(1)优点。平均投资报酬率作为一种决策方法，较之回收期法，具有一定的优越性。除了前面已经提到的，容易被理财人员理解和接受之外，它还克服了回收期法的某些不足。因为，在计算过程中，平均投资报酬率法要考虑投资项目整个寿命周期内的全部现金流量，所以，比单纯考虑回收期内的现金流量更为优越。

(2)缺点。

①虽然平均投资报酬率法要考虑投资项目整个寿命周期内的现金净流量，但由于未来的不确定因素以及技术发展情况的变化，很可能使方案的预计寿命同实际寿命不一致。而方案的使用寿命在投资决策中却占很重要的地位。如忽视这一点，很可能导致决策的失误。

②同回收期法一样，平均投资报酬率法也未考虑货币的时间价值。它对各个时期的净现金流量一视同仁，采用算术平均的办法计算投资项目整个寿命周期内的现金净流量，忽视了获取的现金可以再投资、再增值的作用。

二、贴现评价指标

贴现评价指标是指考虑了货币时间价值的指标，此类指标主要有三个。

(一)净现值

项目投入使用后产生的净现金流量，按资本成本或企业要求达到的报酬率折为现值，再减去初始投资后的余额，即为净现值(Net Present Value，NPV)。其计算公式为：

$$NPV=\sum_{t=1}^{n}\frac{NCF_t}{(1+i)^t}-C$$

式中：NPV——净现值；

NCF_t——第 t 年的净现金流量；

i——贴现率或资本成本、企业要求的报酬率；

C——初始投资额。

1. 净现值的计算过程

(1)计算每年的营业净现金流量；(2)计算项目未来各年的总报酬现值；(3)计算总现值。

【例 5-9】 根据前面列举的 W 公司相关资料(见例 5-5 和表 5-2)，假设公司要求的资本回报率为 12%，计算净现值。

解：1 号方案现金净流量(NCF)相等，可用公式计算：

1 号方案净现值(NPV)＝未来报酬总现值－初始投资额

$=80\times PVIFA_{12\%,10}-320$

$=80\times 5.6502-320$

$=132.02$ (万元)

2 号方案的净现金流量(NCF)不相等，则应对每年的 NCF 进行贴现，然后加总。

未来报酬总现值$=90\times PVIFA_{12\%,2}+110\times PVIFA_{12\%,7}\times PVIF_{12\%,2}$

$+170\times PVIF_{12\%,10}$

$=90\times 1.6901+110\times 4.5638\times 0.7972+170\times 0.3220$

$=607.06$ (万元)

2 号方案净现值(NPV)$=607.06-450$

$=157.06$(万元)

2. 净现值的决策规则

当一个方案的净现值为零或为正值时，则应该采用该方案。如果计算结果为负值，则应放弃。这就是净现值法的基本决策规则。当有两个方案备选时，应该选择净现值更大的方案。如前述 W 公司的 1 号和 2 号方案，虽然都可以选取，但 2 号方案的净现值大于 1 号方案的净现值，因而应选取 2 号方案。

3. 净现值的优缺点

不难看出，净现值法的最大优点是对各期现金净流量进行贴现，考虑了货币的时间价值；其次，以项目所要求的最低报酬率作为贴现率，考虑了项目的机会成本；第三，简明直观，易于理解，适用性强。

净现值法的缺点：第一，计算时采用的贴现率没有明确的标准，有时会带有一定的主观性；第二，净现值计算出来后，仍不能揭示各个方案本身可能达到的实际报酬率；第三，当若干投资项目备选方案寿命期不同时，简单比较净现值的大小，可能难以作出决策。

(二)现值指数

现值指数(Profitability Index，PI)是项目未来现金流量的总现值与初始投资额现值的比率，也称现值比率或获利指数。

1. 现值指数的计算

现值指数的公式：

$$\text{现值指数}(PI)=\left(\sum_{t=1}^{n}\frac{NCF_t}{(1+i)^t}\right)\Big/C$$

式中：n—— 投资所涉及的年限；

NCF_t—— 第 t 期的现金流量；

i—— 要求的贴现率；

C—— 初始投资额。

【例 5—10】 根据前面列举的 W 公司相关资料(见例 5—5 和表 5—2)，计算该公司两个投资项目的获利指数。

解：(1)1 号项目的获利指数(PI)＝未来报酬总现值÷初始投资

＝452.02÷320

＝1.41

(2)2 号项目的获利指数(PI)＝未来报酬总现值÷初始投资

＝607.06÷ 450

＝1.35

2. 现值指数决策规则

现值指数大于 1，说明其投资报酬率超过预定的贴现率。现值指数小于 1，说明其投资报酬率没有达到预定的贴现率。如果现值指数为 1，说明贴现后现金流入等于现金流出，投资报酬率与预定的贴现率相同。上例中获利指数都大于 1，两个方案都可以实施，但 1 号方案获利指数更大，易选取 1 号方案。

3. 现值指数的优缺点

现值指数法的主要优点：其一，考虑了货币的时间价值，可以进行独立投资机会获利能力的比较；其二，在资金有限的情况下，该指标可能是评价方案的较为实用的指标；其三，现值指数易于理解。

现值指数法的缺点：获利指数仅仅是一个比值，忽略了互斥项目之间规模上的差异。

(三)内含报酬率

内含报酬率(Internal Rate of Return，IRR)是指净现值等于零时的贴现率，又称为内部收益率。

内含报酬率表明，在考虑货币时间价值的基础上，到项目终结时，各期净现金流量的现值之和恰好收回初始投资，此时净现值为零。之所以称为内含报酬率，是因为项目本身的内生变量产生的报酬比率，而非市场利率等其他因素所导致。

1. 内含报酬率的计算

内含报酬率(IRR)计算公式：

$$\sum_{t=1}^{n}\frac{NCF_t}{(1+r)^t}-C=0$$

式中：NCF_t——为第 t 年的净现金流量；

r——内含报酬率；

n——项目的寿命年限；

C——初始投资额。

根据上列公式计算内含报酬率时，还要区别不同情况采用不同的方法。

(1)当项目投产后，净现金流量表现为普通年金的形式时，可以直接利用年金现值系数计算内含报酬率，此法也称之为简便算法。

步骤 1，首先计算年金现值系数，即 $PVIFA_{i,n}$＝初始投资额÷每年的 NCF。

步骤 2，根据计算出的年金现值系数，在相同的 n 期内，查找年金现值系数表；如果能找到与计算出的年金现值系数相同的数值，则该系数值所对应的贴现率即为内含报酬率 IRR。

步骤 3，假如上步骤未能找到与计算出的年金现值系数相同的数值，则需找出相邻近的较大和较小的两个邻近值，及相对应的两个贴现率，然后用插值法计算近似的内含报酬率。

(2)当项目投产后，每年的净现金流量不相等时，必须采用逐次测试法计算内含报酬率。

步骤 1，自行设定一个贴现率，代入公式计算净现值。

步骤 2，计算出的净现值若等于零，则为所求内含报酬率；计算出的净现值若大于零，则重新设定贴现率继续计算测试。

步骤 3，经过多次测试，确定无法利用货币时间价值系数表找到贴现率时，应找出最为接近零的大于零与小于零的两个最接近的贴现率值，应用插值法计算近似的内含报酬率。

【例 5－11】 根据前面列举的 W 公司相关资料(见例 5－5 和表 5－2)，计算该公司两个投资项目的内含报酬率。

解：(1)1 号项目的每年净现金流量相等，则 $PVIFA_{IRR,10}$＝320÷80＝4.000 0

查年金现值系数表：∵　$PVIFA_{20\%,10}=4.1925>4.0000$

$PVIFA_{24\%,10}=3.6819<4.0000$

应用插值法计算　∴　$20\%<IRR<24\%$

$$1\text{号项目的内含报酬率}(IRR)=20\%+\frac{4.1925-4.0000}{4.1925-3.6819}\times(24\%-20\%)=21.51\%$$

(2)2 号项目每年净现金流量不相等，需采用逐次测试法计算内含报酬率，见表 5—4。

表 5—4　　贴现率测试表

测试次数	设定贴现率	净现值
1	14%	+107.035
2	28%	−46.012
3	16%	+63.17
4	18%	+24.507
5	20%	−9.71

依据表 5—4 的计算可知 18%＜IRR＜20%，应用插值法计算：

$$2\text{号项目的内含报酬率}(IRR)=18\%+\frac{24.507-0}{24.507-(-9.71)}\times(20\%-18\%)=19.43\%$$

2. 内含报酬率的决策规则

内含报酬率法的基本决策规则是：只有当一个方案的内含报酬大于或等于一个事先确定的资本成本或必要报酬率时，该方案才可以采用；反之，就应该放弃。一般情况下，在评价互斥项目时，应选择内含报酬率较高的项目。

上述决策规则所依据的原理与净现值规则类似，即市场利率是企业投资项目所使用资金的成本。如果一个方案被采用，它就必须至少赢得这一报酬率。如果一个方案的内含报酬率小于市场利率，企业就不应采用，因为该项目为企业带来的收益将会低于将这笔资金存入银行所得的利息。

3. 内含报酬率的优缺点

(1)优点。①内含报酬率考虑了货币的时间价值，反映了机会成本思想；②能够计算获得投资项目的真实报酬率，能够概括复杂投资项目的特性；③概念易于理解。

(2)缺点。①当遇到每年现金流量不相等时，需经多次测算才能求得，计算比较复杂；②当遇到规模不同的互斥项目时，可能诱导决策者选择偏小的投资项目，因为通常偏小规模项目的内含报酬率往往较高。

三、投资决策指标的比较

非贴现评价指标，如投资回收期指标是20世纪50年代流行全球的评价企业投资效益的主要方法，但是后来人们发现了这种方法的局限性，于是建立起以货币时间价值原理为基础的贴现现金流量指标。

(一)贴现评价指标广泛应用的原因

1. 非贴现指标将不同时间点上的现金收入和支出当作毫无差别的资金进行比较，忽略了货币的时间价值因素，因而不能作出正确的投资决策。

2. 由于未考虑货币时间价值，因而投资回收期、平均投资报酬率指标夸大了项目的盈利水平。内含报酬率指标以预计的现金流量为基础，考虑了货币的时间价值，其计算出的报酬率更具真实性。

3. 投资回收期一般以经验或主观判断为基础来确定，缺乏客观依据。净现值和内含报酬率、获利指数是以企业的资本成本为取舍依据，任何企业的资本成本都可以通过计算取得，因此这一指标符合客观实际。

4. 计算机的广泛应用与财务软件的推出，使贴现评价指标的复杂计算变得十分容易，极大推动了贴现评价指标的推广。

(二)贴现评价指标的比较

1. 净现值法与现值指数法的比较

由于净现值法与现值指数法使用的是相同的信息，在评价独立项目或同等规模下的互斥项目时，两者得出的结论是一致的，但在评价规模不同的互斥项目时，得到的结论有时会产生分歧。这是因为，净现值是用各期现金流量现值减初始投资，是一个绝对数，代表投资的效益；而现值指数是用现金流量现值除以初始投资，是一个相对数，代表投资效率，因此，评价结果可能产生不一致。在无资金限量的情况下，可选用净现值较大的投资项目；在资金受限的情况下，应按照现值指数的大小来选择现值指数最大的投资项目。

2. 净现值法与内含报酬率法的比较

在多数情况下(主要为独立项目评价中)，运用净现值与内含报酬率这两种方法得出的结论是一致的，但在评价互斥项目时，有时会产生差异。其主要原因在于：投资规模不同，现金流量发生的时间不同。

两个投资规模不同的项目，投资规模较小的项目可能内含报酬率较大但净现值较小。假设，W项目的内含报酬率为25%，净现值为200万元，项目Y的内含报酬率为20%，净现值为290万元。在这两个互斥项目的选择上，实际是更大的财富与更高的内含报酬率之间的选择，一般而言决策者大多选择Y项目。可见，投资规模影响内含报酬率下的投资结论。

非正常现金流量的项目，即现金流入量波动性比较大，如有的项目早期现金流入量小。这就引出了“再投资利率假设”的问题，即企业能够按照投资方案的内含报酬率将该方案所产生的净现金流量予以再投资，并可获取不同的报酬率。净现值法假定产生现金流入量重新投资会产生相当于企业资本成本的利润率。内含报酬率法则假定现金流入量重新投资产生的利润率会与本项目的内含报酬率相同。

四、几种方法的归纳

我们可对上述几种方法进行列表，比较归纳各自的优缺点，见表5－5。

表5－5　五种长期项目投资财务决策方法比较

指　标	采纳标准	优　点	缺　点
净现值法（NPV）	NPV≥0	①考虑了货币的时间价值；②以项目所要求的最低报酬率作为贴现率，考虑了项目的机会成本；③简明直观、易于理解、适用性强	①贴现率没有明确的标准，有时会带有一定的主观性；②仍不能揭示各个方案本身可能达到的实际报酬率；③当若干个投资项目备选方案寿命期不同时，简单比较净现值的大小，可能难以作出决策
内含报酬率（IRR）	IRR≥资本成本率或要求报酬率	①内含报酬率考虑了货币的时间价值，反映了机会成本思想；②能够计算获得投资项目的真实报酬率，能够概括复杂投资项目的特性；③概念易于理解	①当遇到每年现金流量不相等时，需经多次测算才能求得，计算比较复杂；②当遇到规模不同的互斥项目时，可能诱导决策者选择偏小的投资项目，因为通常偏小规模项目的内含报酬率往往较高
现值指数法（PI）	PI≥1	①考虑了货币的时间价值，可以进行独立投资机会获利能力的比较；②在资金有限的情况下，该指标可能是评价方案的较为实用的指标；③现值指数易于理解	现值指数仅仅是一个比值，忽略了互斥项目之间规模上的差异
回收期法（PP）	PP是投资项目决策的参考指标	简捷、易算、易懂，初步判断项目风险，为项目投资清偿提供数据	没有考虑货币时间价值，可能作出错误决策
平均投资报酬率法（ARR）	ARR在多个方案互斥选择时，可参考使用	简捷、易算、易懂，初步判断项目风险	没有考虑货币时间价值，有时会作出错误决策

第四节　固定资产更新的财务决策

一、新旧设备更新决策

在科学技术迅猛发展的今天，设备更新速度加快，在这种情况下，尽管旧设备还能继续使用，但是如果不更新，就必然会出现材料及能源的消耗大、生产效率差、精密度低、维修费用高等问题。因此，是继续使用旧设备，还是投资采用技术先进的新设备，实际上是每个企业都经常遇到的决策问题。在决策时，如果新设备的使用年限与旧设备的剩余使用年限相同，可以采用现值法结合差量分析法，来确定旧设备更新是否有利。

【例 5－12】 某企业原有一套生产设备的主机系 4 年前购入，原购置成本为 20 万元，估计尚可使用 6 年，假定期满无残值，已提折旧 8 万元(按直线法计提，账面折余价值为 12 万元)。使用该机器每年可获得销售收入 298 000 元，每年支付的直接材料、直接工资和变动制造费用为 226 000 元。

假设该企业准备购置 1 台装有自动控制设备的主机，约需价款 30 万元，估计可使用 6 年，期满有残值 15 000 元。购入新机时，每年可增加销售收入 5 万元，同时每年可节约变动成本 2 万元。若企业的资金成本为 12%，所得税率为 25%。现对企业的更新决策分析如下：

(1)为便于分析，先将有关资料进行分项综合列示，如表 5－6 所示。

表 5－6

摘　要	原主机	新主机
购入成本	200 000 元	300 000 元
使用年限	10 年	6 年
已使用年限	4 年	0 年
期满残值	0 元	15 000 元
年折旧额	20 000 元	47 500 元
账面价值	12 000 元	300 000 元
目前变现价值	70 000 元	300 000 元
年销售收入	298 000 元	348 000 元
年付现成本	226 000 元	206 000 元
所得税	13 000 元	23 625 元

(2)分别计算新旧设备的每年净现金流量及其差量。

新设备每年营业 NCF＝348 000－206 000－23 625＝118 375(元)

旧设备每年营业 NCF＝298 000－226 000－13 000＝59 000(元)

购置新设备增加的营业 NCF ＝新设备的每年 NCF－ 旧设备的每年 NCF

＝118 375－59 000＝59 375(元)

(3)计算购置新设备增加的净现值。

购置新设备增加的 NPV ＝ 每年增加的营业净现金流量的年金现值 ＋ 第六年残值的复利现值

$$=59\ 375\times PVIFA_{12\%,6}+15\ 000\times PVIF_{12\%,6}$$

$$=(59\ 375\times4.111)+(15\ 000\times0.506\ 6)$$

$$=251\ 713.38(元)$$

购置新设备需要增加的投资额＝300 000－70 000＝230 000(元)

购置新设备需要增加的 NPV ＝ 购置新设备增加的总现值额 － 购置新设备需要增加的投资额

＝251 713.38－230 000＝21 713.38(元)

以上计算的结果，说明设备更新的方案是可行的。

二、不同寿命期的设备更新决策

前面各例都假定新旧设备的寿命期是相同的，事实上新设备与之被替代的设备的寿命期在多数情况下是不同的。对于具有不同寿命期的设备，不能对它们的净现值、内含报酬率和获利指数进行直接比较。为使投资项目有可比性，可采用平均净现值法进行比较。

【例 5－13】 某企业正在使用的 1 台铣床 A，假设继续使用旧设备，设备现值 20 000 元，每年可获得销售收入 40 000 元，每年付现成本 20 000 元，4 年后再更新，初始投资为 20 000 元。如果现在更新设备，原价 70 000 元，其使用寿命为 8 年，每年可获得销售收入 45 000 元，每年付现成本 18 000 元，采用直线折旧法，期末无残值；公司所得税税率 25％，资金成本 10％。

解：1. 直接使用净现值法。

(1)计算新旧设备的营业现金流量。

旧设备的年折旧额＝20 000÷4＝5 000 (元)

新设备的年折旧额＝70 000÷8＝8 750 (元)

旧设备的年税前利润额＝40 000－20 000－5 000＝15 000(元)

新设备的年税前利润额＝45 000－18 000－8 750＝18 250 (元)

旧设备的年所得税额＝15 000×25％＝3 750 (元)

新设备的年所得税额＝18 250×25％＝4 562.50(元)

旧设备的税后净利润额＝15 000－3 750＝11 250(元)

新设备的税后净利润额＝18 250－4 562.50＝13 687.50(元)

旧设备营业净现金流量 1～4 年＝11 250＋5 000＝16 250（元）

新设备营业净现金流量 1～8 年＝13 687.50＋8 750＝22 437.50(元)

(2)计算新旧设备的现金流量。

$$旧设备\ NPV=-20\ 000+16\ 250\times PVIFA_{10\%,4}$$
$$=-20\ 000+16\ 250\times 3.169\ 9=31\ 510.88(元)$$

$$新设备\ NPV=-70\ 000+22\ 437.50\times PVIFA_{10\%,8}$$
$$=-70\ 000+22\ 437.50\times 5.334\ 9=49\ 701.82\ (元)$$

根据以上计算结果还不能得出正确的更新设备结论，原因是新旧设备的使用寿命不同，不能直接进行比较。

2. 采用平均净现值法，即将投资项目在寿命期内的总净现值转化为每年的平均净现值进行比较，可以解决这类问题。

年均净现值计算公式：$ANPV=\dfrac{NPV}{PVIFA_{i,n}}$

式中：$ANPV$——年均净现值；

NPV——净现值；

$PVIFA_{i,n}$——建立在企业资金成本和项目寿命期基础上的年金现值系数。

依据公式，计算新旧两种方案的年均净现值：

$$旧设备\ ANPV=\frac{NPV_{旧}}{PVIFA_{10\%,4}}=\frac{31\ 510.88}{3.169\ 9}=9\ 940.65(元)$$

$$新设备\ ANPV=\frac{NPV_{新}}{PVIFA_{10\%,8}}=\frac{49\ 701.82}{5.334\ 9}=9\ 316.35(元)$$

从计算结果可以看出，继续使用旧设备的年均净现值比使用新设备的年均净现值高，所以应继续使用旧设备。

除年均净现值法以外，还有最小公倍寿命等方法对不同使用年限的项目进行决策。

三、通货膨胀情况下的项目投资决策

通货膨胀因素与货币时间价值共同影响着货币的价值，因此在进行项目投资决策时，有必要考虑这两个因素的综合影响。首先我们要搞清楚名义利率、实际利率与通货膨胀率三者之间的关系。名义利率(Nominal Interest Rate)是公布在银行利率表上的利率。实际利率(Real Interest Rate)是指货币购买力不变条件下的利率。通货膨胀率(Inflation Rate)与货币时间价值相反，通货膨胀的经济学含义是货币的价值随着时间的推移而减少。通货膨胀率一般用物价指数的增长百分比来表示。三者之间的关系可用公式表示为：

名义利率≈实际利率＋通货膨胀率

当项目投资决策在考虑了通货膨胀因素后，有时会有截然不同的决策。

【例5—14】 H企业的3号项目投资方案的现金流量表如表5－7所示，如果预期通货膨胀率为8%，贴现率（企业要求的投资报酬率）为12%，请用净现值法决策是否采用此方案。

表5—7　　3号项目投资方案的现金流量表　　单位：万元

年　份	0	1	2	3	4	5
净现金流量	－100 000	30 000	30 000	30 000	30 000	30 000

解：(1)如果不考虑通货膨胀率，则

$NPV1=30\ 000\times PVIFA_{12\%,5}-100\ 000$

$=30\ 000\times 3.604\ 8-100\ 000$

$=8\ 144$（万元）

方案净现值大于零，应选用此方案。

(2)如果考虑通货膨胀率，则

$NPV1=30\ 000\times PVIFA_{20\%,5}-100\ 000$

$=30\ 000\times 2.990\ 6-100\ 000$

$=-10\ 282$（万元）

此时方案净现值小于零，应该放弃这个方案。

由于考虑了通货膨胀的因素，使一个原本可以采用的方案变为不能采用的方案。因此在实际工作中，作出项目投资决策时必须考虑通货膨胀的因素。

第五节　多方案组合的项目投资决策

如果一组方案既不属于互相独立，又不属于互相排斥，而可以任意组合时，称这些方案为组合方案。在组合方案的决策中，既要评价所有方案的财务可行性，还要衡量不同组合条件下有关评价指标的大小，以便作出最终决策。

一、财务评价方法

(1)在资金总量不受限制的情况下，可按每一项目的净现值大小排序，确定优先考虑的项目顺序。

(2)在资金总量受到限制的情况下，需按获利指数的大小排序，结合净现值进行各种组合排序，从中选出净现值最大的最优组合。此种情况亦可称为资金量限量决策。

二、资金量限量决策的具体程序

步骤 1：以各方案的获利指数高低为序，逐项计算累计投资额，并与限量资本总额进行比较。

步骤 2：当截止到某项目的累计投资额正好达到限量的投资总额时，则以上组合为最佳投资组合。

步骤 3：在排序过程中如未能直接找到最优组合，需要做必要的修正。如项目位置的反复交换，以寻找最优的配置。

三、资金量限量决策案例

【例 5－15】 1 号、2 号、3 号、4 号、5 号 5 个投资项目为非互斥方案，其各个项目的相关数据资料如表 5－8 所示，请计算在投资总额分别受到 3 000、4 000、9 000 万元限量时，作出多方案组合决策。

表 5－8　　1～5 号投资项目相关数据资料　　单位：万元

名　称	原始投资	未来报酬总现值	净现值	获利指数
1 号项目	3 000	4 200	1 200	1.4
2 号项目	2 000	2 500	500	1.25
3 号项目	2 000	3 080	1 080	1.54
4 号项目	1 000	1 260	260	1.26
5 号项目	1 000	1 300	300	1.30

解：按 5 个方案获利指数的大小顺序排序（见表 5－9），并计算。

表 5－9　　投资组合计算　　单位：万元

名　称	原始投资	累计原始投资	获利指数	净现值	累计净现值
3 号项目	2 000	2 000	1.54	1 080	1 080
1 号项目	3 000	5 000	1.4	1 200	2 280
5 号项目	1 000	6 000	1.30	300	2 580
4 号项目	1 000	7 000	1.26	260	2 840
2 号项目	2 000	9 000	1.25	500	3 340

依题意作出的投资组合：

(1)当投资限量为 9 000 万元时，表 5－9 所列示投资组合为最优。

(2)当投资限量为 3 000 万元时，最优组合为“3 号项目＋5 号项目”，净现值 1 380 万元(300＋1 080)，因为其净现值大于以下组合：“3 号项目＋4 号项目”组合(净现值 1 080＋260＝1 340)，“2 号项目＋4 号项目”组合(净现值 500＋260＝760)，“2 号项目＋5 号项目”组合(净现值 300＋500＝800)。

(3)当投资限量为 4 000 万元时，最优组合为“3 号项目＋5 号项目＋4 号项目”，可获净现值 1 640 万元(1 080＋300＋260＝1 640)，因为其获得的净现值大于以下组合：“3 号项目＋2 号项目”，“1 号项目＋5 号项目”，“1 号项目＋4 号项目”，“5 号项目＋4 号项目＋2 号项目”。

复习思考题

1. 投资项目现金流量的构成内容有哪些？
2. 你怎样理解投资项目决策时，使用贴现的现金流量指标的合理性与科学性？
3. 简述投资项目决策各个财务评价指标的优缺点。
4. 贴现的投资项目指标的比较发现了哪些值得注意的问题？
5. 新、旧设备使用年限不同时，怎样作出更新决策？

第六章

证券投资管理

【学习目标】

通过本章学习，要求掌握下列内容：

- 证券投资的主要品种和基本方法
- 证券投资分析的理论
- 证券投资分析的方法

第一节　证券投资概述

一、证券的含义及分类

（一）证券

证券是各类财产所有权或债权凭证的通称，一种表现某项财物或利益拥有所有权的书面凭证。

（二）有价证券分类

1. 按发行主体划分

（1）公司证券。指公司企业等经济法人为筹集投资资金或与筹集投资资金直接相联系的行为而发行的证券。主要包括公司股票、股权证及公司债券等。

（2）金融机构证券。指银行、保险公司、信用社、投资公司等金融机构为筹集经营资金而发行的证券。包括金融机构股票、债券、保险单、储蓄存折、定期存款单、可转让的大额存款单等。

（3）政府证券。指政府财政部门或其他代理机构为筹集资金，以政府名义发行的证券，包括国库券和公债券两大类。

2. 按体现内容划分

(1)货物证券。是指证券本身就能表明某种财物所有权的证券。货物证券也叫商品证券、财物证券,如提单、栈单等。

(2)货币证券。属于一种金融证券,是指证券本身能用来代替货币使用并使持券人或第三者取得货币索取权的书面凭证,如汇票、本票、支票、存单等。

(3)资本证券。是指由金融投资或与金融投资有直接联系的活动而产生的证券。其主要包括股权证券和债权证券,前者具体表现为股票和认股权证,后者则表现为各种债券。

3. 按是否上市划分

(1)上市证券。指经过有关机构审查批准可以在证券交易所交易的证券。

(2)非上市证券。指未申请上市或不符合到证券交易所挂牌交易条件的证券。

4. 按证券的发行方式与范围划分

(1)公募证券。是指向社会上广泛的投资者公开发行的证券。

(2)私募证券。是指向事先确定的投资者发行的证券。

二、证券市场

证券市场是有价证券发行与流通及与此相适应的组织与管理方式的总称。证券市场是社会化大生产和商品经济发展的产物。市场经济发展到一定阶段,既需要以商品市场实现静态的配置,更需要以资本市场实现社会资金的导向配置进一步推进经济的动态发展。1602 年在荷兰的阿姆斯特丹成立了世界上第一个股票交易所。1817 年参与华尔街证券交易的经纪人通过一项正式章程并定名为“纽约证券交易会”,1863 年正式成立“纽约证券交易所”。目前,国际证券市场出现了高度繁荣的局面,逐渐形成了融资方式证券化、投资主体法人化、证券交易多样化、证券市场自由化、证券市场国际化和证券市场电脑化的全新特征。1990 年底,经国务院同意,上海和深圳成立了证券交易所,除发行 A 股外,1991 年开始发行 B 股,1993 年出现了 H 股和 N 股等境外上市外资股。据沪、深两家证券交易所最新统计资料:截至 2010 年 7 月 10 日,上海证券市场上市公司为 880 家,上市证券 1 402 只,上市股票 924 只,流通总市值 97 609.94 亿元,总市值 143 421.76 亿元;深圳证券市场上市公司 1 019 家,上市证券 1 385 只,流通市值为 33 964.60 亿元,总市值为 58 616.54 亿元。证券市场通过证券信用的方式融通资金,通过证券的买卖活动引导资金流动,有效合理地配置社会资源,支持和推动经济发展,因而是资本市场的核心和基础,是金融市场的重要组成部分。

(一)证券市场的分类

1. 按证券性质分类

可分为股票市场、债券市场、基金市场。

2. 按组织形式分类

(1)场内市场。在交易所中有组织、规范地进行交易。

(2)场外市场。在交易所之外的柜台市场或店头市场进行交易。

3. 按证券运行过程和任务分类

(1)发行市场(一级市场、初级市场)。是证券发行人进行证券发行以筹集资金的市场。发行市场主要包括发行人(筹集资金者)、投资者(认购者)、中介人(证券承销商)。

(2)交易市场(二级市场、次级市场)。证券流通以供投资者自由买卖交易的市场。

(二)证券市场投资的功能

1. 融资功能

证券市场的基本功能是为国民经济建设筹集资本,为社会资金保值增值提供渠道,也是市场发展的根本途径。公司的可持续发展,是离不开融资的。作为公开的资本市场,证券市场可以汇集来自国家、企业、家庭、个人以及外资等资本。通过证券市场融资,是公司获得资金的重要途径。同时,各种公司以其业绩增长、分配红利及股价上升为投资者提供更好、更新的投资机会和回报。

2. 资金配置功能

银行利息是低风险、低收益的投资回报,在同样安全条件下,投资者更愿意购买回报高、变现快的投资产品。证券投资能够吸引那些希望获得更高投资回报的投资者,融资方以其过去的经营业绩、投资回报、未来的发展前景吸引投资者的资金,会引导社会资金流向符合社会利益的方向。

3. 资金均衡分布功能

它是指资金配置符合不同时间长短的资金需求。银行存款的利率高于资本市场的利率时,资金就会流向货币市场;相反,当银行存款利率低于资本市场的利润率时,资金就自动流向资本市场。通过这种自发调节以实现市场资金均衡分布的功能。

(三)证券市场的参与者和监管者

1. 市场主体

(1)证券发行人。政府、金融机构、公司等,目的是筹集资金。

(2)证券投资者。资金供给者(购买证券者)、个人、基金、公司等

2. 市场中介

证券市场中介是连接证券投资者与筹资者的桥梁,是证券市场运行的核心。

(1)证券公司。证券经营机构又称证券商,它是指依法设立可经营证券业务的、具有法人资格的金融机构。

(2)证券服务机构。证券服务机构是指依法设立的从事证券服务业务的法人机构。

3. 自律性组织

行业协会和证券交易所，如中国中国证券业协会和上海证券交易所、深圳证券交易所。

(四)证券交易所

1. 含义

证券交易所是专门买卖有价证券的场所，是一种有组织、有固定地点，集中进行证券交易的有形市场。交易所的组织形式：采用会员制和公司制两种形式。

2. 证券交易所的特点

(1)有固定的交易场所和交易时间；

(2)参加交易者为具备会员资格的证券经营机构，交易采取经纪制，即一般投资者不能直接进入交易所买卖证券，只能委托会员作为经纪人间接进行交易；

(3)交易的对象限于合乎一定标准的上市证券；

(4)通过公开竞价的方式决定交易价格；

(5)集中了证券的供求双方，具有较高的成交速度和成交率；

(6)实行“公开、公平、公正”原则，并对证券交易加以严格管理。

3. 主要证券交易所

(1)纽约证券交易所(New York Stock Exchange，NYSE)①。1792 年 5 月 17 日，当时 24 个证券经纪人在纽约华尔街 68 号外一棵梧桐树下签署了“梧桐树协议”，宣告了纽约股票交易所的诞生。1817 年 3 月 8 日，这个组织起草了一项章程，并把名字更改为“纽约证券交易委员会”。1863 年改为现名——纽约证券交易所。纽约证券交易所是世界上第二大证券交易所。它曾是最大的交易所，直到 1996 年它的交易量被纳斯达克超过。2005 年 4 月末，NYSE 和全电子证券交易所(Archipelago)合并，成为一个营利性机构。纽约证券交易所有限公司的总部位于美国纽约州纽约市百老汇大街 11 号，在华尔街的拐角南侧。交易所内设有主厅、蓝厅、“车房”三个股票交易厅和一个债券交易厅，是证券经纪人聚集和互相交易的场所，共设有 16 个交易亭，每个交易亭有 16～20 个交易柜台，均装备有现代化办公设备和通讯设施。交易所经营对象主要为股票，其次为各种国内外债券。除节假日外，交易时间每周 5 天，每天 5 小时。自 20 世纪 20 年代起，它一直是国际金融中心，这里股票行市的暴涨与暴跌，都会在其他资本主义国家的股票市场产生连锁反应，引起波动。现在它还是纽约市最受欢迎的旅游名胜之一。纽约证券交易所有大约 2 800家公司在此上市，全球市值 15 万亿美元。至 2004 年 7 月，30 家处于道琼斯工业平均指数中的公司除了英特尔和微软之外都在 NYSE 上市。2006 年 6 月 1 日，纽约证券交易所宣布与泛欧证券交易所合并，组成纽约泛欧证交所(NYSE Euronext)。

---

① http://wiki.mbalib.com/wik。

(2)东京证券交易所(Tokyo Stock Exchange,TSE)[①]。东京证券交易所,日文称"东京证券取引所"。以成交金额计算,它是世界第二大证券交易所,仅次于纽约证券交易所。目前有2 271家日本公司和31家外国公司在东京证券交易所挂牌,总市值超过4万美元。东京证券交易所是会员制的证券交易所,有资格成为交易所会员的只限于达到一定标准的证券公司。现拥有会员证券公司一百余家,其中约五分之一为外国的证券公司。东京证券交易所不是一个大的国际融资中心,在此挂牌上市的海外公司相当少,基本上都是日本的公司。2007年8月8日时,共2 421家上市公司(其中27家为外国公司)。东京证券交易所的股票有两种方式:一种是在股票交易大厅里对第一部的250种大宗股票和外国股票进行的交易。交易大厅中有6个"U"形交易台,其中5个为国内股票交易台,1个为外国股票交易台。

(3)伦敦证券交易所(London Stock Exchange,LSE)[②]。伦敦证券交易所(简称"伦敦证交所")是世界四大证券交易所之一。已有300余年历史的伦敦证券交易所是世界上挂牌上市公司最多的证券市场,按上市公司的排列居于首位,按交易额和市价总额排列,位于纽约和东京之后,列第三位。作为世界上最国际化的金融中心,伦敦不仅是欧洲债券及外汇交易领域的全球领先者,还受理超过2/3的国际股票承销业务。伦敦的规模与位置,意味着它为世界各地的公司及投资者提供了一个通往欧洲的理想门户。在保持伦敦的领先地位方面,伦敦证券交易所扮演着中心角色。伦敦证交所是世界上国际性最强的股票市场,其外国股票的交易超过其他任何证交所。伦敦作为全球交易中心,在时间上可以与纽约和东京金融市场实现对接,24小时连续营业,支持全球不同时区。现在已有547家外国银行在伦敦落户,居世界各金融中心之首,2003年全球19%的跨边境银行同业拆借在伦敦进行。世界各大银行均将其全球股票战略部门设在伦敦,而且,世界500强均在伦敦开展业务。伦敦具有良好的金融环境。从市场分析、法律咨询以及其他专门人才的服务来看,伦敦有4 500名分析师,大大超过纽约的3 000人和东京的1 200人。全世界83%的顶级律师事务所将总部设在伦敦,金融服务业的从业人员达100万。这些为投资者提供了及时充分的服务,提高了投资者对公司的认识,促进了上市公司股票良好的运行。流动性能好,换手率高,机构投资比例巨大,是伦敦证交所的另一个特点。2003年海外股票交易达3.25万亿美元,大大超过纽约与纳斯达克海外股票交易量的总和。当年西欧各证券交易所所有IPO的79%在伦敦进行。全世界70%的国际欧元债券在伦敦交易。

伦敦证交所既接受英美会计标准,也接受国际会计标准。对于中国企业来讲,由于伦

---

① http://wiki.hexun.com/view/1058.html。

② http://wiki.hexun.com/view/1058.html。

敦与香港上市规则相同，法律架构相似，可做到一套文件，两地上市，十分方便。相比纳斯达克和纽约证交所，在伦敦证交所上市成本更低，且英国的上市规则更具灵活性。AIM成立于1995年，是伦敦股票交易所的另类投资市场，对于那些刚刚起步的公司而言，进入AIM是进入公众市场的第一步。它侧重于去满足那些正在成长的公司的需要，这些公司还没有达到在主板市场上市的所有标准，或者是没有更合适的环境。AIM为它们提供了一条通道。许多现在在主板市场交易成功的公司是从AIM起步的。TECHMARK是一个市场内的市场，是伦敦股票交易市场为满足创新技术企业的独特要求而开辟的市场。它按照自成体系的认可方式和FTSE指数将FTSE行业板块的公司，重新集结起来组成一个市场。为企业与投资者的关系带来了新的衡量方式，赋予创新技术企业更大的透明度，促使投资者更轻松地与技术企业融为一体。对于中国的中小企业来说，加入伦敦证券交易所进行融资是一个不可多得的机会，也为股票市场投资人开辟了一条新道路①。

(4)上海证券交易所(Shanghai Stock Exchange，SSE)。上海证券交易所成立于1990年11月26日，同年12月19日开业，1991年9月，首次正式推出了“无证交易”制度。目前，它是我国最大、功能最齐备、市场辐射面最广、影响力最大的证券市场。作为不以营利为目的的法人，归属中国证监会直接管理。其主要职能包括：提供证券交易的场所和设施；制定证券交易所的业务规则；接受上市申请，安排证券上市；组织、监督证券交易；对会员、上市公司进行监管；管理和公布市场信息。现在的上海证券交易所经过多年的持续发展，已成为中国内地首屈一指的市场，上市公司数、上市股票数、市价总值、流通市值、证券成交总额、股票成交金额和国债成交金额等各项指标均居首位。

(5)深圳证券交易所 (Shenzhen Stock Exchange，SZSE)。深圳证券交易所(以下简称“深交所”)1989年11月15日开始筹建，1990年12月1日，开始集中交易，1991年4月11日，中国人民银行正式下文，批准成立深圳证券交易所，7月3日，深圳证券交易所正式营业。深交所是由中国证监会直接监督管理、为证券集中交易提供场所和设施、组织和监督证券交易、实行自律管理的法人。十几年来，深交所借助现代技术条件，成功地在一个新兴城市建成了辐射全国的证券市场。对建立现代企业制度、推动经济结构调整、优化资源配置、传播市场经济知识，起到了十分重要的促进作用。经国务院同意，中国证监会批准，2004年5月起深交所在主板市场内设立中小企业板块。设立中小企业板块，是分步推进创业板市场建设迈出的一个重要步骤，是党中央、国务院从促进经济的可持续发展和促进经济结构调整的大局出发作出的重要决策，也是贯彻落实十六届三中全会以及《国务院关于推进资本市场改革开放和稳定发展的若干意见》精神的一项具体部署。

---

① http://www.3009.cn/Article/2004629224810－1.htm。

(五)证券监管机构

证券监管机构是证券市场的一个重要主体,其行为能够给证券市场带来重大的影响,证券监管机构的完善往往是一个国家证券市场成熟的标志。就政府监管机构的设置状况而言,有设置独立机构管理和政府机构兼管两种类型。美国是证券市场发展较为成熟的国家之一,美国的证券法规体系主要是在1929~1933年的经济危机后建立起来的,其中最为重要的是1933年制定的《证券法》和1934年建立的《证券交易法》。1933年《证券法》主要是监管首次发行(IPO市场)的信息披露和欺诈行为,以保护一级市场上的投资者。1934年制定的《证券交易法》主要涉及对证券交易市场交易行为的监管。该法禁止市场上的各种操纵行为,禁止内部人为短期利润而买卖自己的证券。美国依据《证券交易法》而建立了证券交易委员会(SEC),负责监管全国证券市场。

中国证券市场监管机构经历了由单一监管机构到多头监管机构再到集中统一监管机构的发展历程。目前由事业性质的证监会履行"国务院证券监督管理机构"的行政职能权力。

从监管体制来看,中国内地和美国都建立了集中式证券监管体系。即政府制定专门的证券市场管理法规和统一管理全国证券市场的监管机构,而证券交易所和证券业协会等组织的自律性监管只起辅助作用。我国香港的证券监管是一种政府监管和行业自律相结合的综合证券监管体系。

第二节 主要证券投资品种

一、债券

债券指社会各类经济主体为筹措资金向投资者出具的并且承诺支付利息和到期偿还本金的债权债务凭证。一般应包含以下几个基本要素:债券面值、偿还期限、利率、债券发行者名称。

(一)债券的种类

1. 政府公债券

政府公债券是政府或政府代理机构为弥补赤字、筹集建设资金及归还旧债本息而发行的债券。

(1)国家债券。也称国债,是中央政府或财政部门发行的债券。

按资金用途或发行目的分类,国债可分为赤字国债、建设国债、战争国债和特种国债。

按券面形态分类,我国发行的国债可分为凭证式国债、记账式国债和无记名国债等形式。

凭证式国债是一种债权人认购债券的收款凭证，而不是债券发行人制定的标准格式的债券。

记账式国债没有实物形态的票券，而是在电脑账户中做记录，可以记名、挂失。

按计息方式分类，可分为单利国债、复利国债和贴现国债等。

按流通与否分类，可分为流通国债、非流通国债。

(2)政府机构债券。是由中央政府担保的准国债，它不以国家为发行机构，而是由所属机构发行。

(3)地方政府债券。是由地方公共机关为进行经济开发、公共建设等发行的债券。

2. 金融债券

是银行或其他金融机构为筹措中长期信用资金而发行的债券。如日本的付息金融债券、美国的国民银行从属债券等。金融债券一般分为两种：全国性金融债券和地方性金融债券。我国发行的金融债券的种类有：(1)普通金融债券；(2)贴水金融债券；(3)累进利息金融债券。

3. 企业债券

企业债券是指公司或企业为筹集资金而发行的债务凭证。

(1)公司债券。股份公司为筹集资金发行的债务凭证。

(2)非公司企业债券。不具备独立法人地位的非公司企业发行的债务凭证。如社团法人、独资企业、合伙企业等。

4. 国际债券

国际债券是指各主权国家政府或大公司及国际机构在国际金融市场上发行的债券。

(1)外国债券。由借款人在本国以外的金融市场发行，以发行所在国货币计值还本付息。

(2)欧洲债券。由借款人在本国以外的金融市场发行的不以发行国货币，而以另一国货币计值的债券。

债券还可以按期限划分为：

短期债券：还本付息的期限在一年以下的债券。

中期债券：还本付息时间在一年以上、十年以下的债券。

长期债券：还本付息时间在十年以上的债券。

或者按信用形式划分为：

信用债券：仅凭债券发行者的信用作保证而发行的债券。

抵押债券：一般以土地、设备、房屋等不动产为抵押品或者以自己拥有的其他单位的债券或股票为抵押品作为保证的债券。

担保债券：是由第三者担保偿还本息的债券。

（二）债券的特征

1. 偿还性

到偿还期限还本付息，债权债务关系随之结束，而股东和股份公司之间的关系在公司存续期内是永久的，另外，英美国家历史上发行过无期公债或永久性公债债券必须规定到期时间，由债务人向债权人支付利息和本金。

2. 流动性

持有者的转让，取决于市场转让的便利程度以及转让过程中是否产生价值损失，可以迅速转换成现金，又不会在价值上蒙受较大损失。

3. 安全性

收益相对稳定，不但可以转换为货币，而且有稳定的转让价格。债券投资不能收回的两种情况：发债人不能充分和按时履行按期还本付息的约定；流通市场面临的风险是，一般流动性较高的债权安全性也较高。

4. 收益性

获得相对稳定的利息收入以及转让差价，由于利率固定，投资者在一定时期内可取得稳定的利息收入。

（三）债券发行条件

1. 要素

债券发行条件是指债券发行者在以债券形式筹集资金时所必须考虑的有关因素，包括发行金额、票面金额、期限、偿还方式、票面利率、付息方式、发行价格、发行费用、税收效应以及有无担保等项内容。

2. 债券评级

债券评级机构对债券发行者的信誉及其所发行的特定债券的质量进行评估的综合表述。西方发达国家的信用评级制度已相当发达。世界上最著名也最具权威的信用评级机构主要有标准·普尔公司和穆迪投资服务有限公司，其业务遍及全世界。

（四）债券的估价

债券投资首先面临的是对债券的估价，也就是对债券价值进行评估。债券的价值是投资者为了取得未来的货币收入目前希望投入的资金，从现金折现估价模型来看，债券未来的收入包括收回的本金和利息，债券价值是按投资者要求的必要收益率对未来的货币收入的折现值。因不同的计息方法，有以下几种表示方式：

1. 分期计息、到期一次还本的债券估价模型

$$P=\sum_{t=1}^{n}\frac{I}{(1+k)^t}+\frac{M}{(1+k)^n}=\sum_{t=1}^{n}\frac{1\times M}{(1+k)^t}+\frac{M}{(1+k)^n}$$
$$=I\times PVIFA_{k,n}+M\times PVIF_{k,n}$$

式中：P——债券价值；

I——定期计算的利息；

i——债券票面利率；

M——债券面值；

k——必要投资报酬率；

n——计息期数。

【例 6－1】 某公司准备购买 A 公司发行的公司债券，该债券票面面值为 1 000 元，每年付息一次，票面利率 8%，期限为 4 年。已知市场利率为 10%，要求计算该债券的价值，假设该公司准备在债券发行日购买。

该公司债券的价值为：

$$P=\sum_{t=1}^{4}\frac{1\,000\times 8\%}{(1+10\%)^t}+\frac{1\,000}{(1+k)^4}$$

$$=80\times PVIFA_{10\%,4}+1\,000\times PVIF_{10\%,4}$$

$$=80\times 3.169\,9+1\,000\times 0.683$$

$$=936.59(\text{元})$$

该债券的价值为 936.59 元，如果 A 公司债券的发行价格等于或小于 936.6 元，购买该债券的投资收益率就可以达到或超过 10%。

2. 一次还本付息且不计复利的债券估价模型

$$P=\frac{M\times i\times n+M}{(1+k)^n}=\frac{I\times n+M}{(1+k)^n}=(I\times n+M)\times PVIF_{k,n}$$

式中：P——债券价值；

I——定期计算的利息；

i——债券票面利率；

M——债券面值；

k——必要投资报酬率；

n——计息期数。

【例 6－2】 某企业拟购买另一家企业发行的利随本清的企业债券，该债券面值为 1 000元，期限是 4 年，票面利率为 10%，不计复利，当前市场利率为 8%。该债券发行价格为多少时，企业购买比较合适？

$$P=\frac{1\,000+1\,000\times 10\%\times 4}{(1+8\%)^4}=1\,029.41(\text{元})$$

即债券价格必须低于 1 029.41 元时，企业才能购买。

3. 贴现债券的估价模型

$$P=\frac{M}{(1+k)^n}=M\times PVIF_{k,n}$$

式中：P——债券价值；

I——定期计算的利息；

M——债券面值；

k——必要投资报酬率；

n——计息期数。

【例 6-3】 某债券面值为 1 000 元，期限为 5 年，以贴现方式发行，期内不计利息，到期按面值偿还，当时市场利率为 10%。该债券发行价格为多少时，企业购买比较合理？

$P=1\ 000\times PVIF_{10\%,5}=620.90$（元）

该债券的价格只有低于 620.90 元时，企业才能购买。

（五）债券投资收益评价

1. 一般债券到期收益率

债券的收益水平通常用到期收益率来衡量。到期收益率是指以特定价格购买债券并持有至到期所能获得的收益率。它是使未来现金流量现值等于债券购入价格的折现率。

计算到期收益率的方法是求解含有折现率的方程，即：

购进价格＝每年利息×年金现值系数＋面值×复利现值系数

$$P=I\times PVIFA_{i,n}+M\times PVIF_{i,n}$$

式中：P——债券的购买价格；

I—— 每年利息；

M—— 债券面值；

i —— 折现率；

n ——到期的年数。

【例 6-4】 某公司 2010 年 3 月 1 日平价购买一张面额为 1 000 元的债券，其票面利率为 10%，每年 3 月 1 日计算并支付一次利息，并于 5 年后的 3 月 1 日到期。该公司持有该债券至到期日，计算其到期收益率。

$1\ 000=100\times PVIFA_{i,5}+1\ 000\times PVIF_{i,5}$

该方程要采用“试误法”。用 $i=10\%$ 测算：

$100\times PVIFA_{i,5}+1\ 000\times PVIF_{i,5}$

$=100\times 3.7908+1\ 000\times 0.6209$

$=1\ 000$（元）

所以，平价购买的每年付息一次的债券的到期收益率等于票面利率。

如果债券的价格高于面值，情况将发生变化。例如，买价是 1 200 元，则：

$$1\ 200=100\times PVIFA_{i,5}+1\ 000\times PVIF_{i,5}$$

通过前面试算已知，$i=10\%$时等式右方为 1 000 元，小于 1 200 元，可判断收益率低于 10%，降低折现率进一步试算：

$100\times PVIFA_{8\%,5}+1\ 000\times PVIF_{8\%,5}$

$=100\times 3.9927+1\ 000\times 0.6806$

$=1\ 079.78$(元)

由于折现结果仍小于 1 200 元，还应进一步降低折现率。用 $i=6\%$试算：

$100\times PVIFA_{6\%,5}+1\ 000\times PVIF_{6\%,5}$

$=100\times 4.2124+1\ 000\times 0.7473$

$=1\ 168.54$(元)

折现结果依旧小于 1 200 元，进一步降低到 $i=4\%$试算：

$100\times PVIFA_{4\%,5}+1\ 000\times PVIF_{4\%,5}$

$=100\times 4.4518+1\ 000\times 0.8219$

$=1\ 267.08$(元)

折现结果高于 1 200 元，可以判断，收益率高于 4%，用插值法计算近似值：

$$i=4\%+\frac{1\ 267.08-1\ 200}{1\ 267.08-1\ 168.54}\times(6\%-4\%)=5.36\%$$

从此例中可以看出，如果买价和面值不等，则收益率和票面利率不同。

2. 贴现债券投资收益率

贴现债券是指券面上不附息票，发行时按规定的折扣率，以低于票面面值的价格发行，到期时按票面面值偿还本金的债券。

(1)单利计息的贴现债券投资收益率。

$$R=\frac{S_n-S_0}{n\times S_0}\times 100\%$$

【例 6-6】 某一投资者在债券发行时购买一张面值为 1 000 元、期限为 3 年的贴现债券，其发行价格为 900 元，要求按单利计息方法计算该债券的投资收益率。

$$R=\frac{1\ 000-900}{3\times 900}\times 100\%=3.7\%$$

(2)复利计息的贴现债券投资收益率。

对于期限较长的贴现债券，一般都采用这种方法。

$$R=\left(\sqrt[n]{\frac{S_n}{S_0}}-1\right)\times 100\%$$

【例 6-7】 接上例，如果债券采用复利计息方法，其投资收益率可计算为：

$$R=\left(\sqrt[3]{\frac{1\ 000}{900}}-1\right)\times100\%=3.36\%$$

可见,采用复利计息方法计算的贴现债券的投资收益率比单利计息方法计算的投资收益率低一些。采用单利与复利两种计息方法计算出来的债券投资收益率是有差异的,但两者的差异不大,这主要是因为期限不长,当债券的投资期限较长时,债券利息的再投资收益就必须考虑。

二、股票

股票是股份有限公司公开发行的用以证明投资者的身份和权益,并据以获得股息和红利的凭证。股票一经发行,持有者即为发行股票的公司股东,有权参与公司的决策,分享公司的利益,同时也要分担公司的责任和经营风险。股票一经认购,持有者不能以任何理由要求退还股本,只能通过证券市场将股票转让和出售。作为交易对象和抵押品,股票业已成为金融市场上主要的、长期的信用工具,但实质上,股票只是代表股份资本所有权的证书,它本身并没有任何价值,不是真实的资本,而是一种独立于实际资本之外的虚拟资本。

(一)股票的特征

1. 收益性

这是指持有者凭其持有的股票,有权按公司章程从公司领取股息和红利,获取投资收益的性能。认购股票就有权享有公司的收益,这既是股票认购者向公司投资的目的,也是公司发行股票的必备条件。

股票收益的大小取决于公司的经营状况和盈利水平。一般情况下,投资股票获得的收益要高于银行储蓄的利息收入,也高于债券的利息收入。股东凭其持有的股票,有权从公司领取股息或红利,获取投资的收益。股息或红利的大小,主要取决于公司的盈利水平和公司的盈利分配政策。还表现在股票投资者可以获得价差收入或实现资产保值增值。通过低价买入和高价卖出股票,投资者可以赚取价差利润。

2. 风险性

任何一项投资的风险和收益都是并存的,股票的风险主要来源于股票价格的波动,股票价格的高低不仅与公司的经营状况和盈利水平紧密相关,而且与股票收益与市场利率的对比关系密切相连。此外,股票价格还会受到国内外经济、政治、社会,以及投资者心理等诸多因素的影响。股票投资是一种高风险的投资活动。

3. 无期性

股票是一种没有偿还期限的有价证券,投资者一旦认购了股票,就不能向股份公司要求退股,只能在股票市场上进行转让。而且只要股份公司还存在,它所发行的股票就存在、有效，股份公司没有偿还投资人投资的义务。

4. 流通性

指股票在不同的投资者之间进行转让，股票持有人可以通过股票的转让随时收回自己的投资额，提高了股票的变现能力。

5. 股份的伸缩性(拆细、合并)

这是指股票所代表的股份既可以拆细，又可以合并。

(1)股份的拆细，即是将原来的1股分为若干股。股份拆细并没有改变资本总额，只是增加了股份总量和股权总数。当公司利润增多或股票价格上涨后，投资者购入1股股票所需的资金增多，股票市场交易就会发生困难。在这种情况下，就可以将股份拆细，即采取分割股份的方式来降低单位股票的价格，以争取更多的投资者，扩大市场的交易量。

(2)股份的合并，即将若干股股票合并成较少的几股或1股。股份合并一般是在股票面值过低时采用。公司实行股份合并主要出于如下原因：公司资本减少，公司合并或是股票市价由于供应减少而回升。

6. 经营决策的参与性

股东凭其持有的股票，享有与其股份数相应的权力，同时也承担相应的责任。权力主要表现为：参加股东大会，投票表决，参与公司的经营决策，领取股息或红利，获取投资收益。责任主要是承担公司的经营风险，对公司的经营决策承担责任，责任的限度为其认购股票的全部投资额。

(二)股票的种类

1. 普通股和优先股

按股票所代表的股东权利划分，股票可分为普通股股票和优先股股票。普通股股票是指每一股份对公司财产都拥有平等权益，即对股东享有的平等权利不加以特别限制，并能随股份有限公司利润的大小而分取相应股息的股票。普通股是最普通也最重要的股票种类。优先股股票是股份有限公司发行的具有收益分配和剩余财产分配优先权的股票。

(1)普通股种类。

①蓝筹股(blue chip)：一般是大公司发行的热门股股票，是业绩优良，稳定成熟，红利丰厚的公司股票。

②成长股：指销售额和收益额迅速增长的公司股票，但其净利润往往用于公司的扩大再生产，所以股息红利较少，由于公司成长，所以股票价格上涨。

③循环股：收益随经济周期性波动而波动的公司的股票。

④抵抗股：经济形势的变化对其影响不大，收益稳定。

⑤收益股：能够支付较高收益的股票，生意稳定，扩张机会不大，所以其净利润转化为较高的收益发放股利。

⑥投机股:公司前景不确定,价格波动较大的股票,一般由从事开发性或冒险性事业的公司发行,如我国的ST、PT股票。

1998年4月22日,沪、深证券交易所宣布将对财务状况和其他财务状况异常的上市公司的股票交易进行特别处理(Special Treatment,ST)。其中异常主要指两种情况:一是上市公司经审计两个会计年度的净利润均为负值;二是上市公司最近一个会计年度经审计的每股净资产低于股票面值。

在上市公司的股票交易被实行特别处理期间,其股票交易应遵循下列规则:股票报价日涨跌幅限制为5%;股票名称改为原股票名前加"ST",例如"ST金泰";上市公司的中期报告必须经过审计。

(2)优先股的优先权。优先股的优先权有以下四点:

①在公司分配盈利时,拥有优先股股票的股东比持有普通股股票的股东分配在先,而且享受固定数额的股息,即优先股的股息率都是固定的,普通股的红利却不固定,视公司盈利情况而定,利多多分,利少少分,无利不分,上不封顶,下不保底。

②当股份有限公司因解散、破产等原因进行清算时,优先股股东可先于普通股股东分取公司的剩余资产。

③优先股股东一般不享有公司经营参与权,即优先股股票不包含表决权,优先股股东无权过问公司的经营管理,但在涉及优先股股票所保障的股东权益时,优先股股东可发表意见并享有相应的表决权。

④优先股股票可由公司赎回。由于股份有限公司需向优先股股东支付固定的股息,优先股股票实际上是股份有限公司的一种举债集资的形式,但优先股股票又不同于公司债券和银行贷款,这是因为优先股股东分取收益和公司资产的权利只能在公司满足了债权人的要求之后才能行使。优先股股东不能要求退股,却可以依照优先股股票上所附的赎回条款,由股份有限公司予以赎回。大多数优先股股票都附有赎回条款。

优先股的种类很多,为了适应一些专门想获取某些优先好处的投资者的需要,优先股有各种各样的分类方式。主要分类有以下几种:

①累积优先股和非累积优先股。累积优先股是指在某个营业年度内,如果公司所获的盈利不足以分派规定的股利,日后优先股的股东对往年未付给的股息,有权要求如数补给。对于非累积优先股,虽然对于公司当年所获得的利润有优先于普通股获得分派股息的权利,但如该年公司所获得的盈利不足以按规定的股利分配时,非累积优先股的股东不能要求公司在以后年度中予以补发。一般来讲,对投资者来说,累积优先股比非累积优先股具有更大的优越性。

②参与优先股与非参与优先股。当企业利润增大,除享受既定比率的利息外,还可以跟普通股共同参与利润分配的优先股,称为"参与优先股"。除了既定股息外,不再参与

利润分配的优先股，称为“非参与优先股”。一般来讲，参与优先股较非参与优先股对投资者更为有利。

③可转换优先股与不可转换优先股。可转换优先股是指允许优先股持有人在特定条件下把优先股转换成为一定数额的普通股。否则，就是不可转换优先股。可转换优先股是近年来日益流行的一种优先股。

④可收回优先股与不可收回优先股。可收回优先股是指允许发行该类股票的公司，按原来的价格再加上若干补偿金将已发行的优先股收回。当该公司认为能够以较低股利的股票来代替已发行的优先股时，往往就会行使这种权利。反之，就是不可收回的优先股。优先股的收回方式有三种：

溢价方式：公司在赎回优先股时，虽是按事先规定的价格进行，但由于这往往给投资者带来不便，因而发行公司常在优先股面值上再加一笔“溢价”。

公司在发行优先股时，从所获得的资金中提出一部分款项创立“偿债基金”，专用于定期地赎回已发出的一部分优先股。

转换方式：是指优先股可按规定转换成普通股。虽然可转换的优先股本身构成优先股的一个种类，但在国外投资界，也常把它看成是一种实际上的收回优先股方式，只是这种收回的主动权在投资者而不在公司，对投资者来说，在普通股的市价上升时这样做是十分有利的。

我国目前的上市公司中还没有一家发行优先股，因为我国的《公司法》没有规定优先股的相关条款。

2. 记名股票和不记名股票

按照是否在票面上记载股东的姓名，股票可区分为记名股票和不记名股票。

(1)记名股票。这是指将股东姓名记载在股票票面和股东名册上的股票。认购记名股票，认购者的姓名不仅要载入股票票面，还要载入发行该股票的股份有限公司的股东名册。如果股票是归一人单独所有的单有股，就记载持有人的本名；如果股票是数人共同持有的共有股，则要记载各共有人的姓名；如果股票为国家机构或法人持有，则应记载国家机构或法人的名称，不得另立户名，也不能仅记载法定代表人的姓名。

(2)不记名股票。这是指股票票面不记载股东姓名的股票，又称无记名股票。与记名股票相比，只是存在记载姓名与否的差别，股东所有权的内容并没有变化。不记名股票由两部分构成：一部分是股票的主体，记载诸如公司名称、地址、资本总额、股票所代表的股数等事项；另一部分是股息票，用于结算股息和行使增资权利。

3. 有面值股股票和无面值股股票

按照有无票面价值划分，股票可分为有面值股股票和无面值股股票。

(1)有面值股股票。这是指在股票票面上记载一定金额的股票，也称有面额股股票。

有面值股股票的发行价格可以与股票票面金额相一致，法律上也允许以高于票面金额的价格溢价发行，但一般都不允许以低于票面金额的价格折价发行。

(2)无面值股股票。这是指股票票面不记载金额的股票，也称无面额股股票。这类股票不标明固定的金额，但要在票面上表示其在公司资本金额中所占的比例，所以，它又可被称作比例股股票。无面值股股票并不是说股票没有票面价值，只是由于公司经营状况不断变动，公司资产总额经常发生变化，股票的价值也随公司实际资产的增减而升降。无面值股股票具有其独特的特点，主要体现在：①发行价格更为灵活和自由，无面值股股票没有票面金额的限制，其发行价格可以自由确定，还能随公司的经济效益而浮动。②便于进行股份分割。这类股票没有票面金额的限制，可以顺利地分割股份，划分股东的权利与义务，计算盈余分配比例。由此，这类股票又被称为分权股票。③具有更强的流通性。由于公司可以灵活地掌握无面值股股票的发行价格，适时地进行股票的分割，投资者也不会为票面金额所迷惑，而是在认购时认真计算股份的实际价值，所以，可以提高股票的流通数量和流通速度，具有更强的流通性。

(三)目前我国股权结构

1. 国家股

国家股是有权代表国家投资的部门或机构以国有资产向公司投资形成的股份。

2. 法人股

法人股是指企业法人或具有法人资格的事业单位和社会团体以其依法可支配的资产向股份有限公司投资形成的股份。

3. 公众股

公众股是指社会个人或股份公司内部职工以个人合法财产投入公司形成的股份。公众股可分为公司职工股、社会公众股。公众股是目前在沪、深两个证券交易市场挂牌交易的股票。

4. 外资股

外资股是指股份公司向境外投资者募集资金而发行的股票。

(1)境内上市(B股股票)。以人民币标明面值，以外币购买，专供外国及我国港、澳、台地区的投资者购买的股票

(2)境外上市。股份公司向境外投资者募集并在境外上市的股票。主要有在美国上市的N股股票、在我国香港上市的H股和在新加坡上市的S股股票

(四)发行条件

股票发行的条件如下：

1. 初次发行

即设立公司时发行。我国《公司法》规定发行普通股限于一种、公司股本总额不少于

人民币5 000万元、发行前一年末净资产在总资产中所占比例不低于30%、近三年连续盈利等。

2. 增资发行

增资发行是指老公司为扩大经营、扩充资本等原因发行新股。

(1)有偿增资。

①股东分摊:股东认购新股—配股。

②第三者分摊:股东以外与公司有关的人员购买新股,会造成老股东利益损失。

③公开招股:一般募集方式,由应募者(公众)认购。

(2)无偿增资。

①无偿交付:将资本准备金(公积金)并入资本金折成股票发给股东,转增股本。

②股票红利:以送股的形式代替现金分红。

(五)股票估价

股票估价实际是对股票的投资价值进行评估。这里主要介绍股票估价的基本模型——贴现现金流量模型。1938年,美国财务管理学家威廉斯在《投资价值理论》一书中,阐述了著名的股票估价的贴现现金流量模型,也称威廉斯公式。该模型基于这样的理论:股票价值应等于股票投资者预期能得到的未来现金流量的现值。股票投资的未来现金流量主要是股票持有期间的股利和将来出售股票的价款收入。最常见的普通股估价模型有:

1. 短期持有,未来准备出售的股票估价模型

$$V=\sum_{t=1}^{n}\frac{d_t}{(1+K)^t}+\frac{V_n}{(1+K)^n}$$

式中:V—— 股票价值;

V_n—— 未来出售时预计的股票价格;

K—— 投资者要求的必要报酬率;

d_t—— 第t期的预计股利;

n—— 预计股票持有的期数。

2. 长期持有股票,股利稳定不变的股票估价模型

$$V=\frac{d}{K}$$

式中:V—— 股票价值;

K—— 投资者要求的必要报酬率;

d—— 每期的固定股利。

公式的推导过程为:

$$V=\sum_{t=1}^{n}\frac{d_t}{(1+K)^t}+\frac{V_n}{(1+K)^n}$$

当n非常大时，式中的$\frac{V_n}{(1+K)^n}\to 0$，而$\sum_{t=1}^{n}\frac{d_t}{(1+K)^t}$则可看作永续年金，由永续年金的现值计算公式可知：$V=\frac{d}{K}$。

3. 长期持有股票，股利固定增长的股票估价模型

$$V=\frac{d_0(1+g)}{K-g}=\frac{d_1}{K-g}$$

式中：V——股票价值；

K——投资者要求的必要报酬率；

g——年股利增长率；

d_0——第0期的股利；

d_1——第1期的预计股利。

公式的推导过程为：

$$V=\frac{d_0(1+g)}{(1+K)}+\frac{d_0(1+g)^2}{(1+K)^2}+\cdots+\frac{d_0(1+g)^n}{(1+K)^n} \quad (6-1)$$

假设$K>g$，把式(6－1)中两边同乘以$(1+K)/(1+g)$再减式(6－1)得：

$$\frac{V(1+K)}{(1+g)}-V=d_0-\frac{V(1+g)^n}{(1+K)^n}$$

由于$K>g$，当$n\to\infty$时，则$V(1+g)^n/(1+K)^n\to 0$

$$\frac{V(1+K)}{(1+g)}-V=d_0$$

$$\frac{V(K-g)}{(1+g)}=d_0$$

$$V=\frac{d_0(1+g)}{(K-g)}=\frac{d_1}{(K-g)}$$

(六)股票投资收益

前面讨论了对股票的估值理论，用来判断市场上某只股票被市场高估或者低估。假设市场上股票价格是公平的市场价格，证券市场处于均衡状态；在任一时点，证券价格都能完全反映有关该公司的任何可获得的公开信息，而且证券价格对新信息能迅速做出反应。在这种假设条件下，股票的期望收益率等于其必要收益率。

根据固定增长的股利模型，已知：

$$V=\frac{d_0(1+g)}{K-g}=\frac{d_1}{K-g}$$

如果把公司移项整理，求 K，可以得到：

$$K=\frac{d_1}{V}+g$$

这个公式说明了股票的总收益率可以分为两个部分：一个是$\frac{d_1}{V}$，代表股利收益率，它是根据预期现金股利除以当前股价计算得到的；另一部分是增长率 g，代表的是股利增长率。由于股利的增长速度也就是股价的增长速度，因此，g 可以理解为股价增长率或者资本利得收益率。G 的数值可以根据公司的可持续增长率估计。V 是股票市场形成的价格，只要能预计出下一期的股利，就可以估计出股东预期报酬率，在有效市场中它就是该股票风险相适应的必要报酬率。

由于非完美的弱势有效市场是普遍存在市场状态，在计算持有股票收益率中可以参考债券投资到期收益率的计算方法，采用现金流折现计算收益率的方法。

三、证券投资基金

证券投资基金是一种利益共享、风险共担的组合证券形式。证券投资基金证券，简称证券基金，是证券投资基金组织为募集资金以投资于证券市场、实现证券投资目的而向社会公开（或特定投资者）发行的、证明持有人按其持有份额享有资产所有权、收益分配权和剩余资产分配权及其他权益的一种证券类凭证。也是金融市场的媒介，以金融信托形式，属于有价证券范围。

（一）证券投资基金与股票、债券的区别与联系

证券投资基金与股票、债券相比，存在以下的区别：

1. 投资者地位不同

股票持有人是公司的股东，有权对公司的重大决策发表自己的意见；债券的持有人是债券发行人的债权人，享有到期收回本息的权利；基金单位的持有人是基金的受益人，体现的是信托关系。

2. 风险程度不同

一般情况下，股票的风险大于基金，对中小投资者而言，由于受可支配资产总量的限制，只能直接投资于少数几只股票，这就犯了“把所有鸡蛋放在一个篮子里”的投资禁忌，当其所投资的股票因股市下跌或企业财务状况恶化时，资本金有可能化为乌有；而基金的基本原则是组合投资，分散风险，把资金按不同的比例分别投于不同期限、不同种类的有价证券，把风险降至最低程度。债券在一般情况下，本金得到保证，收益相对固定，风险比基金要小。

3. 收益情况不同

基金和股票的收益是不确定的，而债券的收益是确定的。一般情况下，基金收益比债券高。以美国投资基金为例，国际投资者基金等 25 种基金 1976～1981 年 5 年间的收益增长率平均为 301.6％，其中最高的 20 世纪增长投资者基金为 465％，最低的普利特伦德基金为 243％；而 1996 年国内发行的 2 种 5 年期政府债券，利率分别只有 13.06％和 8.8％。

4. 投资方式不同

与股票、债券的投资者不同，证券投资基金是一种间接的证券投资方式，基金的投资者不再直接参与有价证券的买卖活动，不再直接承担投资风险，而是由专家具体负责投资方向的确定、投资对象的选择。

5. 价格取向不同

在宏观政治、经济环境一致的情况下，基金的价格主要决定于资产净值，而影响债券价格的主要因素是利率，股票的价格则主要受供求关系的影响。

6. 投资回收方式不同

债券投资是有一定期限的，期满后收回本金。股票投资是无限期的，除非公司破产、进入清算，投资者不得从公司收回投资，如要收回，只能在证券交易市场上按市场价格变现。投资基金则要视所持有的基金形态不同而有区别：封闭式基金有一定的期限，期满后，投资者可按持有的份额分得相应的剩余资产，在封闭期内还可以在交易市场上变现；开放式基金一般没有期限，但投资者可随时向基金管理人要求赎回。

虽然几种投资工具有以上的不同，但彼此间也存在不少联系：基金、股票、债券都是有价证券，对它们的投资均为证券投资。基金份额的划分类似于股票：股票是按“股”划分，计算其总资产；基金资产则划分为若干个“基金单位”，投资者按持有基金单位的份额分享基金的增值收益，契约型封闭基金与债券情况相似，在契约期满后一次收回投资。另外，股票、债券是证券投资基金的投资对象，在国外有专门以股票、债券为投资对象的股票基金和债券基金。

（二）主要类型

1. 契约型基金和公司型基金

按基金的组织形式和法律地位不同，证券投资基金基本有两种类型：契约型和公司型。

（1）契约型基金。契约型基金，也称信托型投资基金，我国现在证券投资基金设立均以契约型基金设立。它是依据信托契约通过发行受益凭证而组建的投资基金。该类基金一般由基金管理人、基金保管人及投资者三方当事人订立信托契约。基金管理人可以作为基金的发起人，通过发行受益凭证将资金筹集起来组成信托财产，并依据信托契约，由基金托管人负责保管信托财产，具体办理证券、现金管理及有关的代理业务等；投资者也是受益凭证的持有人，通过购买受益凭证，参与基金投资，享有投资收益。基金发行的受益凭证表明投资者对投资基金所享有的权益。

(2)公司型基金。公司型基金依公司法成立，通过发行基金股份将集中起来的资金投资于各种有价证券。公司型投资基金在组织形式上与股份有限公司类似，基金公司资产为投资者(股东)所有，由股东选举董事会，由董事会先聘基金管理人，基金管理人负责管理基金业务。

公司型基金的设立要在工商管理部门和证券交易委员会注册，同时还要在股票发行的交易所在地登记。公司型基金的组织结构主要有以下几个方面当事人：基金股东、基金公司、投资顾问或基金管理人、基金保管人、基金转换代理人、基金主承销商。

2. 封闭式基金与开放式基金

(1)封闭式基金。封闭式基金是指事先确定发行总额，在封闭期内基金单位总数不变，基金上市后投资者可以通过证券市场转让、买卖基金单位的一种基金。

(2)开放式基金。开放式基金是指基金发行总额不固定，基金单位总数随时增减，投资者可以按基金的报价在国家规定的营业场所申购或者赎回基金单位的一种基金。

3. 股票基金、债券基金、货币基金和衍生基金

(1)股票基金。将资产大部分投资于股票。

(2)债券基金。投资对象为债券，目前有美元债券基金、日元债券基金、英镑债券基金。

(3)货币基金。投资于银行存款、银行票据、商业票据、短期国债等，风险小，被称为停泊基金(Parking Fund)。

(4)衍生基金。主要投资于期货、股票价格指数、期权、期货合约等，风险大，一般杠杆比率为5～20倍，是追逐最佳收益的风险投资基金。

(三)运作与监督管理

1. 基金托管人的职责

保管基金资产、执行管理人投资指令、办理资金往来、监督管理人的投资运作、保存会计账册、出具业绩报告、向人民银行和证监会报告等。

2. 基金管理人的职责

运用基金资产投资并管理资产、向投资人支付基金受益、编制财务报告，计算并公告投资基金净值等。

3. 托管人与管理人的关系

均对投资基金持有人负责，管理人负责经营、投资，托管人负责对资金保管，按指令调度资金。

4. 对投资基金运作的监督管理

(1)投资基金范围的限制：对高风险的衍生品种限制。

(2)投资对象的限制:根据基金品种投资。

(3)风险控制:形成投资组合。

四、金融衍生工具

金融衍生工具(Financial Derivative Instrument),又称金融衍生产品,是基于或衍生于金融基础产品(如货币、汇率、利率、股票指数等)的金融工具。与其他金融工具不同的是,衍生工具自身并不具有价值,其价格是从可以运用衍生工具进行买卖的货币、汇率、证券等的价值衍生出来的。这种衍生性给予创新工具以广阔的运用空间和灵活多样的交易形式。目前,在国际金融市场上最为普遍运用的衍生工具有金融期货(financial future)、期权(option)和互换(swap)。

(一)金融衍生工具的分类

目前衍生工具基本分为以下四类:

1. 金融远期合约(financial forward)

金融远期合约是指合约双方同意在未来日期按照约定价格购买或出售一定数量的金融资产。

2. 金融期货(financial futures)

金融期货就是买卖双方在有组织的交易所内以公开竞价的形式达成的、在将来某一特定时间交割标准数量特定金融工具的协议。主要包括货币期货、利率期货和股票指数期货三种。

3. 金融期权(financial option)

金融期权是合约双方按约定价格、在约定日期内就是否买卖某种金融工具所达成的契约。包括现货期权和期货期权两大类。

4. 互换(swap)

互换是指两个或两个以上的当事人按共同商定的条件,在约定的时间内,交换一定支付款项的金融交易,主要有货币互换和利率互换两类。

目前,通过各种派生技术进行组合设计,市场中已出现了数量庞大、特性各异的衍生产品。主要有:(1)衍生工具与基础工具的组合。如期货衍生产品与基础工具的结合,即有外汇期货、股票期货、股票指数期货、债券期货、商业票据期货、定期存单期货等形形色色的品种。(2)衍生工具之间的组合,构造出“再衍生工具”。如期权除了以基础工具为标的物之外,也可和其他衍生工具进行组合,可构造出“再衍生工具”。如期权除了以基础工具为标的物之外,也可和其他衍生工具进行组合,可构造出“期货期权”、“互换期权”一类新的衍生工具。(3)直接对衍生工具的个别参数和性质进行设计,产生与基本衍生工具不同的衍生工具。如期权除了“标准期权”之外,通过一些附加条件,可以构造出所谓“特种衍生工具”,例如“两面取消期权”、“走廊式期权”等。

(二)金融衍生工具的特点

金融衍生工具中具有无数种创造派生产品的技术,与传统金融工具相比,金融衍生工具有以下几个特点。

1. 派生性

金融衍生工具或者衍生产品是由传统金融产品派生出来的,由于它是衍生物,不能独立存在,其价值在相当程度上受制于相应的传统金融工具。这类能够产生衍生物的传统产品又称为基础工具。根据目前的发展,金融基础工具主要有三大类:(1)外汇汇率;(2)债务或利率工具;(3)股票和股票指数。虽然基础工具种类不多,但是借助各种技术在此基础上都可以设计出品种繁多、特性不一的创新工具来。

由于是在基础工具上派生出来的产品,因此,金融衍生工具的价值主要受基础工具价值变动的影响,股票指数的变动影响股票指数期货的价格,认股证跟随股价波动,这是衍生工具最为独到之处,也是其具有避险作用的原因所在。

2. 高风险性

相对于基础工具而言,金融衍生工具风险特性显得较为复杂。这是因为,一方面金融衍生工具如对期权、互换的理解和运作已经不易;另一方面由于采用多种组合技术,使得衍生工具特性更为复杂,所以说,衍生工具构造具有复杂性。这种情况导致金融产品的设计要求高深的数学方法,大量采用现代决策科学方法和计算机科学技术,它能够仿真模拟金融市场运作,在开发、设计金融衍生工具时,采用人工智能和自动化技术,同时也导致大量金融衍生新产品难为一般投资者所理解,难以明确风险所在,更不容易完全正确地运用。

3. 杠杆性

金融衍生工具在运作时多采用财务杠杆方式,即在运用金融衍生工具进行交易时,只需按规定缴纳较低的佣金或保证金,以小博大,就可从事大宗交易。这样市场的参与者只需动用少量资金,即可控制资金量巨大的交易合约。期货交易的保证金和期权交易中的期权费即是这一种情况。财务杠杆作用无疑可显著提高资金利用率和经济效益,但是另一方面也不可避免地带来巨大风险。近年来,一些国际大机构在衍生工具的交易方面失利,很大程度上与这种杠杆“放大”作用有关。投资者只需动用少量的资金便能控制大量的资源,一旦实际的变动趋势与交易者预测的相一致,即可获得丰厚的收益。但是,伴随巨大收益的是巨大的风险,一旦预测有误,出现金融风险,就可能使投资者遭受严重损失,甚至危及整个金融市场的稳定。

4. 较强的价值波动性

金融衍生工具所产生的收益,来自于标的物价值的变动,即约定价格与实际价格的差额,将随着未来利率、证券价格、商品价格、汇率或相应的指数变动而变动。而且金融衍生工具交易具有特殊性：一是集中性，从交易中介机构看，主要集中在大型投资银行等机构进行。美国目前占了全球金融衍生产品交易的相当比重，但是在美国 3 000 多个金融机构中，只有 300 多个从事此类交易，而且其中 10 家大型机构即占了交易量的 90%，可见其交易的集中性。二是灵活性，从市场分布看，部分交易活动是通过场外交易方式进行的，即用户主要通过投资银行作为中介方参与衍生工具交易，投资银行代为寻找对家或直接作为交易对手个别进行，这些交易是非标准化的。由于金融机构集中大规模的交易非标准合约，在市场流动性缺乏的时候会造成衍生产品的价格发生极值变动风险。

5. 虚拟性

金融衍生品独立于现实资本运动之外，却能给持有者带来收益，是一种收益获取权的凭证，通过对基础工具和金融衍生工具的各种组合，创造出大量的特性各异的金融产品。机构与个人参与衍生工具的目的有三种：一是买卖衍生工具为了保值；二是利用市场价格波动风险进行投机牟取暴利；三是利用市场供求关系的暂时不平衡套取无风险的额外利润。出于各种复杂的经营目的，就要有各种复杂的经营品种，以适应不同市场参与者的需要。所以，衍生工具的设计可根据各种参与者所要求的时间、杠杆比率、风险等级、价格等参数的不同进行设计、组合。衍生品本身价值具有虚拟性，来源于基础工具的波动。

因此，相对其他金融工具而言，衍生工具的设计具有更大的灵活性。

（三）金融衍生工具的作用

(1)金融衍生工具最主要的作用是规避风险。

(2)金融衍生工具的出现可以为企业提供比较便宜的资金，降低筹资成本。

(3)衍生工具的出现可以满足不同投资者的需要，使他们可以根据各种风险的大小和自己的偏好更好地配置资金。

(4)金融衍生工具在促进金融市场的稳定和发展，加速经济信息的传递，优化资源的合理配置，引导资金有效流动，增强国家金融宏观调控的能力等方面都有积极而重要的作用。

第三节　证券投资分析方法

一、证券市场价格的主要影响因素

（一）宏观因素

1. 国民生产总值分析

国民生产总值是反映在一定时期内经济发展状况和趋势的应用最广泛的综合性指标，它是一定时期内国内经济所生产的全部商品和劳务的价值总和，标志着一个国家的经济实力。

从理论和长期实践来看，证券价格的变动与国民生产总值的变动是一致的。如剔除通货膨胀因素，真实国民生产总值持续增长，则普通股投资的收益率将大大提高，经济繁荣，前景良好。反之则表明国民经济衰退，企业经营利润下降，股票价格下跌。

2. 通货膨胀与通货紧缩分析

(1)通货膨胀分析。通货膨胀对股票市场走势的影响十分复杂，从理论上来说，这种影响可概括为“两段论”，即通货膨胀前期(或轻度通货膨胀)的“刺激论”和通货膨胀后期(或恶性通货膨胀)的“抑制论”。

- 轻度通货膨胀对股市的刺激作用。轻度通胀能增加公司的利润，从而增加可分派的股息。股息增加使股票更具吸引力，于是股票价格上涨。
- 恶性通货膨胀对股票市场的抑制作用。当通货膨胀率达到一定程度，如大于6%时，且物价持续上涨，经济发展和物价的前景就不可捉摸，整个经济形势会变得很不稳定。

(2)通货紧缩分析。通货紧缩是与通货膨胀相反的一种经济现象，它是指一般物价水平的持续下跌，并且这种商品和劳务价格的下跌是因货币供给不足或货币存量不能如期转化为有效需求而造成的。通货紧缩一旦形成，如果不能及时处理，就会形成经济衰退。

3. 经济周期分析

经济周期分析是指整个国民经济活动的一种波动。经济复苏——股价回升，经济繁荣——股价上升，经济危机——股价下跌，经济萧条——股价趋稳。

宏观经济运行周期一般经历四个阶段：萧条、复苏、繁荣、衰退。这种周期性变化表现在许多宏观经济统计数据的周期性波动上，如GNP、消费总量、投资总量、工业生产指数、失业率等。

如何判断经济阶段，目前主要的分析方法有经济指标分析、计量经济模型分析和概率分析。

(1)经济指标分析。经济指标是反映经济活动结果的一系列数据和比例关系。它分为三类：

先行指标：具有对将来的经济状况提供预示性信息的作用，出现在每个阶段之前。如货币供应量、股价指数等。

同步指标：与经济阶段同时出现，反映国民经济正在发生的情况，具有实际意义。如GNP/GDP、失业率等。

滞后指标：出现在各阶段之后，起验证作用。如贷款利率、生产成本、物价指数等。

(2)计量经济模型分析。为证券投资而进行宏观经济分析主要运用宏观计量经济模型，即在宏观经济总量水平上把握和反映经济运动的较全面的动态特征，研究主要宏观经济指标之间的相互依存关系。

(3)概率分析。由于宏观经济运行的复杂性,经济变量的变化并不像计量经济模型所描述的那样稳定,而是常常在一定区间内按某种概率发生。

经济周期与证券市场波动的一般规律

- 萧条阶段:股市低迷,百业不兴,离场观望者多,“熊市”出现。
- 复苏阶段:公司业绩上升,投资者信心增加,部分投资者介入。
- 繁荣阶段:业绩上升较快,股价上升,人气旺盛,投资踊跃,“牛市”到来。
- 衰退阶段:更多投资者基于对衰退来临的共同认识加入到抛出证券的行列,从而使整个证券市场形成向下趋势。

(二)行业和区域因素

主要指行业发展前景和区域经济发展状况对证券市场的影响,可以从行业的市场结构、竞争结构、行业生命周期等着重分析公司经济效益的趋势和未来。采用的分析方法有历史资料研究法、调查研究法、比较研究法、数理统计法等。

(三)公司因素

上市公司是发行证券筹集资金的运用者,也是使用资金赚取经济收益的实现者,因此其运营、财务状况的好坏对证券市场的价格有着极大的影响。公司基本分析分为行业地位分析、经济区位分析、产品分析、经营能力分析、成长性分析,还要进一步调研分析公司的市场营销、研究与开发、融资与投资等。其中,公司财务报表的分析和重大事项的分析是最基本的工作。

(四)市场因素①

市场是反映股票供求的环境,且使供求相交,最终形成股票价格的条件,因此市场的供求、市场投资者的构成、市场总体价格波动、交易制度和工具、市场心理因素等都会影响到股价。证券市场操作行为,如买空和卖空、追涨与杀跌,以及违法违规操纵市场价格等行为都对证券市场有极大影响。

1. 市场供求

股票市场的供求关系决定了股价的中短期走势。作为新兴市场的我国股市,股价主要由股市本身的供求决定,即由股票的总量和股市资金总量决定。在股票供给一定的情况下,股市的资金总量在价格形成中起主导作用,我国股市的资金总量对价格波动有决定性影响,且两者之间呈正相关关系。

2. 市场投资者的构成

投资者包括个人投资者和机构投资者。个人投资者和机构投资者的资金结构,股票

---

① 万幗荣、马向前:《影响我国股票市场价格波动的基本因素》,《山西统计》,2001 年第 1 期。

投资者的职业背景、文化程度、月收入构成等对股价波动会产生影响。

3. 市场总体价格波动

股票市场总体价格波动对特定股票的影响是指特定股票价格与股市行情的相关关系，新兴市场中股市价格波动的特点是齐涨齐跌，个股之间的风险差异小，市场的总体系统性风险占主导地位。

4. 交易制度和工具

目前股市大多采用最先进的交易和通信技术，如连续竞价、电脑撮合、无形席位制的交易制度等，加快了交易速度，减少了股价扰动。

5. 市场操纵

市场操纵者主要是实力雄厚的大资金，通过控制权重个股的涨跌方向和程度，甚至联手控制权重板块的走势进而影响大盘走势，从中获得超额收益。

6. 市场心理预期

投资者的心理因素是买卖股票的重要因素，众多投资者的心理预期交互影响形成市场心理预期，对股价的走势产生较强的影响。

二、技术分析的理论基础

（一）技术分析的定义和作用

证券投资的技术分析是依据过去与现在的统计资料数据，运用图表、形态或技术指标等分析手段，研究市场过去及现在的行为反应，以推测未来证券价格的变动趋势。

（二）技术分析的理论基础——三大假设

1. 市场行为涵盖一切信息

市场行为涵盖一切信息的假设是证券投资技术分析的基础。其主要思想认为任何一个因素对证券市场的影响最终都必然体现在股票价格的变动上。

2. 价格沿趋势运动并保持趋势

其主要思想是股票价格的变动是按一定规律进行的，股票价格有保持原来方向运动的惯性。

3. 历史会重演

历史会重演的假设是从人的心理因素方面考虑的。在证券市场中，一个人在某种情况下按一种方法进行操作取得成功，那么以后遇到相同或相似的情况，就会按同一方法进行操作；如果前一次失败了，后面这一次就不会按前一次的方法操作。

（三）技术分析的思维空间

证券的成交价格、成交量、时间和空间是进行技术分析的要素。这几个要素的具体情况和相互关系是进行正确分析的基础。

1. 价和量是市场行为最基本的表现

技术分析就是利用过去和现在的成交量、成交价格资料，以图形分析和指标分析工具来分析、预测未来的市场走势。一般来说，买卖双方对价格的认同程度通过成交量大小得到确认，认同程度小，分歧大，成交量大；认同程度大，分歧小，成交量小。

2. 时间和空间是市场潜在能量的表现

时间在进行行情判断时有着重要的作用，一个已经形成的趋势在短时间内不会发生根本改变，中途出现的反方向波动，对原来趋势不会产生很大的影响。空间从某种意义上讲，可以认为是价格的一方面，指的是价格波动能够达到的极限。

3. 成交量与价格趋势的一般关系

价升量增是正常的市场特征，这种价量关系表明价格将继续上升；反之，价升量减，说明价格上升没有成交量的配合，价格可能反转。价格上升中，成交量剧增，价格暴涨，之后，价格、成交量下跌或萎缩，说明上升接近尾声；反之，价格下跌中，成交量萎缩，说明将反转上升。

4. 时间、空间与价格的一般关系

市场中有长线、短线之分。长线周期长，价格变化需要较长时间，价格波动空间也较大；短线周期短，价格变化较快，波动空间较小。

（四）技术分析方法的局限性

一般来说，可以将技术分析方法分为如下三类：理论类，图形类、指标类。三类技术分析流派从不同的方面理解和考虑证券市场，有的有相当坚实的基础，有的就没有很明确的理论基础。操作指导上，有的注重长线，有的注重短线；有的注重价格的相对位置，有的注重绝对位置；有的注重时间，有的注重价格。但分析目的是相同的，彼此并不排斥，在使用上可相互借鉴。

第四节 证券投资风险及其控制

一、证券投资风险

（一）证券投资风险的含义

风险是对事物发展未来状况的看法。投资风险是指对投资者预期收益的背离，或者说是证券收益的不确定性。时间是形成风险的基本因素之一。风险产生的根源在于事物发展未来状况所具有的不确定性。不确定性也是形成风险的基本因素之一。风险和不确定性在很大程度上都受到经济主体对相关信息掌握的影响。信息是影响风险的重要因素之一。风险使得事物发展的未来状况必然包含不利状况的成分，如损失或低于期望的回报，因此损失也是风险的基本因素之一。证券投资的风险是指证券的预期收益变动的可能性及变动幅度。与证券投资相关的所有风险称为总风险，总风险可分为系统风险和非系统风险两大类。

（二）证券投资风险的种类

1. 系统风险

系统性风险是指由那些能够影响整个金融市场的风险因素引起的，这些因素包括经济周期、国家宏观经济政策的变动等。这种风险不能通过分散投资相互抵消或者削弱，因此又称为不可分散风险。系统风险主要有以下几种不同的形式：

（1）宏观经济风险。稳定的社会、政治环境是经济正常发展的基本保证，对证券投资者来说也不例外。宏观经济风险主要是由于宏观经济因素的变化、经济政策变化、经济的周期性波动以及国际经济因素的变化给股票投资者可能带来的意外收益或损失。宏观经济因素的变动会给证券市场的运作以及股份制企业的经营带来重大影响，如经济体制的转型、企业制度的改革、加入世界贸易组织、人民币的自由兑换等等，莫不如此。倘若一国政治局势出现大的变化，如政府更迭、国家首脑健康状况出现问题、国内出现动乱、对外政治关系发生危机时，都会在证券市场上产生反响。此外，政界人士参与证券投机活动和证券从业人员内幕交易一类的政治、社会丑闻，也会对证券市场的稳定构成很大威胁。

（2）市场风险。市场风险是股票持有者所面临的所有风险中最难对付的一种，它给持股人带来的后果有时是灾难性的。在股票市场上，行情瞬息万变，并且很难预测行情变化的方向和幅度。收入正在节节上升的公司，其股票价格却下降了，这种情况我们经常可以看到；还有一些公司，经营状况不错，收入也很稳定，它们的股票却在很短的时间内上下剧烈波动。出现这类反常现象的原因，主要是投资者对股票的一般看法或对某些种类或某一组股票的看法发生变化所致。投资者对股票看法（主要是对股票收益的预期）的变化所引起的大多数普通股股票收益的易变性，称为市场风险。

（3）通货膨胀风险（购买力风险）。购买力风险，又称通货膨胀风险，是指由于通货膨胀引起的投资者实际收益率的不确定。证券市场是企业与投资者直接融资的场所，因而社会货币资金的供给总量成为决定证券市场供求状况和影响证券价格水平的重要因素，当货币资金供应量增长过猛，出现通货膨胀时，证券的价格也会随之发生变动。

（4）利率风险。这里所说的利率是指银行信用活动中的存贷款利率。由于利率是经济运行过程中的一个重要经济杠杆，它会经常发生变动，从而会给股票市场带来明显的影响。一般来说，银行利率上升，股票价格下跌，反之亦然。其主要原因有两方面：第一，人们持有金融资产的基本目的是获取收益，在收益率相同时，他们则乐于选择安全性高的金融工具，在通常情况下，银行储蓄存款的安全性要远远高于股票投资，所以，一旦银行存款利率上升,资金就会从证券市场流出,从而使证券投资需求下降,股票价格下跌,投资收益率因此减少。第二,银行贷款利率上升后,信贷市场银根紧缩,企业资金流动不畅,利息成本提高,生产发展与盈利能力都会随之削弱,企业财务状况恶化,造成股票市场价格下跌。

(5)汇率风险。汇率与证券投资风险的关系主要体现在两方面:一是本国货币升值有利于以进口原材料为主从事生产经营的企业,不利于产品主要面向出口的企业,因此,投资者看好前者,看淡后者,这就会引发股票价格的涨落。本国货币贬值的效应正好相反。二是对于货币可以自由兑换的国家来说,汇率变动也可能引起资本的输出与输入,从而影响国内货币资金和证券市场供求状况。

2. 非系统风险

单个股票价格同上市公司的经营业绩和重大事件密切相关。公司的经营管理、财务状况、市场销售、重大投资等因素的变化都会影响公司的股价走势。这种风险主要影响某一种证券,与市场的其他证券没有直接联系,投资者可以通过分散投资的方法来抵消该种风险。这就是非系统风险。非系统性风险因此也可称为可分散风险,主要包括以下三类:

(1)财务风险(融资风险、筹资风险)。财务风险是指公司因筹措资金而产生的风险,即公司可能丧失偿债能力的风险。公司财务结构的不合理,往往会给公司造成财务风险。公司的财务风险主要表现为:无力偿还到期的债务,利率变动风险(即公司在负债期间,由于通货膨胀等的影响,贷款利率发生增长变化,利率的增长必然增加公司的资金成本,从而抵减了预期收益),再筹资风险(即由于公司的负债经营导致公司负债比率的加大,相应降低了公司对债权人的债权保证程度,从而限制了公司从其他渠道增加负债筹资的能力)。

形成财务风险的因素主要有资产负债比率、资产与负债的期限、债务结构等因素。一般来说,公司的资产负债比率越高,债务结构越不合理,其财务风险就越大。投资者在投资时,应特别注重对公司财务风险的分析。

(2)经营风险(营业风险)。经营风险是指发行债券单位的管理与决策人员在其经营管理过程中发生失误,导致资产减少而使债券投资者遭受损失。例如,经济周期或商业营业周期的变化对公司收益的影响,竞争对手的变化对公司经营的影响,公司自身的管理和决策水平等都可能导致经营风险。影响公司经营业绩的因素很多,投资者在分析公司的经营风险时,既要把握宏观经济大环境的影响,又要把握不同行业、不同所有制类型、不同经营规模、不同管理风格、不同产品特点等对公司经营业绩的影响。

(3)信用风险(违约风险)。信用风险是指债务人不能按时支付利息和偿还本金的风险。这主要与发行者的资信状况和经营情况有关。信用等级高,经营情况好,信用风险就小。信用风险对于任何一个投资者来说都是存在的。

二、证券投资组合

(一)证券投资组合的含义

证券投资组合指投资者将两种或两种以上的证券，按照不同的比例额度构成的一个投资对象。证券投资组合的投资收益可以表示为：

$$E(R_p)=\sum_{i=1}^{M}X_iR_i$$

式中：$E(R_p)$——证券组合的预期收益率；

X_i——投向证券 i 的资金比例；

R_i——证券 i 的预期收益率。

现代证券投资组合理论可追溯到 1952 年美国经济学家马柯威茨发表在《金融学杂志》上的一篇名为《资产组合选择》的论文。该论文首次对证券投资中的风险进行定量描述，并提出投资者在寻求“预期收益最大化”的同时，追求“收益不确定性程度最小”，利用均值—方差模型来对这两个相互制约的目标求得均衡。这种方法的缺陷是在市场上存在成千上万种证券的前提下，计算量太大。1963 年威廉·夏普提出简化形式的计算方法，借助计算机的发展及软件的市场化，使得证券投资组合理论广泛地运用于不同类型证券之间的分配上。进行证券投资组合的主要目的可以概括为以下三个方面：分散投资风险、扩展收益途径、保障既得收益。

(二)证券投资组合的类型

1. 避税型组合

以避税为目的，一般投资于免税的政府债券，避免高股息高税率风险，适用于富人。

2. 收入型组合

追求低风险和基本收益最大化，购买付息债券、优先股、避税债券等。一般适用于年纪较大的投资者、需要承担家庭生活或教育费用的投资者、有定期支出(养老基金)的机构投资者。

3. 增长型组合

以资本增值为目标，追求高收益的成长股，应注重对市场的分析。一般适用于年轻人和富人。

4. 货币市场型组合

购买国库券、商业票据等。一般是基金投资的对象。

5. 国际型组合

投资于不同国家的证券，避免金融风险。

6. 指数化组合

模拟指数投资，购买构成指数的证券，如购买上证 180 指数包括的所有股票。

三、风险的测量

（一）单个证券的收益

（1）如果每一个收益结果都是等可能发生的，则预期收益率等于全部可能收益结果之和除以结果的数目。这可利用简单平均公式求得。

$$R_i = \frac{1}{M}\sum_{j=1}^{M} R_{ij}$$

式中：R_i——预期收益率；

R_{ij}——证券 i 的第 j 个可能收益率；

M——收益结果的总数。

（2）当已知某一证券未来全部可能收益结果出现的概率，无论其结果发生的概率是等可能与否，预期收益率就等于全部可能的未来收益结果与出现这种收益结果概率之积的和。这实际上是以全部可能的未来收益结果的发生概率为权数对这些收益结果所作的加权平均。

$$R_i = \sum_{j=1}^{M} P_{ij} R_{ij}$$

式中：P_{ij}—— 证券 i 第 j 个收益结果发生的概率，且 $\sum_{j=1}^{M} P_{ij} = 1$。

（二）单个证券的风险

概率分布的分散程度，即随机变量取值区间的大小，在概率论中是用随机变量的方差来表示的。方差是各种可能的结果偏离期望值的综合差异，是反映离散程度的一种量度。分散程度越小，随机变量的方差越小；分散程度越大，随机变量的方差也就越大。在概率分布图上，图形越陡峭，方差越小；图形越平缓，方差越大。

某一证券未来收益水平的方差为：

$$\sigma_i^2 = \sum_{j=1}^{M} P_{ij}[R_{ij} - E(R_i)]^2$$

式中：σ_i^2——证券 i 收益的方差；

P_{ij}—— 证券 i 第 j 个收益结果出现的概率，且 $\sum_{j=1}^{M} P_{ij} = 1$；

R_{ij}—— 证券 i 的第 j 个收益率；

$E(R_i)$—— 证券 i 的预期收益率。

（三）证券组合的风险

1. 两证券组合的总风险

证券投资组合的总风险就是由该证券投资组合未来可能收益的总方差。我们考虑只有 A、B 两种证券的投资组合 P，由方差的定义，投资组合 P(A,B)的总方差，即其总风险的计算公式为：

$$\sigma_P^2 = \sum_{i=1}^{N} P_i[R_P - E(R_p)]^2$$

式中：σ_P^2—— 证券投资组合 P(A,B) 的总方差；

P_i—— 证券投资组合 P(A,B) 第 i 个未来可能收益率出现的概率，且 $\sum_{i=1}^{n} P_i = 1$；

R_P—— 证券投资组合 P(A,B) 未来的可能收益率；

$E(R_p)$—— 证券投资组合 P(A,B) 的预期收益率。

假设 R_{Ai} 和 R_{Bi} 分别为证券 A 和证券 B 的第 i 个未来可能出现的收益率，$E(R_A)$ 和 $E(R_B)$ 则分别是证券 A 和证券 B 的预期收益率，X 和 Y 表示分别投向证券 A 和证券 B 的资金比例。根据证券投资组合预期收益和总方差的定义以及数学期望的定义，我们可以把上式改写成以下形式：

$$\sigma_P^2 = X^2\sigma_A^2 + Y^2\sigma_B^2 + 2XY\sigma_{A,B}$$

这样，我们就将证券投资组合 P(A,B) 的整体风险，即其总方差 σ_P^2 分解成了三个部分：第一项和第二项分别是构成该组合的两种证券各自的方差和它们在组合中所占资金比重的平方之积，第三项则是两种证券各自在组合中所占资金比重之积与这两种证券协方差相乘结果的两倍。很明显，如果我们知道构成组合的两种证券各自的方差和这两种证券协方差，就能计算出两种证券构成的投资组合的整体风险了。

2. 一般情形下证券组合的总风险

将上述两种证券构成的投资组合的总方差计算公式加以推广，就可以得到由 n 种证券构成的投资组合的总方差计算公式。一般情形下，证券投资组合整体风险的计算公式可表达为：

$$\sigma_P^2 = \sum_{i=1}^{N} X_i^2\sigma_i^2 + \sum_{i=1}^{N}\sum_{j=1}^{N} X_i X_j \sigma_{i,j}$$

式中：σ_P^2—— 由多种证券构成的投资组合 P 的总方差；

σ_i^2—— 投资组合 P 中第 i 种证券的方差($i=1,2,\cdots,N$)；

X_i—— 投资组合 P 中第 i 种证券在该组合总投资额中所占的比重($i=1,2,\cdots,N$)；

X_j—— 投资组合 P 中第 j 种证券在该组合总投资额中所占的比重($i=1,2,\cdots,N$)，并且 $i \neq j$；

$\sigma_{i,j}$—— 投资组合 P 中证券 i 和证券 j 的协方差。

四、风险控制

(一)控制分类

1. 回避风险

实现预测风险发生的可能性,分析和判断风险产生的条件和因素,在经济活动中改变方向,设法避开风险。具体做法是:放弃风险较大的证券投资或改变直接参与投资的做法,求助于投资基金,间接入市,是一种消极和保守的风险控制方法。

2. 减少风险

利用各种方法减少风险,如衍生工具、投资组合等减少风险。

3. 留置风险

风险已经发生或已经知道无法避免和转移的情况下,从长远利益和总体利益出发,将风险承担下来,设法将风险降低到最低。在投资中应确定自己承担风险的程度,在价格下跌时进行止损,果断斩仓,减少损失。

4. 分散风险

投资多种证券或参与基金,共同承担风险,取得平均收益。

(二)控制方式

1. 基本分析与技术分析

基本分析是对宏观经济、行业及公司的分析,了解证券的内在品质,确定证券的基本价格定位。技术分析主要根据证券市场价格及交易量的变动情况及两者关系,对证券走势进行预测,以期在合适的时机买进或卖出证券,获得投资收益。

2. 投资组合法

投资组合法又称为资产组合法,是投资者将资金投入不同的若干种资产上,借助资本多样化效应,分散单个证券的风险进而减少总风险。

3. 期货、期权交易

期货交易通过买卖期货合约回避现货价格风险。期权交易通过选择权的使用,使企业或金融机构达到控制风险、锁定成本的需要。

复习思考题

1. 简述证券的分类及证券市场投资的功能。
2. 证券市场价格的宏观影响因素有哪些作用?
3. 证券投资风险控制的方法有哪些?
4. 证券投资组合的总风险如何测算?

第七章

营运资金管理

【学习目标】

通过本章学习，要求掌握下列内容：

- 营运资金管理的基本原则
- 企业持有现金的动机及其成本
- 确定最佳现金持有量的基本模式
- 应收账款的作用与成本
- 企业信用政策的主要内容
- 存货的功能与成本
- 存货的经济批量控制

第一节　营运资金概述

一、营运资金的含义

营运资金是指流动资产减去流动负债后的余额，是企业用以维持日常经营活动所需的资金，即企业在生产经营中可运用的流动资产的净额。流动资产是指可以在一年或超过一年的一个营业周期内变现或者耗用的资产，包括货币资金、短期投资、应收预付款项、存货等。流动负债是指必须在一年或超过一年的一个营业周期内偿还的债务，包括短期借款、应付预收款项、应交税费等。

营运资金因其具有较强的流动性而成为企业日常生产经营活动的润滑剂和衡量企业短期偿债能力的重要指标。由于流动资产可转化为现金，构成现金流入，而企业偿还流动负债需支付现金，构成现金流出，因此企业持有的营运资金越多，偿债能力越强。另外，由于现金流入量和现金流出量具有不同步和不确定性，企业保持一定数量的营运资金十分重要。

二、营运资金的特点

由于负债在第三章筹资方式中已作介绍，故本章重点介绍流动资产的管理。流动资产具有如下几个主要特点。

（一）投资回收期短

企业占用在流动资产上的资金，周转一次所需时间较短，通常会在一年或一个营业周期内收回，对企业影响的时间比较短。根据这一特点，营运资金可通过商业信用、银行短期借款等短期筹资方式加以解决。

（二）流动性强

流动资产相对固定资产等长期资产来说比较容易变现，这对于财务上满足临时性资金需求具有重要意义。

（三）并存性

流动资产在循环周转过程中，要经过采购、生产、销售过程，表现为现金、材料、在产品、产成品、应收账款等具体形态，各种形态的流动资产在空间上同时并存，在时间上依次继起。因此，在进行流动资产管理时，必须在各项流动资产上合理配置资金数额，以促进资金周转顺利进行。

（四）波动性

流动资产的数量会随企业内外环境的变化而变化，时高时低，波动很大。因此，财务人员应有效地预测和控制这种波动，以防止其影响企业正常的生产经营活动。

三、营运资金管理的基本原则

企业的营运资金在全部资金中占有相当大的比重，而且周转期短，形态易变，所以是企业财务管理工作的一项重要内容。企业进行营运资金管理，必须遵循以下原则。

（一）认真分析生产经营状况，合理确定营运资金的需要量

企业营运资金的需要量取决于生产经营规模和流动资金的周转速度，同时也受市场及供、产、销情况的影响。因此，企业财务人员应认真分析生产经营状况，采用一定的方法预测营运资金的需要量，既要保证企业经营的需要，又不能因安排过量而浪费。

（二）加快营运资金周转，提高资金的利用效果

营运资金周转是指企业的营运资金从现金投入生产经营开始，到最终转化为现金的过程。在其他因素不变的情况下，加速营运资金的周转，也就相应地提高了资金的利用效果。因此，企业要千方百计地加速存货、应收账款等流动资产的周转，以便用有限的资金取得最优的经济效益。

（三）合理安排流动资产与流动负债的比例关系，保证企业的短期偿债能力

流动负债是在短期内需要偿还的债务，而流动资产则是在短期内可以转化为现金的

资产。因此,如果一个企业的流动资产比较多,流动负债比较少,说明企业的短期偿债能力较强;反之,则说明短期偿债能力较弱。但如果企业的流动资产太多,流动负债太少,也并不是正常现象,这可能是因流动资产闲置或流动负债利用不足所致。一般来说,流动资产是流动负债的一倍是比较合理的。因此,在营运资金管理中,要合理安排流动资产和流动负债的比例关系,以便既节约使用资金,又保证企业有足够的偿债能力。

第二节　现金管理

现金是指企业在生产经营过程中暂时停留在货币形态的资金,包括库存现金、银行存款、银行本票和银行汇票等。

现金是企业中变现能力最强的资产,可以用来满足生产经营开支的各种需要,也是还本付息和履行纳税义务的保证。因此,拥有足够的现金对于降低企业的风险,增强企业资产的流动性、债务的可清偿性有着重要的意义。但是,现金属于非营利资产,即使是银行存款,其利率也非常低,现金持有量过多,它所提供的流动性边际效益便会随之下降,进而导致企业的收益水平降低。因此,企业必须合理确定现金持有量,使现金收支不但在数量上,而且在时间上相互衔接。现金管理的过程就是在现金的流动性和收益性之间进行权衡抉择,其目的是在保证企业经营活动所需现金的同时,尽量减少企业闲置的现金数量,提高资金收益率。

一、现金的持有动机与成本

(一)现金的持有动机

企业持有一定数量的现金,主要是为了满足交易性需要、预防性需要和投机性需要。

交易性需要是指满足日常业务的现金支付需要。企业为了组织日常生产经营活动,必须保持一定数额的现金余额,用于购买原材料、支付工资、缴纳税款、偿付到期债务、派发现金股利等。企业经常得到收入,也经常发生支出,两者不可能同步同量。收入大于支出,形成现金置存;收入小于支出,需要借入资金。企业必须维持适量的现金余额,才能使业务活动正常地进行下去。

预防性需要是指企业为应付意外的、紧急的情况而需要保持的现金支付能力。由于市场行情的瞬息万变和其他各种不可测因素的存在,企业有时会出现意想不到的开支,如生产事故、自然灾害、客户违约等。一旦企业对未来现金流量的预期与实际情况发生偏离,必然对企业的正常经营秩序产生极为不利的影响。因此,在正常业务活动现金需要量的基础上,追加一定数量的现金余额以应付未来现金流入和流出的随机波动,是企业在确定必要现金持有量时应当考虑的因素。企业为应付紧急情况所持有的现金余额主要取决于以下三个方面：一是企业愿意承担风险的程度，二是企业对现金流量预测的可靠程度，三是企业临时举债能力的强弱。

投机性需要是指企业为抓住瞬息即逝的市场机会，获取较大的利益而准备的现金余额。如捕捉机会低价购入原材料、商品，在适当的时机购入价格有利的股票和其他有价证券等。

(二)现金的持有成本

企业持有现金的成本通常由以下四个部分组成。

1. 机会成本

机会成本是指企业因持有一定数量的现金而丧失的再投资收益。企业保留一定的现金余额，就不能同时用该现金进行其他投资获取收益，放弃的再投资收益就是现金的机会成本。假定某企业的平均投资报酬率为12%，年均持有100万元的现金，则该企业每年现金的机会成本为12万元(100×12%)。现金持有量越大，机会成本越高。企业为了经营业务的需要，拥有一定的现金，付出相应的机会成本代价是必要的；但现金拥有量过多，机会成本代价大幅度上升，就不合算。

2. 管理成本

管理成本是指企业因持有一定数量的现金而发生的各项管理费用，如管理人员的工资、安全措施费等。管理成本是一种固定成本，与现金持有量之间无明显的比例关系。

3. 转换成本

转换成本是指企业用现金购入有价证券以及转让有价证券换取现金而付出的交易费用，如委托买卖佣金、手续费、证券过户费、交割手续费等。转换成本与证券变现次数呈线性关系，即转换成本总额=证券变现次数×每次的转换成本。转换成本与现金持有量的关系是：在现金需要量既定的前提下，现金持有量越少，进行证券变现的次数越多，相应的转换成本就越大；反之，现金持有量越多，证券变现的次数越少，相应的转换成本也就越小。

4. 短缺成本

短缺成本是指因现金持有量不足又无法及时通过有价证券变现加以补充而给企业造成的损失。短缺成本随现金持有量的增加而下降，随现金持有量的减少而上升，即两者呈负相关关系。

二、最佳现金持有量的确定

现金的管理除了做好日常收支，加速现金流转速度外，还需控制好现金持有规模，即确定适当的现金持有量。

对于如何确定最佳现金持有量，经济学家提出了许多模式，这里介绍其中的三种模式。

(一)成本分析模式

成本分析模式是根据现金有关成本，分析预测其总成本最低时现金持有量的一种方法。在影响现金持有量的相关因素中，成本分析模式只考虑持有一定数量的现金而发生的机会成本、管理成本和短缺成本，而不考虑转换成本。其中，管理成本具有固定成本的性质，与现金持有量不存在明显的线性关系。机会成本与现金持有量呈正比例变动，机会成本＝现金持有量×有价证券利率。短缺成本同现金持有量呈负相关关系。这些成本同现金持有量之间的关系如图7－1所示。

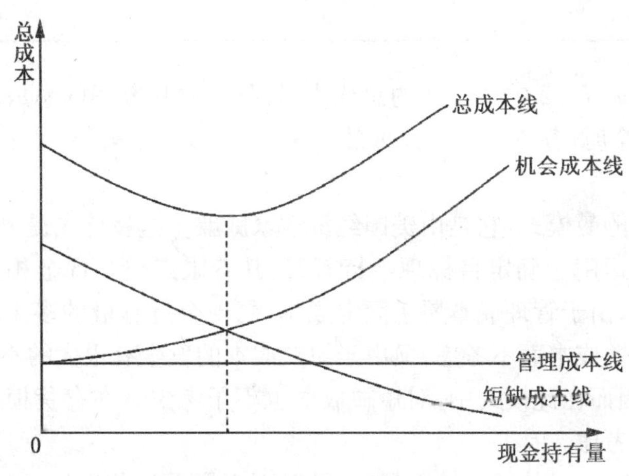

图7－1　现金持有量与其成本之间的关系

从图7－1可以看出：总成本线呈一条抛物线，抛物线的最低点即是现金持有成本的最低点，该点所对应的现金持有量便是最佳持有量。最佳持有量的计算，可先分别算出各种方案的机会成本、管理成本、短缺成本之和，再从中选出成本之和最低的持有量就是最佳现金持有量。

【例7－1】　某企业现有A、B、C、D四种现金持有方案，有关成本资料如表7－1所示。

表7－1　现金持有量备选方案

项　目	A	B	C	D
现金持有量(元)	200 000	400 000	600 000	800 000
机会成本率(%)	12	12	12	12
管理成本(元)	30 000	30 000	30 000	30 000
短缺成本(元)	65 000	35 000	15 000	0

根据表 7－1 编制该企业最佳现金持有量测算表，见表 7－2。

表 7－2　　最佳现金持有量测算表　　单位：元

方案及现金持有量	机会成本	管理成本	短缺成本	总成本
A(200 000)	24 000	30 000	65 000	119 000
B(40 0000)	48 000	30 000	35 000	113 000
C(600 000)	72 000	30 000	15 000	117 000
D(800 000)	96 000	30 000	0	126 000

通过分析比较表 7－2 中各方案的总成本可以知道，B 方案的总成本最低，因此企业持有 400 000 元现金时，各方面的总代价最低，故 400 000 元是该企业的最佳现金持有量。

(二)存货模式

存货模式又称鲍曼模式，它是由美国经济学家威廉·鲍曼首先提出的，是将存货经济订货批量模型原理运用于确定目标现金持有量，其着眼点也是现金相关成本之和最低。在现金持有成本中，由于管理成本属于固定成本，同现金持有量的多少关系不大，在存货模式中将其视为无关成本而不考虑；又由于短缺成本的发生有很大的不确定性，且其短缺成本也无法计量，因而在此模式中，对短缺成本也不予考虑。在存货模式中，只对转换成本和机会成本予以考虑。

运用存货模式确定最佳现金持有量时，是以下列假设为前提的：(1)企业所需要的现金可通过证券变现取得，且证券变现的不确定性很小；(2)企业预算期内现金需要总量可以预测；(3)现金的支出过程比较稳定、波动较小，而且每当现金余额降至零时，均通过部分证券变现得以补足；(4)证券的利率或报酬率以及每次固定性交易费用可以获悉。

机会成本和固定性转换成本随着现金持有量的变动而呈现出相反的变动趋向，因而能够使现金管理的机会成本与固定性转换成本之和保持最低的现金持有量，即为最佳现金持有量。

假设：T——一个周期内现金总需求量；

F——每次转换有价证券的固定成本；

Q——最佳现金持有量(每次证券变现的数量)；

K——有价证券利息率(机会成本率)；

TC——现金相关总成本。

则：　　现金相关总成本＝持有机会成本＋固定性转换成本

即：

$$TC=(Q/2)\times K+(T/Q)\times F$$

现金相关总成本与持有机会成本、固定性转换成本的关系如图 7－2 所示。

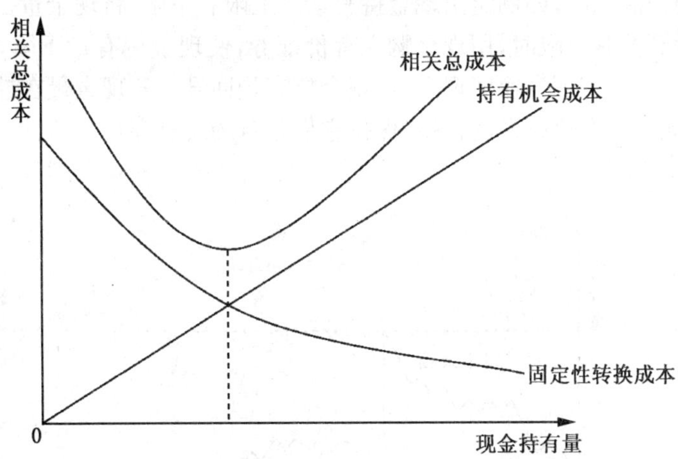

图 7—2 现金相关总成本与持有机会成本、固定性转换成本的关系

从图 7—2 可以看出，现金相关总成本与现金持有量呈凹形曲线关系，相关总成本的最低点所对应的现金持有量就是最佳现金持有量，此时，机会成本与转换成本相等。最佳现金持有量的计算，可以通过导数方式求得：

$$Q=\sqrt{\frac{2TF}{K}}$$

将上式代入总成本计算公式，得：

最低现金相关总成本为：

$$TC=\sqrt{2TFK}$$

【例 7—2】 某企业现金收支状况比较稳定，预计全年（按 360 天计算）需要现金 5 000 000元，现金与有价证券的转换成本为每次 80 元，有价证券的年利率为 8%，则：

最佳现金持有量$(Q)=\sqrt{\frac{2\times 5\ 000\ 000\times 80}{8\%}}=100\ 000$（元）

最低现金管理相关总成本$(TC)=\sqrt{2\times 5\ 000\ 000\times 80\times 8\%}=8\ 000$（元）

其中：转换成本＝(5 000 000÷100 000)×80＝4 000(元)

机会成本＝(100 000÷2)×8%＝4 000(元)

有价证券交易次数＝5 000 000÷100 000＝50(次)

有价证券交易间隔时间＝360÷50＝7.2(天)

（三）随机模式

随机模式是在现金需求量难以预知的情况下进行现金持有量控制的方法。对企业来讲，现金需求量往往波动大且难以预知，但企业可以根据历史经验和现实需要，测算出一个现金持有量的控制范围，即制定出现金持有量的上限和下限，将现金量控制在上下限之内。当现金量达到控制上限时，用现金购入有价证券，使现金持有量下降；当现金量降到控制下限时，则抛售有价证券换回现金，使现金持有量回升。若现金量在控制的上下限之内，便不必进行现金与有价证券的转换，保持它们各自的现有存量。这种对现金持有量的控制，见图 7－3。

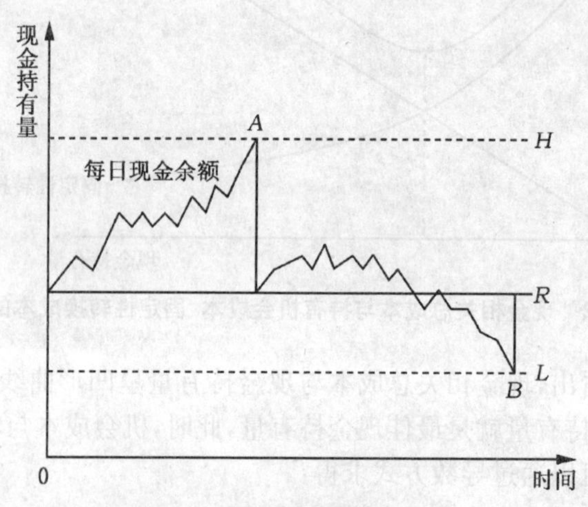

图 7—3　对现金持有量的控制

在图 7－3 中，虚线 H 为现金持有量的上限，虚线 L 为现金持有量的下限，实线 R 为最优现金返回线。从图 7－3 中可以看到，企业的现金持有量(表现为现金每日余额)是随机波动的，当其达到 A 点时，即达到了现金控制的上限，企业应用现金购买有价证券，使现金量回落到现金返回线(R 线)的水平；当现金持有量降至 B 点时，即达到了现金控制的下限，企业应转让有价证券换回现金，使其持有量回升至现金返回线的水平。现金持有量在上下限之间的波动属控制范围内的变化，是合理的，不予理会。以上关系中的上限 H、现金返回线 R 可按下列公式计算：

$$R=\sqrt[3]{\frac{3b\delta^2}{4i}}+L$$

$$H=3R-2L$$

式中：b——每次有价证券的固定转换成本；

i——有价证券的日利息率；

δ——预期每日现金余额变化的标准差(可根据历史资料测算)。

而下限 L 的确定，则要受到企业每日的最低现金需要、管理人员的风险倾向等因素的影响。

【例 7—3】 假定某公司有价证券的年利率为 7.2%，每次固定转换成本为 80 元，公司认为任何时候其银行活期存款及现金余额均不能低于 2 000 元，又根据以往经验测算出现金余额波动的标准差为 600 元。最优现金返回线 R、现金控制上限 H 的计算为：

有价证券的日利率＝7.2%÷360＝0.02%

$$R=\sqrt[3]{\frac{3b\delta^2}{4i}}+L=\sqrt[3]{\frac{3\times80\times600^2}{4\times0.02\%}}+2\ 000=6\ 762.20(\text{元})$$

$$H=3R-2L=3\times6\ 762.20-2\times2\ 000=16\ 286.60(\text{元})$$

这样，当公司的现金持有量为 16 286.60 元时，即应以 9 524.40 元(16 286.60－6 762.20)的现金购入有价证券，使现金持有量回落为 6 762.20 元；当公司的现金持有量降至 2 000 元时，则应转让 4 762.20 元(6 762.20－2 000)的有价证券，使现金持有量回升至 6 762.20 元。

随机模式建立在企业的现金未来需求总量和收支不可预测的前提下，因此计算出来的现金持有量比较保守。

三、现金的日常管理

(一)现金收入的管理

为了提高现金的使用效率，加速现金周转，企业应尽量加速收款，即在不影响未来销售的情况下，尽可能地加快现金的收回。企业加速收款的任务不仅是要尽量使顾客早付款，而且要尽快地使这些付款转化为可用现金。为达到以上要求，可采用以下措施。

1. 银行业务集中法

银行业务集中法是指通过设立多个策略性的收款中心来代替通常在公司总部设立的单一收款中心，以加速账款回收的一种方法。

在这种方法下，企业指定一个主要开户行(通常是总部所在地)为集中银行，并在收款额较集中的若干地区设立若干个收款中心；客户收到账单后直接汇款到当地收款中心，中心收款后立即存入当地银行；当地银行在进行票据交换后立即转给企业总部所在地银行。该方法缩短了现金从客户到企业的中间周转时间，但在多处设立收账中心，增加了相应的费用支出。为此，企业应在权衡利弊得失的基础上，作出是否采用银行业务集中法的决策，这需要计算分散收账收益净额。

$$\text{分散收账收益净额}=\left(\text{分散收账前应收账款投资额}-\text{分散收账后应收账款投资额}\right)\times\text{企业综合资本成本率}-\text{因增设收账中心每年增加费用额}$$

【例 7—4】 某企业现在平均占用现金 1 000 万元，企业准备改变收账办法，采用银行业务集中法收账。经研究测算，企业增加收款中心预计每年多增加费用 12 万元，但可降低应收账款投资额 200 万元，企业综合资本成本率为 8%，问是否应采用银行业务集中法。

解:采用银行业务集中法,企业从节约资金中获得的收益是16万元(200×8%),比增加的费用12万元多4万元。因此,采用银行业务集中法比较有利。

2. 邮政信箱法

邮政信箱法又称锁箱法,是通过承租多个邮政信箱,以缩短从收到顾客付款到存入当地银行的时间的一种现金管理办法,这是西方企业加速现金流转的一种常用方法。企业可以在各主要城市租用专门的邮政信箱,并开立分行存款户,授权当地银行每日开启信箱,在取得客户支票后立即予以结算,并通过电汇将货款拨给企业所在地银行。该方法缩短了支票邮寄及在企业的停留时间,但成本较高。

(二)现金支出的管理

企业在收款时,应尽量加快收款的速度,而在管理支出时,应尽量延缓现金支出的时间。在西方财务管理中,控制现金支出的方法有以下几种。

1. 合理利用"浮游量"

所谓现金的浮游量,是指企业账户上存款余额与银行账户上所示的存款余额之间的差额。这是因为有些支票公司虽已开出,但顾客还没有到银行兑现。如果能正确预测浮游量并加以利用,可节约大量资金。不过,在使用现金浮游量时,一定要控制好使用时间,否则会发生银行存款的透支。

2. 控制支出时间

为了最大限度地利用现金,合理控制现金支出的时间是十分重要的。企业在不影响自己信誉的前提下,尽可能地推迟应付款的支付期,充分运用供货方所提供的信用优惠。如遇企业急需资金,甚至可以放弃供货方的折扣优惠,在信用期的最后一天支付款项。当然,这要权衡折扣优惠与急需现金之间的利弊得失而定。

第三节 应收账款管理

应收账款是指企业因对外赊销产品、材料、供应劳务等而应向购货或接受劳务的单位收取的款项。应收账款是企业的一项资金投放,企业在采取赊销方式促进销售、减少存货的同时,会因持有应收账款而付出一定的代价,也会因销售增加而产生一定的收益。因此,在应收账款管理中,主要是通过比较可能增加的收益和可能发生的损失,合理制定信用政策,及时收回应收账款,降低坏账损失风险。

一、应收账款的作用与成本

(一)应收账款的作用

1. 增加销售

在市场经济条件下，存在着激烈的市场竞争，迫使企业以各种方法扩大销售。除了依靠产品质量、价格、售后服务、广告等外，赊销也是促进销售的一种重要方式。进行赊销的企业，实际上是向顾客提供了两项交易：(1)向顾客销售产品；(2)在一个有限的时期内向顾客提供现金。虽然赊销仅仅是影响销售量的因素之一，但在银根紧缩、市场疲软、资金匮乏的情况下，赊销的促销作用是十分明显的。特别是在企业销售新产品、开拓新市场时，赊销更具有重要的意义。

2. 减少存货

赊销可以加速产品销售的实现，加快产成品向销售收入的转化速度，对降低存货中的产成品数额有着积极的影响。赊销有利于缩短产成品库存时间，降低产成品存货的管理费用、仓储费用和保险费用等各方面的支出。因此，当产成品存货较多时，企业可以采用较为优惠的信用条件进行赊销，尽快把存货转化为应收账款，减少产成品存货，以节约各项存货支出。

(二)应收账款的成本

企业在采取赊销方式促进销售的同时，会因持有应收账款而付出一定的代价，这种代价即为应收账款的成本。其内容包括：

1. 机会成本

机会成本是指因资金投放在应收账款上而丧失的其他收入，如投资于有价证券便会有利息收入。这一成本的大小通常与企业维持赊销业务所需要的资金数量(即应收账款投资额)、资金成本率或有价证券利息率有关。其计算公式为：

$$\text{应收账款机会成本}=\text{维持赊销业务所需资金}\times\text{资金成本率}$$

式中，资金成本率一般可按有价证券利息率计算；维持赊销业务所需要的资金数量可按下列步骤计算：

第一步，计算应收账款平均余额：

$$\begin{aligned}\text{应收账款平均余额}&=\frac{\text{年赊销额}}{360}\times\text{平均收现期}\\&=\text{日均赊销额}\times\text{平均收现期}\end{aligned}$$

第二步，计算维持赊销业务所需要的资金：

$$\text{赊销业务所需资金}=\text{应收账款平均余额}\times\text{变动成本率}$$

在上述分析中，假设企业的成本水平保持不变(即单位变动成本不变，固定成本总额不变)，随着赊销业务的扩大，只有变动成本随之上升。

【例 7—5】 假设某企业预测的年度赊销额为 1 200 000 元，应收账款平均收账天数为 60 天，变动成本率为 60%，资金成本率为 12%，则应收账款的机会成本可计算如下：

赊销业务所需资金＝200 000×60%＝120 000(元)

应收账款平均余额$=\frac{1\ 200\ 000}{360}\times 60=200\ 000$(元)

应收账款机会成本$=120\ 000\times 12\%=14\ 400$(元)

上述计算表明,企业投放120 000元的资金可维持1 200 000元的赊销业务,相当于垫支资金的10倍。这一较高的倍数在很大程度上取决于应收账款的周转速度(收账天数)。在正常情况下,应收账款的周转速度越快,一定数量的赊销额所需垫支的资金就越少;反之,应收账款的周转速度越慢,一定数量的赊销额所需垫支的资金就越多。而应收账款机会成本在很大程度上取决于企业维持赊销业务垫支资金的多少。

2. 管理成本

管理成本是指企业对应收账款进行管理而发生的开支,主要包括对客户的资信调查费用、应收账款记录分析费用、收账费用和其他费用。

3. 坏账成本

坏账成本是指因应收账款无法收回而给企业带来的损失。应收账款基于商业信用而产生,存在无法收回的可能性,由此而给应收账款持有企业带来的损失,即为坏账成本。这一成本一般与应收账款数量同方向变动,即应收账款越多,坏账成本也越多。由此,为了规避发生坏账成本给企业生产经营活动的稳定性带来不利影响,企业应合理提取坏账准备。

二、信用政策的确定

制定合理的信用政策,是加强应收账款管理、提高应收账款投资效益的重要前提。信用政策包括信用标准、信用条件和收账政策三部分内容。

(一)信用标准

信用标准是客户获得企业商业信用所应具备的最低条件,通常以预期的坏账损失率表示。如果企业把信用标准定得过高,将使许多客户因信用品质达不到设定的标准而被企业拒之门外,其结果尽管有利于降低违约风险及收账费用,但不利于企业市场竞争能力的提高和销售收入的扩大。相反,如果企业接受较低的信用标准,虽然有利于企业扩大销售,提高市场竞争力和占有率,但同时也会导致坏账损失风险加大和收账费用增加。

1. 影响信用标准的因素分析

企业在信用标准的确定上,面临着两难的选择,这也是风险、收益、成本的对称性关系在企业信用标准制定方面的客观反映。因此,必须对影响信用标准的因素进行定性分析。企业在制定或选择信用标准时,应考虑三个基本因素:

其一,同行业竞争对手的情况。面对竞争对手,企业首先考虑的是如何在竞争中处于优势地位,保持并不断扩大市场占有率。如果对手实力很强,企业欲取得或保持优势地位，就需采取较低（相对于竞争对手）的信用标准；反之，其信用标准可以相应严格一些。

其二，企业承担违约风险的能力。企业承担违约风险能力的强弱，对信用标准的选择也有着重要的影响。当企业具有较强的违约风险承担能力时，就可以以较低的信用标准提高竞争力，争取客户，扩大销售；反之，如果企业承担违约风险的能力比较脆弱，就只能选择严格的信用标准以尽可能降低违约风险的程度。

其三，客户的资信程度。企业在制定信用标准时，必须对客户的资信程度进行调查、分析，然后在此基础上，判断客户的信用等级并决定是否给予客户信用优惠。客户资信程度的高低通常决定于五个方面，即客户的信用品质（character）、偿付能力（capacity）、资本（capital）、抵押品（collateral）、经济状况（conditions）等，简称“5C”系统。

(1)信用品质。信用品质是指客户履行偿债义务的可能性。企业可以通过了解客户以往的付款记录及与其他供货企业的关系是否良好作出判断。信用品质是决定是否给予客户信用的首要因素。

(2)偿付能力。偿付能力是指客户偿还债务的能力。客户偿付能力的高低，取决于资产特别是流动资产的数量、质量（变现能力）及其与流动负债的比率关系。一般而言，企业流动资产的数量越多，流动比率越大，表明其偿付债务的物质保证越雄厚；反之，则偿债能力越差。当然，对客户偿付能力的判断，还需要注意对其资产质量，即变现能力以及负债的流动性进行分析。资产的变现能力越大，企业的偿债能力也就越强。

(3)资本。资本反映了客户的经济实力与财务状况的优劣，是客户偿付债务的最终保证。

(4)抵押品。即客户拒付款项或无力支付款项时能被用作抵押的资产。能够作为信用担保的抵押财产，必须为客户实际所有，并且应具有较高的市场性，即变现能力。对于不十分熟悉或信用状况有争议的客户，只要能够提供足够的高质量的抵押财产（最好经过投保），一般就可以向它们提供相应的商业信用。

(5)经济状况。经济状况是指可能影响顾客偿债能力的经济环境。企业在制定信用标准时，必须对客户的资信程度进行调查、分析，然后在此基础上，判断客户的信用等级，并决定是否给予客户信用优惠。

上述各种信息资料主要通过下列渠道取得：(1)商业代理机构或资信调查机构所提供的客户信息资料及信用等级标准资料；(2)委托往来银行信用部门向与客户有关联业务的银行索取信用资料；(3)与同一客户有信用关系的其他企业相互交换该客户的信用资料；(4)客户的财务报告资料；(5)企业自身的经验与其他可取得的资料等。

2. 确立信用标准的定量分析

对信用标准进行定量分析，主要解决两个问题：一是确定客户拒付账款的风险，即坏账损失率；二是具体确定客户的信用等级，以作为给予或拒绝信用的依据。这主要通过以下三个步骤来完成。

(1)设定信用等级的评价标准。即根据对客户信用资料的调查分析,确定评价信用优劣的数量标准,以一组具有代表性、能够说明付款能力和财务状况的若干比率(如流动比率、速动比率、应收账款平均收账天数、存货周转率、产权比率或资产负债率、赊购付款履约情况等)作为信用风险指标,根据数年内最坏年景的情况,分别找出信用好和信用差两类顾客的上述比率的平均值,以此作为比较其他顾客的信用标准。

【例 7—6】 按照上述方法确定的信用标准如表 7—3 所示。

表 7—3 信用标准一览

指　标	信用标准	
	信用好	信用差
流动比率	2.5∶1	1.6∶1
速动比率	1.1∶1	0.8∶1
现金比率	0.4∶1	0.2∶1
产权比率	1.8∶1	4∶1
已获利息倍数	3.2∶1	1.6∶1
有形净值负债率	1.5∶1	2.9∶1
应收账款平均收现期	26	40
存货周转率(次)	6	4
总资产报酬率(%)	35	20
赊购付款履约情况	及时	拖欠

(2)利用既有或潜在客户的财务报表数据,计算各自的指标值,并与上述标准比较。比较的方法是:若某客户的某项指标值等于或低于差的信用标准,则该客户的拒付风险系数(即坏账损失率)增加 10 个百分点;若客户的某项指标值介于好与差的信用标准之间,则该客户的拒付风险系数(坏账损失率)增加 5 个百分点;当客户的某项指标值等于或高于好的信用标准时,则视该客户的这一指标无拒付风险。最后,将客户的各项指标的拒付风险系数累加,即作为该客户发生坏账损失的总比率。

【例 7—7】 永华公司的各项指标值及累计风险系数如表 7—4 所示。

表 7—4　　客户信用状况评价

指　标	指标值	拒付风险系数(%)
流动比率	2.6∶1	0
速动比率	1.2∶1	0
现金比率	0.3∶1	5
产权比率	1.7∶1	0
已获利息倍数	3.2∶1	0
有形净值负债率	2.3∶1	5
应收账款平均收账天数	36	5
存货周转率(次)	7 次	0
总资产报酬率(%)	35	0
赊购付款履约情况	及时	0
累计拒付风险系数		15

在表 7—4 中,永华公司的流动比率、速动比率、产权比率、已获利息倍数、存货周转率、总资产报酬率、赊购付款履约情况等指标均等于或高于好的信用标准值,因此,这些指标产生拒付风险的系数为 0;而现金比率、有形净值负债率、应收账款平均收账天数三项指标值介于信用好与信用差标准之间,各自发生拒付风险的系数为 5%,累计 15%,这样即可认为该公司预期可能发生的坏账损失率为 15%。

当然,企业为了能够更详尽地对客户的拒付风险作出准确的判断,也可以设置并分析更多的指标数值,如增为 20 项,各项最高的坏账损失率为 5%,介于信用好与信用差之间的,每项增加 2.5%的风险系数。

(3)进行风险排队,并确定各有关客户的信用等级。依据上述风险系数的分析数据,按照客户累计风险系数由小到大进行排序。然后,结合企业承受违约风险的能力及市场竞争的需要,具体划分客户的信用等级,如累计拒付风险系数在 5%以内的为 A 级客户,在 5%与 10%之间的为 B 级客户等等。对于不同信用等级的客户,分别采取不同的信用对策,包括拒绝或接受客户信用订单,以及给予不同的信用优惠条件或附加某些限制条款等。

对信用标准进行定量分析,有利于企业提高应收账款投资决策的效果。但由于实际情况错综复杂,不同企业的同一指标往往存在着很大差异,难以按统一的标准进行衡量。因此,要求企业财务决策者必须在更加深刻地考察各指标内在质量的基础上,结合以往的经验,对各项指标进行具体的分析、判断。

(二)信用条件

信用标准是企业评价客户等级,决定给予或拒绝客户信用的依据。一旦企业决定给予客户信用优惠时,就需要考虑具体的信用条件。因此,所谓信用条件就是指企业接受客户信用订单时所提出的付款要求,主要包括信用期限、折扣期限及现金折扣率等。信用条件的基本表现方式如"2/10,n/30",意思是:若客户能够在发票开出后的10日内付款,可以享受2%的现金折扣;如果放弃折扣优惠,则全部款项必须在30日内付清。在此,30天为信用期限,10天为折扣期限,2%为现金折扣率。

1. 信用期限

信用期限是指企业允许客户从购货到支付货款的时间间隔。通常,延长信用期限,可以在一定程度上扩大销售量,从而增加毛利。但不适当地延长信用期限,会给企业带来不良后果:一是延长平均收现期,会使占用在应收账款上的资金相应增加,引起机会成本增加;二是引起坏账损失和收账费用的增加。因此,企业是否给客户延长信用期限,应视延长信用期限增加的收入是否大于增加的成本而定。

【例7—8】 金丰公司现在采用信用期为30天的应收账款政策,产品销售量100 000件;公司拟将信用期延长至60天,预计产品销售量可扩大到130 000件。假设销售收入全部为赊销收入,公司资金成本率为12%。其他有关数据资料如表7—5所示。

要求:根据提供的资料,确定该公司应采用的信用期限。

表7—5 **信用期限备选方案** **单位:元**

信用期 项 目	30天	60天
销售量(件)	100 000	130 000
销售额(单价20元)	2 000 000	2 600 000
变动成本(单位成本12元)	1 200 000	1 560 000
固定成本	200 000	200 000
信用成本前利润	600 000	840 000
可能发生的收账费用	25 000	38 000
可能发生的坏账损失	40 000	60 000

根据以上资料,按照下列步骤计算相应指标。

第一步:计算增加的收益。

增加的收益＝增加的销售量×单位边际贡献

＝(130 000－100 000)×(20－12)＝240 000(元)

第二步:计算增加的成本。

$$30\text{天信用期的机会成本}=\frac{2\ 000\ 000}{360}\times 30\times\frac{1\ 200\ 000}{2\ 000\ 000}\times 12\%=12\ 000(\text{元})$$

$$60\text{天信用期的机会成本}=\frac{2\ 600\ 000}{360}\times 60\times\frac{1\ 560\ 000}{2\ 600\ 000}\times 12\%=31\ 200(\text{元})$$

增加的机会成本＝31 200－12 000＝19 200(元)

增加的收账费用＝38 000－25 000＝13 000(元)

增加的坏账损失＝60 000－40 000＝20 000(元)

增加的成本＝19 200＋13 000＋20 000＝52 200(元)

第三步:计算增加的净收益。

增加的净收益＝240 000－52 200＝187 800(元)

由于增加的收益大于增加的成本,因此应采用 60 天的信用期限。

2. 现金折扣

延长信用期限会增加应收账款占用的时间和金额。许多企业为了加速资金周转,及时收回货款,减少坏账损失,往往在延长信用期限的同时,采用一定的优惠措施。即在规定的时间内提前偿付货款的客户可按销售收入的一定比率享受折扣。如“2/10,n/30”,表示信用期限为 30 天,若客户在 10 天内付款,则可享受 2%的折扣。现金折扣实际上是对现金收入的扣减,企业决定是否提供以及提供多大程度的现金折扣优惠,应着重考虑提供现金折扣后所得到的收益是否大于现金折扣的成本。如果加速收款带来的收益能够绰绰有余地补偿现金折扣成本,企业就可以采取现金折扣或进一步改变当前的折扣方针;如果加速收款的收益不能补偿现金折扣成本的话,现金折扣优惠便认为是不恰当的。

除上述表述的信用条件外,企业还可以根据需要,采取阶段性的现金折扣期与不同的现金折扣率,如“3/10,2/20,n/45”等等。意思是:给予客户 45 天的信用期限,客户若能在开票后的 10 日内付款,便可以得到 3%的现金折扣;超过 10 日而能在 20 日内付款时,也可以得 2%的现金折扣;否则,只能全额支付账面款项。

3. 信用条件备选方案的综合评价

虽然企业在信用政策中,已对可接受的信用风险水平做了规定,但是当企业的经营环境发生变化时,就需要对信用政策中的某些条件进行修改和调整,并对改变条件的各种备选方案进行认真评价。

【例 7—9】 汇通公司预测的 2007 年度赊销额为 4 200 万元,其信用条件是:n/30,变动成本率为 60%,资金成本率(或有价证券利率)为 10%。假设企业收账政策不变,固定成本总额不变。该企业准备了三个信用条件的备选方案：A. 维持 n/30 的信用条件；B. 将信用条件放宽到 n/60；C. 将信用条件放宽到 n/90。

为各种备选方案估计的赊销水平、坏账百分比和收账费用等有关数据见表 7—6。

表 7—6　　信用条件备选方案

项目 \ 方案 信用条件	A n/30	B n/60	C n/90
年赊销额(万元)	4 200	4 560	4 800
应收账款平均收账期(天)	30	60	90
应收账款平均余额(万元)	4 200÷360×30=350	4 560÷360×60=760	4 800÷360×90=1 200
维持赊销业务所需资金(万元)	350×60%=210	760×60%=456	1 200×60%=720
坏账损失/年赊销额	2%	3%	5%
坏账损失(万元)	4 200×2%=84	4 560×3%=136.8	4 800×5%=240
收账费用(万元)	32	50	68

根据以上资料，可计算如下指标(见表 7—7)。

表 7—7　　信用条件分析评价　　单位：万元

项目 \ 方案 信用条件	A n/30	B n/60	C n/90
年赊销额	4 200	4 560	4 800
变动成本	2 520	2 736	2 880
边际贡献(收益)	1 680	1 824	1 920
信用成本：			
应收账款机会成本	210×10%=21	456×10%=45.6	720×10%=72
坏账损失	84	136.8	240
收账费用	32	50	68
小计	137	232.40	380
净收益	1 543	1 591.60	1 540

根据表 7-7 中的资料可知，在这三个方案中，B 方案(n/60)的获利最大，因此，在其他条件不变的情况下，应选择 B 方案。

【例 7-10】 仍按上例，如果企业选择了 B 方案，但为了加速应收账款的回收，决定将赊销条件改为“3/10，1/20，n/60”(D 方案)，估计约有 60%的客户(按赊销额计算)会利用 3%的折扣；15%的客户将利用 1%的折扣。坏账损失率降为 1.5%，收账费用降为 36 万元。根据上述资料，有关指标计算如下：

应收账款平均收现期＝60%×10＋15%×20＋(1－60%－15%)×60＝24(天)

应收账款平均余额＝4 560÷360×24＝304(万元)

维持赊销业务所需资金＝304×60%＝182.40(万元)

应收账款机会成本＝182.40×10%＝18.24(万元)

坏账损失＝4 560×1.5%＝68.40(万元)

现金折扣＝4 560×(3%×60%＋1%×15%)＝88.92(万元)

根据以上资料，可编制表 7-8。

表 7-8　　信用条件分析评价　　单位：万元

项目 \ 信用条件 \ 方案	B	D
	n/60	3/10，1/20，n/60
年赊销额	4 560	4 560
减：现金折扣	—	88.92
年赊销净额	4 560	4 471.08
减：变动成本	2 736	2 736
边际贡献(收益)	1 824	1 735.08
减：信用成本		
应收账款机会成本	45.60	18.24
坏账损失	136.8	68.40
收账费用	50	36
小计	232.40	122.64
净收益	1 591.60	1 612.44

计算结果表明，实行现金折扣以后，企业的收益增加 20.84 万元，因此，企业最终应选择 D 方案(3/10，1/20，n/60)作为最佳方案。

(三)收账政策

收账政策是指当客户违反信用条件，拖欠甚至拒付账款时企业所采取的收账策略与措施。

从法律角度讲，履约付款是客户的责任与义务，债权企业有权通过法律途径要求客户履约付款。但如果企业对所有客户拖欠或拒付账款的行为均诉诸法律解决，往往并不是最有效的办法。实际上，客户拖欠或拒付账款的原因是多种多样的，许多信用品质好的客户也可能因为某些原因而无法如期付款，所以对客户拖欠或拒付的货款，要具体情况具体分析，采取不同的措施和收账政策。

通常的步骤是：当客户拖欠或拒付时，企业应当首先分析现有的信用标准及信用审批制度是否存在疏漏；然后重新对违约客户的资信等级进行调查、评价。对于信用品质恶劣的客户应当从信用名单中排除，对其所拖欠的款项可以通过信函、电讯或者派员前往等方式进行催收，态度可以逐渐强硬，并提出警告。当这些措施无效时，可以通过法院裁决。对于信用记录一向正常的客户，在去电、去函的基础上，也可以派人与客户直接进行协商，彼此沟通意见，达成谅解协议。这样既可以密切相互间的关系，又有助于较为理想地解决账款拖欠问题。当然，如果双方无法取得谅解，也只能诉之于法律，让法院进行最后裁决。

企业对拖欠的应收账款，无论采用何种方式进行催收，都需要付出一定的代价，即收账费用，如收款所支付的邮电通信费、派专人收款的差旅费和不得已时的法律诉讼费等。通常，企业为了扩大销售，增强竞争能力，往往对客户逾期未付款项规定一个允许的拖欠期限，当客户逾期未付款项超过规定的拖欠期限，企业就应采取各种形式进行催收。如果企业制定的收款政策过宽，会导致逾期未付款项的客户拖延时间更长，对企业不利；收账政策过严，催收过急，又可能伤害无意拖欠的客户，影响企业未来的销售和利润。因此，企业在制定收账政策时，要权衡利弊，掌握好宽严界限。

一般而言，企业加强收账管理，及早收回货款，可以减少坏账损失，减少应收账款上的资金占用，但会增加收账费用。因此，制定收账政策就是要在增加收账费用与减少坏账损失、减少应收账款机会成本之间进行权衡，若前者小于后者，则说明制定的收账政策是可取的。

【例 7—11】 假设某企业应收账款原有的收账政策和拟改变的收账政策如表 7—9 所示。

表 7—9　　收账政策备选方案资料

项　目	现行收账政策	拟改变的收账政策
年收账费用(万元)	80	120
应收账款平均收现期(天)	60	30
坏账损失占赊销额的百分比(%)	3	2
赊销额(万元)	4 500	4 500
变动成本率(%)	60	60

假设资金成本率为 8%，根据表 7－9 中的资料，计算两种方案的收账总成本，如表 7－10所示。

表 7－10　　收账政策分析评价表　　单位：万元

项　目	现行收账政策	拟改变的收账政策
赊销额	4 500	4 500
应收账款平均收现期(天)	60	30
应收账款平均余额	4 500÷360×60＝750	4 500÷360×30＝375
应收账款占用的资金	750×60%＝450	375×60%＝225
收账成本：		
应收账款机会成本	450×8%＝36	225×8%＝18
坏账损失	4 500×3%＝135	4 500×2%＝90
年收账费用	80	120
收账总成本	251	228

表 7－10 的计算结果表明，拟改变的收账政策相关的收账成本低于现行收账政策的收账成本。因此，改变收账政策的方案是可以接受的。

三、应收账款的日常管理

对于已经发生的应收账款，企业还应进一步强化日常管理工作，采取有力的措施进行分析、控制，及时发现问题，提前采取对策。

(一)应收账款追踪分析

为了达到按期足额收回客户所欠账款这一目的，企业就有必要在收账之前，对该项应收账款的运行过程进行追踪分析。既然应收账款是存货变现过程的中间环节，对应收账款实施追踪分析的重点就应放在赊销商品的销售与变现方面。客户以赊购方式购入商品后，具有获利和付款信誉的动力与压力；赊销企业则必然期望迅速地实现销售并收回账款。如果这一期望能够顺利地实现，而客户又具有良好的信用品质，则赊销企业如期足额地收回客户欠款一般不会有多大的问题。然而，市场供求关系所具有的瞬变性，使得客户所赊购的商品不能顺利地销售与变现，经常出现的情形有两种：积压或赊销。但无论属于其中的哪种情形，对客户而言，都意味着与应付账款相对应的现金支付能力匮乏。在这种情况下，客户能否严格履行赊销企业的信用条件，取决于两个因素：其一，客户的信用品质；其二，客户现金的持有量与调剂程度（如现金用途的约束性、偿还其他短期债务对现金的要求等)。如果客户信用品质良好,持有一定的现金余额,且现金支出的约束性较小,可调剂程度较大,客户大多是不愿以损失市场信誉为代价而拖欠赊销企业账款的。如果客户信用品质不佳,或者现金匮乏,或者现金的可调剂程度低下,那么,赊销企业的账款遭受拖欠也就在所难免。

(二)应收账款账龄分析

企业已发生的应收账款时间长短不一,有的尚未超过信用期,有的则已逾期拖欠。一般来讲,逾期拖欠时间越长,账款催收的难度越大,成为坏账的可能性也就越高。因此,进行账龄分析,密切注意应收账款的回收情况,是提高应收账款收现效率的重要环节。

应收账款账龄分析就是研究应收账款的账龄结构,即各账龄应收账款的余额占应收账款合计余额的比重。

【例 7—12】 已知某企业的账龄分析表如表 7—11 所示。

表 7—11　　某企业应收账款账龄分析表

应收账款账龄	账户数量	金额(万元)	比重(%)
信用期内(设平均为 3 个月)	200	120	60
超过信用期 1 个月内	100	24	12
超过信用期 2 个月内	50	16	8
超过信用期 3 个月内	30	12	6
超过信用期 4 个月内	20	10	5
超过信用期 5 个月内	15	8	4
超过信用期 6 个月内	5	4	2
超过信用期 6 个月以上	10	6	3
应收账款余额合计	—	200	100

表 7—11 表明,该企业应收账款余额中,有 120 万元尚在信用期内,占全部应收账款的 60%。过期数额 80 万元,占全部应收账款的 40%,其中逾期在 1、2、3、4、5、6 个月内的,分别为 12%、8%、6%、5%、4%、2%。另有 3%的应收账款已经逾期半年以上。此时,企业应分析逾期账款具体属于哪些客户,这些客户是否经常发生拖欠情况,发生拖欠的原因何在。一般而言,账款的逾期时间越短,收回的可能性越大,亦即发生坏账损失的程度相对越小;反之,收账的难度及发生坏账损失的可能性也就越大。因此,对不同拖欠时间的账款及不同信用品质的客户,企业应采取不同的收账方法,制定出经济可行的收账政策;对可能发生的坏账损失,需有所准备,充分估计这一因素对企业损益的影响。对尚未过期的应收账款,也不能放松管理与监督,以防发生新的拖欠。

(三)催收拖欠款项

1. 确定合理的收账程序

催收账款的程序一般是:信函通知、电话催收、派员面谈、法律行动。当顾客拖欠账款时,要先给顾客一封有礼貌的通知信件;接着,可寄出一封措辞较直率的信件;进一步则可通过电话催收;如再无效,企业的收账员可直接与顾客面谈,协商解决;如果谈判不成,就只好交给企业的律师采取法律行动。

2. 确定合理的讨债方法

客户拖欠货款的原因可能比较多,但可以概括为两类:无力偿付和故意拖欠。

无力偿付是指顾客因经营管理不善,财务出现困难,没有资金偿还到期债务,对这种情况要进行具体分析。如果客户确实遇到暂时困难,经过努力可以东山再起,企业应该帮助顾客渡过难关,以便收回较多的账款;如果顾客遇到严重困难,已达到破产界限,无法恢复活力,则应及时向法院起诉,以期在破产清算时得到债权的部分清偿。

故意拖欠是指客户虽然有能力付款,但为了无偿使用或其他目的,想方设法不付款。这时则需要确定合理的讨债方法,以达到回笼货款的目的。常见的讨债对策有:讲理法、恻隐术法、疲劳战术法、激将法、软硬兼施法等。

第四节 存货管理

存货是指企业在日常生产经营过程中为生产或销售而储备的物资。包括材料、燃料、低值易耗品、在产品、半成品、库存商品等。

企业持有充足的存货,不仅有利于生产过程的顺利进行,节约采购费用与生产时间,而且能够迅速地满足客户各种订货的需要,从而为企业的生产与销售提供较大的机动性,避免因存货不足带来的机会损失。但是,存货的增加必然要占用更多的资金,将使企业付出更大的成本,影响企业的获利能力。因此,如何在存货的功能(收益)与成本之间进行利弊权衡,在充分发挥存货功能的同时降低成本、增加收益,实现它们的最佳组合,成为存货管理的基本目标。

一、存货的功能与成本

(一)存货的功能

存货在企业生产经营过程中所具有的作用,主要表现在以下几方面。

1. 防止停工待料

适量的原材料存货和在制品、半成品存货是企业生产正常进行的前提和保障。就企业外部而言,供货方的生产和销售往往会因某些原因而暂停或推迟,从而影响企业材料的及时采购、入库和投产。就企业内部而言,有适量的半成品储备,能使各生产环节的生产调度更加合理,各生产工序步调更为协调,联系更为紧密,不至于因等待半成品而影响生产。可见,适量的存货能有效防止停工待料事件的发生,维持生产的连续性。

2. 适应市场变化

存货储备能增强企业在生产和销售方面的机动性以及适应市场变化的能力。企业有了足够的库存商品,就能有效地供应市场,满足顾客的需要。相反,若某种畅销产品库存不足,将会坐失目前的或未来的推销良机,并有可能因此而失去顾客。在通货膨胀时,适当地储存原材料存货,能使企业获得因市场物价上涨带来的好处。

3. 降低进货成本

很多企业为扩大销售规模,对购货方提供较优厚的商业待遇,即购货达到一定数量时,便在价格上给予相应的折扣优惠。企业采取批量集中进货,可获得较多的商业折扣。此外,通过增加每次购货数量,减少购货次数,可以降低采购费用支出。不少企业采取大批量购货方式,原因就在于这种方式有助于降低购货成本,只要购货成本的降低额大于因存货增加而导致的储存等各项费用的增加额,便是可行的。

4. 维持均衡生产

对于那些生产季节性产品或生产所需材料的供应具有季节性的企业,为实行均衡生产,降低生产成本,就必须适当储备一定的半成品存货或保持一定的原材料存货。否则,这些企业若按照季节变动组织生产活动,难免会产生忙时超负荷运转,闲时生产能力得不到充分利用的情形,这也会导致生产成本的提高。其他企业在生产过程中,同样会因为各种原因导致生产水平的高低变化,拥有合理的存货可以缓冲这种变化对企业生产活动及获利能力的影响。

(二)存货的成本

为充分发挥存货的固有功能,企业必须储备一定的存货,但也会由此而发生各项支出,主要包括以下内容。

1. 进货成本

进货成本主要由存货的购置成本和订货成本两个方面构成。

购置成本是指存货本身的价值,等于采购单价与采购数量的乘积。在一定时期进货总量既定的条件下,无论企业采购次数如何变动,存货的购置成本通常是保持相对稳定的(假设物价不变且无采购数量折扣),因而属于决策无关成本。

订货成本是指企业为组织进货而开支的费用,如与材料采购有关的办公费、差旅费、邮资、电话电报费、运输费、检验费、入库搬运费等支出。订货成本有一部分与进货次数无关,如专设采购机构的基本开支等,这类固定性订货成本属于决策的无关成本;另一部分与进货次数有关,如差旅费、邮资、电话电报等费用与进货次数呈正比例变动,这类变动性订货成本属于决策的相关成本。

2. 储存成本

储存成本是指为持有存货而发生的费用，主要包括仓储费、保险费、存货占用资金的应计利息(或机会成本)等。与订货成本一样，储存成本可以按照与储存数额的关系分为变动性储存成本和固定性储存成本两类。其中，固定性储存成本与存货储存数额的多少没有直接的联系，如仓库折旧费、仓库职工的固定工资支出等，这类成本属于决策的无关成本；而变动性储存成本则随着存货储存数额的增减呈正比例变动关系，如存货资金的应计利息、存货残损和变质损失、存货的保险费用等，这类成本属于决策的相关成本。

3. 缺货成本

缺货成本是因存货不足而给企业造成的损失，包括由于材料供应中断造成的停工损失、成品供应中断导致延误发货的信誉损失及丧失销售机会的损失等。如果生产企业能够以替代材料解决库存材料供应中断之急的话，缺货成本便表现为替代材料紧急采购的额外开支。缺货成本能否作为决策的相关成本，应视企业是否允许出现存货短缺的不同情形而定。若允许缺货，则缺货成本与存货数量反向相关，即属于决策相关成本；反之，若企业不允许发生缺货情形，此时缺货成本为零，也就无需加以考虑。

二、存货决策

(一)经济批量控制

1. 存货经济批量的含义

经济批量是指能够使一定时期存货的相关总成本达到最低点的进货数量。通过上述对存货成本的分析可知，决定存货经济批量的成本因素主要包括变动性订货成本(简称进货成本)、变动性储存成本(简称储存成本)以及允许缺货时的缺货成本。不同的成本项目与进货批量呈现着不同的变动关系。减少进货批量，增加进货次数，在降低储存成本的同时，也会导致进货成本与缺货成本的提高；相反，增加进货批量，减少进货次数，尽管有利于降低进货成本与缺货成本，但同时会提高储存成本。因此，如何协调各项成本之间的关系，使总成本保持最低水平，是企业组织进货过程需解决的主要问题。

2. 经济批量基本模式

经济批量基本模式以如下假设为前提：(1)企业一定时期的进货总量可以较为准确地予以预测；(2)存货的耗用或者销售比较均衡；(3)存货的价格稳定，且不存在数量折扣，进货日期完全由企业自行决定，并且每当存货量降为零时，下一批存货均能马上一次到位；(4)仓储条件及所需现金不受限制；(5)不允许出现缺货情形；(6)所需存货市场供应充足，不会因买不到所需存货而影响其他方面。

由于企业不允许缺货，即每当存货数量降至零时，下一批订货便会随即全部购入，故不存在缺货成本。此时与存货订购批量、批次直接相关的就只有变动性订货成本和变动性储存成本两项。即：

存货相关总成本＝相关进货成本＋相关储存成本

$$=\frac{\text{存货全年计划进货总量}}{\text{每次进货批量}}\times\text{每次订货成本}+\frac{\text{每次进货批量}}{2}\times\text{单位存货年储存成本}$$

存货相关总成本与相关进货成本、相关储存成本的关系如图 7－4 所示。

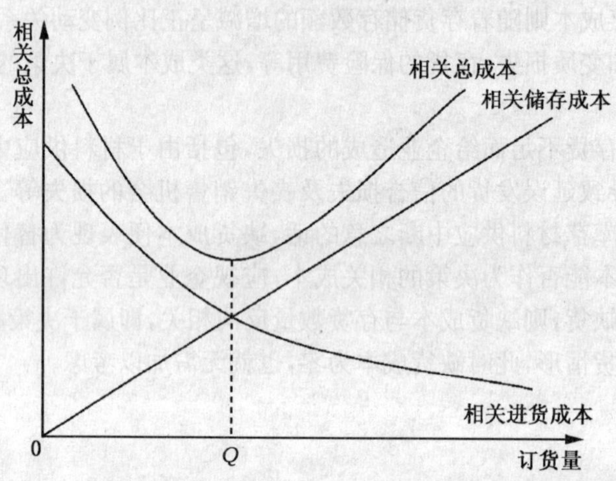

图 7－4 存货相关总成本与相关进货成本、相关储存成本的关系

从图 7－4 可以看出，当相关进货成本与相关储存成本相等时，存货相关总成本最低，此时的进货批量就是经济进货批量。

假设：TC——存货相关总成本；

Q——经济进货批量；

A——某种存货年度计划进货总量；

F——平均每次订货成本；

C——单位存货年储存成本。

则：
$$TC=\frac{A}{Q}\times F+\frac{Q}{2}\times C$$

当 A、F、C 为常数量时，TC 的大小取决于 Q。为了求 TC 的极小值，对其进行求导计算，可知：当相关进货成本和相关储存成本相等时，存货相关总成本最低，此时的进货批量就是经济进货批量。即：

经济进货批量(Q^*)$=\sqrt{\frac{2AF}{C}}$

经济进货批量的存货相关总成本(TC)$=\sqrt{2AFC}$

【例 7－13】 某企业每年需耗用甲材料 7 200 千克，该材料的单位采购成本为 50 元，单位储存成本为 4 元，平均每次订货成本为 64 元，则：

$$经济进货批量(Q^*)=\sqrt{\frac{2AF}{C}}=\sqrt{\frac{2\times 7\ 200\times 64}{4}}=480(千克)$$

$$最小相关总成本(TC)=\sqrt{2AFC}=\sqrt{2\times 7\ 200\times 64\times 4}=1\ 920(元)$$

$$最佳订货次数=\frac{A}{Q}=\frac{7\ 200}{480}=15(次)$$

$$最佳订货周期=\frac{360}{15}=24(天)$$

$$经济批量占用资金=\frac{Q}{2}\times 进货单价=\frac{480}{2}\times 50=12\ 000(元)$$

3. 实行数量折扣的经济批量模式

在上述经济批量分析中，假定价格不随批量而变动。在西方，许多企业在销售时都有批量折扣，即对大批量采购在价格上给予一定的优惠。在这种情况下，进货企业对经济进货批量的确定，除了考虑订货成本与储存成本外，还应考虑存货的购置成本，因为此时的存货购置成本已经与进货数量的大小有了直接的联系，属于决策的相关成本。

在经济批量基本模式其他各种假设条件均具备的前提下，存在价格折扣时的存货相关总成本可按下式计算：

存货相关总成本＝购置成本＋变动性订货成本＋变动性储存成本

实行价格折扣的经济进货批量的具体确定步骤如下：

第一步，按照基本经济批量模式确定经济进货批量；

第二步，计算按经济批量进货时的存货相关总成本；

第三步，计算按给予价格折扣的进货批量进货时的存货相关总成本。

如果给予价格折扣的进货批量是一个范围，如进货数量在 1 000～1 999 千克之间可享受 2%的价格优惠，此时按给予价格折扣的最低进货批量，即按 1 000 千克计算存货相关总成本。

因为在给予价格折扣的进货批量范围内，无论进货量是多少，存货进价成本总额都是相同的，而相关总成本的变动规律是：进货批量越小，相关总成本就越低，即：按 1 000 千克计算的相关总成本，按 1 001 千克计算的相关总成本，按 1 002 千克计算的相关总成本……按 1 999 千克计算的相关总成本。

第四步，比较不同进货批量的存货相关总成本，最低存货相关总成本对应的进货批量，就是实行价格折扣的最佳经济进货批量。

【例 7—14】 某企业甲材料的年需要量为 4 000 千克，每千克标准价为 20 元。销售企业规定：客户每批购买量不足 1 000 千克的，按照标准价格计算；每批购买量 1 000 千克以上、2 000 千克以下的，价格优惠 2%；每批购买量 2 000 千克以上的，价格优惠 3%。已知每批订货成本为60元，单位材料的年储存成本为3元。

则按经济进货批量基本公式确定的经济进货批量为：

$$Q=\sqrt{\frac{2\times 4\ 000\times 60}{3}}=400(\text{千克})$$

每次进货400千克时的存货相关总成本为：

$$\text{存货相关总成本}=4\ 000\times 20+\frac{4\ 000}{400}\times 60+\frac{400}{2}\times 3=81\ 200(\text{元})$$

每次进货1 000千克时的存货相关总成本为：

$$\text{存货相关总成本}=4\ 000\times 20\times(1-2\%)+\frac{4\ 000}{1\ 000}\times 60+\frac{1\ 000}{2}\times 3=80\ 140(\text{元})$$

每次进货2 000千克时的存货相关总成本为：

$$\text{存货相关总成本}=4\ 000\times 20\times(1-3\%)+\frac{4\ 000}{2\ 000}\times 60+\frac{2\ 000}{2}\times 3=80\ 720(\text{元})$$

通过比较发现，每次进货1 000千克时的存货相关总成本最低，所以，此时最佳经济进货批量为1 000千克。

4. 允许缺货时的经济批量模式

在允许缺货的情况下，企业对经济进货批量的确定，就不仅要考虑订货成本与储存成本，而且还必须对可能的缺货成本加以考虑，即能够使三项成本总和最低的批量便是经济进货批量。

设单位缺货成本为R，其他符号同上。则有：

$$\text{允许缺货时的经济批量}(Q)=\sqrt{\frac{2AF}{C}\times\frac{C+R}{R}}$$

$$\text{平均缺货量}=Q\times\frac{C}{C+R}$$

【例7-15】 某企业甲材料年需要量6 000千克，每次订货成本为80元，单位储存成本为3元，单位缺货成本为5元。

$$\text{允许缺货时的经济进货批量}=\sqrt{\frac{2\times 6\ 000\times 80}{3}\times\frac{3+5}{5}}\approx 716(\text{千克})$$

$$\text{平均缺货量}=716\times\frac{3}{3+5}\approx 269(\text{千克})$$

5. 存货陆续供应和使用

在建立基本模型时，是假设存货一次全部入库，故存货增加时存量变化为一条垂直的直线。事实上，各批存货可能陆续入库，使存量陆续增加。尤其是产成品入库和在产品转移，几乎总是陆续供应和陆续耗用的。

【例 7—16】 某零件年需用量为 36 000 件，每日送货量为 300 件，每日耗用量为 100 件，单价为 20 元，每次订货成本为 50 元，单位储存变动成本为 4 元。

设每批订货数为 Q。由于每日送货量为 U，故该批货全部送达所需日数则为 $\frac{Q}{U}$，称为送货期。设零件每日耗用量为 d，故送货期内的全部耗用量为：$\frac{Q}{U}\times d$。由于零件边送边用，所以每批送完时，最高库存量为：$Q-\frac{Q}{U}\times d$。平均存量则为：$\frac{1}{2}\left(Q-\frac{Q}{U}\times d\right)$。

这样，与批量有关的总成本为：

$$TC(Q)=\frac{A}{Q}\times F+\frac{1}{2}\left(Q-\frac{Q}{U}\times d\right)\times C=\frac{A}{Q}\times F+\frac{Q}{2}\left(1-\frac{d}{U}\right)\times C$$

经过求导计算，可知当变动订货成本与变动储存成本相等时，$TC(Q)$ 有最小值，故存货陆续供应和使用的经济订货量公式为：

$$Q^{*}=\sqrt{\frac{2AF}{C}\cdot\frac{U}{U-d}}$$

将这一公式代入上述 $TC(Q)$ 公式，可得出存货陆续供应和使用的经济订货量总成本公式：

$$TC(Q^{*})=\sqrt{2AFC\left(1-\frac{d}{U}\right)}$$

将上述例题数据代入，则：

$$Q^{*}=\sqrt{\frac{2\times 36\ 000\times 50}{4}\times\frac{300}{300-100}}\approx 1\ 162(\text{件})$$

$$TC(Q^{*})=\sqrt{2\times 36\ 000\times 50\times 4\times\left(1-\frac{100}{300}\right)}\approx 3\ 098(\text{元})$$

（二）订货点控制

1. 订货提前期

一般情况下，企业的存货不能做到随用随时补充。为了保证生产和销售的正常进行，企业需要在原材料没有用完时提前订货。在提前订货的情况下，企业再次发出订单时，尚有存货的库存量，称为再订货点，用 R 来表示。它的数量等于交货时间(L)和每日平均需用量(d)的乘积：

$$R=L\cdot d$$

【例 7—17】 续例 7—13，企业订货日至到货期的时间为 10 天，每日存货需要量 20 千克(7 200 千克/360 天)，那么：

$R=L\cdot d=10\times 20=200$(千克)

即企业在尚存 200 千克存货时，就应当再次订货，等到下批订货到达时（再次发出订单 10 天后），原有库存刚好用完。此时，有关存货的每次订货批量、订货次数、订货间隔时间等并无变化，与瞬时补充时相同。订货提前期的情形见图 7—5。订货提前期对经济订货量并无影响，可仍以原来瞬时补充情况下的 480 千克为订货批量，只不过在达到再订货点（库存 200 千克）时即发生订单罢了。

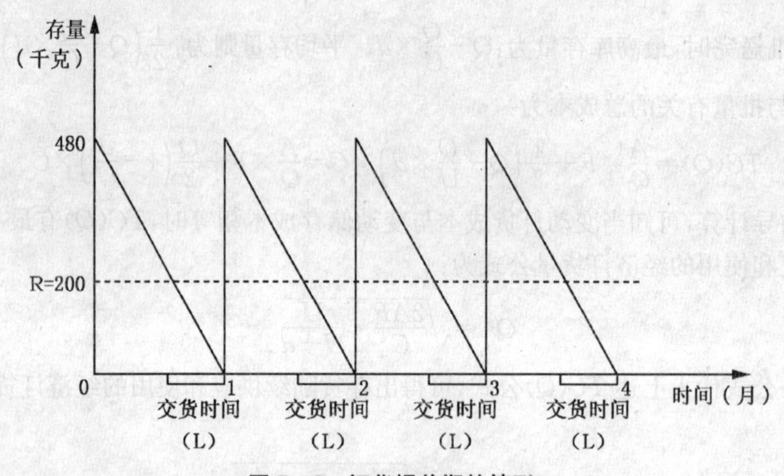

图 7—5 订货提前期的情形

2. 保险储备

以前讨论都是假定存货的供需稳定且确知，即每日需求量不变，交货时间也固定不变。实际上，每日需求量可能发生变化，交货时间也可能发生变化。按照某一订货批量（如经济订货批量）和再订货点发出订单后，如果需求增大或送货延迟，就会发生缺货或供货中断。为防止由此造成的损失，就需要多储备一些存货以备应急之需，称为保险储备（安全存量）。这些存货只有当存货过量耗用或送货延迟时才动用。

【例 7—18】 材料年耗用量为 7 200 千克，单位储存成本为 4 元，平均每次订货成本为 64 元，已计算出经济订货量为 480 件，每年订货 15 次。又知全年平均日耗用量为 20 件，平均每次交货时间为 10 天。为防止需求变化引起缺货损失，设保险储备量为 100 件，再订货点 R 由此而相应提高为：

R ＝交货时间×平均日需求＋保险储备

$=L \cdot d+B$

$=10\times20+100=300$（件）

在每一个订货周期里，若 $d=20$，不需要动用保险储备；若 $d>20$，需求量大于供货量，需要动用保险储备；若 $d<20$，不仅不需动用保险储备，正常储备亦未用完，下次存货

就已送到。

建立保险储备，固然可以使企业避免缺货或供应中断造成的损失，但存货平均储备量加大却会使储备成本升高。研究保险储备的目的，就是要找出合理的保险储备量，使缺货或供应中断损失和储备成本之和最小。方法上可先计算出各不同保险储备量的总成本，然后再将各种保险储备量的总成本进行比较，选定其中总成本最低的保险储备量。

如果设与此有关的总成本为 $TC(S、B)$，缺货成本为 T_S，保险储备成本为 T_B，则：

$$TC(S、B)=T_S+T_B$$

设单位缺货成本为 R，一次订货缺货量为 S，年订货次数为 N，保险储备量为 B，单位存货成本为 C，则：

$$T_S=R\cdot S\cdot N$$

$$T_B=B\cdot C$$

$$TC(S、B)=R\cdot S\cdot N+B\cdot C$$

现实中，缺货量 S 具有概率性，其概率可根据历史资料估计得出；保险储备量 B 可选择而定。

【例 7－19】 假定某存货的全年需要量为 3 600 件，单位储存变动成本为 3 元，单位缺货成本为 4 元，交货时间为 10 天；已经计算出经济进货批量为 300 件，每年订货次数为 12 次。交货期内的存货需要量及其概率分布见表 7－12。

表 7－12　　交货期内的存货需要量及其概率分布

需要量($10\times d$)	70	80	90	100	110	120	130
概率(P_1)	0.01	0.04	0.20	0.50	0.20	0.03	0.02

先计算不同保险储备的总成本：

(1)不设置保险储备量。即令 $B=0$，且以 100 件为再订货点。此种情况下，当需求量为 100 件或其以下时，不会发生缺货，其概率为 0.75(0.01＋0.04＋0.20＋0.50)；当需求量为 110 件时，缺货 10 件(110－100)，其概率为 0.20；当需求量为 120 件时，缺货 20 件(120－100)，其概率为 0.03；当需求量为 130 件时，缺货 30 件(130－100)，其概率为 0.02。因此，$B=0$ 时缺货的期望值 S_0、总成本 $TC(S、B)$ 可计算如下：

$S_0=(110-100)\times0.2+(120-100)\times0.03+(130-100)\times0.02=3.2$(件)

$TC(S、B)=R\cdot S_0\cdot N+B\cdot C=4\times3.2\times12+0\times3=153.60$(元)

(2)保险储备量为 10 件。即 $B=10$ 件，以 110 件为再订货点。此种情况下，当需求量为 110 件或其以下时，不会发生缺货，其概率为 0.95(0.01＋0.04＋0.20＋0.50＋

0.20)；当需求量为120件时，缺货10件(120－110)，其概率为0.03；当需求量为130件时，缺货20件(130－110)，其概率为0.02。因此，$B=10$件时缺货的期望值S_{10}、总成本$TC(S、B)$可计算如下：

$S_{10}=(120-110)\times0.03+(130-110)\times0.02=0.7$(件)

$TC(S、B)=R\cdot S_{10}\cdot N+B\cdot C=4\times0.7\times12+10\times3=63.60$(元)

(3)保险储备量为20件。同样运用以上方法，可计算S_{20}、$TC(S、B)$为：

$S_{20}=(130-120)\times0.02=0.2$(件)

$TC(S、B)=4\times0.2\times12+20\times3=69.60$(元)

(4)保险储备量为30件。即$B=30$件，以130件为再订货点。此种情况下可满足最大需求，不会发生缺货，因此：

$S_{30}=0$

$TC(S、B)=4\times0\times12+30\times3=90$(元)

然后，比较上述不同保险储备量的总成本，以其低者为最佳。

当$B=10$件时，总成本为63.60元，是各总成本中最低的。故应确定保险储备量为10件，或者说应确定以110件为再订货点。

以上举例解决了由于需求量变化引起的缺货问题。至于由于延迟交货引起的缺货，也可以通过建立保险储备量的方法来解决。确定其保险储备量时，可将延迟的天数折算为增加的需求量，其余计算过程与前述方法相同。

三、存货的日常控制

(一)ABC控制法

企业存货品种繁多，尤其是大中型企业的存货往往多达上万种甚至数十万种。实际上，不同的存货对企业财务目标的实现具有不同的作用。有的存货尽管品种数量很少，但金额巨大，如果管理不善，将给企业造成极大的损失。相反，有的存货虽然品种数量繁多，但金额微小，即使管理当中出现一些问题，也不至于对企业产生较大的影响。因此，无论是从能力还是经济角度，企业均不可能也没有必要对所有存货不分巨细地严加管理。ABC分类管理正是基于这一考虑而提出的，其目的在于使企业分清主次，突出重点，以提高存货资金管理的整体效果。

所谓ABC分类管理，就是按照一定的标准，将企业的存货划分为A、B、C三类，分别实行按品种重点管理、按类别一般控制和按总额灵活掌握的存货管理方法。

1. 存货ABC的分类标准

分类的标准主要有两个：一是金额标准，二是品种数量标准。其中金额标准是最基本的，品种数量标准仅作为参考。

A类存货的特点是金额巨大，但品种数量较少；B类存货金额一般，品种数量相对较多；C类存货品种数量繁多，但价值金额却很小。如一个拥有上万种商品的百货公司，家用电器、高档皮货、家具、摩托车、大型健身器械等商品的品种数量并不很多，但价值额却相当大。大众化的服装、鞋帽、床上用品、布匹、文具用品等商品品种数量比较多，但价值额相对A类商品要小得多。至于各种小百货，如针线、纽扣、化妆品、日常卫生用品及其他日杂用品等品种数量非常多，但所占金额却很小。

一般而言，三类存货的金额比重大致为A∶B∶C=0.7∶0.2∶0.1，而品种数量比重大致为A∶B∶C=0.1∶0.2∶0.7。可见，由于A类存货占用企业绝大多数的资金，只要能够控制好A类存货，基本上也就不会出现较大的问题。同时，由于A类存货品种数量较少，企业完全有能力按照每一个品种进行管理。B类存货金额相对较小，企业不必像对待A类存货那样花费太多的精力。同时，由于B类存货的品种数量远远多于A类存货，企业通常没有能力对每一个具体品种进行控制，可以通过划分类别的方式进行管理。C类存货尽管品种数量繁多，但其所占金额却很小，对此，企业只要把握一个总金额就可以了。不过，需要提醒的是，由于C类存货大多与消费者的日常生活息息相关，虽然这类存货的直接经济效益对企业并不重要，但如果企业能够在服务态度、花色品种、存货质量、价格方面加以重视的话，其间接经济效益将是无法估量的。相反，企业一旦忽视了这些方面的问题，其间接的经济损失同样也是无法估量的。

2. A、B、C三类存货的具体划分

具体划分过程可以分三个步骤（有条件的可通过计算机进行）：

(1)列示企业全部存货明细表，计算每种存货的价值总额；

(2)计算每种存货占全部存货金额的百分比，并按大小顺序排列，编成表格；

(3)按照事先测定好的标准，划分A类存货、B类存货和C类存货；

(4)对A类存货进行重点管理，对B类存货进行次重点管理，对C类存货进行一般管理。

【例7—20】 某公司共有20种材料，总金额为500 000元，按金额多少的顺序排列并按上述原则将其划分成A、B、C三类，如表7—13所示。

表7—13 **ABC分类**

材料编号	金额(元)	占全部存货的金额比重(%)	类别	各类存货品种数量	各类存货占全部存货的金额比重(%)
1	150 000	30			
2	125 000	25	A	3	70
3	75 000	15			

续表

材料编号	金额(元)	占全部存货的金额比重(%)	类 别	各类存货品种数量	各类存货占全部存货的金额比重(%)
4	35 000	7	B	5	20
5	20 000	4			
6	17 500	3.5			
7	15 000	3			
8	12 500	2.5			
9	7 500	1.5	C	12	10
10	6 500	1.3			
11	6 000	1.2			
12	5 000	1.0			
13	4 500	0.9			
14	4 000	0.8			
15	3 500	0.7			
16	3 250	0.65			
17	3 000	0.6			
18	2 750	0.55			
19	2 500	0.5			
20	1 500	0.3			
合计	500 000	100	—	—	100

各类存货金额百分比如图 7—6 所示。

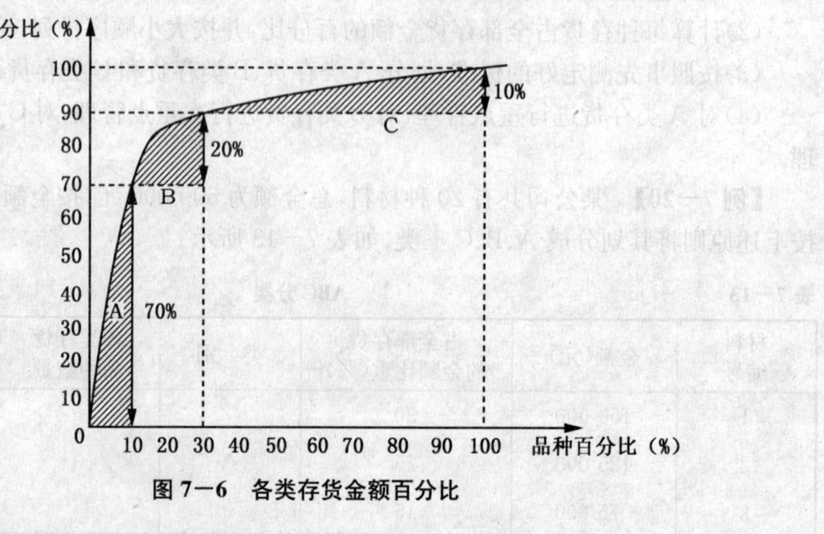

图 7—6 各类存货金额百分比

3. ABC分类法在存货管理中的运用

通过对存货进行ABC分类，可以使企业分清主次，抓住主要矛盾，采取相应的对策进行有效的管理、控制。对A、B两类存货可以分别按品种、类别进行，对C类存货只需要加以灵活掌握即可。

（二）JIT控制系统

JIT(just in time)系统，又称为适时管理系统，是指在存货控制过程中，在最准确的地点，按照最标准的质量和最准确的数量，满足各个环节对存货的需求。JIT生产方式的主要目的是使生产过程中的物品(零部件、半成品及制成品)有秩序地流动并且不产生物品库存积压、短缺和浪费，尤其是在生产的最终阶段即产成品阶段，直接按订单安排生产，因此最大限度地减少了产成品库存，实现了所谓的"无仓储管理"的最高境界。JIT系统能有效降低存货资金的占用，从而提高流动资金的使用效率。

复习思考题

1. 简述现金的特点及其管理目标。
2. 企业持有现金的动机是什么？
3. 成本分析模式中，现金的成本由哪几部分组成？
4. 为了提高现金使用效率，应如何进行现金日常管理？
5. 应收账款的作用是什么？
6. 试说明应收账款的成本及其计算方法。
7. 企业的信用政策主要包括哪些内容，如何决定合理的信用政策？
8. 什么是判断客户信用等级的"5C"系统？
9. 进行应收账款控制应采取什么措施？
10. 存货成本主要由哪几部分组成？
11. 试说明存货经济批量控制的含义及基本模式的运用。
12. 什么是存货ABC控制法？

第八章

利润及利润分配管理

【学习目标】

通过本章学习，要求掌握下列内容：

- 营业利润、利润总额、净利润的形成，利润分配的原则和程序
- 各种股利理论
- 各种股利政策及影响股利政策的各种因素
- 股票股利、股票分割和股票回购的基本做法
- 股利支付的程序及支付股利的各种方式

企业在日常经营活动中会取得各种收入，同时发生各种费用。一定时期的收入抵减费用后，再考虑当期利得和损失等，就形成了企业的利润或亏损。利润是企业生存和发展的基础，追求利润是企业经营的根本动力。利润在企业经营管理中，尤其是在财务管理中具有广泛的意义。企业经营管理的质量、市场开拓能力、成本费用的开支、各种财务风险等最终都会在企业利润中体现出来，所以利润也是对企业作出评价的最重要的指标之一。企业的利润分配必须以法定程序进行，并且需要遵循体现企业股利发放政策的理论。

第一节　营业收入管理

一、营业收入的含义

营业收入是指企业在销售商品、提供劳务及让渡资产使用权等日常活动中形成的、会导致所有者权益增加的、与所有者投入资本无关的经济利益总流入。日常活动是指企业为完成其经营目标而从事的经常性活动以及与之相关的活动。营业收入形成的经济利益总流入，通常表现为资产的增加，也可能表现为负债的减少，还可能表现为两者的结合，收

入一定能增加企业的所有者权益。企业为第三者或者客户代收款项，一方面增加企业的资产，另一方面增加企业的负债，但并不增加企业的所有者权益，所以不构成企业的营业收入。

营业收入按企业日常经营业务的主次不同，可分为主营业务收入和其他业务收入两部分。将企业的收入划分为主营业务收入和其他业务收入的主要目的是为了加强收入的管理，据以向管理部门和外界提供有用的决策信息，从而对企业的生产经营和其他投资活动进行有效的控制和管理。

(一)主营业务收入

主营业务收入是指企业为完成其经营目标所从事的经常性活动所实现的收入，也称为基本业务收入。主营业务收入在企业的营业收入中占有较大的比重，直接影响企业的经营业绩。不同行业企业的主营业务收入所包括的内容不同，如工业企业的主营业务收入主要包括销售产品、提供工业性劳务等实现的收入；商业企业的主营业务收入主要包括销售商品实现的销售收入；服务性行业提供服务或劳务等实现的收入等。

(二)其他业务收入

其他业务收入是指企业为完成其经营目标所从事的与经常性活动相关的活动实现的收入，也称附营业务收入。其他业务收入在企业的营业收入中所占比重较小，其特点是业务量少、收入金额较小而且不稳定，属于企业日常活动中次要交易实现的收入。不同行业企业的其他业务收入所包括的内容不同，如工业企业的其他业务收入主要包括对外销售材料、出租固定资产、转让无形资产使用权、对外出租或出售包装物和低值易耗品等实现的收入。

在实际工作中，主营业务收入与其他业务收入的划分，要视企业的具体情况而定。如在工业企业，对外出租多余资产的收入，列为其他业务收入；而在租赁公司，则将此项业务取得的收入作为主营业务收入。

二、营业收入的特征

(一)营业收入来自于企业日常经营活动中形成的经济利益的总流入

营业收入从企业的日常活动中产生，而不是从偶发的交易事项中产生。有些交易事项也能为企业带来经济效益，但并非企业的经常性活动，其流入的经济利益是利得而不是收入。利得通常是指不经过经营过程就能取得，或属于企业不曾期望获得的收益。比如，工业企业出售固定资产、无形资产等，因固定资产、无形资产是为使用而不是为出售而购入或自建、自创的，出售固定资产、转让无形资产等并非是企业的日常经营活动，所以出售固定资产或转让无形资产并取得的收益并不作为营业收入。

(二)营业收入可以表现为企业资产的增加或负债的减少

营业收入可能表现为企业资产的增加,如通过销售产品、提供劳务等取得银行存款或增加应收账款;也可能表现为减少企业负债,如减少预收账款;或者两者兼而有之,如在企业销售产品中部分货款收到现金,部分减少预收账款。

(三)营业收入会导致企业所有者权益的增加

营业收入的取得会增加企业的资产或减少其负债,也可能表现为两者兼而有之,从而导致企业所有者权益的增加。企业通过实现营业收入而取得盈利,收入的增加是利润增加的主要途径之一。

(四)营业收入不包括为第三者或客户代收的款项

营业收入只包括本企业经济利益的流入,不包括为第三方或客户代收的款项,如增值税、代收的利息等。代收的款项,在增加企业资产的同时也增加了企业的负债,并不增加企业的所有者权益,也不属于本企业的经济利益,所以不能作为本企业的收入。

三、营业收入的作用

营业收入是衡量企业生产经营成果的重要标志,也是企业的一项重要财务指标,组织并加强营业收入的管理是企业财务管理的重要内容。

(一)营业收入是企业再生产顺利进行的必要条件

企业在日常生产经营活动中,为获取营业收入,要发生一定的人力、物力、财力消耗,这些消耗构成了企业的成本和费用,它们都要在企业取得营业收入后才能得到补偿。因此,及时取得营业收入,才能使企业的持续经营得以保证。

(二)营业收入是企业实现利润的途径

取得收入是企业从事生产经营活动的重要目标,也是实现企业价值最大化的必然途径。企业的营业收入扣除营业成本、营业税金及附加及各项费用和有关支出后的余额即为营业利润,是企业利润最主要的来源。企业只有及时得到营业收入,盈利才能得到实现。

(三)营业收入是企业现金流入量的主要组成部分

企业要想维持其正常的财务活动,必须保持一定量的现金用以购买材料、支付费用、缴纳税金和偿还到期债务。而举债和募集资本金在融资环境紧张的资本市场中,并非易事,只能作为增加现金流入量的辅助措施。况且举债有固定的利息负担,无形中增加了企业的财务风险。营业收入的实现,一方面销售了产品,增加了收入;另一方面可以收回现金,增加现金流入量,改善企业的财务状况。只要企业的产品适销对路,价格具有竞争力,便可以将其销售出去,取得现金。

四、营业收入的管理要求

营业收入的重要作用反映了加强收入管理的必要性。在我国，随着市场经济的逐步完善和加入 WTO 后面临的各种挑战，市场竞争日趋激烈，如何占有市场、扩大收入、提高收入的质量是企业生存的关键。这也使得营业收入的管理任务日趋繁重，地位日趋重要，对收入管理要求也日趋提高。就目前而言，收入管理的基本要求主要体现在以下几个方面。

（一）合理地制定商品劳务价格，扩大产品销售

价格对企业而言，是最有效的理性竞争工具，在保证商品或劳务质量的前提下，价格定位是否合理具有重要的战略意义。合理的价格可以保证企业的市场地位，扩大销售，获得预期的利润。因此，企业要实现收入的最优化，应在挖掘降低成本的潜力、抓好内部成本控制的同时，考虑市场供求状况、竞争激烈程度、消费者心理及市场定位等因素，制定适当的价格策略。

（二）进行市场预测，制定合理的销售计划

在市场经济体制下，企业依靠市场生存，以销促产，销售预测极为重要；同时，销售预测是财务预测的前提。收入预测分析实际上就是市场动态与销售情况的市场分析，企业的财务部门及各业务部门应根据历史资料，结合现有市场进行深入调研，掌握大量信息，把握市场动态和变化趋势，采用科学方法对销售情况和相应的营业收入做出尽可能合理的预测，在此基础上制定计划，并按计划组织生产和销售，以保证企业组织各项生产经营活动。如果企业不了解市场的变化，盲目地生产经营，必然会给企业带来重大的损失，在激烈的市场竞争中终究被淘汰。对市场的预测，不仅要预测短期的市场需求，更要预测长期的市场变化趋势，以调整企业的经营战略，这样才能使企业在激烈的市场竞争中立于不败之地。

（三）有效地进行营业收入的日常管理

加强企业营业收入的日常管理，是保证企业生产、销售活动有计划地进行，并取得预期收入的重要条件。企业应根据市场需求组织安排生产，加强生产经营管理，改进技术，提高产品质量和服务水平，以增加企业的信誉，使企业占有更多的市场份额，拥有更多的客户。企业应根据市场需求，及时签订并严格履行销售合同，加快回收货款，节约销售费用，建立健全销售岗位责任制，定期组织销售及收入的考核与分析，并与奖惩措施挂钩，使销售管理工作逐步实现科学化和规范化。

（四）提高营业收入的质量，实现财务管理的目标

企业要取得足够的维持生产经营正常运转的现金流入，应以营业收入为主要的来源，且以营业收入的实际现金流入量为保障。由于会计分期及权责发生制的运用，企业的营

业收入有可能表现为一种应计的现金流入量与所有者的可能财富,而非直接等同于实际的现金流入量与真实的所有者财富。如果这种应计的现金流入量不能及时地转化为实际的现金流入量,会给企业带来不利的负面影响;如果企业财务长期处于这种状况,必然会导致财务危机,从根本上损害企业价值最大化目标的实现。如果单纯追求营业收入的数量,虽然有利于增强企业在某一时期的市场竞争地位,但同时会给企业带来收入的潜在损失,形成较大的机会成本;同样,如果过分地强调收入的质量,尽管可以保护企业的既得利益,降低相关机会成本的发生,避免企业陷入财务支付危机,但却会因此而削弱企业的市场竞争能力,从而影响企业长期利益的增长。所以,加强营业收入的管理,不仅要考虑营业收入的数量,也要关注营业收入的质量,只有当应计的现金流入量转化为实际的现金流入量时,才表明营业收入的真正实现及所有者财富的取得,才可能真正实现企业价值最大化。在实际工作中,要全局权衡营业收入的数量和质量,实现收入的数量和质量的最佳匹配关系。

五、营业收入的控制

控制是指按照预先制定的计划要求对生产经营活动的过程与结果进行的监督管理,以达到完成预定的经营目标、提高经济效益的目的。营业收入的控制主要是对销售收入的控制。在销售收入的控制过程中,要加强对销售过程的各个环节进行监督管理,达到增加销售收入、降低销售费用的目的。

(一)认真执行销售合同,扩大产品销售量,完成销售计划

在市场经济条件下,企业的促销手段对产品的销售有重要的影响。在遵守法律法规的前提下,采取多样化、创新性的促销手段,刺激顾客消费,可以快速提高销售量,增加销售收入。要增加销售量,还必须重视市场调查,生产和销售适销对路的产品。企业在销售产品时,应该认真执行与客户签订的销售合同,这样不仅可以加速企业的存货周转和资金回笼,也可以提高企业的信誉和知名度,为企业的生产经营创造一个良好的环境。

(二)提高服务质量,做好产品售后服务和信息反馈工作

质量是企业的生命,关系到企业生产经营的成败兴衰。服务质量不仅包括企业的服务态度和服务水平,也包括企业产品的质量。提高服务质量可以减少销货退回,减少销售纠纷,增加回头客,推动销售,直接增加企业的销售收入。做好产品售后服务工作,有助于提高企业信誉,增强产品的竞争能力,扩大销售。在产品销售过程中还要做好销售信息反馈工作,以便企业根据市场变化和消费者的需求,及时调整生产和销售计划,调整企业产品生产和销售结构,扩大市场占有率,同时也为未来市场预测做好准备。

(三)及时办理结算,加速货款的收回

办理结算一般是由企业财务部门负责,但是销售部门可以积极配合财务部门做好货

款的回收工作。货款能否按时回收和回收的多少，关系到企业资金的周转速度，关系到企业的持续生产。如果企业的资金长期被拖欠，或者企业大量资金被拖欠，有可能产生坏账损失，影响企业生产经营目标的实现。所以，企业在产品发出后要及时通知财务部门办理结算。在签订销售合同时，既要认真审查购货方的信誉情况，又要在合同中明确双方的责任、货款的结算方式和结算时间，保证货款的及时收回。

第二节　利润管理

利润是企业对社会作出贡献的来源。向社会提供合格的产品和令公众满意的服务是企业的重要任务之一，在提供产品与服务过程中企业耗费的各种人力、物力、财力资源，形成企业的成本和费用。在资源相对有限的条件下，社会客观上要求对资源实行最有效的配置，即社会只鼓励资源耗费低于产品和服务的价格的企业。利润是社会向企业支付的价格超过企业资源耗费以后的差额，是社会对企业劳动的承认和奖励。企业的利润取之于社会，还要以适当的方式回报社会，企业回报社会的资金来源于企业的利润，企业只有获取更多的利润，才能对社会作出更大的贡献。企业利润回报社会的最主要的方式是向国家缴纳所得税费用，另外，企业也可以通过各种公益性赞助直接参与社会公益事业，为社会发展作出贡献。利润是企业实现财务目标的基础。企业财务管理的目标是实现企业价值的最大化，企业价值最大化是企业利润与风险的最佳结合，企业只有实现足够的利润，才能完成企业财务管理目标，企业的债权人、股东的利益才能得到保障；利润是企业对股东回报的源泉。股东投资企业的最主要的目的是获取投资收益，企业取得的利润在按照规定顺序分配之后，剩余额可以向股东发放股利。利润的不断增加，是股利不断增加的前提。企业应以不断增加的股利回报股东的投资；利润也是企业扩大再生产的资金保障，扩大企业经营规模，不但能给企业带来更多的利润，也有利于提高企业财务的安全性。

一、会计利润的构成

从会计的角度来看，利润是指企业在一定会计期间实现的经营成果，是企业在一定会计期间生产经营活动所取得的全部收入抵补全部支出后的余额。利润可以反映企业在一定会计期间的经营业绩和获利能力，反映企业的投入产出效率和经济效益，有助于企业投资人和债权人据此进行盈利预测，评价企业经营绩效，作出正确的决策。

根据企业会计准则的规定，企业利润包括营业利润、营业外收入和支出、所得税费用等。其中，营业利润加上营业外收入，减去营业外支出后的数额又称为利润总额（税前利润）；利润总额减去所得税费用后的数额即为企业的净利润（税后利润）。

(一)营业利润

营业利润是企业在一定时期内从事经营活动所取得的利润，是企业利润的最主要来源。

营业利润是以营业收入为基础，减去营业成本、营业税金及附加、销售费用、管理费用、财务费用、资产减值损失，加上公允价值变动收益(减去公允价值变动损失)和投资收益(减去投资损失)后计算得出。营业利润是企业从事主要的、基本的生产经营活动所取得的利润。

营业收入是企业经营主要业务和其他业务所确认的收入总额。

营业成本是企业经营主要业务和其他业务所发生的成本总额。

营业税金及附加是企业经营业务应负担的消费税、营业税、城市维护建设税、资源税、土地增值税和教育费附加等。

销售费用是企业在销售商品过程中发生的费用，包括运输费、装卸费、包装费、保险费、展览费和广告费，以及为销售本企业商品而专设的销售机构的职工薪酬、业务费等经营费用。

管理费用是企业为组织和管理生产经营活动所发生的费用，包括企业的董事会和行政管理部门在企业的经营活动中发生的，或者应由企业统一负担的公司经费(包括行政管理部门职工工资、修理费、物料消耗、低值易耗品摊销、办公费和差旅费等)、工会经费、待业保险费、劳动保险费、董事会费、聘请中介机构费、咨询费、诉讼费、业务招待费等。

财务费用是企业为筹集生产经营所需资金等而发生的费用，包括利息支出(减利息收入)、汇兑损失(减汇兑收益)以及相关的手续费等。

资产减值损失是企业各项资产发生的减值损失。

公允价值变动收益是企业应当计入当期损益的资产或负债的公允价值的变动收益。

投资收益是指企业对外投资所取得的收益。

营业利润的计算公式为：

营业利润＝营业收入－营业成本－营业税金及附加－销售费用－管理费用
－财务费用－资产减值损失＋公允价值变动收益(－公允价值
变动损失)＋投资收益(－投资损失)

(二)利润总额

利润总额是企业在一定时期内的经营成果，是在营业利润的基础上加上营业外收入、减去营业外支出后的金额。利润总额的计算公式为：

利润总额＝营业利润＋营业外收入－营业外支出

营业外收入指企业发生的与其日常活动无直接关系的各项利得。主要包括非流动资产处置利得、盘盈利得、罚没利得、捐赠利得、确实无法支付而按规定程序经批准后转作营业外收入的应付款项等。其中,非流动资产处置利得包括固定资产处置利得和无形资产出售利得。盘盈利得指对于现金等清查盘点中盘盈的现金等。罚没利得指企业取得各项罚款在弥补由于对违反合同或协议而造成的经济损失后的罚款净收益。捐赠利得是指企业接受捐赠而产生的利得。

营业外支出是指企业发生的与其日常活动无直接关系的损失。主要包括非流动资产处置损失、盘亏损失、罚款支出、公益性捐赠支出、非常损失等。其中非流动资产处置损失包括固定资产处置损失和无形资产出售损失。盘亏损失主要是指对于固定资产清查盘点中盘亏的固定资产。罚款支出是指企业由于违反税收法规、合同等而支付的各种滞纳金和罚款。公益性捐赠支出是指企业对外进行公益性捐赠发生的支出。非常损失是指企业对于因客观因素(如自然灾害等)造成的损失,在扣除保险公司赔偿后的净损失。

(三)净利润

净利润是指利润总额减去所得税费用后的金额,也称为税后净利润,是企业所有者权益的净增加额。所得税是指企业应计入当期损益的所得税费用。

二、财务管理中利润的概念

在企业的财务管理活动中,利润根据其构成的不同,还可以表述为以下不同的层次:息税前利润、税前利润、税后利润。

(一)息税前利润

息税前利润是指企业支付利息和缴纳所得税之前的利润,其计算公式可以分别从其形成和分配两个方面反映。

从形成方面看:

息税前利润＝营业收入－营业成本及费用＋投资净收益＋营业外收支净额

或者:　息税前利润＝利润总额＋利息费用

从分配方面看:

息税前利润 ＝ 净利润 ＋ 所得税＋利息支出

可见,息税前利润是对应于企业总资本的利润,其中净利润和所得税分别是归属于投资人和国家,利息支出则归属于债权人。息税前利润反映了企业的经营效果和盈利水平,体现了不同企业间的不同资本结构、不同税率及其他有关因素的影响,可以比较准确地对企业的经营管理水平进行评价。在计算经营杠杆系数和财务杠杆系数、分析财务报表时都需要用到息税前利润。

(二)税前利润

税前利润是指企业的息税前利润扣除利息费用后的余额,是企业所得税的计税依据,也称为利润总额。其计算公式也可以分别从其形成和分配两个方面反映。

从形成方面看：

税前利润＝息税前利润－利息费用

从分配方面看：

税前利润＝净利润＋所得税

可见，税前利润是与企业投资人的投资和国家提供行政管理服务相对应的利润，其中净利润归属于投资人，所得税归属于国家。

（三）税后利润

税后利润也称为净利润，它是与投资人权益资本相对应，归属于投资人所有的利润。

其计算公式为：

税后利润＝税前利润－所得税

或者：税后利润＝本年利润－所得税

财务管理活动中的利润分配从分配的范围来看，包括息税前利润分配、税前利润分配、税后利润分配，与此相对应的分配程序是息税前利润在利息与税前利润之间的分配，按契约规定，向债权人支付利息；税前利润在所得税与净利润之间的分配，即按税法规定，向政府缴纳所得税；税后利润在企业留存与股利之间的分配，即根据有关法规要求提取法定盈余公积金，进而根据企业发展对资本的需求、现金支付能力与流量状况，以及投资者对收益的偏好等因素，确定对内留存和对外分配的比例。

三、企业增加利润的主要措施

企业利润是国家财政收入的主要来源，是企业扩大再生产的重要资金保证，是实现职工物质利益的前提保证。因此，企业要不断地为社会提供更多、更好的商品和服务，不断地采取措施，增加利润。企业增加利润的主要措施有：

（一）面向市场，优化商品和服务的质量，不断增加营业收入

由于社会消费的多样化，企业在商品品种和服务方式上应当力求多种多样，企业要了解市场需求变化，努力开发新产品，扩大销售，以满足社会的需求，保证在激烈的市场竞争中立于不败之地。企业必须努力提高商品质量和服务质量，并选用有效的市场营销策略，提高市场占有率，实现优质优价，在优质多销的基础上获得更多的利润。

（二）节约开支，降低成本

企业在营业收入既定的情况下，营业成本的高低和各项费用的多少，是决定企业利润多少的关键。充分挖掘潜力，降低产品成本，压缩各项费用开支对提高企业的利润有重要的意义：当企业的营业收入增加时，降低成本和费用可以使利润获得更大幅度的提高；当企业的营业收入不变时，降低成本和费用也可以使利润增加；当企业的营业收入减少时，降低成本和费用可以防止或减少利润下跌。利润的增加可以通过节约成本和费用开支来

实现，但成本和费用开支的节约毕竟是有限度的，而通过各种途径增加企业的营业收入，从而增加利润则是无限的。因此，企业既要在生产经营过程中在保证商品和服务质量的同时降低成本，在管理环节节约开支，又要通过各种途径增加企业的营业收入，实现更多的利润。

（三）合理运用资金，加速资金周转

资金的合理运用实质上是资金的有效配置，是指管好、用好各生产经营环节中占用的各种财产物资，做到节约使用，合理消耗。企业要有严格的经济核算，加强生产经营等各环节的管理，不断降低人力、物力消耗，减少资金占用，加速资金周转，提高经济效益，增加利润；企业应充分挖掘现有企业的潜力，使现有资源得到更充分的运用，为企业带来更多的营业收入；利用留存收益追加投资，扩大企业经营规模，也可以为企业带来更多的未来利润；利用暂时闲置的资金对外投资。在资本市场日益发达的情况下，企业要充分预测各种投资的风险和收益，根据自身的财务状况，选择最佳的投资组合，以增加投资收益，减少投资损失，增加利润。

第三节 利润分配管理

利润分配是指企业对一定时期实现的净利润按照国家的有关规定在企业和投资者之间进行的分配。企业取得的净利润必须依法进行分配，利润分配涉及企业筹资和投资活动，是财务管理的重要内容。

一、利润分配的项目和程序

（一）利润分配的项目

1. 企业亏损及其弥补

企业一定时期经营后计算出来的利润总额为负数，表明企业的亏损。企业应当获取利润，并以利润向国家缴纳所得税，向投资人支付投资报酬，出现亏损即表明企业未能完成经营目标。

导致亏损的原因多种多样，有经营管理不善的原因，有国家政策的原因，也有自然灾害和意外事故的原因。无论何种情况，企业都应当将亏损降低到最低限度。出现亏损以后，企业应当认真分析原因，如果是因经营不善造成的，应当采取切实有效的措施，对症下药，尽快扭亏为盈。

企业经营中发生的亏损应当弥补。按我国财务制度和税务制度的规定，企业年度亏损，可以由下一年度的税前利润弥补，下一年度的税前利润不足以弥补的，可以由以后年度的利润继续弥补，但用税前利润弥补以前年度的亏损的连续期限最多不得超过 5 年。

这样规定，一方面是为了促使企业尽快扭亏为盈，另一方面是为了保证国家的税基不被过多侵蚀。

税前利润未能弥补的亏损，只能由企业税后利润弥补。税后弥补亏损的资金一是来自企业的未分配利润，另一是来自企业的公积金。由于国家政策原因导致的亏损，可以向国家申请政策性亏损补贴。但如果在政策性亏损掩盖下存在经营性亏损或其他原因，国家不予补贴。

亏损是企业的负利润，亏损的弥补是利润的逆向分配，也属于利润分配的组成内容。

2. 盈余公积金

盈余公积金是企业按规定从净利润中计提的、用于增强企业自我发展和承受风险能力的资金。计提盈余公积金是利润分配的重要形式，也是企业指定了专门用途的留存收益。

盈余公积金包括法定盈余公积金和任意盈余公积金。法定盈余公积金按净利润的10%计提。称为“法定”是因为我国财务制度规定，无论何种企业，都必须按净利润的10%计提法定盈余公积金。企业的盈余公积金达到企业注册资本的50%时，可以不再计提。任意盈余公积金主要是由股份有限(责任)公司计提的，是在计提法定盈余公积金以后，由企业章程规定或股东大会决议提取的公积金。提取任意盈余公积金时应考虑：

(1)企业的盈利状况。企业在盈利较多时可以多提，盈利较少时可以少提或不提。

(2)累积盈余公积金数额。企业累计提取的公积金数额占企业注册资本比例较多时可以少提或不提，较少时可以多提。

(3)对企业股利分配的影响。企业提取的任意盈余公积金仍为企业投资者所有，但计提以后会减少当期企业可分配的股利。如果企业投资者普遍期望多分配股利，任意盈余公积金宜少提。企业分配股利的多少，大股东与中、小股东的意愿常常是不一致的。少数大股东握有企业的实际控制权，企业的经营管理者实际上是由大股东派任或选任，提留的任意盈余公积金可以由企业支配，因而多提任意盈余公积金往往对大股东有利。在提留任意盈余公积金与分配股利的关系上，大、小股东之间应尽可能协调一致。

(4)对股票市价的影响。上市公司提留任意盈余公积金对股票的市场交易价格有一定的影响，企业在提留任意盈余公积金时应兼顾股票的市场价格。

企业提取的盈余公积金可以用于以下几个方面：

(1)弥补亏损。一般为超过法定年限(一般为5年)未能被弥补的亏损可以用盈余公积金来弥补。

(2)支付现金股利或利润。股份有限(责任)公司为了维护股票信誉，用盈余公积金弥补亏损后，经股东大会特别决议，还可以用盈余公积金按照不超过股票面值6%的比例向股东支付股利，在支付股利后企业的法定盈余公积金不能低于企业注册资本的25%。

(3)转增资本。企业的盈余公积金经股东大会特别决议以后也可以用来增加企业的注册资本。盈余公积金用于增加注册资本后，法定盈余公积金的比例，一般不能低于企业注册资本的25%。注册资本和盈余公积金在权属上是一致的，都是企业的所有者权益，但在用途上有一定的差别。企业的注册资本不能用于弥补亏损，也不能向投资者分红。而盈余公积金转增资本后，增加股东的持股数量(按股东持股比例分配)，可以视为企业发放股票股利的一种方式。如果是上市公司，股东可以在股票市场抛售股票套取现金，在股票市价上涨以后，由于填权[①]效应还可能给股东带来额外的交易收益，这也是在新兴股市中盈余公积金转增资本受到一部分公司和股东偏好的原因之一。要取得填权效应而不导致贴权，盈余公积金转增资本的时机选择非常重要。

3. 向投资者分配利润

企业向投资者分配利润也称分配红利，是利润分配的主要阶段。企业要在弥补亏损、提取盈余公积金以后才能向投资者分配利润。如果企业当年无利润，一般不得向投资者分配利润，即所谓“无利不分”的原则。但如前所述，企业在弥补亏损以后仍可以动用一部分盈余公积金分配红利。分配红利的数量应根据企业的盈利状况确定，一般由企业董事会提出方案，股东大会表决通过。在分配红利以前，应当确认股东的股权，在股权登记日前拥有股权的股东才有资格参与分红。

股份有限(责任)公司发行在外的股票一般包括优先股和普通股，优先股与普通股在分配股利的顺序上是不一样的，优先股先于普通股分配并取得股利率固定的股利。如果发行在外的是累积优先股，公司无税后利润支付固定的股息或者股东会议决议不分红时，应付的股利可以在以后年度支付，但只有在累计积欠的优先股股息全部支付完毕后公司才可对普通股股东支付股利；如果发行在外的不是累积优先股，公司的年度税后利润无法足额支付股利时，所欠的股利不予以累积计算，以后年度获利后只要足额支付了当年的优先股股息后，即可以对普通股股东支付股利；如果发行在外的是参与分配的优先股，在向优先股股东支付固定的股息后，优先股股东还有权参与剩余利润的分配，即取得和普通股股东相同的年度分红。例如优先股股息为3%，公司在支付优先股股息后决定按普通股股票面值的7%向普通股股东分红，则优先股股东还有权取得4%(7%—3%)的股利。

(二)利润分配的程序

利润分配的程序就是按照国家财务制度和企业章程将利润总额划分为国家的所得税收入、分配给投资者的利润和企业的留用利润等项目的步骤和顺序。按照我国《企业财务通则》的规定，企业的利润首先应按国家规定作相应的调整，增减有关收支项目，然后依法缴纳所得税。

---

① 填权：上市公司除权日以后的股票市价达到或超过除权参考价的称为填权，否则就是贴权。

1. 一般企业的税后利润分配程序

一般企业的税后利润分配程序除国家另有规定外，应按以下顺序分配：

(1)用于抵补被没收财物损失，支付违反税法规定的各种滞纳金。

(2)弥补超过所得税前利润抵补期限，按规定须用税后利润弥补的亏损。

(3)按税后利润扣除前两项后的10%计提法定盈余公积金，基数与可供分配利润数不一定一致，这是因为税法与会计上对利润的确认不一致的缘故。公司不能在没有累计盈余的情况下提取法定盈余公积金。

(4)向投资者分配利润，企业以前年度未分配利润可以并入本年度向投资者分配。

利润分配必须严格按照上述顺序依次进行，凡是上一项内容未分配完成，不得进行下一项内容的分配。

2. 股份有限(责任)公司的税后利润的分配程序

股份有限(责任)公司的税后利润的分配程序有其特殊性，现行制度单独对此做了规定，规定股份有限(责任)公司的税后利润在进行了上述四项的分配后，还按照下列顺序进行分配：

(1)支付优先股股利。优先股有比普通股高但比公司债券低的优先要求权，它是一种混合证券。通常，优先股的股利率、参与分配的具体标准等由有关的协议章程规定。根据我国的法律规定，公司的普通股股利的分配，要以付清当年的或积欠的优先股股利为条件。

(2)提取任意盈余公积金。公司出于未来发展需要的考虑，或基于控制向投资者分配利润的水平以及调整各年利润分配的波动而采取的比较谨慎的财务策略，自愿在税后利润中提取一部分作为留存收益，其计提的比例按照公司章程或股东会议决议。

(3)支付普通股股利。公司应按同股同权、同股同利的原则，向普通股股东支付股利。

利润分配的顺序可以按其中的逻辑关系总结如下：在弥补亏损和提取法定盈余公积金、公益金之后，才能向股东分配股利；在有优先股的公司，只有在支付优先股股利后，才能提取任意盈余公积金，也才能支付普通股股利。

二、利润分配的原则

利润分配是涉及企业筹资和投资活动，涉及有关各方的利益关系，涉及眼前利益与长远利益、整体利益与局部利益以至整个社会积累与消费关系的重要工作。为组织好企业的财务活动，处理好企业的财务关系，企业实现的利润必须依法进行合理的分配。因此，企业在进行利润分配时，应遵循下列原则。

(一)依法分配原则

为规范企业利润分配的行为，国家制定和颁布了若干法律、法规，包括《税法》、《公司法》、《企业财务通则》、《企业会计准则》等。这些法律、法规规定了企业利润分配的基本要求、一般次序和重大比例，企业应认真执行。

利润分配必须遵守国家财经法规，以保证国家的财政收入稳定增长和企业生产经营拥有安定的社会环境。国家具有管理社会公共事务的政治职能和国民经济宏观调控的经济职能。实现国家职能，维持国家机器的运转，需要凭借政治权力从各种经济性质的企业利润中征收企业所得税，形成财政收入，以满足公共开支的需要。因此企业必须做到依法纳税和税后进行合理分配。

首先，企业应该依法计算、足额缴纳所得税。计算所得税时，纳税所得额的确定必须遵守税制的规定，正确计算成本费用，合理扣除维持企业简单再生产的各项必要补偿，对规定不得计入成本费用的被没收财产损失、滞纳金等不得在税前扣除，税前调整项目的确定应严格遵守财务制度，以保证国家财政收入。其次，纳税后净利润的分配应当遵循国家制定和颁布的若干法律、法规，税后的利润分配的主体是企业的投资人和企业法人，应按财经法规的要求合理确定税后利润分配的项目、顺序及比例，尤其是提取盈余公积金不得低于法定的比例，如企业亏损，一般不应向投资者分配利润。

（二）利益兼顾原则

利润分配必须兼顾企业所有者、经营者和职工的利益。税后利润分配政策合理与否，直接影响企业所有者、经营者和职工各方面的经济利益。由于对经济利益的追求是决定所有者投入资本和经营者与职工开展经营的积极性的重要因素，因此，利润分配不能只强调长远利益与共同利益，忽视所有者和职工的近期利益与局部利益，挫伤其投资和生产经营的积极性，也不能只顾近期利益而损害企业的长远发展。正确的做法只能是兼顾各方面的利益，协调好近期利益与企业发展的关系，合理确定提取盈余公积金和分配给投资者利润的数额。

贯彻利益兼顾原则，必须强调资本保全原则，即利润分配中必须坚持保证所有者权益的完整。这是企业产权制度的客观要求。此外，分配给投资者利润，即按资分红，应做到股权平等、公平利益、同股同利，以保障各方面的投资利益。利润分配方案应当提交股东大会讨论，充分尊重中小股东的意见，利润分配的方式应在所有股东之间一视同仁，股利的支付要保证所有的股东都能及时收到。

（三）分配与积累并重原则

企业在进行利润分配时，要正确处理好长远利益和近期利益的辩证关系，将两者有机结合起来，就应该坚持分配与积累并重。尊重市场竞争规律的要求，考虑未来生产经营发展的需要，增强抵御风险的能力，提高企业经营的安全性和稳定性，企业除按规定提取法定盈余公积金以外，还可适当留存一部分利润作为积累。这部分暂时未向投资者分配留存的利润，其所有权仍属于所有者。留存利润可以达到以丰补歉、平抑利润分配数额波动幅度、稳定投资报酬的效果。事实证明，在资本市场上，投资者更为追捧的是能够提供稳定回报、可持续增长的企业，一些利润时高时低的企业因隐含不稳定信息，对投资者的吸引力难免要打一些折扣。因此，企业在进行利润分配时，应当正确处理好分配与积累的关系。

三、股利政策

股利政策涉及公司是否发放股利、发放多少股利、何时发放股利等多方面的方针和策略。确定或选择合适的股利政策，对企业具有非常重要的意义。首先，股利政策在一定程度上决定企业对外再筹资能力。因为如果企业股利政策选择得当，能直接增加企业积累能力。在利润一定的条件下，增加留存比例，实质上是增加企业筹资量，从这一角度看，股利政策也是再筹资政策；如果企业股利政策选择得当，能够吸引投资者对企业的投资，增强其投资的信心，从而为企业筹资提供基础。其次，股利政策在一定程度上决定企业市场价值的大小。股利政策的连续性反映企业经营的连续、稳定和有计划。因此，选择较合适的股利政策，保持一定程度上的连续性有利于提高企业的财务形象，从而提高企业发行在外股票的价格和企业的市场价值。企业在制定股利政策时，要兼顾企业股东和企业发展两方面的需要。

（一）影响股利政策的因素

在现实生活中，选用股利政策要受到种种因素制约，企业不可能摆脱这些因素的影响，因此，在选择股利政策之前首先应了解影响股利政策的因素。

1. 法律因素

在法制社会，任何企业总是在一定的法律环境下从事经营活动，因此，国家的有关法律法规会直接制约企业的股利政策。为了保护债权人和股东的利益，《公司法》、《证券法》等相关的法律法规对企业的股利分配予以一定的硬性限制，这些限制主要有：

(1)资本保全。即规定企业不能用募集的经营资本发放股利，发放股利只能来源于企业当期利润或留存利润，其目的是为了防止企业任意减少资本结构中所有者权益（股东权益），维护债权人利益。我国法律还规定企业的溢缴资本也不能发放股利。

(2)法定的计提比例和分配程序。即要求企业分配利润时必须按照规定的比例和程序进行。若有亏损，首先应弥补亏损，并保证一定的积累后，才能发放股利。只有当企业提取的公积金积累数额达到注册资本50%时才可以不再计提。

(3)超额累积利润约束。对于股份公司来说，由于投资者获得股利缴纳的所得税要高于进行股票交易的资本利得所缴纳的税金，因此，许多公司可以通过积累利润使股价上涨方式来帮助股东避税。西方许多国家都注意到了这一点，并在法律上明确规定公司不得超额累积利润，一旦公司留存收益超过法律认可的水平，将被加征额外税款。我国法律目前对此尚未作出规定。

2. 公司的因素

从公司的角度看,影响股利分配的因素主要包括盈余的稳定性、资产的流动性、举债能力、投资机会、资本成本及其他因素等。

(1)盈余的稳定性。公司是否能获得长期稳定的盈余,是其股利决策的重要基础。盈余稳定的公司相对能支付较高的股利;对于盈余不稳定的公司来讲,由于对未来盈余的把握较小,不敢贸然采取多分政策,而采取低股利政策可以减少因盈余下降而造成股利无法支付、股价下降的风险,同时也可以有更多的盈余扩大投资。

(2)资产的流动性。为了保证一定的支付能力,公司一般会设定一个资产的流动性目标,如流动比率目标、速动比率目标等。在一定的投资收益下,如果公司设定的资产流动性目标较高,用于股利支付的现金就较少;如果公司设定的资产流动性目标较低,用于股利支付的现金就较多。如果企业的资产流动性较差,即使收益可观,也不宜分配过多的现金股利。

(3)举债能力。具有较强举债能力的公司因为能够及时地筹措到所需的现金,有可能采取较宽松的股利政策;而举债能力弱的公司,其盈利能力、财务状况一般较差,宜保留较多的盈余,往往采取紧缩的股利政策。

(4)投资机会。公司向股东分配股利后的留存收益是公司未来发展的重要资金来源。有着良好投资机会的公司,需要的资金较多,因而会考虑将大部分盈余用于投资,而少发放股利;缺乏良好投资机会的公司,保留大量现金会造成资金的闲置,于是倾向于先向股东支付股利。所以,一般处于成长中的公司多采取少分多留的低股利政策,处于经营紧缩期的公司往往采取多分少留的高股利政策。

(5)资本成本。资本成本的高低是公司选择筹资渠道的基本依据。公司用少发放股利、多积累盈余进行筹资,比公司发行股票、债券等筹资,具有筹资成本低、稳定性和隐蔽性好的优点。正确的股利政策的实质是要解决怎样合理留用利润的问题,一方面大量发放股利,另一方面又以支付高额资本成本为代价筹集其他资本,无论如何是不恰当的,甚至也有损于股东利益。所以,从财务角度看,充分利用留存利润筹资是理想的筹资方法。当然,过于极端地强调留用利润,股利支付过少,会使投资者丧失对公司的信心,从而影响公司的信誉。另外,公司在考虑资本成本的同时,还应关注公司的资本结构。

(6)其他因素。包括:企业故意多发股利使股价上涨,使已发行的可转换债券尽快地实现转换,从而达到调整资本结构的目的;通过支付较高股利,刺激公司股价上升,从而达到反兼并、反收购目的;等等。

3. 股东的因素

从股东角度分析,影响股利分配的因素主要有利益冲突与税收以及控制权的稀释等。

(1)利益冲突与税收。对公司股东而言,他们投资于公司的目的是为了获取经济利益。而这种经济利益可以来自于公司的股利,也可以来自于股票交易的收益。就依靠股利收入维持生活的股东来说,他们往往要求公司支付较多的股利,也有些股东认为公司留用利润带来新收益或股票交易价格上升产生资本收益有很大的不确定性,对他们来说,与其为不确定的未来所困惑,不如得到实实在在的现有股利;而高收入的股东往往又不希望公司多分股利,因为一般而言股利收入的所得税要高于股票交易的资本利得税。多分股利,高收入的股东就要缴纳较多的税;若公司留存较多利润以扩大投资,从而提升股价,高收入股东就能获取更大利益,也就是说,他们宁愿获取股票交易的收益。所以,利益冲突与税收会影响股利分配。

(2)控制权的稀释。公司支付较高的股利,留存盈余相应减少,若公司投资机会又较多,就意味着公司将来增募新股的可能性加大。这样,原有股东的股权会稀释,控制权会减少,公司的资本结构、财务风险会发生变化。所以,发放过多的股利会给原有股东造成损失,尤其当他们拿不出更多的资金购买新股的时候,宁可公司不分配股利而要对增募新股投反对票。

4. 其他因素分析

(1)债务契约约束。公司的负债,尤其是长期负债(如发行债券或长期借款),通常在取得时都要签订债务契约。债权人为了保护自己的利益不受侵害,在契约中往往载有债务保障方面的限制性条款,这些限制性条款包括:未来的股利只能用契约签订后的新的收益支付(即限制动用以前的留存收益);营运资本低于一定标准时不得支付股利;将利润的一部分以偿债基金的形式留存下来;利息保障倍数低于一定标准时不得支付股利。出于方便未来负债筹资的考虑,企业一般都能自觉遵守与债权人事先签订的有关契约的限制性条款,以协调企业与债权人之间的关系。企业有时也会希望债权人提出限制支付股利的条款,这样,企业就不必向股东解释留用利润较多的理由,而可以用契约条款去应付股东。

(2)通货膨胀。在通货膨胀的情况下,公司的购买力下降,并由此导致公司折旧基金不足以购置新固定资产。为此,公司不得不考虑留用一定的利润以弥补折旧基金的不足。这样,就在很大程度上限制了股利分配。因此在高通货膨胀时期,公司倾向于采取偏紧的股利政策。

(3)股票市价。股票市价也是公司制定股利政策时考虑的重要因素。如果公司股票市价呈下跌趋势,为了防止有人乘机达到控制公司的目的,可采用多发放股利来刺激股票市价的上升;有时公司管理当局为了争取股东对公司管理方针政策的支持,也可采用发放股利的方法。

（二）股利理论

在股利与股东财富、股利与公司价值的关系上，理论界展开了讨论并形成了不同的股利理论。股利理论是制定股利政策的依据。分析有关股利理论有助于对公司的再投资、每股收益和每股股价等财务问题的研究。

1. 股利无关论

股利无关理论（MM 理论）认为股利政策对公司的市场价值（或股票价格）不产生影响。这一理论是在 20 世纪 60 年代，由美国财务学专家米勒（Miller）和莫迪格莱尼（Modiglian）在他们的著名论文《股利政策、增长和股票价值》中首先提出，因此，该理论也称作 MM 理论。MM 理论假设：(1)不存在任何个人和公司所得税；(2)不存在股票发行和交易费用；(3)公司的投资政策独立于其股利政策；(4)投资者和管理者可公平地获得关于公司未来投资机会的相同的信息，即投资者和管理者之间不存在信息不对称。这些假定描述的是一种理想状态下的市场，由此股利无关论又被称为完全市场理论。在理想状态的市场中，投资者和公司之间的关系可表述为：

(1)投资者并不关心公司股利的分配。若公司的留存利润有较高的投资报酬时，投资者宁可公司再投资而不愿收取股利后再自行投资，因为好的投资收益会使公司股价上涨，投资者可通过出售所持股票获取资本收益；若公司发放较多的股利（留存利润相对较少），投资者又可再买入股票或其他，扩大自己的投资，以获取收益。总之，投资者对股利和资本利得并无偏好。

(2)股利政策并不影响公司的资产价值。既然投资者不关心股利的分配，公司的资产价值就由公司的投资收益决定。

(3)股票价格反映公司获利能力。公司股票的价格主要反映公司投资方案和获利能力方面的情况，而不反映股利政策方面的情况。虽然 MM 理论与实际情况相去甚远，但它为股利理论研究开创了先河，奠定了基础。

2. 股利相关论

股利相关论认为，股利分配不仅与股票价格有关，而且与公司的资产价值有关。也就是说，股利分配可对公司的股票价格和资产价值产生影响，因而股利分配政策是公司一种重要的财务手段。股利相关论的流派较多，具有代表性的主要有以下三种。

(1)“一鸟在手”理论。一般来说，投资者比较倾向于现实，因此对于股利收益与资本收益的选择是以可靠性为前提的，从投资者的角度看，眼前的股利收益无论从时间还是风险上都比由留存收益转作投资而在将来产生资本收益更有吸引力。因此，投资者宁愿以较高的价格购买现在就支付较高股利的股票，也不愿意购买将来才有较高资本收益和较高股利的股票。这样，如果把将来较高的资本收益和较高的股利比喻为“双鸟在林”，把现在就支付的较高股利比喻为“一鸟在手”，那么“双鸟在林”不如“一鸟在手”。

(2)信息传递理论。这一理论与"一鸟在手"理论有密切联系。该理论认为,股利分配向投资者传递了企业的盈余状况、资金状况以及其他相关的财务信息。例如,一个公司过去股利支付一直较稳定,而现在股利支付率发生了较大变化,那么投资者会形成公司的财务状况或盈余状况有较大变动的印象,公司的股票价格也会产生相应变化。因此,股利的支付是表明公司有良好理财和融通资金能力的重要证据,可以采用公司的股利政策对股票价格施加影响。

(3)假设排除理论。这种理论认为,股利无关论假设的一系列条件在现实生活中是完全不存在的。例如,完善的资本市场尚未出现,股票交易不可能不存在交易成本,投资者对公司的投资机会不可能完全了解,不可能不存在税收等。如果排除这些假设,股利政策毫无疑问会对股票价格产生影响。

从以上的分析可以看出,股利相关论更为接近现实。

(三)股利政策对公司财务活动的影响

股利政策对公司财务活动的影响主要表现在以下两个方面。

1. 影响公司的外部筹资能力

证券投资人在证券市场上选择有价证券时要考虑两个重要因素:股利的收益和资金的安全性。所以,发行证券公司良好的财务形象和较高的投资收益率是吸引投资者选择投资方向的重要依据。公司的股利政策合适,使投资者获得较高的收益,就能吸引更多的投资者,从而提高公司的再筹资能力;如果股利政策不合适,保留盈余过多,股利支付过少,债权人和股东会以为公司的经营状况和盈利能力不佳,失去对公司投资的信心,从而不利于公司以后的外部筹资。

2. 影响公司的积累能力

合适的股利政策,使公司增加积累,利用保留盈余进行内部融资,可以减少公司支付股利和债券利息,节约筹资费用。同时,利用保留盈余内部融资还可以使投资者获得捐税上的利益。因为资本收益的税率比股利的税率要低;反之,如果在实现的净收益中股利支付过多,将直接影响公司的内部积累能力。所以,通过合适的股利政策提高积累能力是公司积累资金的重要方式。

(四)股利政策的类型

支付给股东的盈余与留在企业的保留盈余,存在此消彼长的关系。因此,股利分配既决定给股东分配多少红利,也决定有多少净利润留在企业。减少股利分配,会增加保留盈余,减少外部筹资。股利决策也是内部筹资决策。企业应针对本单位的实际情况,考虑影响股利政策的多种因素,权衡利弊得失,选择最佳的股利政策。常用的股利政策主要有以下几种类型。

1. 剩余股利政策(投资优先政策)

(1)剩余股利政策的内容。剩余股利政策是指企业在分配税后利润，确定股利支付率时，首先考虑盈利性投资项目的资金需要，将可供分配的税后利润先用于满足投资项目所需的权益性资金，若还剩余，才将剩余的税后利润用于发放股利，若没有剩余，就不发放股利。这种政策主要是考虑未来投资机会的影响，即当企业面临良好的投资机会时，在目标资金结构的约束下，最大限度地使用留存收益来满足投资方案所需的自有资金数额。

(2)采用剩余股利政策的步骤。

第一步：确定最佳资本结构，即确定权益资本和债务资本的比率，使得在此资本结构下，综合资金成本最低；

第二步：确定最佳目标资本结构下投资项目所需增加的权益资本数额；

第三步：最大限度地使用公司盈余满足最佳资本结构下投资方案所需的权益资本数额；

第四步：投资方案所需权益资本满足后若有剩余盈余，再作为股利发放给股东。

【例8—1】 假定某公司上一年度提取盈余公积金后税后净利为2 500万元，今年由于经济不景气，提取盈余公积金后税后净利为1 000万元，目前流通在外普通股股数为500万股。该公司决定再投资200万元设立新厂，投资资金中60%来自举债，40%来自权益资金(即目标资本结构为3/2)。另外，该公司去年股利为每股2元。计算该公司今年每股股利为多少？假定依据剩余股利政策，该公司今年每股应发放多少股利？(若维持固定股利支付率)

分析如下：

该公司去年每股盈利＝2 500÷500＝5(元)

股利支付率＝2÷5＝40%

今年每股盈利＝1 000÷500＝2(元)

(若维持固定股利支付率)

今年每股股利＝ 2×40%＝0.8(元)

依据剩余股利政策，公司应先保留盈余作为再投资所需权益资金，有剩余再分配股利。

设厂所需权益资金＝200×40%＝80(万元)

可分配盈余＝1 000－80＝920(万元)

今年每股可分配股利＝920÷500＝1.84(元)＞0.8元

从以上计算可知，该公司在满足权益资本所需后还有足够的剩余盈余来支付股利。

(3)采用剩余股利政策的理由。一般来说，目标资本结构应为资本成本最低、资产价值最高时的资本结构。采用剩余股利政策的最根本理由就是为了保持理想的资本结构，使加权平均资本成本最低，从而实现公司资产价值的最大化。

(4)剩余股利政策的优缺点。这种政策的主要优点是:在公司有着良好的投资机会时,可节省筹资成本。因为与外部筹资相比,将公司的盈余直接再投资,可节约时间,减少各种手续、各类费用,包括利息开支。其缺点主要是股利支付的多少取决于公司的盈利情况和公司再投资的情况,在某种程度上造成了股利支付的不确定性。股利政策的不确定性不利于投资者安排收入的支出,也不利于企业树立良好的形象。

2. 固定股利政策

(1)固定股利政策的内容。固定股利政策下,在一个较长的时期内,不论经济情况如何,也不论公司经营状况好坏,每期都按固定的每股股利额支付给股东。采用这种政策的企业,大多属于收益比较稳定或正处于成长期、信誉一般的企业。

(2)固定股利政策的优缺点。采用这种政策的主要优点在于固定的股利可给投资者传递公司稳定发展的信息,从而有利于公司股票价格的平衡;稳定的股利有利于投资者安排收入与支出,尤其对那些对股利有较强依赖性的股东更为如此。采用这种策略的主要缺点在于股利支付与企业盈利能力脱节,在盈利不佳的情况下采用这一政策,会减少公司的留存盈余,削弱公司的财务实力,亦有可能给公司股票价格带来负面影响。

3. 增长的股利政策

(1)增长的股利政策的内容。增长的股利政策是指在发放固定股利的基础上,公司根据经营情况使每股股利逐期增长,并做到多收益多分配,少收益照样分配。因此,采用这种政策,对公司的盈余和现金要求较高。

(2)增长的股利政策的优缺点。这种政策的主要优点在于有利于树立公司的良好形象,增强投资者对公司的信心,稳定或提高公司的股票价格。但是该股利政策与公司的盈余脱节,当公司盈余较低时仍要支付较高股利,可能导致资金短缺、财务状况恶化,同时不能像剩余股利政策那样保持较低的资金成本。但为了保持增长的股利,即使推迟某些投资方案或者暂时偏离目标资本结构,也可能比降低股利或降低股利增长率更为有利。

4. 固定股利支付率政策

(1)固定股利支付率政策的内容。采用这种政策,是公司确定一个股利占盈余的比率,长期按这一比率从税后利润中支付股利。在这一股利政策下,公司的股利支付与盈利状况保持稳定的比例,而每年的股利额却随公司盈余的波动而变化,这一固定股利支付率不是随意确定的,通常根据公司未来的盈利状况和投资情况来确定。

(2)固定股利支付率政策的优缺点。该政策的主要优点在于股利支付与公司盈余密切联系,体现了多盈多分、少盈少分、不盈不分的原则,对公司的财务压力较小。但是这种股利政策下股利支付的不稳定会给投资者传递公司发展起伏太大的信息,从而影响投资者对公司成长的信心,对于股票价格的稳定不利,也不利于实现股东财富最大化的目标。

5. 低正常股利加额外股利政策

(1)低正常股利加额外股利政策的内容。这种政策是指在一般情况下,公司每年只支付固定的、数额较低的股利,当公司盈余较多时,再根据实际盈余情况,向股东临时发放一些额外股利。

(2)低正常股利加额外股利政策的优缺点。采用这种政策的主要优点在于公司在支付股利方面具有充分的灵活性。当公司盈利状况不佳时,可以少付或不付额外股利,减轻公司财务负担,股东也不会有股利下跌的感觉;当公司盈利状况较好且资金又很充裕时,可向股东多付额外股利,使股东感受到公司经济的繁荣,增强股东对公司未来发展的信心,有利于稳定和提高公司股票价格;此外,即使公司盈利状况不佳,公司不得已要支付的正常股利也早已在预先的财务上作出了安排,因而不会出现公司无法负担的情形。这种以审慎原则为基础的股利政策符合我国公司财务的一贯规定,受到不少公司的欢迎。同时低正常股利加额外股利的政策,也使重视股利收入的投资者有了获取较低但较稳定的股利的保证,从而也吸引住了这部分的投资者。这一股利政策的不足之处在于它的灵活性相对而言没有变动的股利政策(固定股利支付率政策)大,同时也容易提高投资者对股利发放的期望值。

四、股利支付

(一)股利支付的方式

股利支付的方式有多种,公司可以根据自己的财务状况,选择合适的股利支付方式。股利支付方式常见的有以下几种。

1. 现金股利

现金股利是以现金支付股利的一种方式,它是公司常用的、最易被投资者接受的股利支付方式。这种方式能满足大多数投资者希望得到一定数额的现金这种实在收益的要求。由于采用这种方式增加了公司现金流出量,增加公司支付压力。因此,采用现金股利方式时,公司必须具备两个基本条件:一是公司要有足够的未指明用途的留存收益(未分配利润);二是公司要有足够的现金。

2. 股票股利

股票股利是公司以增发的股票作为股利的支付方式。由于股票股利既不改变所有者权益数量,股东也没有获得现金,一般不须缴纳个人所得税。但是股票股利会对公司的资本结构、财务风险、股价等产生影响。因此,对股票股利进行研究具有重要的现实意义。

3. 财产股利

财产股利是以现金以外的资产支付的股利,主要是以公司持有的其他公司的证券如债券、股票等作为股利支付给股东。

4. 负债股利

负债股利是公司以负债支付的股利。这种股利比较少见。负债股利一般是以公司的应付票据支付给股东，不得已情况下也有发行公司债券抵付股利。负债股利一般是在公司财务状况不佳的情形下采用的，以这种形式支付股利，会对公司的股票价格产生负面影响。

财产股利、负债股利实际上是现金股利的替代，这两种股利方式目前在我国公司股利支付实务中很少采用。

（二）股利支付的程序

股份有限公司宣布股利发放后，这部分盈利便成为公司的一项负债，因此必须严格按照法定的股利支付程序进行。股利发放由公司的董事会公告，一般要经历股利宣告日、股权登记日、除息日和股利支付日等程序。具体如下：

1. 股利宣告日

股利宣告日即公司董事会将股利支付情况予以公告的日期。公告中将宣布每股支付的股利、股权登记期限、除去股息的日期和股利支付日期。在股利宣告日，公司应将决定支付的股利总额作为负债确认，同时通知股东办理手续，届时领取股利。

2. 股权登记日

股权登记日指公司规定的能获取此项股利分配的股东有资格登记截止日期，只有在股权登记日登记在册的股东，才有权领取股利。

3. 除息日

除息日指领取股利的权利与股票相分离的日期。在除息日前，股利权利从属于股票，持有股票者即享有领取股利的权利；除息日始，股票权利与股票相分离，新购入股票的人不能分享股利。有时除权日与除息日为同一日。

4. 股利支付日

股利支付日指实际发放股利给股东的日期，也称为付息日。

（三）股票股利、股票分割和股票回购的比较

1. 股票股利

(1)股票股利的内容。股票股利是股利支付的一种形式。它以公司增发的股票作为股利。股票股利在账面上重新分配每股股票的所有权份额，以使股票数量增加，每股权益成比例降低。如某公司宣告发放 2%股票股利，则股东拥有 100 股股票就会获得 2 股新股。

股票股利并不直接增加股东的财富，不导致公司资产的流出或负债的增加，因此不是公司资金的使用，不增加公司的财富，对公司的股东权益总额也不产生影响，但是会引起公司所有者权益结构、每股收益、每股价格等的变化。实际上，股票股利是资金在各股东权益项目之间的再分配。举例说明如下。

【例 8－2】 某公司发放股票股利前的股东权益情况见表 8－1。

表 8－1 某公司发放股票股利前的股东权益情况 单位：万元

项目	金额
普通股（每股面额 1 元，已发行 15 万股）	15
资本公积	30
未分配利润	100
股东权益合计	145

假定该公司宣布发放 10％股利，即发放 1.5 万股普通股股票，并规定现有股东每持有 10 股可得 1 股股利股票。若该股票股价为 20 元（当时市价）。随着该公司股票股利的发放，需从“未分配利润”项目划转出的资金金额应为：

$$20\times15\times10\%=30（万元）$$

由于每股面额（1 元）不变，发放 1.5 万股普通股，“普通股”项目只应增加 1.5 万元，其余的 28.5（30－1.5）万元应作为股票溢价转至“资本公积”项目，而公司股东权益总额保持不变，发放股票股利后，公司股东权益情况见表 8－2。

表 8－2 某公司发放股票股利后的股东权益情况 单位：万元

项目	金额
普通股（每股面额 1 元，已发行 16.5 万股）	16.5
资本公积	58.5
未分配利润	70
股东权益合计	145

可见，发放股票股利，对公司股东权益总额不产生影响（股东权益合计前后相等），但公司权益的构成发生了变化，从而对公司的资本结构、财务风险、每股收益等产生影响。

从表 8－2 中可分析得出，发放股票股利后，由于普通股股数增加了，每股收益和每股价格会相应减少，因为盈利总数在发放股票股利前后基本稳定。但由于股东所持股份的比例没有发生变化，每位股东所持股票的市场价值总额仍保持不变。因此，股东权益总额没有因发放股票股利而增加或减少。

【例 8－3】 根据例 8－2，如果该公司本年度的收益（盈余）为 45 万元，某股东持有 3 万股普通股，发放股票股利对该股东的影响如表 8－3 所示。

表 8－3　　发放股票股利对股东利益的影响

项　目	发放前	发放后
每股收益(元)	45÷15＝3	45÷16.5＝2.73
每股价格(元)	20	20÷(1＋10%)＝18.18
持股比例(%)	3÷15＝20%	3×(1＋10%)÷16.5＝20%
所持股票总值(万元)	3×20＝60	3×(1＋10%)×18.18＝60

表 8－3 中，每股价格的数字是假定的。从中可以看出，发放股票股利对股东利益没有产生根本影响(至少理论上是这样)，但它使每股收益、每股价格发生了变化。

发放股票股利对每股收益、每股价格的影响，可以通过对原每股收益、每股价格的调整直接分析计算：

发放股票股利后的每股收益＝ 3÷(1＋10%)＝ 2.73(元)

发放股票股利后的每股价格＝20÷(1＋10%)＝18.18(元)

(2)股票股利的意义。虽然股票股利不直接增加股东的财富，也不增加公司的价值，但无论对股东还是对公司都有特殊的意义。

从股东方面分析，股票股利的意义在于：

①股票价值上升的利益。前面举例假定发放股票股利后，公司的股票价格随之成比例变化。但事实上，许多公司发放股票股利后其股价并不成比例下降；一般在发放少量股票股利后，不会引起股价的立即变化。这可使股东得到股票价值相对上升的好处。同时发放股票股利，通常是成长中的公司所为，因此投资者认为这在向他们暗示公司的良好前景，这种心理往往有利于股价的上升。

②投资的灵活性和税收上的好处。大多数股东是愿意接受股票股利的，因为他们如想获取现金，可以随时将这部分股票出售而获取现金，如认为公司前景良好，可以较长期持有股票，以期获取更大收益。这样对股东来讲，具有较大的主动权。而且，有些国家税法规定出售股票所需缴纳的资本利得税率比收到现金股利所需缴纳的所得税率低，因此投资者还可以获得纳税上的好处。

从公司方面分析，股票股利的意义在于：

①有利于再投资。当公司有良好的投资机会需要大量现金以扩展业务时，发放股票股利是一种既不减少公司现金资产，又能使股东分享公司盈余的两全其美的做法。

②有利于股票的流通。当某些公司经营良好、股票市价上升过快时，反而使投资者产生恐惧心理，害怕风险太大，不利于大量交易。这时公司发放股票股利，能增加流通在外的股数，从而使股价相应回落，有利于股票的流通，从而吸引更多的投资者。当发放的股

票股利量较大时，这种作用尤为明显。

③费用大。发放股票股利的费用比现金股利的费用大，会增加公司的负担。这也是股票股利的不足之处。

2. 股票分割

股票分割不属于某种股利政策，但其所产生的效果与发放股票股利有某些相似性，故在此一并介绍、比较。

(1)股票分割的内容。股票分割又称股票拆细，是指按照总值不变的原则，将一张面额较高的股票分割为几张面额较低的股票的行为。例如，将原来的1股股票拆成2股股票。股票分割不属于股利分配，它不影响公司股东权益总额和权益结构，但影响每股收益、每股价格等。股票分割的主要目的在于通过增加股票股数，降低每股市价，从而吸引更多投资者。

股票分割时，每股面额虽然变小，流通股数增加，股本的面值总额却不变。

【例8—4】 表8—4、表8—5分别为某公司股票分割前后的股东权益结构。

表8—4　　某公司股票分割前的股东权益结构　　单位：万元

项目	金额
普通股(每股面额4元，已发行10万股)	40
资本公积	60
未分配利润	150
股东权益合计	250

假定该公司当年的盈余为132万元，则每股收益为132÷10＝13.2(元)。如果该公司按1股换成2股的比例进行股票分割，分割后的股东权益结构见表8—5。

表8—5　　某公司股票分割后的股东权益结构　　单位：万元

项目	金额
普通股(每股面额2元，已发行20万股)	40
资本公积	60
未分配利润	150
股东权益合计	250

从上面可以看出，股票分割并没有使该公司的股东权益合计(总额)和结构发生变化，但股票分割后的每股收益由原来的13.2元变为132÷20＝6.6(元)。该公司的股价也会因此而下降。

所以，股票分割既不增加公司的资产价值，也不影响公司的股东权益结构，而只影响股票的每股收益、每股股价。

(2)股票分割的意义。从公司的角度分析,股票分割的意义主要在于:

①降低股价。公司股票价格过高,会使交易不便,影响公司股票的流通性。因为购买少数的股票,就需要大量资金。例如,每股市价 20 元,购买 5 000 股即需要 10 万元,这对于小额投资者而言,无疑将抑制其投资热情。而在这种情况下,公司将股票予以分割,降低股票面额,增加股数,便有可能降低股价,从而吸引小额投资者。如上例市价为 20 元的股票,假定其面额为 5 元,现公司按 1 股换成 5 股的比例,将其拆细,则面额降低为每股 1 元,流通的普通股股数将变为原来的 5 倍,市价也可能因此而下降为 4 元,这时便能吸引更多的投资者,从而扩大公司股票的流通。

②传递良好信息。一般而言,股票分割往往是成长中的公司所为,它意味着公司想以较低的发行价格吸引投资者购买公司的新股票,也意味着公司的投资机会较多,发展前景良好。因此,有利于公司股票价格的上升。

从公司股东方面分析,表面上股东并不因此而直接获益,但事实上,股票分割在有些情况下,对股东是有益的。例如,股票分割使股票市价下降,有助于吸引更多的投资者,从而造成股价回升,投资者最终获益。又如,只要股票分割后公司发放的现金股利下降幅度小于股票分割幅度,股东仍能获取现金股利,又由于股东所持股票数量增加,最终获得的实际股利有所增加。

值得注意的是,若公司认为公司股票价格过低,可以采取反分割(也称股票合并)的方法。反分割是股票分割的相反行为,即将数股面额较低的股票合并为一股面额较高的股票。这种增加股票面额、同时等比例减少股票数量的方法,主要是为了提高股票的价格。但这类情况比较少见。

③股票分割和股票股利的比较。从两者对公司的影响来看,共同之处在于公司股东权益总额均不变。不同之处在于股票股利将使股本总数扩大,公司留存收益可能减少,每股面额不变;而股票分割则不影响公司的股本总额和留存收益,仅使每股面额变小。

从两者对市场的影响来看,共同之处在于都对投资者传递了较为积极的信息。不同之处在于股票分割必定能够促使股票市价下降,而股票股利则不一定。一般来说,股票股利的数额较大时,才可能使股票市价大幅下降。因此只有在公司股价急剧上涨且预期难以下降时,才较多采用股票分割的方法降低股价;而在公司股价上涨幅度不大时,通常采用发放股票股利的方法将股价维持在理想的范围之内。

在实践中,它们还有一个重要的区别。公司通常用股票股利分派小额股利,用股票分割分派大额股利。如纽约股票交易所规定:公司在进行比例低于 25%的股票分派时,不能使用股票分割,而应使用股票股利。

3. 股票回购

(1)股票回购的内容。股票回购是指公司出资购入发行在外的本公司股票。这部分已购回的股票通常称作"库藏股"。但是公司持有的其他公司的股票、本公司未发行的股票以及本公司已发行后又回到公司手中已注销的股票不属于库藏股。

股票回购可减少流通在外的本公司股票,在公司收益不变的情况下,可增加未收回股票的每股收益和每股价格。因此,股票回购可提高公司股票的资本收益,相当于变相给股东支付股利。所以,可以将股票回购看作是一种现金股利的替代方式。从国际上看,如果一个公司的现金较多,又无适当的投资机会,低股利政策显然不足取,高股利政策亦非最佳选择的情况下,通常通过股票回购这种途径将剩余现金转移给股东。因此股票回购在多数情况下还是受到股东欢迎的。

【例8—5】 分析股票回购对公司每股收益和每股价格的影响。资料见表8—6。

表8—6　　某公司流通在外普通股的每股收益和每股价格

税后净利润(万元)	100
流通在外普通股股数(万股)	50
每股收益(元)	2(100/50)
每股市价(元)	30
市盈率	15(30/2)

假定公司准备从税后净利润(盈余)中拿出75万元发放现金股利,那么每股可得现金股利1.5(75÷50)元,支付现金股利前的每股价格将定为31.5元,其中1.5元是预期股利。若公司将这75万元改为以每股31.5元的价格回购股票,那么可以购回2.381(75÷31.5)万股,市场上的流通股股数就变为47.619万股,那么每股收益就为2.1(100÷47.619)元,显然,每股收益比股票回购前有所上升。由此可见,股票回购影响每股收益,从而影响每股价格。

(2)股票回购的方式。公开市场购买。公司通过经纪人,在公开的证券市场上以现行市场价格回购其普通股股票。公开市场回购需遵循证券交易管理机构规定的股票回购时间、价格、数量以及它们之间的协调。这些规定都是为了减轻股票回购对公司股票价格产生的冲击而制定的。由于上述管理部门的限制,采用公开市场购买的方法,股票回购通常需花费较长时间。

荷兰式招标购买。这种方式倒置了招标过程,股东可以在公司具体指定的范围内提出股票的卖出价格。这种价格通常高于市场价格,所以回购成本较高。但是,这种回购方式给予所有股东向公司出售股票的同等机会。

(3)影响股票回购决策的主要因素。在确定回购方案时,公司应分析影响股票回购决策的重要因素。

向个人投资者回购股票的税收优势。股利收益和资本收益的税负通常不对称。这就使个人投资者偏好资本收益而非股利,而公司投资者正好相反。这种区别正是股利政策税收差异观点的基础。由于税负不对称,当公司回购股票而非支付现金股利时,通常能降低应税个人投资者的税收负担,从而使其实现更多财富。因此,如果公司的股东大部分是个人,股票回购能够带来税收优势。

对可能出现的被收购兼并的控制。现代经济的发展,使收购和被收购、兼并和被兼并成为经济生活中不可或缺的一部分。在有可能出现恶意收购的情况下,及时回购本公司股票,可提高公司股票价格,从而降低他人对本公司收购兼并的概率。

对资本结构调整的影响。一般而言,公司的资本结构应保持在一个理想的目标结构水平。但影响公司资本结构的因素很多,因此,公司的目标资本结构常会出现偏离的现象。如果公司的负债比率过低,通过股票回购可提高负债比率,充分发挥财务杠杆的作用,并因此较多地享受利息税。

对投资者反应的把握。股票回购像股利政策一样,给投资者传递了一定的信息。在正面信息中,股票回购可能表明公司对未来充满信心,但也有可能成为一个公司缺少具有吸引力的投资机会的信息。

投资者对宣告股票回购方案的反应受公司在公开报告中对方案的说明以及股票回购方案的影响。当公司有一个明确的目标时,宣布这个目标很可能会使投资者作出有利反应。另外,直接向股东收购股票对股东财富的影响,通常要比公开市场回购更为重大和持久。

股票回购虽然有有利的一面,但也存在不足,有时可能会给公司和股东带来麻烦。例如,股票回购后,每股价格不升反降。又如对公司来说,股票回购有操纵股价、逃避税收的嫌疑。因此各国对股票回购都有严格的规定。我国现行《公司法》规定,除非为减少公司注册资本而注销股份或者与持有本公司股票的其他公司合并,公司不得购回本公司股票。

复习思考题

1. 企业的营业收入管理的重要意义体现在哪里?
2. 如何对企业的营业收入进行控制?
3. 你认为企业增加利润可以采取哪些措施?
4. 股利无关论与股利相关论的主要观点是什么?
5. 影响公司股利政策的因素有哪些?
6. 为什么说股利政策对公司财务活动有影响?

7. 你认为哪种股利政策理论适合我国的情况？
8. 股利支付的日期界限如何划分？什么时间购进股票才能获得本期股利？
9. 为什么说股票股利实际上并不直接增加股东财富？
10. 选择一家上市公司作为对象，观察其近三年的股利发放情况，评价其股利政策。

第八章

财务预算

【学习目标】

通过本章学习，要求掌握下列内容：

- 财务预算的含义和作用
- 增量预算方法与零基预算方法
- 固定预算方法与弹性预算方法
- 现金预算的编制
- 定期预算与滚动预算方法
- 预计财务报表的编制

第一节　财务预算概述

一、财务预算的含义及内容

财务预算是企业在预算期内预计现金收支、经营成果和财务状况的预算。它是企业全面预算的一个重要组成部分，是企业财务工作的一个重要环节。具体包括反映现金收支活动的现金预算，反映企业财务状况的预计资产负债表，反映企业财务成果的预计损益表和预计现金流量表等内容。

全面预算是根据企业目标所编制的经营、资本、财务等年度收支总体计划，包括特种决策预算、日常业务预算与财务预算三大类内容。财务预算作为全面预算体系中的最后环节，可以从价值方面总括地反映经营期决策预算与日常业务预算的结果，因此，它在全面预算体系中占有举足轻重的作用。

二、财务预算的作用

财务预算是专门反映企业未来一定预算期内预计财务状况和经营成果，以及现金收支等价值指标各种预算的总称，具体包括现金预算、财务费用预算、预计利润表、预计利润分配表和预计资产负债表等内容。

财务预算具有以下作用：

(1)规划。使管理阶层在制定经营计划时更具前瞻性。

(2)沟通和协调。通过预算编制让各部门的管理者更好地扮演纵向与横向沟通的角色。

(3)资源分配。由于企业资源有限，通过财务预算可将资源分配给获利能力相对较高的相关部门项目或产品。

(4)营运控制。预算可视为一种控制标准，通过将实际经营成果与预算相比较，可让管理者找出差异，分析原因，改善经营。

(5)绩效评估。通过预算建立绩效评估体系，可帮助各部门管理者做好绩效评估工作。

财务预算的编制需要以财务预测的结果为根据，并受到财务预测质量的制约。财务预算必须服从决策目标的要求，使决策目标具体化、系统化、定量化。

第二节　财务预算的编制方法

财务预算是一系列专门反映企业未来一定预算期内预计财务状况和经营成果以及现金收支等价值指标的各种预算的总称。本节介绍财务预算编制的主要方法。

一、固定预算方法与弹性预算方法

编制预算的方法按其业务量基础的数量特征不同，可分固定预算方法和弹性预算方法两大类。

(一)固定预算方法

固定预算方法简称固定预算，或称静态预算，是指在编制预算时，只根据预算期内正常的、可实现的某一固定业务量(如生产量、销售量)水平作为唯一基础来编制预算的一种方法。固定预算方法存在适应性差和可比性差的缺点。

【例 9－1】　ABC 公司采用完全成本法，其预算期生产的某种产品的预计产量为1 000件，按固定预算方法编制的该产品成本预算如表 9－1 所示。

表 9—1　　ABC 公司产品成本预算(按固定预算方法编制)

预计产量:1 000 件　　单位:元

成本项目	总成本	单位成本
直接材料	5 000	5
直接人工	1 000	1
制造费用	2 000	2
合　计	8 000	8

该产品预算期的实际产量为 1 400 件,实际发生总成本为 11 000 元。其中,直接材料 7 500元,直接人工1 200元,制造费用2 300元,单位成本为 7.86 元。

该企业根据实际成本资料和预算成本资料编制的成本业绩报告如表 9—2 所示。

表 9—2　　ABC 公司成本业绩报告　　单位:元

成本项目	实际成本	预算成本		差　异	
		未按产量调整	按产量调整	未按产量调整	按产量调整
直接材料	7 500	5 000	7 000	+2 500	+500
直接人工	1 200	1 000	1 400	+200	−200
制造费用	2 300	2 000	2 800	+300	−500
合　计	11 000	8 000	11 200	+3 000	−200

从表 9—2 中可以看出:实际成本与未按产量调整的预算成本相比,超支较多,实际成本与按产量调整后的预算成本相比,又节约不少。

在产量从 1 000 件增加到 1 400 件的情况下,如果不按变动后的产量对预算成本进行调整,就会因业务量不一致而导致所计算的差异缺乏可比性。但是,如果所有的成本项目都按实际产量进行调整,也不够科学。因为制造费用中包括一部分固定制造费用,它们是不随产量变动的,即使按产量调整了固定预算,也不能准确说明企业预算的执行情况。

(二)弹性预算方法

弹性预算方法简称弹性预算,或称变动预算或滑动预算,是指为克服固定预算方法的缺点而设计的,以业务量、成本和利润之间的依存关系为依据,以预算期可预见的各种业务量水平为基础，编制能够适应多种情况预算的一种方法。

编制弹性预算所依据的业务量可以是产量、销售量、直接人工工时、机器工时、材料消耗量或直接人工工资等。

与固定预算方法相比，弹性预算方法具有预算范围宽和可比性强的优点。理论上，该方法适用于编制全面预算中所有与业务量有关的预算。但在实务中，主要用于编制弹性成本预算和弹性利润预算，尤其是编制弹性成本预算。

1. 弹性成本预算的编制

(1)弹性成本预算的基本公式。编制弹性成本预算，关键是进行成本性态分析，将全部成本最终区分为变动成本和固定成本两大类。变动成本主要根据单位业务量来控制，固定成本则按总额控制，其成本的预算公式如下：

成本的弹性预算＝固定成本预算数＋∑(单位变动成本预算数×预计业务量)

在此基础上，按事先选择的业务量计量单位和确定的有效变动范围，根据该业务量与有关成本费用项目之间的内在关系即可编制弹性成本预算。

(2)业务量的选择。编制弹性成本预算首先要选择适当的业务量。选择业务量包括选择业务量计量单位和业务量变动范围两部分内容。业务量计量单位应根据企业的具体情况进行选择。一般来说，生产单一产品的部门，可以选用产品实物量；生产多品种产品的部门，可以选用人工工时、机器工时，修理部门可以选用修理工时等。以手工操作为主的企业应选用人工工时；机械化程度较高的企业选用机器工时更为适宜。

业务量变动范围是指弹性预算所适用的业务量变动区间。业务量变动范围的选择应根据企业的具体情况而定。一般来说，可定在正常生产能力的70％～120％之间，或以历史上最高业务量或最低业务量为其上下限。

(3)弹性成本预算的具体编制方法。编制弹性成本预算可以选择公式法和列表法两种具体方法。

①公式法。是指通过确定成本公式 $y_i=a_i+b_ix_i$ 中的 a_i 和 b_i 来编制弹性预算的方法。

在成本性态分析的基础上，可将任何成本项目近似地表示为 $y_i=a_i+b_ix_i$(当 a_i 为零时，$y_i=b_ix_i$ 为变动成本；当 b_i 为零时，$y_i=a_i$ 为固定成本；当 a_i 和 b_i 均不为零时，y_i 为混合成本；x_i 可以是多种业务量指标，如产销量、直接人工工时等)。

在公式法下，如果事先确定了有关业务量的变动范围，只要根据有关成本项目的 a 和 b 参数，就可以很方便地推算出业务量在允许范围内任何水平上的各项预算成本。

【例9－2】 ABC公司按公式法编制的制造费用弹性预算如表9－3所示，其中较大的混合成本项目已经被分解。

表 9—3　　ABC公司制造费用弹性预算(公式法)

直接人工工时变动范围:70 000～120 000 小时　　单位:元

项　目	a	b
管理人员工资	15 000	—
保险费	5 000	—
设备租金	8 000	—
维修费	6 000	0.25
水电费	500	0.15
辅助材料	4 000	0.30
辅助工工资	—	0.45
检验员工资	—	0.35
合　计	38 500	1.50

根据表 9—3,可利用 $y=38\,500+1.5x$,计算出人工小时在 70 000～120 000 范围内,任一业务量基础上的制造费用预算总额;也可计算出在该人工小时变动范围内,任一业务量的制造费用中某一费用项目的预算额,如维修费 $y=6\,000+0.25x$,检验员工资 $y=0.35x$ 等。

这种方法的优点是在一定范围内不受业务量变动影响,编制预算的工作量较小。缺点是在进行预算控制和考核时,不能直接查出特定业务量下的总成本预算额,而且按明细项目分解成本比较麻烦,同时又有一定误差。在实际工作中,可以将公式法与列表法结合起来应用。

②列表法。是指通过列表的方式,在相关范围内每隔一定业务量范围计算相关数值预算,来编制弹性成本预算的方法。

【例 9—3】 ABC公司按列表法编制的制造费用弹性预算如表 9—4 所示。

表 9—4 中的业务量间距为 10%,在实际工作中可选择更小的间距(如 5%。读者可以自行计算)。

显然,业务量的间距越小,实际业务量水平出现在预算表中的可能性就越大,但工作量也就越大。

列表法的主要优点是可以直接从表中查得各种业务量下的成本预算,便于预算的控制和考核,可以在一定程度上弥补公式法的不足。但这种方法工作量较大,且不能包括所有业务量条件下的费用预算,故适用面较窄。

表 9—4　　**ABC 公司预算期制造费用弹性预算(列表法)**　　单位:元

直接人工小时	70 000	80 000	90 000	100 000	110 000	120 000
生产能力利用	70%	80%	90%	100%	110%	120%
1. 变动成本项目	56 000	64 000	72 000	80 000	88 000	96 000
辅助工人工资	31 500	36 000	40 500	45 000	49 500	54 000
检验员工资	24 500	28 000	31 500	35 000	38 500	42 000
2. 混合成本项目	59 500	66 500	73 500	80 500	87 500	94 500
维修费	23 500	26 000	28 500	31 000	33 500	36 000
水电费	11 000	12 500	14 000	15 500	17 000	18 500
辅助材料	25 000	28 000	31 000	34 000	37 000	40 000
3. 固定成本项目	28 000	28 000	28 000	28 000	28 000	28 000
管理人员工资	15 000	15 000	15 000	15 000	15 000	15 000
保险费	5 000	5 000	5 000	5 000	5 000	5 000
设备租金	8 000	8 000	8 000	8 000	8 000	8 000
制造费用预算	143 500	158 500	173 500	188 500	203 500	218 500

2. 弹性利润预算的编制

弹性利润预算是根据成本、业务量和利润之间的依存关系，为适应多种业务量变化而编制的利润预算。弹性利润预算是以弹性成本预算为基础编制的，其主要内容包括销售量、价格、单位变动成本、边际贡献和固定成本。

编制弹性利润预算，可以选择因素法和百分比法两种方法。

(1)因素法。该法是指根据受业务量变动影响的有关收入、成本等因素与利润的关系，列表反映在不同业务量条件下利润水平的预算方法。

【例 9—4】 预计 ABC 公司预算年度某产品的销售量在 7 000～12 000 件之间变动，销售单价为 100 元，单位变动成本为 86 元，固定成本总额为 80 000 元。

要求：根据上述资料以 1 000 件为销售量的间隔单位编制该产品的弹性利润预算。

解答：依题意编制的弹性利润预算如表 9—5 所示。

表 9—5　　**ABC 公司弹性利润预算**　　单位:元

销售量(件)	7 000	8 000	10 000	10 000	11 000	12 000
单价	100	100	100	100	100	100
单位变动成本	86	86	86	86	86	86
销售收入	700 000	800 000	900 000	1 000 000	1 100 000	1 200 000
减:变动成本	602 000	688 000	774 000	860 000	946 000	1 032 000
边际贡献	98 000	112 000	126 000	140 000	154 000	168 000
减:固定成本	80 000	80 000	80 000	80 000	80 000	80 000
营业利润	18 000	32 000	46 000	60 000	74 000	88 000

如果销售价格、单位变动成本、固定成本发生变动,也可参照此方法,分别编制在不同销售价格、不同单位变动成本、不同固定成本水平下的弹性利润预算,从而形成一个完整的弹性利润预算体系。

这种方法适用于单一品种经营或采用分步法处理固定成本的多品种经营的企业。

(2)百分比法。本法又称销售额百分比法,指按不同销售额的百分比来编制弹性利润预算的方法。

一般来说,许多企业都经营多品种,在实际工作中,分别按品种逐一编制弹性利润预算是不现实的,这就要求我们用一种综合的方法——销售额百分比法,对全部经营商品按商品大类编制弹性利润预算。

【例 9—5】 ABC 公司预算年度的销售业务量达到 100%时的销售收入为 1 000 000 元,变动成本为 860 000 元,固定成本为 80 000 元。

要求:根据上述资料,以 10%的间隔为 ABC 公司按百分比法编制弹性利润预算。

解答:根据题意编制的弹性利润预算如表 9—6 所示。

表 9—6　　**ABC 公司弹性利润预算**　　单位:元

销售收入百分比(1)	80%	90%	100%	110%	120%
销售收入(2)=1 000 000×(1)	800 000	900 000	1 000 000	1 100 000	1 200 000
变动成本(3)=860 000×(1)	688 000	774 000	860 000	946 000	1 032 000
边际贡献(4)=(2)−(3)	112 000	126 000	140 000	154 000	168 000
固定成本(5)	80 000	80 000	80 000	80 000	80 000
营业利润(6)=(4)−(5)	32 000	46 000	60 000	74 000	88 000

应用百分比法的前提条件是销售收入必须在相关范围内变动，即销售收入的变化不会影响企业的成本水平（单位变动成本和固定成本总额）。此法主要适用于多品种经营的企业。

二、增量预算方法与零基预算方法

编制成本费用预算的方法按其出发点的特征不同，可分为增量预算方法和零基预算方法两大类。

（一）增量预算方法

增量预算方法简称增量预算，又称调整预算方法，是指以基期成本费用水平为基础，结合预算期业务量水平及有关影响成本因素的未来变动情况，通过调整有关原有费用项目而编制预算的一种方法。增量预算方法源于以下假定：

第一，现有的业务活动是企业所必需的。只有保留企业现有的每项业务活动，才能使企业的经营过程得到正常发展。

第二，原有的各项开支都是合理的。既然现有的业务活动是必需的，那么原有的各项费用开支就一定是合理的，必须予以保留。

第三，未来预算期的费用变动是在现有费用的基础上调整的结果。

增量预算方法的缺点是：(1)受原有费用项目限制，可能导致保护落后；(2)滋长预算中的“平均主义”和“简单化”；(3)不利于企业未来发展。

（二）零基预算方法

零基预算方法的全称为“以零为基础编制计划和预算的方法”，简称零基预算，是指在编制成本费用预算时，不考虑以往会计期间所发生的费用项目或费用数额，而是将所有的预算支出均以零为出发点，一切从实际需要与可能出发，逐项审议预算期内各项费用的内容及开支标准是否合理，在综合平衡的基础上编制费用预算的一种方法。

零基预算方法打破了传统的编制预算观念，不再以历史资料为基础进行调整，而是一切以零为基础。编制预算时，首先要确定各个费用项目是否应该存在，然后按项目的轻重缓急，安排企业的费用预算。

零基预算的编制程序是：(1)动员与讨论；(2)划分不可避免项目和可避免项目；(3)划分不可延缓项目和可延缓项目。

零基预算的优点是：不受已有费用项目和开支水平的限制；能够调动各方面降低费用的积极性，有助于企业的发展。其缺点是工作量大，重点不突出，编制时间较长。

此法特别适用于产出较难辨认的服务性部门费用预算的编制。

【例9－6】 ABC公司为深入开展双增双节运动，降低费用开支水平，以历年来超支严重的业务招待费、劳动保护费、办公费、广告费、保险费等间接费用项目为对象，按照零基预算方法编制预算。

经讨论研究，预算编制人员确定上述费用在预算年度的开支水平如表 9—7 所示。

表 9—7　　ABC 公司预计费用项目及开支金额　　单位：元

费用项目	开支金额
1. 业务招待费	180 000
2. 劳动保护费	150 000
3. 办公费	100 000
4. 广告费	300 000
5. 保险费	120 000
合　计	850 000

经过充分论证，得出以下结论：上述费用中除业务招待费和广告费以外都不能再压缩了，必须得到全额保证。

根据历史资料对业务招待费和广告费进行成本—效益分析，得到以下数据（如表9—8所示）。

表 9—8　　ABC 公司成本—效益分析表

成本项目	成本金额	收益金额
业务招待费	1	4
广告费	1	6

然后，权衡上述各项费用开支的轻重缓急，排出层次和顺序。

因为劳动保护费、办公费和保险费在预算期必不可少，需要全额得到保证，是不可避免的约束性固定成本，故应列为第一层次。

因为业务招待费和广告费可根据预算期间企业财力情况酌情增减，属于可变项目。其中广告费的成本—效益较大，应列为第二层次。业务招待费的成本—效益较小，应列为第三层次。

假定该公司预算年度对上述各项费用可动用的财力资源只有 700 000 元。根据以上排列的层次和顺序分配资源，最终落实的预算金额如下：

(1)确定不可避免项目的预算金额：

150 000＋100 000＋120 000＝370 000(元)

(2)确定可分配的资金数额：

700 000－370 000＝330 000(元)

(3)按成本—效益比重将可分配的资金数额在业务招待费和广告费之间进行分配：

业务招待费可分配资金＝330 000×[4/(4＋6)]＝132 000(元)

广告费可分配资金＝330 000×[6/(4＋6)]＝198 000(元)

在实际工作中，某些成本项目的成本—效益的关系不容易确定，按零基预算方法编制预算时，不能机械地平均分配资金，而应根据企业的实际情况，有重点、有选择地确定预算项目，保证重点项目的资金需要。

三、定期预算方法与滚动预算方法

编制预算的方法按其预算期的时间特征不同，可分为定期预算方法和滚动预算方法两大类。

(一)定期预算方法

定期预算方法简称定期预算，是指在编制预算时以不变的会计期间(如日历年度)作为预算期的一种编制预算的方法。

(二)滚动预算方法

滚动预算方法简称滚动预算，又称连续预算或永续预算，是指在编制预算时，将预算期与会计年度脱离，随着预算的执行不断延伸补充预算，逐期向后滚动，使预算期永远保持为一个固定期间的一种预算编制方法。

滚动预算按其预算编制和滚动的时间单位不同，可分为逐月滚动、逐季滚动和混合滚动三种方式。

第三节 财务预算的编制

财务预算的编制主要包括两部分，即反映现金收支活动的现金预算的编制和反映企业财务状况及成果的预计财务报表的编制。

一、现金预算的编制

现金需要量的预测，能够保证企业某一时点或时段的生产经营活动顺利进行，而现金预算则真正动态地反映了企业的现金余缺，可以使企业从容地筹集资金，在需要时借入现金，而在现金盈余时偿还借款。由于现金流量是企业的生命线，现金预算便成为财务预算中最重要的预算之一。

(一)现金预算的构成项目

现金预算由现金收入、现金支出、净现金流量和现金余缺四个项目组成。

1. 现金收入

现金收入包括营业现金收入和其他现金收入。

(1)营业现金收入。这主要是指产品销售收入,其数据一般可以从销售预算中得到。财务人员根据销售预算编制现金预算时,必须把现销与赊销分开,并单独分析赊销的收款时间和金额,还必须考虑企业收账过程中可能发生的有关因素,如现金折扣、销售退回、坏账损失等。

(2)其他现金收入。这是企业除销售收入以外的收入,如设备的租赁收入、证券投资的利息收入等。这些现金收入虽然不多,但在现金预算中必须加以考虑。

2. 现金支出

与现金收入相对应,现金支出包括营业现金支出和其他现金支出。

(1)营业现金支出。这主要包括采购材料的现金支出、员工薪金的现金支出和其他费用的现金支出。

(2)其他现金支出。这主要包括固定资产投资支出、偿还债务的本金和利息支出、所得税支出、股利支出或上缴利润等。固定资产投资支出一般都要事先规划,一般来说可以预知。债务的本金和利息的支付情况可从有关筹资计划中获得。所得税的数量应以当年预计的利润为基础进行估算。股利支出或上缴利润数额可根据企业利润分配政策进行测算。

3. 净现金流量

这是现金收入扣除现金支出以后的差额。其计算公式为:

净现金流量=现金收入-现金支出

=(营业现金收入+其他现金收入)-(营业现金支出+其他现金支出)

4. 现金余缺

这是预算期期末现金余额与最佳现金余额(又称理想现金余额)相比后的差额。如果期末现金余额大于最佳现金余额,说明现金有多余,应设法进行投资或归还债务;如果期末现金余额小于最佳现金余额,则说明现金有短缺,应筹资予以补足。现金余缺的计算公式为:

现金余缺=期末现金余额-最佳现金余额

=(期初现金余额+现金收入-现金支出)-最佳现金余额

=期初现金余额+净现金流量-最佳现金余额

(二)现金预算的编制方法

现金预算实际上是其他预算有关现金收支部分的汇总,以及收支差额平衡措施的具体计划。它的编制,要以其他各项预算为基础,或者说其他预算在编制的时候要为现金编制做好数据准备。

下面分别介绍各项预算的编制，为现金预算的编制提供数据以及编制依据。

1. 销售预算

这是整个预算的编制起点，其他预算的编制都以销售预算作为基础，根据预算期现销收入与回收赊销货款的可能情况反映现金收入，以便为编制现金收支预算提供信息。表9－9是M公司的销售预算。

表9－9 **M公司销售预算表** 单位：元

季 度	一	二	三	四	全 年
预计销售量(件)	150	100	180	200	630
预计单位售价	200	200	200	200	200
销售收入	30 000	20 000	36 000	40 000	126 000
预计现金收入					
上年应收账款	6 200				6 200
第一季度(销货 30 000)	18 000	12 000			30 000
第二季度(销货 20 000)		12 000	8 000		20 000
第三季度(销货 36 000)			21 600	14 400	36 000
第四季度(销货 40 000)				24 000	24 000
销售收入	24 000	24 000	29 600	38 400	116 200

在实际工作中，由于产品销售往往不是现购现销的，即产生了很大数额的应收账款，所以销售预算中通常还包括预计现金收入的计算，其目的是为编制现金预算提供必要的资料。假设本例中，每季度销售收入在本季度收到现金60%，其余赊销在下季度收账。

2. 生产预算

这是根据销售预算编制的(见表9－10)。通常，企业的生产和销售不能做到同步同量，生产数量除了满足销售数量外，还需要设置一定的存货，以保证能在发生意外需求时按时供货，并可均衡生产，节省赶工的额外开支。因此，在生产预算中还需要设置预计销售量、预计期初存货和期末存货以及预计生产量等项目。其中，生产预算中的预计生产量来自销售预算，预计期末存货可根据下期销售量的一定百分比确定，本例按10%确定。预计年初存货是编制预算时所预计的，年末存货根据长期销售趋势来确定。而预计生产量的计算公式为：

预计生产量＝预计销售量＋预计期末存货量－预计期初存货量

表 9—10　　生产预算表　　单位:件

季　度	一	二	三	四	全　年
预计销售量	150	100	180	200	630
加:预计期末存货	10	18	20	20	20
合　计	160	118	200	220	650
减:预计期初存货	10	10	18	20	10
预计生产量	150	108	182	200	640

当然,在企业实际生产中,由于生产能力或仓库容量的限制,企业生产预算的编制受到很多限制。另外,企业往往要根据市场销售形势和企业生产技术组织条件,对生产预算做一定范围的调整,其目的是谋求其生产成本、仓储成本和销售机会损失三者之和最小的方案。

3. 直接材料预算

在生产预算的基础上,可以编制直接材料预算(见表 9—11),其主要项目包括直接材料的单位产品用量、生产需用量、期初和期末存量等。其中,预计生产量来自生产预算,单位产品用量来自标准成本资料或消耗定额资料。年初和年末的材料存货量,则根据当前生产实际和长期销售预测来估计。而各季度的期末材料存量根据下季度生产量的一定百分比确定,本例按 20%确定。各季度期初材料存量则为上季度的期末存货。预计各季度采购量可按下列公式计算:

生产需用量＝预计生产量×单位产品材料耗用量

预计采购量＝生产需要量＋期末库存量－期初库存量

表 9—11　　直接材料预算表　　单位:千克/元

季　度	一	二	三	四	全　年
预计生产量(件)	150	108	182	200	640
单位产品材料用量	10	10	10	10	10
生产需用量	1 500	1 080	1 820	2 000	6 400
加:预计期末存量	216	364	400	400	400
合　计	1 716	1 444	2 220	2 400	6 800
减:预计期初存量	300	216	364	400	300
预计材料采购量	1 416	1 228	1 856	2 000	6 500
单　价	5	5	5	5	5
预计材料采购金(元)	7 080	6 140	9 280	10 000	32 500

续表

预计现金支出					
上年应付账款	2 350				2 350
第一季度(采购 7 080)	3 540	3 540			7 080
第二季度(采购 6 140)		3 070	3 070		6 140
第三季度(采购 9 280)			4 640	4 640	9 280
第四季度(采购 10 000)				5 000	5 000
合　计	5 890	6 610	7 710	9 640	29 850

材料的采购与产品的销售有相似之处,即货款也不是马上用现金全部支付的,这样就可能存在一部分应付款项,所以,对于材料采购还须编制现金支出预算,目的是为便于编制现金预算。假设本例材料采购的货款有 50%在本季度内付清,另外 50%在下季度付清。

4. 直接人工预算

直接人工预算也是以生产预算为基础编制的(见表 9－12)。其主要内容有预计生产量、单位产品工时、人工总工时、每小时人工成本和人工总成本。其中,预计生产量来自生产预算,单位产品工时和每小时人工成本来自企业的标准成本资料。直接人工预算也能为编制现金预算提供资料。

表 9－12　　直接人工预算表　　单位:元

季　度	一	二	三	四	全　年
预计产量(件)	150	108	182	200	640
单位产品工时(小时)	10	10	10	10	10
人工总工时(小时)	1 500	1 080	1 820	2 000	6 400
每小时人工成本(元)	2	2	2	2	2
人工总成本(元)	3 000	2 160	3 640	4 000	12 800

5. 制造费用预算

这是除直接材料和直接人工预算以外的其他一切生产成本的预算(见表 9－13)。制造费用按其成本性态可分为变动制造费用和固定制造费用两部分。变动制造费用是以生产预算为基础来编制的,即根据预计生产量和预计的变动制造费用分配率来计算;固定制造费用是期间成本直接列入损益作为当期利润的一个扣减项目,与本期的生产量无关,一般可以按照零基预算的编制方法编制。

表 9—13　　制造费用预算表　　单位:元

季　度	一	二	三	四	全　年
变动制造费用					
间接人工	150	108	182	200	640
间接材料	150	108	182	200	640
修理费	300	216	364	400	1 280
水电费	150	108	182	200	640
小　计	750	540	910	1 000	3 200
固定制造费用					
修理费	1 140	1 000	900	900	3 940
折 旧	1 000	1 000	1 000	1 000	4 000
管理人员工资	200	200	200	200	800
保险费	85	75	190	110	460
财产税	100	100	100	100	400
小　计	2 525	2 375	2 390	2 310	9 600
合　计	3 275	2 915	3 300	3 310	12 800
减:折　旧	1 000	1 000	1 000	1 000	4 000
现金支出的费用	2 275	1 915	2 300	2 310	8 800

为了便于以后编制产品成本预算,需要计算小时费用率。

变动制造费用分配率＝3 200/6 400＝0.5(元/小时)

固定制造费用分配率＝9 600/6 400＝1.5(元/小时)

在制造费用预算中,除了折旧费以外都需支付现金,为了便于编制现金预算,需要预计现金支出,将制造费用预算额扣除折旧费后,调整为现金支出的费用。

6. 产品生产成本预算

为了计算产品的销售成本,必须先确定产品的生产总成本和单位成本。产品生产成本预算是生产预算、直接材料预算、直接人工预算、制造费用预算的汇总(见表 9—14)。

表 9—14　　产品生产成本预算表　　单位:元

项　目	单位成本			生产成本(640 件)	期末存货(20 件)	销货成本(630 件)
	每千克或每小时	投入量	成本			
直接材料	5	10(千克)	50	32 000	1 000	31 500
直接人工	2	10(千克)	20	12 800	400	12 600
变动制造费用	0.5	10(千克)	5	3 200	100	3 150
固定制造费用	1.5	10(千克)	15	9 600	300	9 450
合　计			90	57 600	1 800	56 700

7. 销售及管理费用预算

这是为了实现产品销售和维持一般管理业务所发生的项目费用。它是以销售预算为基础，按照成本的性态分为变动销售及管理费用和固定销售及管理费用，其编制方法与制造费用预算相同。见表 9－15。

表 9－15　　销售及管理费用预算表　　单位:元

项目	金额
销售费用:	
销售人员工资	2 000
广告费	5 500
包装、运输费	3 000
保管费	2 700
管理费用:	
管理人员薪金	4 000
福利费	800
保险费	600
办公费	1 400
合　计	20 000
每季度支付现金(2 000÷4)	5 000

8. 现金预算

现金预算的编制是以各项日常业务预算和特种决策预算为基础来反映各预算的收入款项和支出款项(见表 9－16)。其目的在于资金不足时如何筹措资金，资金多余时怎样运用资金，并且提供现金收支的控制限额，以便发挥现金管理的作用。现金预算一般由四部分组成:现金收入、现金支出、现金多余或不足、资金的筹集和运用。

表 9－16　　现金预算表　　单位:元

季　度	一	二	三	四	全年
期初现金余额	8 000	12 035	6 350	6 700	8 000
加:销货现金收入	24 200	24 000	29 600	38 400	116 200
可供使用现金	32 200	36 035	35 950	45 100	124 200

续表

季　度	一	二	三	四	全年
减各项支出：					
直接材料(表 9—11)	5 890	6 610	7 710	9 640	29 850
直接人工(表 9—12)	3 000	2 160	3 640	4 000	12 800
制造费用(表 9—13)	2 275	1 915	2 300	2 310	8 800
销售及管理费用(表 9—15)	5 000	5 000	5 000	5 000	20 000
所得税	4 000	4 000	4 000	4 000	16 000
购买设备		14 000			14 000
股利		8 000		8 000	16 000
支出合计	20 165	41 685	22 650	32 950	117 450
现金余缺	12 035	(5 650)	1 330	12 150	6 750
向银行借款		12 000			12 000
还银行借款			6 000	6 000	12 000
借款利息(年利 10%)			600	150	750
合计			6 600	6 150	12 750
期末现金余额	12 035	6 350	6 700	6 000	6 000

现金收入部分包括期初现金余额和预算期现金收入。其中，期初现金余额是在编制预算时预计的，销货现金收入来自于销售预算，可供使用现金是期初余额和本期现金收入之和。

现金支出部分包括预算期的各项现金支出。除了直接材料、直接人工、制造费用、销售及管理费用等支出外，还包括所得税、设备购置、股利分配等现金支出，其相关数据可从其他另行编制的专门预算获得。

现金多余或不足部分是表示现金收入合计和现金支出合计的差额。差额为正，表明收大于支，现金有多余，可用于偿还前欠银行借款或用于短期投资。差额为负，说明支大于收，现金不足，需要向银行取得新的借款。本例中，假定该企业需要保留的最低现金余额为 6 000 元，不足此数时需要向银行借款，并且银行借款的金额要求是 1 000 元的整数倍。因此，第一季度借款额为：

借款额＝最低现金余额＋现金不足额

＝6 000＋5 650＝11 650≈12 000（元）

第三季度现金多余，可用于偿还借款。一般按“每期期初借入，每期期末归还”来预计利息，故借款期为 6 个月，假定利率为 10%，则应计利息为 600 元：

利息＝12 000×10%×6/12＝600(元)

由于还款后，仍然必须保持最低现金余额，所以第三季度只能归还 6 000 元。

同理，第四季度现金亦有多余，故可在该季度末归还剩余借款。经计算，应计利息为 150 元：

利息＝6 000×10%×3/12＝150(元)

期末现金余额＝12 150－6 000－150＝6 000(元)

二、预计财务报表的编制

预计财务报表是财务管理的重要工具，包括预计损益表和预计资产负债表等。预计财务报表虽然不同于年终编制历史实际的财务报表，但可以为企业常规的财务管理服务，是控制企业资金、成本和利润总量的重要手段，可以从总体上反映一定期间企业经营的全局情况。

（一）预计损益表

预计损益表是根据短期决策的要求，规划一定时期内收入、成本和净利润的预算。它是利润总量预测的具体化。

预计损益表与实际的损益表内容、格式相同，只不过数字是面向预算期的（见表 9－17）。该表又称预计收益表。它是汇总销售、成本、销售及管理费用、营业外收支、资本支出等预算的基础上加以编制的。通过编制预计损益表，可以了解企业预期的盈利水平。当预算利润与最初方针中的目标利润出现较大差异时，就需要调整部门预算，设法达到目标，或者经决策者同意后修改目标利润。

其中，“销售收入”项目的数据来自销售收入预算；“销售成本”项目的数据来自销售成本预算；“毛利”项目的数据是前两项的差额；“销售及管理费用”项目的数据来自销售及管理费用预算；“利息”项目的数据来自现金预算。

其中，“所得税”项目是在利润规划时估计的，由于有诸多纳税调整事项的存在，所以它通常不是根据“利润”和所得税税率计算出来的。此外，从预算编制程序上看，如果根据“本年利润”和税率重新计算所得税，就需要修改“现金预算”，进而改变“利息”，最终又要修改“本年利润”，从而陷入数据的循环修改。

表 9—17　　预计损益表　　单位:元

项目	金额
销售收入(表 9—9)	126 000
销售成本(表 9—14)	56 700
毛利	69 300
销售及管理费用(表 9—15)	20 000
利息(表 9—16)	750
利润总额	48 550
所得税(估计)	16 000
税后净收益	32 550

(二)预计资产负债表

预计资产负债表又称预计财务状况表,是提供一定时间的资产、负债和股东权益情况,反映企业预计财务状况的预算(见表 9—18)。现金预算和预计损益表都是编制预计资产负债表的基础。

表 9—18　　预计资产负债表　　单位:元

资产			权益		
项目	年初	年末	项目	年初	年末
现金(表 9—16)	8 000	6 000	应付账款(表 9—11)	2 350	5 000
应收账款(表 9—9)	6 200	16 000	长期借款	9 000	9 000
直接材料(表 9—11)	1 500	2 000	普通股	20 000	2 000
产成品(表 9—14)	900	1 800	未分配利润	16 250	32 800
土地	15 000	15 000			
房屋及设备	20 000	34 000			
累计折旧(表 9—13)	4 000	8 000			
资产总额	47 600	66 800	权益总额	47 600	66 800

其中,期末未分配利润是这样计算出来的:

期末未分配利润＝期初未分配利润＋本期利润－本期股利

＝16 250＋32 550－16 000＝32 800(元)

应收账款是根据表 9—9 中的第四季度销售额和本期收现率计算的:

期末应收账款＝本期销售额×(1－本期收现率)

＝40 000×(1－60％)＝16 000(元)

应付账款是根据表 9－11 中的第四季度采购金额和付现率计算出来的：

期末应付账款＝本期采购金额×(1－本期付现率)

＝10 000×(1－50％)＝5 000(元)

编制预计资产负债表的目的，在于判断预算反映的财务状况的稳定性和流动性。如果通过预计资产负债表的分析，发现某些财务比率不佳，必要时可修改有关预算，以改进财务状况。

复习思考题

1. 试论述财务预算的含义及其作用。
2. 为什么要编制弹性预算？弹性预算有什么优缺点？
3. 为什么要编制零基预算？零基预算有什么优缺点？
4. 简述现金预算编制的基本过程。

第十章 财务控制

【学习目标】

通过本章学习，要求掌握下列内容：

- 财务控制的作用、要素及其分类
- 四个责任中心的基本内容和考核指标
- 成本中心、利润中心、投资中心的责任报告
- 财务控制、责任中心和内部转移价格的含义
- 内部转移价格的几种类型及其制定原则

第一节 财务控制概述

一、财务控制的概念

控制是指对客观事物进行约束和调节，使之按照设定的目标和轨迹运行的过程。财务控制是指在财务管理过程中，利用有关信息和特定手段，依据一定的控制标准，对企业财务活动施加的影响或调节，以确保企业财务目标的实现。它是财务管理人员保证财务管理工作有效进行，完成财务预算目标而采取的一系列行为。简单地说，财务控制就是为了实现财务目标，根据预算、制度，发现偏差和纠正偏差的过程。

财务控制的主体是以社会化、专业化为基本特征的公司董事会。

财务控制的客体首先是人（管理者、员工）以及由此形成的内外部财务关系，其次才应该是各自不同的企业财务资源或现金流转。

财务控制的目标是企业价值最大化，是代理成本与财务收益的均衡，而不仅仅是传统控制财务活动现实的合理性、有效性。

二、财务控制的种类

(一)按照财务控制的内容分为一般控制和应用控制

一般控制又称基础控制或环境控制,是指对企业财务活动的内部环境所实施的总体控制。它包括组织控制、人员控制、财务预算、业绩评价、财务记录等项内容。

这类控制的特征是,并不直接地作用于企业的财务活动,而是通过应用控制对企业财务活动产生影响。

应用控制又称业务控制,是指直接作用于企业财务活动的具体控制,如业务处理程序中的批准、授权、审核与复核以及为保证资产安全而采取的限制接近等项控制。

这类控制的特征在于,它们构成了业务处理程序的一部分,并都具有防止和纠正一种或几种错弊的作用。

(二)按照财务控制的功能分为预防性控制、侦查性控制、纠正性控制和前馈性控制

预防性控制又称排除干扰控制,是指通过内部设置的具有约束性的制度来防范风险、错弊和非法行为的发生或尽量减少其发生机会所进行的一种控制。它主要是解决"如何能够一开始就防止风险和错弊的发生"的问题。例如,为了保证现金的安全与完整,就要规定现金的使用范围,制定内部牵制制度;为了节约各种开支,则可事先规定开支标准等。在财务管理中,各种事先制定的标准、制度、规定都属于预防性控制系统的组成部分。

侦查性控制是指为及时识别已存在的财务危机和已发生的错弊和非法行为或增强识别风险和发现错弊机会的能力所进行的各项控制。在缺乏完善可行的预防性控制措施的情况下,侦查性控制是一种很有效的监督工具,它主要是解决"如果风险和错弊仍然发生,如何识别"的问题。例如,通过账账核对、实物盘点,以发现记账错误和货物短缺;通过有关财务指标的分析,识别存在的财务风险等。

纠正性控制是对那些由侦查性控制查出来的问题的控制。通过实际执行的结果与设计标准的比较,对发现的差异予以适当地纠正。

前馈性控制又称补偿性控制,是指通过对实际财务系统运行的监视,运用科学方法预测可能出现的偏差,采取一定措施使差异得以消除,从而保证既定目标完成的控制。例如,企业的货币资金控制系统就是一个前馈性控制系统,这个系统不仅要计量货币资金已经发生的收支和余额,还要监督和预测即将发生的各项货币收支,预测货币资金余额的未来值,根据预测余额未来值的大小,采取不同的措施予以解决。若预测的余额过低或超支,应事先采取措施,开源节流,增收节支;若预测的余额过高,应事先采取措施,充分利用资金,提高资金使用效益。补偿性控制要求掌握大量的信息,并要进行正确的预测。

(三)按控制的依据分为预算控制和制度控制

预算控制是以财务计划或预算的分解指标为标准,对企业的财务活动进行监督、调整的

一种控制形式。预算控制表现其执行主体的责任和奋斗目标，规定了预算执行主体的行为。

制度控制是以公司章程、财务制度为依据，约束企业和各责任中心财务活动的一种控制形式。制度控制通常规定只能做什么、不能做什么。与预算控制比较，制度控制具有防护性的特征，而预算控制主要具有激励的特征。

（四）按控制的对象分为收支控制和现金控制

收支控制是对企业各责任中心的财务收入、支出活动所进行的控制。控制财务收入活动，旨在达到高收入的目标。控制财务支出活动，旨在降低成本、减少开支、实现利润最大化。

现金控制是对企业和责任中心的现金流入和现金流出活动所进行的控制。现金控制应力求实现现金流入流出的基本平衡，既要防止因现金短缺而可能出现的支付危机，也要防止因现金沉淀而可能出现的机会成本增加。

（五）按控制的手段分为定额控制和定率控制

定额控制是对企业和责任中心的财务指标采用绝对额进行的控制。一般而言，对激励性指标确定最低控制标准，对约束性指标确定最高控制标准。

定率控制是对企业和责任中心的财务指标采用相对比率进行的控制。相对而言，定率控制具有投入与产出对比、开源与节流并重的特征。

比较而言，定额控制缺乏弹性，定率控制具有弹性。

三、财务控制的要素

财务控制要素是进行财务控制所必须具备的基本条件，它主要包括如下几个方面：

（一）组织保证

企业财务控制必须要有相应的组织结构作保证，才能发挥它的作用。例如，为了确定财务预算，就必须建立相应的决策和预算编制机关；为了组织和实施日常财务控制，就必须建立相应的监督、协调机构；为了考评预算的执行结果，就必须建立相应的考评机构。在实际工作中，可根据需要将这些机构的职能进行归并，合并到企业的常设机构中。由于企业的财务预算是按照企业内部各部门、各岗位逐层进行指标分解的，是责任预算，因而要求企业建立各种预算执行的责任中心，使各责任中心对分解的预算指标既能控制，又能承担责任。按企业的组织结构合理划分责任中心，是进行财务控制的必要前提。

（二）建立健全责任会计核算体系

责任预算执行情况的揭示和考评，可以通过各自的会计核算资料予以反映。通过这些会计资料，不仅可以了解、分析各责任中心预算目标的完成情况。经过汇总，还可以了解、分析企业财务预算总目标的执行情况、存在的差异和形成的原因，并提出相应的纠偏措施。因此，企业必须健全会计核算基础工作，建立按责任中心设置的会计核算体系——

责任会计，确保会计资料的真实性和及时性。这样，责任预算执行情况的揭示和考评就可以通过责任会计进行。责任会计围绕各个责任中心，与企业内部的经济责任制相结合，又成为企业控制制度体系的重要组成部分。

(三)信息反馈系统

财务控制是一个动态的控制过程，为了确保财务预算的贯彻实施，就必须对各责任中心预算的执行情况进行跟踪监控，不断调整执行偏差，因此必须建立一个信息反馈系统，负责计量、传递和报告财务控制使用的各种信息。

(四)奖惩制度

财务控制的最终效率取决于是否有切实可行的奖惩制度以及是否严格执行这一制度，否则，即使有符合实际的财务预算，也会因为财务控制的软化而得不到贯彻落实。因此，奖惩制度的制定，必须体现财务预算目标的要求，必须体现公平、合理和有效的原则，必须体现过程考核与结果考核的结合，能够真正发挥奖惩制度在企业财务控制中应有的作用。

(五)预算目标

财务控制的一个重要标准或依据是预算目标。财务预算是根据企业外部环境和内部条件的预期制定的，不论是自上而下还是自下而上制定，均将企业的总体目标分解落实到各级部门和个人，为其行动指明方向。面向整个企业的财务预算也成为控制企业经济活动的依据，在此基础上进行的财务控制才能保证企业目标与部门以及个人目标的一致性。

四、财务控制的方式

财务控制的方式、方法主要包括授权批准控制、职务分离控制、全面预算控制、财产保全控制、独立检查控制和业绩评价控制等。

(一)授权批准控制

授权是对某一大类业务或某项具体业务的政策决策。授权通常包括一般授权和特别授权两种方式。

一般授权主要是针对日常业务活动而进行的授权。这类授权一般适用于正常的例行业务，通常以管理部门文件的形式，规定一般业务或交易办理的条件、范围和责任。其重点是在授权层次和范围上应考虑兼顾控制风险和提高效率。

特别授权是适用于个别重要、特殊的业务或交易以及超过一般授权的常规交易，这类授权只涉及特定业务的处理条件和具体人员，通常应保持在较高的管理层级上。

批准是检查已确立的授权条件得到满足的实际步骤。

(二)职务分离控制

职务分离控制是对处理某种经济业务所涉及的职责分派给不同的人员，使每个人的工作都是对其他有关人员工作的一种自动的检查。

职务分离的主要目的是预防和及时发现职工在履行职责过程中产生错误和舞弊行为。常见的不相容职务包括:业务授权与执行职务相分离;业务执行与记录职务相分离;业务授权与财产保管职务相分离;财产保管与记录职务相分离;记录总账与明细账职务相分离;经营责任与记账责任相分离;财产保管与财产核对职务相分离。对一项经济业务处理全过程的各个步骤也要分派给不同的部门和人员负责。

(三)全面预算控制

全面预算控制是以全面预算为手段对企业财务收支和现金流量所进行的控制。全面预算控制主要包括以下几个环节:建立预算体系、编制和审定预算、下达预算指标、授权预算执行、监督预算执行、分析预算差异和考核预算业绩等。

(四)财产保全控制

财产保全控制的措施主要包括限制接触财产、定期盘点清查、记录保护、财产保险、财产记录监控。

(五)独立检查控制

独立检查控制是由业务执行者以外的人员对已执行的业务的正确性所进行的验证,又称内部稽核。

一个有效的独立检查控制应当满足三个条件:

(1)检查工作由一个和原业务活动、记录、保管相独立的人员来执行。

(2)不管采用全部复核或抽样复核,复核工作须经常进行。

(3)错误和例外须迅速地传达给有关人员,以便更正。

(六)业绩评价控制

业绩评价可以将实际业绩与其他标准,如前期业绩、预算和外部基准尺度进行比较;将不同系列的数据相联系,如经营数据和财务数据,对功能或营运业绩进行评价。

第二节　责任中心财务控制

企业为了实行有效的内部协调与控制,通常都按照统一领导、分级管理原则,在其内部合理规划责任单位,明确各责任单位应承担的经济责任、应有的权力和利益,促使各责任单位尽其责任协同配合。同时,为了保证预算的贯彻落实和最终实现,必须把总预算中确定的目标和任务,按照责任中心逐层进行指标分解,形成责任预算,使各个责任中心据以明确目标和任务。

建立责任中心、编制和执行责任预算、考核和监控责任预算的执行情况是企业实行财务控制的一种有效手段,又称为责任中心财务控制。

一、责任中心的定义及特征

责任中心是企业内部由专人承担责任和行使权力并发生收入、成本、利润或投资的单位。

责任中心具有如下基本特征：

(1)拥有与企业总体管理相协调、与其管理职能相适应的经营决策权，使其能在最恰当的时刻对企业遇到的问题作出最恰当的决策。

(2)承担与其经营权相适应的经济责任。

(3)建立与责任相配套的利益机制，以使管理人员的个人权益与其管理业绩相联系，从而调动全体管理人员和职工的工作热情和责任心。

(4)各责任中心的局部利益必须与企业整体利益相一致，不能为了各责任中心的局部利益而影响企业的整体利益。

二、责任中心的分类及考核

责任中心按其责任对象可分为收入中心、成本中心、利润中心和投资中心四类。

(一)收入中心

收入中心是指对收入负责任的责任中心，其特点是指对收入负责，不对成本负责，因此只考核其收入实现情况。收入中心是为了组织营销活动而设置的，典型的收入中心是公司的销售部门。

收入中心主要对销售收入负责。由于现金在企业财务活动中具有重要作用，因此，收入中心的职责还包括保证现金回收率、降低坏账比例等。具体而言，收入中心的考核指标包括销售收入完成百分比、现金回款率、销售款平均回收天数、坏账发生率等。其计算公式为：

销售收入完成百分比＝实际实现销售收入÷目标销售收入×100％

现金回款率＝实际收到的现金÷平均应收账款

销售款平均回收天数＝∑(销售收入×回收天数)÷全部销售收入

坏账发生率＝某年的坏账发生数÷某年的全部销售收入

公式中，最主要的指标是销售收入完成百分比。此外，销售中心还应提供销售数量、产品结构等数据，供管理层考核评价。

销售部门等作为纯粹的收入中心不核算成本的一个重要原因是：在传统的成本计算法下，无论是其销售产品的成本还是提供服务的成本都不能准确计量，由于缺乏配比信息，所以也就无法对其利润进行评估。但随着作业成本法以及战略成本管理法在公司中的应用，对于营销费用也可以按照作业进行准确核算，以计算与评价利润，从而有可能将收入中心转化为利润中心。因此,收入中心在分权化管理中的地位和作用将逐渐减小。

(二)成本中心

成本中心是对成本或费用承担责任的责任中心,它不会形成可以用货币计量的收入,因而不对收入、利润或投资负责。成本中心一般包括负责产品生产的生产部门、劳务提供部门和有一定费用指标的企业管理部门。

成本中心的应用范围最广,从一般意义出发,企业内部凡有成本发生,需要对成本负责,并能实施成本控制的单位,都可以成为成本中心。上至企业,下至车间、工段、班组甚至个人,都有可能成为成本中心。成本中心的规模不一,一个成本中心可以由若干个更小的成本中心组成,从而在企业形成一个逐级控制并层层负责的成本中心体系。规模大小不一和层次不同的成本中心,其控制和考核的内容也不尽相同。

1. 成本中心的类型

广义的成本中心有两种类型:标准成本中心和费用中心。

标准成本中心是以实际产出量为基础,并按标准成本进行成本控制的成本中心。通常,制造业的工厂、车间、工段、班组等是典型的标准成本中心。在产品生产中,这类成本中心的投入与产出有着明确的函数对应关系,它不仅能够计量产品产出的实际数量,而且每个产品因有明确的原材料、人工和制造费用的数量标准和价格标准,从而可对生产过程实施有效的弹性成本控制。实际上,任何一项重复性活动,只要能够计量产出的实际数量,并且能够建立起投入与产出之间的函数关系,都可以作为标准成本中心。

费用中心是指产出物不能以财务指标衡量,或者投入与产出之间没有密切关系的有费用发生的单位,通常包括一般行政管理部门、研究开发部门及某些销售部门。一般行政管理部门的产出难以度量,研究开发和销售活动的投入量与产出量没有密切的联系。费用中心的费用控制应重在预算总额的审批上。

狭义的成本中心将标准成本中心划分为基本成本中心和复合成本中心两种。前者是指没有下属的成本中心,属于较低层次的成本中心;后者是指有若干个下属的成本中心,属于较高层次的成本中心。

2. 成本中心的责任成本与可控成本

由成本中心承担责任的成本就是责任成本,成本中心的责任成本必须是可控成本。基本成本中心的责任成本就是其可控成本,复合成本中心的责任成本既包括本中心的责任成本,也包括下属成本中心的责任成本,各成本中心的可控成本之和即是企业的总成本。

在特定时期,凡是责任中心能够控制的各种耗费为可控成本,责任中心不能控制的成本就是不可控成本。具体来说,可控成本必须同时具备以下四个条件:一是可以预计,即成本中心能够事先知道将发生哪些成本以及在何时发生;二是可以计量,即成本中心能够对发生的成本进行计量；三是可以施加影响，即成本中心能够通过自身的行为来调节成本；四是可以落实责任，即成本中心能够将有关成本的控制责任分解落实，并进行考核评价。凡不能同时具备上述四个条件的成本，通常为不可控成本。

对于特定成本中心来说，它不应当承担不可控成本的相应责任。

正确判断成本的可控性是成本中心承担责任成本的前提。从整个企业的空间范围和较长时间来看，所有的成本都是人的某种决策或行为的结果，都是可控的。但是，对于特定的人或时间来说，则有些是可控的，有些是不可控的。所以，对成本的可控性理解应注意以下几个方面。

首先，成本的可控与否，与责任中心的权力层次有关。某些成本对于较高层次的责任中心或高级领导来说是可控的，对于其下属的较低层次的责任中心或基层领导而言，就可能是不可控的。就整个企业而言，所有的成本都是可控成本；而对于企业内部的各部门以及车间、工段、班组和个人来讲，则既有其各自的可控成本，又有其各自的不可控成本。比如，车间主任的工资，尽管要计入产品成本，但不是车间的可控成本，而它的上级则可以控制。属于较低层次责任中心的可控成本，则一定是其所属较高层次责任中心的可控成本。至于下级责任中心的某项不可控成本，对于上一级的责任中心来说就有两种可能，要么仍然属于不可控成本，要么是可控成本。

其次，成本的可控性要受到管理权限和控制范围的约束。同一成本项目对于某一责任中心来讲是可控成本，而对于处在同一层次的另一责任中心来讲却是不可控成本。如产品试制费，从产品生产部门看是不可控的，而对研发部门来说就是可控的。但如果新产品试制也归由生产部门负责进行，则试制费又成为生产部门的可控成本。

再次，成本的可控性要联系时间范围考虑。某些从短期看属于不可控的成本，从较长的期间看，又成为了可控成本。现有生产设备的折旧，在设备原价和折旧方法既定的条件下，该设备继续使用时，就具体使用它的部门来说，折旧是不可控的；但当现有设备不能继续使用，要用新的设备来代替它时，新设备的折旧则取决于设备更新所选用设备的价格及正常使用寿命，从这时看，设备的折旧又成为可控成本。

最后，成本的可控性与成本性态和成本可辨认性的关系。一般来讲，一个成本中心的变动成本大多是可控成本，固定成本大多是不可控成本。直接成本大多是可控成本，间接成本大多是不可控成本。

值得说明的是，成本不仅可按可控性分类，也可按其他标志分类。一般来说，成本中心的变动成本大多是可控成本，而固定成本大多是不可控成本。但也不完全如此，还应结合有关情况具体分析。例如，管理人员工资属于固定成本，但其发生额可以在一定程度上为部门负责人所决定或影响，因而也可能作为可控成本。从成本的发生同各个成本中心的关系来看，各成本中心直接发生的成本是直接成本，其他部门分配的成本是间接成本。一般而言，直接成本大多是可控成本，间接成本大多是不可控成本。但实际上也并不如此，需要结合有关情况具体分析。例如，广告费、科研开发费、教育培训费等酌量性固定成本是可控的；某个成本中心所使用的固定资产的折旧费是直接成本，但不是可控成本。

3. 成本中心考核指标

由于成本中心只对成本负责，对其评价和考核的主要内容是责任成本，即通过各责任成本中心的实际成本与预算责任成本的比较，以此评价各成本中心责任预算的执行情况。成本中心的考核指标主要采用相对指标和比较指标。其计算公式是：

责任成本变动额＝实际责任成本－预算责任成本

责任成本变动率＝责任成本变动额÷预算责任成本×100%

在进行成本中心指标考核时，如果预算产量与实际产量不一致时，应按弹性预算的方法先进行调整预算指标，然后再按上述指标进行计算。

【例 10－1】 公司内部一车间为成本中心，生产 A 产品，预算产量为 3 000 件，单位成本 50 元；实际产量 4 000 件，单位成本 45 元。试计算成本中心的责任成本变动额和变动率。

解：

责任成本变动额＝45×4 000－50×4 000＝－20 000(元)

责任成本变动率＝－20 000÷(50×4 000)×100%＝－10%

4. 成本中心责任报告

成本中心责任报告是以实际产量为基础，反映责任成本预算实际执行情况，揭示实际责任成本与预算责任成本差异的内部报告。成本中心的责任划分必须明确。由于各责任中心是逐级设置的，因而责任报告也应是自下而上，从最基层的成本中心逐级向上汇总，直至最高管理层。每一级的责任报告，除最基层只有本身的可控成本外，都应包括下属单位转来的责任成本和本身的可控成本。成本中心通过编制责任报告，来反映、考核和评价责任中心责任成本预算的执行情况(见表 10－1)。

表 10－1 ××车间(成本中心)业绩报告 单位:元

成本项目	预 算	实 际	差 异
下属责任中心转来的责任成本			
甲班组	10 000	9 500	－550
乙班组	10 000	11 000	＋1 000
合 计	20 000	20 500	＋500

续表

成本项目	预 算	实 际	差 异
本车间的可控成本			
间接人工	2 000	2 200	+200
管理人员工资	3 000	2 700	−300
设备维修费	1 500	1 450	−50
合 计	6 500	6 350	−150
本车间的责任成本合计	26 500	26 850	+350

由表10−1计算可知，该成本中心实际责任成本较之预算责任成本增加350元，上升了1.32%。

（三）利润中心

利润中心是对利润负责的责任中心。由于利润中心对收入与成本的差额利润负责，所以其对收入和成本都要承担责任。利润中心是比成本中心更高一层的责任中心，其权利和责任都相对较大。利润中心通常是那些具有产品或劳务生产经营决策权的部门。

1. 利润中心类型

按照收入来源的性质不同，利润中心可分为自然利润中心和人为利润中心两类。

自然利润中心是指能直接对外销售产品或提供劳务，取得实际收入的利润中心，如分公司、分厂等。这类责任中心一般具有独立的产品销售权、价格制定权、材料采购权和生产决策权，它和独立企业一样可以在外界市场上销售产品或劳务取得收入，赚取利润。

人为利润中心是不直接对外销售产品或提供劳务，而是在企业内部各责任中心之间按照内部转移价格，相互提供产品或劳务而形成的利润中心。大多数成本中心都可以转化为人为利润中心。这类责任中心一般也具有相对独立的经营管理权，即能够自主决定本利润中心生产的产品品种、产品产量、作业方法、人员调配和资金使用等。但这些部门提供的产品或劳务主要在企业内部转移，很少对外销售。

2. 利润中心的成本计算

利润中心对利润负责，必然要考核和计算成本，以便正确计算利润，以作为对利润中心业绩评价与考核的可靠依据。对利润中心的成本计算，通常有两种方式可供选择。

(1)利润中心只计算可控成本，不分担不可控成本，即不分摊共同成本。这种方式主要适应于共同成本难以合理分摊或无须进行共同成本分摊的场合，按这种方式计算出的盈利不是通常意义上的利润，而是相当于“边际贡献总额”。企业各利润中心的“边际贡献总额”之和，减去未分配的共同成本，经过调整后才是企业的利润总额。采用这种成本计算方式的“利润中心”，实质上已不是完整和原来意义上的利润中心，而是边际贡献中心。人为利润中心适合采取这种计算方式。

(2)利润中心不仅计算可控成本，也计算不可控成本。这种方式适合于共同成本易于合理分摊或不存在共同成本分摊的场合。这种利润中心在计算时，如果采用变动成本法，应先计算出边际贡献，再减去固定成本，才是税前利润；如果采用完全成本法，利润中心可以直接计算出税前利润。各利润中心的税前利润之和，就是整个企业的利润总额。自然利润中心适合采取这种计算方式。

3. 利润中心的考核指标

利润中心既要对其发生的成本负责，又要对其发生的收入和实现的利润负责。所以，利润中心业绩评价和考核的重点是边际贡献和利润，但对于不同范围的利润中心来说，其指标的表现形式也不相同。

例如，某公司采用事业部制，其考核指标可采用以下四种形式：

部门边际贡献＝部门销售收入总额－部门变动成本总额

部门经理可控利润＝部门边际贡献－部门经理可控固定成本

部门可控利润＝部门经理边际贡献－部门经理不可控固定成本

部门税前利润＝部门边际贡献－分配的公司管理费用

其中，部门边际贡献表明部门销售收入在补偿已售出产品的变动成本后还有多余，就可以补偿部门固定成本，为实现利润作出贡献。部门经理可控利润反映了部门经理在其权限范围内有效使用资源的能力，部门经理可控制收入、变动成本和部分固定成本，因而可以对可控利润承担责任，该指标主要用于评价部门经理的经营业绩。这里的主要问题是，要将各部门的固定成本进一步区分为可控成本和不可控成本，这是因为有些费用虽然可以追溯到有关部门，却不为部门经理所控制，如广告费、保险费等。因此在考核部门经理业绩时，应将其不可控成本从中剔除。部门可控利润主要用于对部门业绩的评价和考核，用以反映该部门补偿共同性固定成本后对企业利润所作的贡献。如果要决定该部门的取舍，部门可控利润是有重要意义的信息。部门税前利润用于计算部门提供的可控利润必须抵补总部的管理费用等，否则企业作为一个整体就不会盈利。这样，部门经理可集中精力增加收入并降低可控成本，为企业实现预期的利润目标作出应有的贡献。

【例 10－2】 某企业 A 车间是一个人为利润中心。本期实现内部销售收入 1 000 000元，销售变动成本为 800 000 元，该中心负责人可控固定成本为 90 000 元，中心负责人不可控应由该中心负担的固定成本为 100 000 元，分配公司的管理费用为 10 000 元。

该中心实际考核指标分别为：

利润中心边际贡献总额＝1 000 000－800 000＝200 000(元)

利润中心负责人可控利润总额＝200 000－90 000＝110 000(元)

利润中心可控利润总额＝110 000－100 000＝10 000(元)

利润中心税前利润＝20 000－10 000＝10 000(元)

4. 利润中心责任报告

利润中心通过编制责任报告，可以集中反映利润预算的完成情况，并对其产生差异的原因进行具体分析。

表 10－2　　××利润中心责任报告　　单位：万元

成本项目	预　算	实　际	差　异
销售收入	300	320	＋20
变动成本			
变动生产成本	150	145	－5
变动销售成本	40	35	－5
变动成本合计	190	180	－10
边际贡献	110	140	＋30
固定成本			
直接发生的固定成本	15	16	＋1
上级分配的固定成本	13	14	＋1
固定成本合计	28	30	＋2
营业利润	82	110	＋28

由表 10－2 中计算可知，该利润中心的实际利润超额完成预算 28 万元，如果剔除上级分配来的固定成本这一因素，利润超额完成 29 万元。

(四)投资中心

投资中心是指既要对成本、利润负责，又要对投资效果负责的责任中心。投资中心与利润中心的主要区别是：

第一，权利不同。利润中心没有投资决策权，需要在企业确定投资方向后组织具体的经营；而投资中心则不仅在产品生产和销售上享有较大的自主权，而且具有投资决策权，能够相对独立地运用其所掌握的资金，有权购置或处理固定资产，扩大或削减现有的生产能力。投资中心是最高层次的责任中心，它具有最大的决策权，也承担最大的责任。一般而言，大型集团所属的子公司、分公司、事业部往往都是投资中心。

第二，考核办法不同。投资中心拥有投资决策权和经营决策权，同时各投资中心在资产和权益方面应划分清楚，以便准确地计算出各投资中心的经济效益，对其进行正确的评价和考核。

在组织形式上，成本中心一般不是独立法人，利润中心可以是也可以不是独立法人，而投资中心一般是独立法人。

由于投资中心独立性较高，它一般应向公司的总经理或董事会直接负责。对投资中心不应过多干预，应使其享有投资权和较为充分的经营权。

1. 投资中心考核指标

投资中心评价与考核的内容是利润及投资效果，反映投资效果的指标主要是投资报酬率和剩余收益。

(1)投资报酬率。投资报酬率又称投资利润率或投资收益率，是由杜邦公司在 20 世纪初创建并开始使用的，是指投资中心所获得的利润占投资额的比率，可以反映投资中心的综合盈利能力。其计算公式为：

投资报酬率＝利润÷投资额×100％

投资报酬率指标可分解为：

投资报酬率＝投资周转率×销售利润率

以上公式中，投资额是指投资中心的总资产扣除负债后的余额，即投资中心的净资产。所以，该指标也可以称为净资产利润率，它主要说明投资中心运用公司产权资金所取得的利润对企业整体利润贡献的大小。

为了考核投资中心的总资产运用情况，也可以计算投资中心的总资产息税前利润率，它是投资中心的息税前利润与总资产的比率。用公式表示为：

总资产息税前利润率＝息税前利润÷总资产×100％

总资产是指生产经营中占用的全部资产。因资金来源中包含了负债，相应分子也要采用息税前利润，它以利息加利润总额来计算。采用资产总额计算投资报酬率，主要是评价和考核由投资中心掌握、使用的全部资产的盈利能力。

值得说明的是，由于利润或息税前利润均为期间指标，故上述投资额或总资产占用额应按平均投资额或平均占用额计算。

目前，有许多企业采用投资报酬率作为评价投资中心业绩的指标。该指标的优点是：

第一，投资报酬率能反映投资中心的综合盈利能力。

第二，具有横向可比性，有利于判断各投资中心经营业绩的优劣。

第三，投资报酬率可作为选择投资机会的依据，有利于优化资源配置。

第四，以投资报酬率作为评价投资中心经营业绩的尺度，可以正确引导投资中心的经营管理能力，使其长期化。

这一评价指标的不足之处是缺乏全局观念。当一个投资项目的投资报酬率低于某投资中心的投资报酬率而高于整个企业的投资报酬率时，虽然企业希望接受这个投资项目，但该投资中心可能拒绝它；当一个投资项目的投资报酬率高于该投资中心的投资报酬率而低于整个企业的投资报酬率时，该投资中心可能只考虑自己的利益而接受它，而不顾企业整体利益是否受到损害。

【例 10－3】 某个部门现有资产 100 万元，年净利润 22 万元，投资报酬率为 22%。部门经理目前面临一个投资报酬率为 20%的投资机会，投资额为 60 万元，每年净利润为 12 万元。企业投资报酬率为 15%。

尽管对整个企业来说，由于该项目投资报酬率高于企业投资报酬率，应当利用这个投资机会，但是它却使这个部门的投资报酬率由过去的 22%下降到 21.25%，企业会拒绝该项投资机会。

投资报酬率＝(22＋12)÷(100＋60)×100%＝21.25%

假设情况与此相反，该部门现有一项资产价值 60 万元，每年获利 12 万元，投资报酬率为 20%，该部门经理却愿意放弃该项资产，以提高部门投资报酬率。

投资报酬率＝(22－12)÷(100－60)×100%＝25%

当使用投资报酬率作为业绩评价标准时，部门经理可以通过加大公式分子或减少公式的分母来提高这个比率。这样做，会失去不是最有利但可以扩大企业总净利的项目。从引导部门经理采取与企业总体利益一致的决策来看，投资报酬率并不是一个很好的指标。

因此，为了使投资中心的局部目标与企业的总体目标保持一致，弥补投资报酬率这一指标的不足，还可以采用剩余收益指标来评价、考核投资中心的业绩。

(2)剩余收益。剩余收益是指投资中心获得的利润扣减其投资额或净资产占用额按规定或预期的最低收益率计算的最低投资收益后的余额。其计算公式如下：

剩余收益＝利润－投资额×预期最低投资报酬率

剩余收益＝投资额×(投资利润率－预期最低投资报酬率)

以剩余收益作为投资中心经营业绩评价指标，各投资中心只要投资利润率大于预期最低投资报酬率，即剩余收益大于零，该项投资项目就是可行的。剩余收益是个绝对数正指标，这个指标越大，说明投资效果越好。

如果考核指标是总资产息税前利润率时，则剩余收益计算公式应作相应调整，其计算公式如下：

剩余收益＝息税前利润－总资产占用额×规定或预期的总资产息税前利润率

这里所说的规定或预期的总资产息税前利润率通常是指企业为保证其生产经营正常、持续进行所必须达到的最低水平收益率。

【例 10－4】 某企业有若干个投资中心，平均投资报酬率为 15％，其中甲投资中心的投资报酬率为 20％，该中心的经营资产平均余额为 200 万元。预算期甲投资中心有一追加投资的机会，投资额为 100 万元，预计利润为 16 万元，投资报酬率为 16％。

要求：(1)假定预算期甲投资中心接受了上述投资项目，分别用投资报酬率和剩余收益指标来评价考核甲投资中心追加投资后的工作业绩。(2)分别从整个企业和甲投资中心的角度，说明是否应当接受这一追加投资项目。

(1)甲投资中心接受投资后的评价指标分别为：

投资报酬率＝(200×20％＋16)÷(200＋100)×100％＝18.67％

剩余收益＝16－100×15％＝1(万元)

从投资报酬率指标看，甲投资中心接受投资后的投资报酬率为 18.67％，但剩余收益为 1 万元，使甲投资中心有利可图。

(2)如果从整个企业的角度看，该追加投资项目的投资报酬率为 16％，高于企业的投资报酬率 15％，剩余收益为 1 万元，大于 0，结论是：无论从哪个指标看，企业都应当接受该项追加投资。

如果从甲投资中心看，该追加投资项目的投资报酬率为 16％，低于该中心的投资报酬率 20％，若仅用这个指标来考核投资中心的业绩，则甲投资中心不会接受这项追加投资(因为这将导致甲投资中心的投资报酬率指标由 20％降低为 18.67％)；但若以剩余收益指标来考核投资中心的业绩，则甲投资中心会因为剩余收益增加了 1 万元，而愿意接受该项追加投资。通过例子可以看出，利用剩余收益指标考核投资中心的工作业绩，不仅能使个别投资中心的局部利益与企业整体利益达到一致，避免投资中心本位主义倾向，同时它考虑了权益资本成本的补偿，可以防止投资中心的短期行为。

但剩余收益也有它的缺点。首先，它是一个绝对数指标，不利于不同规模企业之间的比较，以这种方法作为业绩衡量标准时对于规模较大的企业来讲，由于其投资金额基数较大，因此，计算的剩余收益也较大，评价结果会更加有利。其次，这一指标未能反映现金的增量流进，而对于企业来说，其决策的标准不仅是增加账面上的会计利润，更重要的是能够带来实际的现金增量流入。

2. 投资中心责任报告

投资中心责任报告的结构与成本中心和利润中心类似。通过编制投资中心责任报告，可以反映该投资中心投资业绩的具体情况。见表 10－3。

表 10-3　　××投资中心责任报告　　单位:万元

成本项目	预 算	实 际	差 异
甲分公司利润	4 000	4 460	460
乙分公司利润	3 000	3 200	200
小计	7 000	7 660	660
总公司所得税(30%)	2 100	2 298	198
合计	4 900	5 362	462
净资产平均占用额	24 500	21 448	(3 052)
投资利润率	20%	25%	5%
行业平均最低收益率	12%	15%	3%
剩余收益	1 960	2 144.8	184.8

由表 10-3 中计算可知,该投资中心的投资报酬率和剩余收益指标都超额完成了预算,表明该投资中心的投资业绩比较好。

第三节　内部转移价格

企业内部各责任单位既相互联系又相互独立地开展各自的活动,它们经常相互提供产品和劳务。为了正确评价企业内部各责任中心的经营业绩,明确区分各自的经济责任,使各责任中心的业绩考核建立在客观而可比的基础上,企业必须根据各责任中心业务活动的具体特点,正确制定企业内部的转移价格。

一、内部转移价格的含义及作用

内部转移价格是指企业内部各责任中心之间转移中间产品或相互提供劳务,而发生内部结算和进行内部责任结转所使用的计价标准。例如,上道工序加工完成的产品转移到下道工序继续加工,辅助生产部门为基本生产车间提供劳务等,都是一个责任中心向另一个责任中心“出售”产品或提供劳务,都必须采用内部转移价格进行结算。又如,某工厂生产车间与材料采购部门是两个成本中心,若生产车间所耗用的原材料由于质量不符合原定标准而发生的超过消耗定额的不利差异,也应由生产车间以内部转移价格结转给采购部门。

在任何企业中，各责任中心之间的相互结算，以及责任成本的转账业务都是经常发生的，它们都需要依赖一个公正、合理的内部转移价格作为计价的标准。由于内部转移价格对于提供产品或劳务的生产部门来说表示收入，对于使用这些产品或劳务的购买部门来说则表示成本，所以，这种内部转移价格有两个明显的特征：

在内部转移价格一定的情况下，卖方（产品或劳务的提供方）必须不断改善经营管理，降低成本和费用，以其收入抵偿支出，取得更多利润。买方（产品或劳务的接受方）则必须在一定的购置成本下，千方百计地降低再生产成本，提高产品或劳务的质量，争取较高的经济效益。

内部转移价格所影响的买卖双方都存在于同一企业中，在其他条件不变的情况下，内部转移价格的变化会使买卖双方的收入或内部利润向相反方向变化，但就企业整体来看，内部转移价格无论怎样变化，企业总利润是不变的，变动的只是内部利润在各责任中心之间的分配份额。

综上所述，内部转移价格的作用有以下四条：

第一，有利于明确划分企业各责任中心经济责任；

第二，有利于使企业各责任中心的业绩考评建立在客观、可比的基础之上；

第三，有利于调动企业内各部门的生产积极性和节约观念；

第四，有利于制定出正确的经营决策。

二、内部转移价格的制定原则

（一）整体利益最大化原则

各责任中心实行单独核算后，不可避免地会追求本中心利益最大化，因而总会要求制定有利的内部转移价格。但是，局部利益最大化，并不代表整体利益最大化。因此，企业制定内部转移价格，要从全局出发，使局部利益和整体利益相统一，力争使企业实现整体利益最大化。

（二）协商原则

各责任中心是相对独立的核算单位，具有制定内部转移价格的自主权和维护自身利益的权利。制定内部转移价格，如果双方意见不一致，任何一方都无权强制对方执行自己的意见，只能通过协商方式加以解决。

（三）公平合理原则

内部转移价格的制定应公平合理，防止某些部门因价格上的缺陷而获得一些额外的利益或损失。在商品经济条件下，商品交换是按等价原则进行的，高质高价、低质低价。如果制定的内部转移价格不合理，就会影响各责任中心的生产经营积极性。

(四)突出重点和简便易行相结合的原则

企业需要制定的内部转移价格的对象往往成百上千,甚至更多。如果事无巨细,都制定一个详细、准确价格,不但不必要,而且很难实施。因此,企业制定内部转移价格,可对那些品种比重小,但价高量大、耗用频繁的对象,尽可能地科学计算,从严定价;对一些品种比重虽大,但价低量小、不常耗用的对象,可以从简定价。

(五)相对稳定、定期调整的原则

内部转移价格,尤其是成本中心和利润中心之间的内部转移价格,是一种计划价格,如果调整频繁,将会失去原有功效,等于变相地按实际价格进行核算,责任中心之间的责任将很难分清。所以,内部转移价格一经制定,就要保持相对稳定,在考核期内不予调整。但是,如果长期不调整,又将给企业带来至少两方面的不利影响:一方面,价格脱离价值,不能做到等价交换和有效调节内部资源配置;另一方面,形成较大的价格差异,影响成本信息的准确程度。所以,必须定期对内部转移价格进行调整。

制定内部转移价格,应强调企业的整体利益高于各责任中心的利益。当上述原则发生冲突时,应遵循的决策原则是使整体利益最大化,力争使企业的整体利益最大,不能为顾及某个责任中心利益而损害整体利益。

三、内部转移价格的类型

内部转移价格主要有市场价格、协商价格、双重价格和以成本作为内部转移价格四种。

(一)市场价格

市场价格是根据产品或劳务的市场供应价格作为计价基础。在利润中心或投资中心之间转移产品或劳务,以市价为内部转让价格,最符合责任会计的要求。因为完全竞争市场的价格最为客观,对双方都是公正的,也很少发生争议,并且能促使企业内部各部门参与市场竞争。

对于按市价对内提供其产品的利润中心来说,由于可以节省大量销售费用,因此较对外销售更为有利。对于按市价从内部购得其所需原材料(包括半成品、部件等)的利润中心来说,由于可以节省大量采购运输费用,并在质量、时间等方面得到更加可靠的保证,因此也较向外部采购有利。既然对转让双方有利,当然就会给企业带来更好的经济效益。在西方国家,通常认为市场价格是制定内部转移价格的最好依据。因为市场价格客观公正,对买卖双方无所偏袒,而且还能激励卖方努力改善经营管理,不断降低成本,在企业内部创造一种竞争的市场环境,让每个利润中心都成为名副其实的独立生产经营单位,以利于相互竞争,最终通过利润指标来考核和评价其工作成果。

在采用市价作为计价基础时,为了保证各责任中心的竞争建立在与企业的总目标相一致的基础上,企业内部的买卖双方一般应遵守以下基本原则:如果卖方愿意对内销售,且售价不高于市价时,买方有购买的义务,不得拒绝;如果卖方售价高于市价,买方有改向外市场购入的自由;若卖方宁愿对外销售,则应有不对内销售的权利。

然而,以市场价格作为内部转移价格的计价基础,也有其自身的局限性。这是因为企业内部相互转让的产品或提供的劳务,往往是本企业专门生产的,具有特定的规格,或需经过进一步加工才能出售的中间产品,因而往往没有相应的市价作为依据。

(二)协商价格

协商价格也称为议价,是企业各责任中心以正常的市场价格为基础,通过定期共同协商,确定出的一个双方都愿意接受的作为计价标准的价格。

利润中心的特征是有权就其产品的销售问题作出决定,并能实现实际的销售收入,即它的产品主要用于对外销售。由于内部转让意味着必须放弃对外销售的机会,所以,要求以市价为内部转让价格。但是,因为对内转让往往可以节约部分以至于全部变动销售费用,所以,有可能接受低于市价的内部转移价格,而接受转让的利润中心,也必定会提出这一要求。由此可见,内部转移价格并不能简单地按市价确定,而需要由转让双方协定。此外,利润中心的有些产品,往往仅属于半成品的性质,需要由其他利润中心做进一步加工后才能对外销售,这类产品一般并无市价,故其内部转让价格也需要由转让双方协商确定。

所以,在大多数情况下,产品的内部转让价格必须由转让双方在以市价为上限、以单位变动成本为下限的范围内,通过协商共同议定。议定内部转移价格的原则和方法如下:

1. 供应方无闲置生产能力时的内部转让价格

在这种情况下,产品或劳务在内部转让,就必须削减其对外的销售量。为了使供应方不致遭受损失,内部转让价格应以维持市价或接近市价为原则。具体而言,又可分为以下两种情况:

第一,如果销售费用全部是固定的,应以市价为转让价格。

第二,如果内部转让时节省部分或全部变动销售费用,则转让价格应低于市价而高于市价扣除所节约费用后的余额。即由于内部转让而引起节约的费用,应由转让双方共同受益。

2. 供应方有闲置生产能力时的转让价格

一般来说,利润中心的现有生产能力之所以没有得到充分利用而被部分闲置,其主要原因是在当前市价条件下,已难以扩大对外销售。在此情况下,内部转让有利于利用闲置的生产能力,而不必增加固定成本,因此,其转移价格只要不低于产品的单位变动成本,对转让单位总是有利的,而接收转让单位则可不必按市价向外部采购而受益。具体而言,有以下三种情况:

第一，转让产品可全部由闲置生产能力提供。在此情况下，虽然转让价格只要不低于产品的单位变动成本就总是对提供产品的利润中心有利，但事实上，它却总会倾向于要求得到尽可能接近于市价的价格。解决这一矛盾，使内部转让得以实现的关键，是应该使双方公平分享由于内部转让所产生的利润。也就是说，转让价格应以产品的单位变动成本为下限，以市价与接受单位负担能力较低者为上限，并使转让价格尽可能地接近上下限的平均数。

第二，转让产品不能全部由闲置生产能力提供。如果需要内部转让的产品数量超过闲置的生产能力，提供产品的利润中心就要压缩对外销售量，由此而失去的对外销售收益，就成为议定转让价格的一项机会成本。也就是说，提供产品的单位变动成本内必须加入此项机会成本，从而提高议定转让价格的下限。

第三，转让单位的闲置生产能力可通过对外降价充分利用。如果提供产品的利润中心的闲置生产能力，可以通过降价以提高对外销售量而得到充分利用，则内部转移价格必须能使它得到同样多的收益，否则，它就会拒绝内部转让以免遭受损失。在此情况下，降价后可能增加的收益应全部由转让产品提供，并在这一基础上议定内部转让价格。

3. 无市价产品的议价

在大中型企业中，由于生产的专业分工，有些利润中心的部分产品往往是专供另一利润中心进一步加工并按其特殊要求而生产的，此类产品一般并不对外销售，因而也无市价可循，其内部转让价格只能根据以下不同情况进行议价：

第一，如果此类产品可由提供产品单位的闲置生产能力生产，则其内部转让价格可以按成本加成法议定。

第二，如果为提供此类产品，需要转让单位压缩对外销售量，则其内部转让价格必须补偿由此而引起的机会成本。

协商价格存在的缺陷如下：

(1)在双方协商过程中，不可避免地要花费很多人力、物力和时间。

(2)协商定价各方往往会相持不下，需企业高层领导裁定，这样就弱化了分权管理作用。

(三)双重价格

双重价格是指由买卖双方分别采用不同的内部转移价格作为计价基础的价格。例如，对产品(半成品)的“出售”部门，可按协商的市场价格计价；而对“购买”部门，则按“出售”部门的单位变动成本计价；其差额由会计部门进行调整。西方国家采用的双重价格通常有两种形式：

(1)双重市场价格，即当某种产品或劳务在市场上出现几种不同价格时，买方采用最低的市价，卖方则采用最高的市价。

(2)双重转移价格，即卖方按市价或协议价作为计价基础，而买方则按卖方的单位变动成本作为计价基础。

采用双重价格的好处是：既可较好地满足买卖双方不同的需要，也便于激励双方在生产经营上充分发挥其主动性和积极性。

采用双重价格的前提条件如下：一是内部转让的产品或劳务有外部市场，供应方有剩余生产能力；二是供应方单位变动成本低于市价。特别当采用单一的内部转移价格，不能达到激励各责任中心有效经营、保证责任中心与整个企业的经营目标达成一致时，应采用双重价格。

(四)以成本作为内部转移价格

以产品或劳务的成本作为内部转移价格，是许多企业过去最常用的办法。因为传统的会计观念认为，在企业内部各部门、各单位之间相互提供和接受产品或劳务，其性质为成本转移，并不引起增值，只有通过对外销售，才会由于实际收入超过成本而产生利润。因此，即使在利润中心之间相互提供和接受产品，也应该按成本或以成本为基础进行转让。但由于成本的概念不同，以成本作为内部转移价格也有多种不同形式，它们对转移价格的制定、业绩评价将产生不同的影响。

以成本为基础的内部转移价格方法有标准成本定价法、变动成本定价法和成本加成定价法。

1. 标准成本定价法

这是以标准成本作为有关责任中心间转移产品或提供劳务的结算价格的一种方法。它能够排除各责任中心间因实际成本变化带来的相互影响，免去了成本核算中的相互等待，便于各责任中心加紧成本控制和提高降低成本的积极性。

2. 变动成本定价法

这是以变动成本作为内部转移价格的一种方法。它适用于采用变动成本计算方法计算产品成本中心间的往来结算。该法能够明确揭示成本与产量的依存关系，便于考核各责任中心的工作业绩，有利于企业和各责任中心进行生产经营决策。

3. 成本加成定价法

这是在某种产品或劳务的标准成本基础上加上一定数额的利润来制定内部转移价格的一种方法。在实际工作中，要想确定一个令买卖双方都满意的加成数额或加成比例是相当困难的，一般认为，成本加成接近外部市价的内部转移价格是较合适的。

【例10－5】 甲、乙公司均为A公司下属的自然利润中心。甲公司产品可直接按30元/件外销，也可提供给乙公司进一步加工，内部转让可减少固定销售费用5元/件。甲公司产品单位变动成本10元，最大生产能力2 500件，乙公司需要量1 500件。

要求：假定甲公司产品有完全竞争的外部市场，试确定其内部转移价格能为甲、乙公司所共同接受的合理变动范围。

解:最高价=市场价格=30元

最低价=市场价格-外销费用=25元

所以,变动范围为25~30元/件。

复习思考题

1. 什么是财务控制？其主要特征是什么？
2. 简述责任中心的种类及其特征。
3. 成本中心、利润中心和投资中心的业绩考核应该采用哪些指标？
4. 简述投资中心与利润中心的区别。
5. 什么是内部转移价格？企业制定内部转移价格的目的和基本原则有哪些？

第十一章

财务分析

【学习目标】

通过本章学习，要求掌握下列内容：

- 财务分析的主体、内容和作用
- 应用财务比率对企业偿债能力、营运能力和获利能力进行分析
- 上市公司特定指标的含义与分析
- 财务信息的误导与防范

第一节　财务报告分析概述

一、企业财务报告分析的主体

财务报告分析的主体也就是分析报告的使用人，在市场经济条件下，所有企业存在经济利益关系的有关方面都是财务报告分析的使用者。具体地说，有以下九个方面：

1. 企业业主或股东

他们往往要做出是否向某一企业投资或保留在某一企业的投资的决策。这就需要通过财务报告分析去了解企业的获利能力、未来收益、财务状况和投资风险情况等。

2. 企业的贷款提供者

按照一般分类，企业的贷款提供者可以分为短期贷款者和长期贷款者。其中，短期贷款者提供的贷款期限为 12 个月以内。他们关心企业支付短期债务的能力。长期贷款者向企业提供一年期以上的贷款，他们关心企业连续支付利息和到期(若干年后)归还贷款的能力。因而贷款提供者并不十分关注企业的获利能力，但对短期或长期偿债能力则非常关心。

3. 商品和劳务供应者

商品和劳务供应者与企业的贷款提供者的情况类似。他们在向企业提供商品或劳务后即成为企业的债权人。因而他们必须判断企业能否支付所需商品或劳务的价款。从这一点来说,大多数商品和劳务供应商对企业的短期偿债能力感兴趣。另一方面,某些供应商可能与企业存在着较为持久的稳固的经济联系。在这种情况下,他们又对企业的长期偿债能力感兴趣。

4. 企业的管理人员

管理人员受企业业主或股东的委托,对企业业主或股东投入企业的资本的保值和增值负有责任。他们负责企业的日常经营活动,必须确保公司支付给股东与风险相适应的收益,及时偿还各种到期债务,并能使企业的各种经济资源得到有效利用。财务报告能够反映企业管理人员履行职责的情况,因此,管理人员特别想了解企业财务状况的各个方面。

5. 顾客

在许多情况下,企业可能成为某个客户的重要的商品或劳务供应商。此时,顾客关心的是企业连续提供商品或劳务的能力。因此,顾客关心企业的长期前景及有助于对此作出估计的获利能力指标与财务杠杆指标。

6. 企业雇员

企业的雇员通常与企业存在长久、持续的关系。他们关心工作岗位的稳定性、工作环境的安全性以及获取报酬的前景。因而,他们对企业的获利能力和偿债能力比率感兴趣。

7. 政府管理部门

政府与企业间的关系表现在多种形式上。在我国目前的条件下,全民所有制企业的所有者即为有关政府管理部门。此外,工商管理部门、税务管理部门等均对企业的财务状况感兴趣。因此,政府管理部门可能对企业的获利能力、偿债能力与持续经营能力感兴趣。

8. 公众

公众对特定企业的关心也是多方面的,一般而言,他们关心企业的就业政策、环境政策、产品政策等方面。对这些方面的分析,往往可以借助于获利能力的分析。

9. 竞争对手

竞争对手希望获取关于企业财务状况的会计信息及其他信息,借以判断企业间的相对效率。同时,还可为企业未来可能出现的企业兼并提供信息。因此,竞争对手可能把企业作为接管目标,因而他们对企业财务状况的各个方面均感兴趣。

二、企业财务报告分析的内容

企业财务报告分析的内容主要包括以下几项:偿债能力分析、基本结构分析、营运能力分析、获利能力分析、投资报酬分析、现金流量分析、上市公司特定指标分析、发展能力分析。

三、企业财务报告分析的资料

财务报告分析的资料包括资产负债表、利润表、现金流量表、所有者权益变动表及附注等内容。

(一)资产负债表

1. 资产负债表结构与项目的列示

资产负债表，是指反映企业在某一特定日期的财务状况的会计报表，即反映企业某一特定日期所拥有或控制的经济资源、所承担的现时义务和所有者对净资产的要求权的会计报表。它是根据“资产＝负债＋所有者权益(或股东权益)”这一会计等式的基本原理，按照一定分类标准和顺序，将企业一定日期的资产、负债、所有者权益各项目予以适当排列编制而成的。它能够提供企业在某一特定日期资产、负债和所有者权益的全貌，通过资产负债表所列示的相关内容，有助于分析、评价并预测企业的财务弹性、资本结构及偿债能力。

此外，通过资产负债表和利润表有关指标的结合分析，有助于评价、预测企业的获利能力和发展前景。

在我国，资产负债表按账户式反映，即报表分为左方和右方。左方列示资产各项目，反映全部资产的分布及存在形态；右方列示负债和所有者权益各项目，反映全部负债和所有者权益的内容及构成情况。通过账户式资产负债表，反映资产、负债和所有者权益之间的内在关系，并达到资产负债表左方和右方平衡，即资产各项目的合计等于负债和所有者权益各项目的合计。同时，资产负债表还提供年初余额和期末余额的比较资料。

我国资产负债表的基本格式见表 11－1。

表 11－1　　资产负债表

编制单位：NHK 公司　　2007 年 12 月 31 日　　单位：元

资　产	期末余额	年初余额	负债和所有者权益	期末余额	年初余额
流动资产			流动负债		
货币资金			短期借款		
交易性金融资产			交易性金融负债		
应收票据			应付票据		
应收账款			应付账款		

续表

资　产	期末余额	年初余额	负债和所有者权益	期末余额	年初余额
预付账款			预收账款		
应收利息			应付职工薪酬		
应收股利			应交税费		
其他应收款			应付利息		
一年内到期的非流动资产			其他应付款		
其他流动资产			一年内到期的非流动负债		
流动资产合计			其他流动负债		
非流动资产：			流动负债合计		
可供出售金融资产			非流动负债：		
持有至到期投资			长期借款		
长期应收款			应收债券		
长期股权投资			长期应付款		
投资性房地产			专项应付款		
固定资产			预计负债		
在建工程			递延所得税负债		
工程物资			其他非流动负债		
固定资产清理			非流动负债合计		
生产性生物资产			负债合计		
油气资产			所有者权益或股东权益：		
无形资产			实收资本(或股本)		
开发支出			资本公积		
商誉			减:库存股		
长期待摊费用			盈余公积		
递延所得税资产			未分配利润		
其他非流动资产			所有者权益或股东权益合计		
非流动资产合计					
资产总计			负债和所有者权益		

资产和负债应分别流动资产和非流动资产、流动负债和非流动负债列示。

(1)资产项目的列示。满足下列条件之一的资产，应当归类为流动资产：①预计在一个正常营业周期中变现、出售或耗用。正常营业周期，通常是指企业从购买用于加工的资产起至实现现金或现金等价物的期间。正常营业周期不能确定的，应当以一年(12 个月)作为正常营业周期。②主要为交易目的而持有。③预计在资产负债表日起一年内(含一年)变现。④自资产负债表日起一年内，交换其他资产或清偿负债的能力不受限制的现金或现金等价物。

流动资产以外的资产应当归类为非流动资产，并按其性质分类列示。

(2)负债项目的列示。满足下列条件之一的负债，应当归类为流动负债：①预计在一个正常营业周期中清偿；②主要为交易目的而持有；③自资产负债表日起一年内到期应予清偿；④企业无权自主地将清偿推迟至资产负债表日后一年以上。

流动负债以外的负债应当归类为非流动负债。对于在资产负债表日起一年内到期的负债，企业预计能够自主地将清偿推迟至资产负债表日后一年以上的，应当归类为非流动负债；不能自主地将清偿义务展期的，即使在资产负债表日后、财务报告批准报出日前同意签订了重新安排清偿计划协议，该项负债仍归类为流动负债。

企业在资产负债表日或之前违反了长期借款协议，导致贷款人可随时要求清偿的负债，应当归类为流动负债。贷款人在资产负债表日或之前同意提供在资产负债表日后一年以上的宽限期，企业能够在此期限内改正违约行为，且贷款人不能要求随时清偿，该项负债应当归类为非流动负债。

2. 资产负债表的编制方法

资产负债表各项目数据的来源，是通过有关账簿记录及备查记录取得的。有的项目直接根据总账账户余额填列；有的项目根据若干个总账账户余额合计数填列；有的项目直接根据明细账户余额填列；有的项目根据总账账户和明细账户的余额分析填列；还有的项目，是根据总账账户与其备抵账户抵消后的净额填列。

(二)利润表

1. 利润表的结构

利润表是反映企业一定会计期间经营成果的会计报表。利润表把一定会计期间的收入与同期相关的费用、成本进行配比，计算出企业当期的净利润。通过利润表反映的收入、成本与费用，能够反映企业经营的业绩和管理者的经营能力；通过利润表的分析，可以评价企业的获利能力，预测企业的经营前途及利润增减趋势。这些都为报表的使用者在评估投资价值、考核管理工作、掌握信用价值等经济决策中提供了重要的财务信息。

(1)利润表的内容。在利润表中，费用应当按照功能分类，分为从事经营业务发生的成本、管理费用、销售费用和财务费用等。根据我国企业会计准则的规定，企业利润表主要包括以下五个方面的内容(见表 11—2)。

表 11－2　　　　　　　　　　　　　　　　利润表

编制单位:NHK 公司　　　　　　　　　　　　2007 年度　　　　　　　　　　　　单位:元

项　目	本期金额	上期金额
营业收入		
减:营业成本		
营业税金及附加		
销售费用		
管理费用		
财务费用		
资产减值损失		
加:公允价值变动损益(损失以“－”号填列)		
投资收益		
其中:对联营企业和合营企业的投资收益		
二、营业利润(损失以“－”号填列)		
加:营业外收入		
减:营业外支出		
其中:非流动资产处置损失		
三、利润总额(损失以“－”号填列)		
减:所得税		
四、净利润(损失以“－”号填列)		
五、每股收益		
(一)基本每股收益		
(二)稀释每股收益		

(2)利润表的结构。利润表的格式主要有单步式利润表和多步式利润表两种。单步式利润表是将当期各项收入汇总,然后将各项费用汇总,一次扣减计算出当期损益。多步式利润表是从营业收入开始,依次分步计算出营业利润、利润总额及净利润。在我国,企业利润表采用的基本上是多步式格式,参见表 11－2。

2. 利润表的编制方法

“本期金额”栏反映各项目的本期实际发生数。如果上年度利润表的项目名称和内容与本年度利润表不相一致,应对上年度利润表项目的名称和数字按本年度的规定进行调整,填入报表的“上期金额”栏。“上期金额”栏反映各项目的上年同期实际发生数。

利润表各项目内容及编制方法如下：

(1)“营业收入”项目，反映企业从事经营业务所取得的收入总额。本项目应根据“主营业务收入”和“其他业务收入”账户的发生额分析填列。

(2)“营业成本”项目，反映企业从事经营业务发生的实际成本。本项目应根据“主营业务成本”和“其他业务成本”账户的发生额分析填列。

(3)“营业税金及附加”项目，反映企业从事经营业务应负担的营业税、消费税、城市维护建设税、资源税、土地增值税和教育费附加等。本项目应根据“营业税金及附加”账户的发生额分析填列。

(4)“销售费用”项目，反映企业在销售商品和材料、提供劳务的过程中发生的各种费用。本项目应根据“销售费用”账户的发生额分析填列。

(5)“管理费用”项目，反映企业为组织和管理企业生产经营所发生的管理费用。本项目应根据“管理费用”账户的发生额分析填列。

(6)“财务费用”项目，反映企业为筹集生产经营所需资金等而发生的筹资费用。本项目应根据“财务费用”账户的发生额分析填列。

(7)“资产减值损失”项目，反映企业计提各项资产减值准备所形成的损失。本项目应根据“资产减值损失”账户的发生额分析填列。

(8)“公允价值变动损益”，该项目反映企业交易性金融资产、交易性金融负债、采用公允价值模式计量的投资性房地产、衍生工具、套期保值业务等公允价值变动形成的应计入当期损益的利得或损失。本项目应根据“公允价值变动损益”账户分析填列；如为公允价值变动损失，以“－”号填列。

(9)“投资收益”项目，反映企业确认的投资收益或投资损失。本项目应根据“投资收益”账户的发生额分析填列；如为投资损失，以“－”号填列。

(10)“营业外收入”项目和“营业外支出”项目，反映企业发生的与其生产经营无直接关系的各项收入和支出。这两个项目应分别根据“营业外收入”账户和“营业外支出”账户的发生额分析填列。

(11)“利润总额”项目，反映企业实现的利润总额。如为亏损总额，以“－”号填列。

(12)“所得税费用”项目，反映企业确认的应从当期利润中扣除的所得税费用。本项目应根据“所得税费用”账户的发生额分析填列。

(13)“净利润”项目，反映企业实现的净利润。如为净亏损，以“－”号填列。

(14)“每股收益”项目，反映普通股或潜在普通股已公开交易的企业以及正处于公开发行普通股或潜在普通股过程中的企业，应当在利润表中分别列示基本每股收益和稀释每股收益。

①基本每股收益。基本每股收益仅考虑当期实际发行在外的普通股股份，按照归属

于普通股股东的当期净利润除以当期实际发行在外普通股的加权平均数计算确定。计算基本每股收益时，分子为归属于普通股股东的当期净利润，即企业当期实现的可供普通股股东分配的净利润或应由普通股股东分担的净亏损金额。发生亏损的企业，每股收益以负数列示。计算基本每股收益时，分母为当期发行在外普通股的算术加权平均数，即期初发行在外普通股股数根据当期新发行或回购的普通股股数乘以其发行在外的时间权重计算的股数进行调整后的数量。

$$\text{发行在外普通股加权平均数}=\text{期初发行在外普通股股数}+\text{当期新发行普通股股数}\times\text{已发行时间}\div\text{报告期时间}-\text{当期回购普通股}\times\text{已回购时间}\div\text{报告期时间}$$

已发行时间、报告期时间和已回购时间一般按天数计算；在不影响计算结果合理性的前提下，也可以采用简化的计算方法。

②稀释每股收益。企业存在稀释性潜在普通股的，应当根据其影响分别调整归属于普通股股东的当期净利润以及发行在外普通股的加权平均数，并据以计算稀释每股收益。计算稀释每股收益时，假设潜在普通股在当期期初已经全部转化为普通股，如果潜在普通股为当期发行的，则假设在发行日就全部转换为普通股，据此计算稀释每股收益。潜在普通股是指赋予其持有者在报告期或以后期间享有取得普通股权利的一种金融工具或其他合同。目前我国企业发行的潜在普通股主要有可转换公司债券、认股权证、股份期权等。稀释性潜在普通股是指假设当期转换为普通股会减少每股收益的潜在普通股。

(三)现金流量表

现金流量表是指反映企业在一定会计期间现金和现金等价物的流入和流出的报表。通过现金流量表提供的信息，报表使用者可以了解和评价企业获得现金和现金等价物的能力，并据以预测企业未来现金流量。见表11－3。

表11－3 **现金流量表**

编制单位：NHK公司 2007年度 单位：元

项　目	本期金额	上期金额(略)
一、经营活动产生的现金流量：		
销售商品、提供劳务收到的现金		
收到的税费返还		
收到的其他与经营活动有关的现金		
经营活动现金流入小计		

续表

项　目	本期金额	上期金额(略)
购买商品、接受劳务支付的现金		
支付给职工以及为职工支付的现金		
支付的各项税费		
支付其他与经营活动有关的现金		
经营活动现金流出小计		
经营活动产生的现金流量净额		
二、投资活动产生的现金流量：		
收回投资收到的现金		
取得投资收益收到的现金		
处置固定资产、无形资产和其他长期资产收回的现金净额		
处置子公司及其他营业单位收到的现金净额		
收到其他与投资活动有关的现金		
投资活动现金流入小计		
购建固定资产、无形资产和其他长期资产支付的现金		
投资所支付的现金		
取得子公司及其他营业单位支付的现金净额		
支付其他与投资活动有关的现金		
投资活动现金流出小计		
投资活动产生的现金流量净额		
三、筹资活动产生的现金流量：		
吸收投资收到的现金		
借款收到的现金		
收到的其他与投资活动有关的现金		
筹资活动现金流入小计		
偿还债务支付的现金		
分配股利、利润或偿付利息支付的现金		

续表

项　目	本期金额	上期金额(略)
支付其他与筹资活动有关的现金		
筹资活动现金流出小计		
筹资活动产生现金流量净额		
四、汇率变动对现金及现金等价物的影响		
五、现金及现金等价物净增加额		
加:期初现金及现金等价物余额		
六、期末现金及现金等价物余额		

1. 现金流量表中的几个重要概念

(1)现金指企业持有的库存现金以及可随时用于支付的存款,具体包括现金、库存现金、银行存款、其他货币资金、现金等价物。

(2)现金等价物的概念。其是指企业持有的期限短、流动性强、易于转换为已知金额现金、价值变动风险很小的投资。期限短,一般是指从购买日起三个月内到期。现金等价物通常包括三个月内到期的债券投资等。权益性投资变现的金额通常不确定,因而不属于现金等价物。企业应当根据具体情况,确定现金等价物的范围,一经确定,不得随意变更。

2. 现金流量表中对现金的分类

现金流量是指企业一定会计期间内现金流入和流出的数量。衡量企业经营状况是否良好、是否有足够的现金偿还债务、资产的变现能力等,现金流量是非常重要的指标。现金流量表应按照企业经济业务发生的性质将企业一定期间内产生的现金流量划分为以下三类。

(1)经营活动产生的现金流量。经营活动是指企业投资活动和筹资活动以外的所有交易和事项,包括销售商品或提供劳务、购买商品或接受劳务、收到的税费返还、支付职工薪酬、支付广告费用、支付各项税费等。通过经营活动产生的现金流量,可以说明企业的经营活动对现金流入和流出的影响程度,判断企业在不动用对外筹得资金的情况下,是否足以维持生产经营、偿还债务、支付股利、对外投资等。

(2)投资活动产生的现金流量。投资活动是指企业长期资产购建和不包括在现金等价物范围内的投资及其处置活动。编制现金流量表所指的“投资”既包括对外投资,又包括长期资产的购建和处置,包括取得和收回权益性投资,购买和收回债权性投资,购建和处置固定资产、无形资产和其他长期资产等。投资活动产生的现金流量中不包括作为现金等价物的投资，作为现金等价物的投资属于现金自身的增减变动，如购买还有 1 个月到期的债券等，都属于现金内部各项目转换，不会影响现金流量净额的变动。通过投资活动产生的现金流量，可以分析企业通过投资获取现金流量的能力，以及投资活动对企业现金流量净额的影响程度。

(3)筹资活动产生的现金流量。筹资活动是指导致企业资本及债务规模和构成发生变化的活动，包括吸收权益性资本、发行债券、借入资金、支付股利、偿还债务等。通过筹资活动产生的现金流量，可以分析企业筹资的能力，判断筹资活动对企业现金流量净额的影响程度。

编制现金流量表进行现金流量分类时，对于未特别指明的现金流量，应按照现金流量的分类方法和重要性原则，判断某项交易或事项所产生的现金流量应当归属的类别和项目，对于重要的现金流入或流出项目应当单独反映。

3. 影响现金流量的因素

企业日常经营业务是影响现金流量的重要因素，但并不是所有的经营业务都影响现金流量。影响或不影响现金流量的因素主要包括：

(1)现金各项目之间的增减变动，不会影响现金流量净额的变动，如从银行提取现金、将现金存入银行、用现金购买 2 个月到期的债券等，均属于现金各项目之间内部资金转换，不会使现金流量增加或减少。

(2)非现金各项目之间的增减变动，也不会影响现金流量净额的变动，如用固定资产清偿债务、用原材料对外投资、用存货清偿债务、用固定资产对外投资等，均属于非现金各项目之间的增减变动，不涉及现金的收支，不会使现金流量增加或减少。

(3)现金各项目与非现金各项目之间的增减变动，会影响现金流量净额的变动，如用现金购买原材料、用现金对外投资、收回长期债券等，均涉及现金各项目与非现金各项目之间的增减变动，这些变动会引起现金流入或现金流出。现金流量表主要反映现金各项目与非现金各项目之间的增减变动情况对现金流量净额的影响，非现金各项目之间的增减变动虽然不影响现金流量净额，但属于重要的投资和筹资活动，应在现金流量表的附注中反映。

4. 现金流量表的作用

(1)现金流量表能够说明企业一定期间内现金流入和流出的原因。现金流量表将经营活动、投资活动和筹资活动产生的现金流量，按类别分流入和流出项目进行反映，能够清晰地说明现金从哪里来，又流到哪里去，即反映现金流入、流出的原因，这些信息是资产负债表和利润表所不能提供的。

(2)现金流量表能够说明企业的偿债能力和支付股利的能力。资产负债表和利润表虽然在一定程度上能说明企业的偿债能力和支付股利的能力，但是在某些情况下，企业一定时期内获得的利润并不代表企业真正的偿债或支付能力；还有的企业利润表上反映的经营业绩并不可观，但却有足够的偿付能力。产生以上情况的原因，其中之一就是会计核算中所包含的估计因素。而现金流量表完全以现金的收支为基础，消除了估计因素所产生的影响，因此能够使投资者和债权人了解企业真实的获取现金的能力和现金的偿付能力，从而增强投资者的投资信心和债权人收回债权的信心。

(3)现金流量表有助于分析企业未来获取现金的能力。现金流量表中经营活动现金净流量本质上代表了企业自我创造现金的能力，因此，经营活动现金净流入占总来源的比率越高，企业的财务基础越稳固，在未来企业内外部环境比较稳定或趋好情况下，未来的现金净流入也就越有保证。投资、筹资活动现金净流量代表企业运用资金、筹集资金获得现金的能力，但筹资现金流入，却意味着未来偿还时的现金流出。此外，通过对现金流量表经营活动现金流量与本期净利润差异及其原因的分析，还可更合理地预测未来的现金流量，这是因为按权责发生制计入当期收入或费用的业务，有些虽不反映为当期现金流量，但却意味着未来会产生现金流入或流出。

(4)现金流量表是连接资产负债表和利润表的桥梁与纽带。资产负债表能够提供企业某一特定日期静态的财务状况，如货币资金年初、年末余额，通过比较可得出增减数，但资产负债表并不能反映财务状况变动的原因；利润表能够提供企业一定期间净利润的构成情况，但不能反映净利润与现金流入、流出的关系。而现金流量表能够提供一定时期现金流入和流出的动态信息，表明企业在报告期内由经营活动、投资活动和筹资活动获得多少现金，获得的现金是如何运用的，从而能够说明资产、负债、净资产的变动原因，对资产负债表和利润表起到连接和补充说明的作用。

(5)现金流量表能够提供不涉及现金的投资和筹资活动的信息。现金流量表除了反映与现金有关的投资和筹资活动外，还通过附注方式提供不涉及现金的投资和筹资活动方面的信息，便于会计报表使用者全面了解和分析企业的投资和筹资活动。

5. 现金流量表的编制方法

在具体编制现金流量表时，企业可根据业务量的大小及复杂程度，采用工作底稿法、T形账户法或直接根据有关账户的记录分析填列。

(四)所有者权益变动表

所有者权益变动表是指反映构成所有者权益各组成部分当期增减变动情况的报表。对于当期损益、直接计入所有者权益的利得和损失，以及与所有者(或股东，下同)的资本交易导致的所有者权益的变动，应当分别列示。

所有者权益增减变动表全面反映了企业的股东权益在年度内的变化情况，便于会计信息使用者深入分析企业股东权益的增减变化情况，并进而对企业的资本保值增值情况作出正确判断，从而提供对决策有用的信息。

1. 所有者权益变动表的内容及结构

在所有者权益变动表中,企业至少应当单独列示反映下列信息的项目:(1)净利润;(2)直接计入所有者权益的利得和损失项目及其总额;(3)会计政策变更和差错更正的累积影响金额;(4)所有者投入资本和向所有者分配利润等;(5)按照规定提取的盈余公积;(6)实收资本(或股本)、资本公积、盈余公积、未分配利润的期初和期末余额及其调节情况。所有者权益变动表的格式见表11—4。

表11—4 所有者权益变动表

编制单位:NHK公司 2007年度 单位:元

项目	本年金额						上年金额					
	实收资本(或股本)	资本公积	减:库存股	盈余公积	未分配利润	所有者权益合计	实收资本(或股本)	资本公积	减:库存股	盈余公积	未分配利润	所有者权益合计
一、上年年末余额												
加:会计政策变更												
前期差错更正												
二、本年度年初余额												
三、本年增减变动金额(减少以"一"号填列)												
(一)净利润												
(二)直接计入所有者权益的利得和损失												
1. 可供出售金融资产公允价值变动净额												
2. 权益法下被投资单位其他所有者权益变动的影响												
3. 与计入所有者权益项目相关的所得税影响												
4. 其他												
上述(一)和(二)小计												
(三)所有者投入和减少资本												
1. 所有者投入资本												
2. 股份支付计入所有者权益的金额												
3. 其他												
(四)利润分配												
1. 提取盈余公积												
2. 对所有者(或股东)的分配												
3. 其他												
(五)所有者权益内部结转												

续表

项目	本年金额						上年金额					
	实收资本（或股本）	资本公积	减:库存股	盈余公积	未分配利润	所有者权益合计	实收资本（或股本）	资本公积	减:库存股	盈余公积	未分配利润	所有者权益合计
1. 资本公积转增资本（或股本）												
2. 盈余公积转增资本（或股本）												
3. 盈余公积补亏												
4. 其他												
四、本年年末余额												

2. 所有者权益变动表的编制方法

(1)“上年年末余额”项目。“上年年末余额”项目，反映企业上年资产负债表中实收资本（或股本）、资本公积、盈余公积、未分配利润的年末余额。

(2)“会计政策变更”、“前期差错更正”项目。“会计政策变更”、“前期差错更正”项目，分别反映企业采用追溯调整法处理的会计政策变更的累积影响金额和采用追溯重述法处理的会计差错更正的累积影响金额。

(3)“本期增减变动金额”项目。

① “净利润”项目，反映企业当年实现的净利润（或净亏损）金额。

“直接计入所有者权益的利得和损失”项目，反映企业当年直接计入所有者权益的利得和损失金额。

② “可供出售金融资产公允价值变动净额”项目，反映企业持有的可供出售金融资产当年公允价值变动的金额。

“权益法下被投资单位其他所有者权益变动的影响”项目，反映企业对按照权益法核算的股权投资，在被投资单位除当年实现的净损益以外其他所有者权益当年变动中应享有的份额。

“与计入所有者权益项目相关的所得税影响”项目，反映企业根据《企业会计准则 18 号——所得税》规定应计入所有者权益项目的当年所得税影响金额。

(4)“所有者投入和减少资本”项目，反映企业当年所有者投入的资本和减少的资本。

①“所有者投入资本”项目，反映企业接受投资者投入形成的实收资本（或股本）和资本溢价或股本溢价。

②“股份支付计入所有者权益的金额”项目，反映企业处于等待期中的权益结算的股份支付当年计入资本公积的金额。

(5)“利润分配”项目，反映企业当年的利润分配金额。

①“提取盈余公积”项目，反映企业按规定提取的盈余公积。

②“对所有者（或股东）的分配”项目，反映对所有者（或股东）分配的利润（或股利）金额。

(6)"所有者权益内部结转"项目,反映企业构成所有者权益的组成部分之间的增减变动情况。

①"资本公积转增资本(或股本)"项目,反映企业以资本公积转增的资本或股本的金额。

②"盈余公积转增资本(或股本)"项目,反映企业以盈余公积转增资本或股本的金额。

③"盈余公积补亏"项目,反映企业以盈余公积弥补亏损的金额。

(五)附注

附注是对在资产负债表、利润表、现金流量表和所有者权益变动表等报表中列示项目的文字描述或明细资料,以及对未能在这些报表中列示项目的说明。

附注是为了便于会计报表使用者理解会计报表的内容而对会计报表的编制基础、编制依据、编制原则和方法及主要项目等所作的解释。它是对会计报表的补充说明,是财务报表不可或缺的组成部分。报表使用者了解企业的财务状况、经营成果和现金流量,应当全面阅读附注,附注相对于报表而言,同样具有重要作用。

1. 附注的编制原则

附注应当披露财务报表的编制基础,相关信息应当与资产负债表、利润表、现金流量表和所有者权益变动表等报表中列示的项目相互参照。

2. 附注一般包括的内容

根据《企业会计准则第 20 号——财务报表列报》规定,附注应当按照一定的结构进行系统合理的排列和分类,有顺序地披露信息。企业应当按照规定披露附注信息,主要包括下列内容:企业的基本情况、财务报表的编制基础、遵循企业会计准则的声明。

企业应当明确说明编制的财务报表符合企业会计准则体系的要求,真实、完整地反映了企业的财务状况、经营成果和现金流量等有关信息、重要会计政策和会计估计、会计政策和会计估计变更以及差错更正的说明、报表重要项目的说明、企业对报表重要项目的说明,应当按照资产负债表、利润表、现金流量表、所有者权益变动表及其项目列示的顺序,采用文字和数字描述相结合的方式进行披露。报表重要项目的明细金额合计,应当与报表项目金额相衔接。

第二节　财务报告分析方法

一、财务报告分析的方法

财务报告分析的关键在于揭示报表数字与数字之间的关系,并指出它们的变动方向与金额,从而提高报表信息的有用性。基于这一目标,其分析的方法主要有:

1. 对比分析法

即采用实际指标与计划、与以前年度、与同行水平、与先进水平对比的方式对企业生产经营情况作总括说明。

2. 趋势分析法

即根据连续几个会计期间的财务报表，比较各项目前后期增减方向和幅度，揭示有关项目的变化和趋向。这种方法通常借助于比较会计报表来进行。

【例 11－1】 下面是一份简化了的比较利润表，如表 11－5 所示。

表 11－5　　比较利润

项　目		2001 年	2002 年	2003 年	2004 年	2005 年	2006 年
金额	营业收入	56 000	52 000	48 000	46 000	41 200	40 000
	利润	29 200	29 000	27 000	25 000	24 000	20 000
趋势比例	营业收入	140%	130%	120%	115%	103%	100%
	利润	146%	145%	135%	125%	120%	100%

3. 比率分析法

即根据同一期财务报表上的相关数据，互相比较，求出它们之间的比率，以说明它们之间的关系，从而予以解释，做出评价。

二、财务报告分析指标及其说明

(一)短期偿债能力比率

1. 流动比率

流动比率是指流动资产与流动负债的比率，主要用来衡量企业流动资产在短期债务到期前可以变为现金用于偿还到期流动负债的能力，它表明企业每 1 元的流动负债有多少流动资产作为支付的保证。其计算公式为：

$$流动比率=\frac{流动资产}{流动负债}$$

【例 11－2】 根据 A 公司的资料，计算的流动比率如表 11－6 所示。期末流动资产是流动负债的 2.81 倍。面对这个比率，接下来的问题就是：流动比率多大为合适？有无限制？

表 11－6　　A 公司流动比率的计算

项　目	年　初	年　末
流动资产总额	16 970	19 700
流动负债	5 000	7 000
流动比率	3.39	2.81

一般认为，企业的流动比率等于或稍大于 2 为合适，以此标准来看，A 公司的流动比率稍高，但较之年初还是降低了。对于债权人来讲，流动比率越高越好，因为比率越高，债权人的利益就越有保证。但是，由于不同行业的经营性质不同，营业周期各异，对资产流动性的要求也不一样，因此，在运用该指标具体分析一个企业时，应注意以下五点：

(1)流动比率指标并非越高越好。从管理者的观点看，这个指标应有一个上限，流动比率过高，表明企业的流动资产占全部资产的比重上升。如果上升最多的是变现能力最强、盈利能力最低的现金、银行存款、有价证券投资等资产时，就意味着企业持有过多的现金，一定程度上说明企业不善于理财(这里之所以说“一定程度上”，是考虑目前企业经营日益多元化，企业与金融机构交往日益增多，联系日益紧密，企业在主营业务难以为继的情况下，抽出资金与金融机构搞短期或长期融资，利润较为丰厚，也不完全是不善于理财之故)；如果上升最多的是变现能力较差的存货资产，则意味着存货积压；如果上升资产是现金、存货兼而有之，表明企业由于不善经营，库存大量积压，资金大量闲置，问题更加复杂。因此，企业在判断流动比率指标是否正常时，不能单看比率本身，还应辅以存货周转率等指标来进一步说明该比率。

(2)应结合企业的历史水平和同行业的平均水平进行比较。企业的历史水平比较容易取得，但这只是针对企业自身进行的纵向比较，只能表明企业过去如何、现在如何，而不能说明企业在同行业中的业绩。要说明这一问题，还要求企业与同行业之间平均先进水平比较。

(3)应注意企业管理当局出于某种功利性考虑在将财务报表提供给银行或一些债权人前，为了使报表能反映较好的财务状况，会通过一些会计处理方法，故意美化流动比率的现象。如推迟购货，会计期末偿还流动负债，期初再进行商借等。下面以一个实例来说明。

【例 11－3】　企业为下年生产准备材料，计划年终前赊购 15 万元。进货前，企业流动资产为 20 万元，流动负债为 12 万元。企业年终前进货或下年初进货对流动比率的影响如表 11－7 所示。

表 11—7　　企业年终前进货或下年初进货对流动比率的影响

流动资产÷流动负债=流动比率
如按期进货:15 万(20 万+15 万)÷(12 万+15 万)=1.3 如推迟到下年进货:20÷12=1.67

以上计算表明企业如按期进货,期末流动资产将达到 35 万元,流动负债达到 27 万元,流动比率为 1.3;如企业推迟到第二年进货,期末流动资产为 20 万元,流动负债为 12 万元,流动比率为 1.67,指标值将优于按期进货的情况。

以上的叙述说明,有关财务指标的计算只是财务报表分析的一个开端,仅仅依靠计算出的数值往往还不能说明问题,还应对其经济含义进行解释,作出评价。

(4)会计期末的流动比率只是企业在这一时点上的状况,并不代表全年的资产流动状况。对于大多数企业来讲,期末往往是经营活动的低潮。因此,年底的流动比率往往比年度中间其他时点的结果要好。忽视这一点,就会造成对企业的某种错觉。

(5)对资产性质方面的不同认识,也会导致流动比率的不真实反映。如企业在有价证券方面的投资,是属于流动资产还是非流动资产,要取决于企业管理者的投资动机,即准备持有该项投资的时间长短。显然,只要企业管理者的意图发生变化,这项投资的类别也就相应改变。待摊费用也存在类似问题,它在分类方面具有较大的弹性,短期待摊费用应列作流动资产,长期待摊费用则应列作非流动资产。然而,有时根据重要性原则,某些金额较小的长期待摊费用也被归入流动资产。

2. 速动比率

速动比率又称酸性测试比率,它是由于衡量企业流动资产几乎随时可以变现用于偿付流动负债的能力。其计算公式为:

$$\text{速动比率}=\frac{\text{流动资产}-\text{存货}}{\text{流动负债}}$$

从流动资产各项目的流动特征上来讲,存货是其中流动性最差的一种,其变现过程根据不同存货所处状态不同,变现时间长短也不一样。如原材料一般需要经过生产过程(或采购过程)和销售过程才能变现,即使是产成品也需要经过销售和收款过程才能变现,而且由于各种原因有时很可能发生损失。预付款是指已经支付、尚未消费,但计划在一个会计年度或一个营业周期内消费的费用支出;待摊费用是已经支付并消费,需要在若干月份的产品成本中分摊的费用。这两个项目与其他被列为流动资产的项目不同,它们是从反面影响企业的短期偿债能力,在用流动资产表现企业的可用于支付短期债务能力时,应当从中减去存货、预付货款和待摊费用数额。通常,由于预付货款和待摊费用在流动资产中所占比例很小,对企业的财务状况特点和短期偿债能力的影响不是很大,因而在计算速动资产时也可以不予考虑。这样,在会计上,就将流动资产合计减去存货后的剩余流动资产,称为速动资产,按速动资产计算的比率叫速动比率。

综上所述,流动资产与流动负债相比,可以反映企业的短期偿债能力。但流动资产中各项目的流动性和变现能力还是有差别的,货币资金不存在变现问题,可立即用于偿还债务;短期投资的有价证券一般都是流通性好的证券,需要现金时可立刻在证券市场售出;应收票据和应收账款通常也能在较短时期内收回现金;而存货,特别是原材料等存货,还需经过加工成产品再售出,如是赊销,还须由应收账款再变为现金,显然变现能力要差一些;待摊费用只能逐月摊销,不能变现。因此,速动比率比流动比率更能准确地反映企业的短期偿债能力。

【例 11－4】 根据某公司的资料,计算速动比率的结果(如表 11－8 所示)。

表 11－8　　某公司速动比率计算

项　目	年　初	年　末
速动资产	6 970	11 700
流动负债	5 000	7 000
速动比率	1.39	1.67

从计算可以看出,年末速动资产是流动负债的 1.67 倍,较之年初的 1.39 倍,偿付能力有了增强,结合期末流动比率 2.81 较之期初 3.39 少 0.58 的事实,可以得出期初流动比率大主要是期初存货较多的结论。

上述计算结果还表明,速动比率是对流动比率的补充,如果流动比率较高,而流动资产的流动性较低的话,则企业偿债能力仍然不高。

速动比率多大为好?国际上一般认为,正常的速动比率为 1,即速动资产刚好能抵付债务就行。以这个标准看,A 公司两年的速动比率都可认为是令人满意的。

从不同的行业来看,对速动比率可能会有不同的要求,有的行业可能允许低于 1,而有的行业要求高于 1。例如商业零售,由于都是现金销售,没有应收账款,因此允许保持一个大大低于 1 的速动比率,这对其正常营业不会有不良影响。而对一些应收账款较多的企业,则应保持高一些的速动比率。

影响速动比率可信性的重要因素是应收账款的变现能力,账面上的应收账款不一定都能变成现金,实际坏账可能比计提的准备要多。季节性的变化,还可能使报表中的应收账款数额不能反映平均水平,这种情况,外部使用人都不易了解。因此,在评价速动比率指标时,还应结合应收账款周转率指标来进行。因为应收账款的变现能力,对速动比率的准确性影响很大。

（二）营运能力比率

1. 应收账款周转率

应收账款周转率是用来分析应收账款余额的合理性与收账效率的指标。它是指企业赊销收入净额与平均应收账款余额的比率，主要反映企业应收账款的流动程度。其计算公式为：

$$应收账款周转率=\frac{赊销收入净额}{平均应收账款余额}$$

$$赊销收入净额=销售收入-现销收入-销售的退回、折让、折扣$$

$$平均应收账款余额=(期初应收账款+期末应收账款)\div 2$$

如果企业的应收账款受季节性影响较大，则可以用当期各月的月初、月末余额加权平均计算：

$$平均应收账款余额=\frac{年初应收账款+1\sim12月每月月末应收账款合计}{13}$$

我们上面所讲的流动比率和速动比率只是静态地说明了企业偿还短期债务的能力，而应收账款周转率与我们下面将要介绍的存货周转率则动态地补充说明了企业流动资产的流动性，进而说明企业的短期偿债能力。从管理的角度看，应收账款周转率与存货周转率也是评价企业经营效率和管理效率的重要指标，所以，许多教科书也将这两个指标列入反映企业营运能力的指标中。因为，企业的流动资金周转是以货币资金开始，然后转为存货，再由存货转为应收账款，应收账款转为货币资金的过程。因此，在分析流动资产中个别项目时，通过应收账款和存货的周转速度来进一步了解企业流动资产的状况和经营效率就显得极其重要，从企业管理角度看也同样如此。

由于应收账款是企业赊销商品发生的，所以，应与赊销收入净额对应，按赊销净额来计算应收账款周转率。但目前企业对外提供的报表均未列明赊销收入净额的数据，因此，报表使用者对该比率在许多企业也可用销售收入净额（包括赊销和现销）来替换计算（但如以现销为主的企业则不行，否则误差太大），其计算公式改为：

$$应收账款周转率=\frac{营业收入净额}{平均应收账款余额}$$

以上公式中，其分母应收账款余额均指应收账款的净额，即应收账款余额减去坏账准备后的数额。

应收账款的变现速度也可以用应收账款平均收账期来表示。其计算公式为：

$$应收账款平均收账期=\frac{应收账款平均余额}{营业收入净额}\times 360天$$

或

$$应收账款平均收账期=\frac{360天}{应收账款周转率}$$

一般认为，应收账款周转率越高越好。应收账款周转率高，表明企业平均收账期短，资金回收迅速，在其他条件不变的情况下，可节约资金；同时，应收账款周转率高，也表明企业信用状况好，不易发生坏账损失。

【例 11－5】 根据表 11－9 所示 T 公司的资料，计算其应收账款周转天数（平均收账期）。

表 11－9　　T 公司应收账款平均收款期计算

项　目	年　初	年　末
赊销净额		90 000
期初应收账款		3 800
期末应收账款		5 700
平均应收账款		4 750
应收账款周转率（次）		18.95＝19
应收账款平均收账期（天）		18.99＝19

从上述计算结果可看出，本年 T 公司应收账款平均收取天数为 19 天，如果上年是 20 天，则表明应收账款趋势是有利的。在分析评价公司应收账款的收取效率时，还应考虑公司的赊欠条件和年底前的季节性活动。假定该公司通常给予客户的赊欠时间为 30 天，则表明该公司收款工作迅速，收现工作提前完成；如果赊欠时间为 10 天，则表明公司应收账款收现工作迟缓。

2. 存货周转率

存货周转率是指一定期间内（1 年或超过 1 年的一个营业周期内）存货周转的次数，它是企业销货成本和平均存货的比率。该指标主要用于衡量企业的销售能力及存货是否过量。

商业企业的商品存货和工业企业的产成品存货的周转率可按下式计算：

$$存货周转率=\frac{营业成本}{平均存货}$$

其中：平均存货＝（期初存货＋期末存货）÷2

在计算平均存货指标时，最好能用各月月末存货之和除以 12 来计算，如果企业存货受供应或销售的季节性影响较大，也可采用各月末存货的加权平均数计算，即：

$$平均存货=\frac{年初存货+1\sim12 月每月月末存货合计}{13}$$

存货的周转速度也可用平均周转天数来表示。其计算公式为：

$$存货周转天数=\frac{360 天}{存货周转率}$$

$$存货平均周转天数=\frac{平均存货}{营业成本}\times 360 天$$

$$=\frac{360 天}{存货周转率}$$

但当每月存货资料不易取得，也可用年初和年末存货的平均数来代替。在实际工作中，由于许多公司常常选择存货量较低时作为其会计年度的结束日，因而这种方法常常会高估存货周转率。

一般而言，存货周转率越高越好。存货周转率高，表明企业经营效率高，库存存货适度；如果过低，则表明采购量过度或产品积压，需要分析，及时处理。

根据表 11－10 中 T 公司的资料，计算其存货周转天数。

表 11－10　　T 公司存货周转天数计算

项　目	年　初	年　末
销货成本		5 000
期初存货		
期末存货		17 000
平均存货		9 000
年存货周转率(次)		5.6
平均存货周转天数(天)		65

不同行业的存货周转率差别很大，但就一个企业来讲，存货周转率高，存货流动快，资金占用少，损失少，变现能力快，总是好的。

存货周转率对企业有着极为现实和积极的意义。假如某企业其年销货成本为 120 万元，如果存货周转次数为 12 次，平均存货为 10 万元(120÷12)；如果存货周转次数为 10 次，平均存货为 12 万元(120÷10)。这说明存货周转 12 次时，存货方面所需的资金为 10 万元；但周转减少 2 次时，资金需要则要增加 2 万元(12－10)。假设销售的销货成本毛利率为 15％，用 10 万元购置存货，周转 8 次，可获毛利 12 万元(10×15％×8)，周转 4 次，则只能获毛利 6 万元(10×15％×4)。

综合上述存货周转率与应收账款周转率的分析，就可以估计企业的平均营业周期。

3. 营业周期

所谓营业周期，是指从用现金购进商品存货开始，到商品销售转化为应收账款，最后再转化为现金所需的时间。其计算公式为：

$$营业周期=存货周转天数+应收账款周转天数$$

$$=\frac{360}{存货周转率}+\frac{360}{应收账款周转率}$$

$$=\frac{平均存货}{营业成本}\times360+\frac{应收账款平均余额}{营业收入净额}\times360$$

【例 11－6】 根据表 11－9 与表 11－10 中 T 公司资料，计算该公司营业周期。

T 公司营业周期＝65＋19＝84（天）

一般来讲，营业周期短，说明资金周转速度快；营业周期长，说明资金周转速度慢。营业周期的长短，关系营运资金的质量。

（三）反映企业资本结构与长期偿债能力的指标

资本结构是指企业各项资本的构成及其比例关系。衡量企业资本结构的核心指标有资产负债率、权益乘数、产权比率、利息保障倍数、长期债务与营运资金比率等主要指标。

1. 资产负债率

资产负债率能够揭示企业的全部资金来源中，有多少是由债权人提供的，或者说在企业的全部资产中债权人的权益有多少。其计算公式为：

$$资产负债率=\frac{负债总额}{资产总额}\times100\%$$

一般认为资产负债率的适宜水平在 40%～60%之间。对于经营风险比较高的企业，为减少财务风险应选择比较低的资产负债率；对于经营风险比较低的企业，为增加股东权益，应选择比较高的资产负债率。

2. 权益乘数

权益乘数是权益比率的倒数，说明企业资产总额是股东权益的多少倍。其计算公式为：

$$权益乘数=\frac{总资产}{所有者权益}$$

一般情况下，乘数是大于 1 的数值。权数越大，表明股东投入的资本在资产总额中所占的比重越小，对负债经营利用得越充分。

3. 产权比率

产权比率反映的是企业债务与股东权益之间的结构对比关系。其计算公式为：

$$产权比率=\frac{负债总额}{股东权益}\times100\%$$

产权比率的指标越大，表明债务比重越大，风险越大；反之，风险越小。产权比率体现了债权人投入企业的资本受所有者权益的保护程度。在企业清算时，债权人的索取权优先于所有者，因此，债权人投入企业的资本比例越低，受保护程度越高。

这里应该说明的是资产负债率、权益乘数、产权比率这三项指标，不同的行业指标差别较大，应该区分不同行业考核分析。表11－11、表11－12、表11－13对9家上市公司2007年的三项指标值分别作出列示。

表11－11　　9家上市公司资产负债率　　单位：%

行业	金融	钢铁	石油	汽车制造	商业百货	电力	电子信息	制药	综合
公司	深发展	宝钢股份	泰山石油	长安汽车	百联股份	国电电力	方正科技	同仁堂	东方明珠
2007年	96.31	49.77	9.75	46.43	55.86	66.92	49.00	19.41	24.46

表11－12　　9家上市公司权益乘数　　单位：倍

行业	金融	钢铁	石油	汽车制造	商业百货	电力	电子信息	制药	综合
公司	深发展	宝钢股份	泰山石油	长安汽车	百联股份	国电电力	方正科技	同仁堂	东方明珠
2007年	27.11	2.13	1.11	1.89	2.71	4.44	1.99	1.57	1.48

表11－13　　9家上市公司产权比率　　单位：倍

行业	金融	钢铁	石油	汽车制造	商业百货	电力	电子信息	制药	综合
公司	深发展	宝钢股份	泰山石油	长安汽车	百联股份	国电电力	方正科技	同仁堂	东方明珠
2007年	26.11	1.06	0.11	0.88	1.51	2.97	0.97	0.31	0.36

4. 利息保障倍数

利息保障倍数是指企业经营收益与利息费用的比率，也称为已获利息倍数或利息偿付倍数。其计算公式为：

$$利息保障倍数=\frac{息税前利润}{利息费用}$$

利息保障倍数表明企业经营的收益相当于利息费用的若干倍，数额越大，说明企业的偿债能力越强。息税前利润是未扣除利息费用和所得税之前的利润，可以用利润总额加利息费用来测算。利息费用可以用财务费用近似代替。此指标越高，表明企业债务偿还越有保障；相反，则表明企业没有足够资金来偿还债务利息，企业偿债能力低下。因企业所处行业不同，利息保障倍数有不同的标准界线，一般公认的利息保障倍数的界线是3；但有时企业的利息保障倍数低于1，并不能说明企业无法偿债，因为企业可以用非付现的折旧费用等来支付利息，也可以借新还旧。

5. 长期债务与营运资金比率

由于长期负债会随着时间推移不断地转化为流动负债，因此，流动资产除了满足偿还流动负债的要求，还必须有能力偿还即将到期的长期负债。该比率的计算公式为：

$$长期债务与营运资金比率=\frac{长期负债}{流动资产-流动负债}$$

一般而言，如果长期负债不超过营运资金，长期债权人和短期债权人都将有安全保证。因此，该指标越低，表明企业未来偿还长期债务的保障能力越强。

(四)盈利能力分析指标

盈利能力就是企业赚取利润的能力。不论是投资人、债权人还是企业管理人员，都日益重视和关心企业的盈利能力。很多人认为它比财务状况所反映的偿债能力更为重要。对债权人来说，利润是偿债资金的重要来源，特别是长期债务。除非企业有足够的抵押品，债务的利息和本金支付，最终是寄希望于企业的经营前景。因而对两个信用条件相仿的企业，贷款给盈利情况好的企业比盈利差的企业更为可靠、安全。对所有者而言，只有企业盈利，他们才能分得利润，获得投资收益；只有企业经营前景和盈利能力看好，才能指望本金安全及资本增值。对股票上市公司的股东来讲，企业盈利增加，前景看好，还可能使股票价格上升，并能从出售股票中得到差价收入。至于企业管理当局，关心企业利润情况自不必说，因为这是他们经营管理成绩最重要的评价指标。一般来说，企业的盈利能力只涉及正常的营业状况。非正常的营业状况，也会给企业带来收益或损失，但只是特殊状况下的个别结果，不能说明企业的盈利能力。因此，在分析企业盈利能力时，应当排除以下四项：一是证券买卖等非正常项目；二是已经或将要停止的营业项目；三是重大事故或法律更改等特别项目；四是会计准则和财务制度变更带来的累积影响等因素。

企业盈利能力分析主要是通过研究利润表中有关项目的情况，以及利润表有关项目与资产负债表有关项目之间的联系来评价企业当期的经营成果和未来的发展趋势。

反映企业盈利能力的指标很多，通常使用的主要有以下几项。

1. 销售净利率

销售净利率是指净利润与销售收入的百分比。其计算公式为：

$$销售净利率=\frac{净利润}{营业收入}\times 100\%$$

该指标反映每一元销售收入带来的净利润的多少，表示销售收入的收益水平。从净利率的指标关系看，净利润与销售净利率呈正比关系，而销售收入与销售净利率呈反比关系。这是因为在实际工作中，单纯靠增加产品销售额并不足以提高销售净利率。如果销售收入增长的同时，导致成本、费用更快增长，利润净值不仅得不到增长，反而下降。此外，这一指标还受到商品价格和产品销售结构等因素的影响，这些外在因素都会影响到利润指标考核的准确度和真实性。企业要想使销售净利率指标保持不变或提高，必须是在增加销售收入的同时，努力降低产品成本，从而相应地获得更多的净利润。显然，销售净利率指标越高越好。

【例 11－7】 根据 B 公司资料，其销售净利率计算如表 11－14 所示。

表 11－14　　B 公司销售净利率的计算

项　目	年　初	年　末
销售收入(元)		90 000
净利润(元)		18 944
销售净利率(%)		21

依据销售净利率可继续考察企业销售毛利率、销售税金率、销售成本费用率、资产净利率等指标。

2. 销售毛利率

销售毛利率是毛利占销售收入的百分比，其中毛利是销售收入与销货成本的差。其计算公式为：

$$销售毛利率=\frac{营业收入-销货成本}{营业收入}\times 100\%$$

销售毛利率表示每一元销售收入扣除销售产品或商品成本后，有多少钱可以用于各项期间费用和形成盈利。毛利率是企业销售净利率的基础，没有足够大的毛利率便不能盈利。

假设例 11－7 中 B 公司的销售成本为 50 000 元，则其销售毛利率为：[(90 000－50 000)÷90 000]×100%＝44.4%。

3. 销售税金率

销售税金率是企业缴纳的各种税金占销售收入的百分比，这里的税金是指包括所得税、增值税、消费税、资源税等一切上缴国家财政的收入，表示企业为社会所作的贡献。其计算公式为：

$$销售税金率=\frac{上缴国家财政各种税收}{营业收入}\times 100\%$$

对于企业经营者和债权人来讲，销售税金率高，意味着销售净利率的降低。

4. 销售成本费用率

销售成本率和销售期间费用率也可以合并起来，称为销售成本费用率。其计算公式为：

$$销售成本费用率=\frac{营业成本+期间费用}{营业收入}\times 100\%$$

该指标将成本、费用与利润这三个密切相关的因素反映在一个公式中，使降低成本、费用所得的效益在该指标中得到强烈反映。很显然，该指标是越低越好。该指标越低，相应的，销售净利率的指标就越高，企业的效益也就越好。

5. 资产净利率

资产净利率是企业净利润与平均资产总额的百分比。其计算公式为：

$$资产净利率=\frac{净利润}{平均资产总额}\times 100\%$$

$$平均资产总额=(期初资产总额+期末资产总额)\div 2$$

该指标表明企业资产的利用效果。该指标越高，表明资产的利用效果越好，说明企业在增收节支和加速资金周转等方面取得了良好效果。

影响资产净利率的因素主要有产品的价值、单位成本的高低、产品的产量和销售的数量、资金占用水平等。由于企业的资产是由投资人或债权人资金组成，企业净利的多少与企业资产多少、资产结构、经营管理水平有着很大关系。在利用该指标评价企业盈利时，仅与企业前期和计划相比有时往往是不够的，还应与本行业平均水平或先进水平对比，以显示企业在竞争中所处的地位。

【例 11－8】 C公司年末资产净利率计算如表 11－15 所示。

表 11－15　　C公司年末资产净利率计算

项　目	年　初	年　末
总资产	26 700	32 800
净利润		1 785
资产净利率		6%

C公司资产净利率达到 6%，这个比率要根据不同的行业来进行判断。

6. 股东权益报酬率

股东权益报酬率，也称净资产收益率或所有者权益报酬率，它是一定时期企业的净利润与股东权益平均余额的比率。其计算公式为：

$$股东权益报酬率=\frac{净利润}{股东权益平均余额}\times 100\%$$

$$股东权益平均余额=(期初股东权益+期末股东权益)\div 2$$

股东权益报酬率是评价企业获利能力的一个重要财务指标，同时也是后面介绍的杜邦分析的核心指标。股东权益报酬率反映了企业股东获取投资报酬的高低。该指标越高，说明企业获利能力越强。

【例 11－9】 C公司年末股东权益报酬率计算如表 11－16 所示。

表 11－16 C公司年末股东权益报酬率计算

项 目	年 初	年 末
股东权益	8 700	9 800
净利润		1 785
股东权益报酬率		19.3%

（五）现金流量指标分析

现金流量指标能够进一步评价企业资产的利用效率与获取收益的质量。现金流量分析的主要指标包括现金债务总额比率、现金利息保障倍数、销售现金比率、现金净利率、总资产净现率、现金所有者权益报酬率等。

1. 现金债务总额比率

现金债务总额比率是以年度经营活动产生的现金流量与负债总额相比较，表明企业现金流量对其全部债务偿还的满足程度。其计算公式为：

$$现金债务总额比率=\frac{经营活动现金净流量}{负债总额}\times100\%$$

该指标值越高，说明企业用现金偿还债务的能力越强；反之，偿还债务的能力越弱。

2. 现金利息保障倍数

现金利息保障倍数反映企业当期的现金流量用于偿付利息的能力。该指标是对利息保障倍数指标的补充，其计算公式为：

$$现金利息保障倍数=\frac{营业活动现金净流入+收到利息}{支付利息}$$

该指标值越大，偿付债务的能力越强。

3. 销售现金比率

销售现金比率反映每元销售取得的现金净流入。其计算公式为：

$$销售现金比率=\frac{营业活动现金净流入}{销售额}\times100\%$$

该指标值越高，表明企业销售获取的现金能力越强，销售质量越高。

4. 现金净利率

现金净利率是经营活动净现金与净利润的比率。其计算公式为：

$$现金净利率=\frac{营业活动现金净流入}{净利润}\times100\%$$

该指标反映企业在实现净利润的基础上，获取经营活动现金的能力。该指标值越高，表明企业的获现能力越强，利润质量越高。

5. 总资产净现率

总资产净现率是经营活动现金净流量与平均总资产的比率。其计算公式为：

$$总资产净现率=\frac{营业活动现金净流入}{平均总资产}\times100\%$$

该指标反映企业全部投入资产获取经营现金的能力。该指标值越高，说明企业投资现金回报越高，获得现金的能力越强。

6. 现金所有者权益报酬率

现金所有者权益报酬率也称为净资产净现率，是经营活动现金净流量与平均净资产的比率。其计算公式为：

$$现金所有者权益报酬率=\frac{营业活动现金净流入}{平均净资产}\times100\%$$

现金所有者权益报酬率反映企业所有者投入资本的现金回报能力，是反映股东投资获现能力的重要指标。该指标值越大，表明权益投资者获取现金能力越强。

9 家上海本地上市公司销售现金比率见表 11－17。

表 11－17　　9 家上海本地上市公司销售现金比率　　单位：%

行业	金融	钢铁	石化	交通运输	批发零售	电子	电力	建筑	综合
公司	浦发银行	宝钢股份	上海石化	东方航空	豫园商城	上广电	申能股份	上海建工	东方明珠
2004 年	29	29	12	21	6	7	32	4	43

（六）上市公司特定指标

上市公司特定指标是以上市公司发行在外的普通股票为基础，衡量每单位普通股所对应的相关财务数值的财务指标分析方法。其主要指标包括每股收益、每股净资产、每股股利、每股经营活动现金、每股未分配利润。此外，还有相关的市价指标，如市盈率、市净率等。表 11－18 列示的是上述比率的计算公式。

表 11－18　　上市公司特定指标及计算公式

指　标	计算公式
每股收益	（税后利润－优先股股利）/发行在外普通股股数
每股净资产	年末股东权益/年末普通股股份总数
每股股利	普通股股利总额/年末发行在外普通股股份总数

续表

指 标	计算公式
每股经营活动现金	(经营活动现金－优先股股利)/发行在外普通股股份总数
每股未分配利润	未分配利润/年末发行在外普通股股份总数
市盈率	普通股每股市价/普通股每股收益
市净率	普通股每股市价/普通股每股净资产

在诸多财务指标中，每股收益是一个颇受人们关注的指标。一般而言，其他财务指标可由报表阅读者通过有关联的数据分析比较即可取得，但是每股收益指标则例外。每股收益指标通常需要公司会计人员计算并使之成为财务报表内容的重要组成部分。每股收益最简单的表示方式是公司税后利润除以发行在外的普通股股数，这个指标只有在计算普通股时方有意义，故而应恰当地称为普通股每股税后利润。这个概念所以对优先股不适用，主要是由于优先股通常受到其股权性质的限制，被约定只能从公司获取相对固定的投资收益，而对剩下的盈余部分不享有权益。

考虑到一定数量的普通股在该会计期间实际发行在外时间长短的因素，本公式中"发行在外的普通股股数"应指加权平均的普通股股数。

【例 11－10】 假定 A 公司 1996 年税后利润为 17 万元，该年普通股股数变化以及全年的加权平均股数如表 11 19 所示。为举例说明，假定 A 公司经国家有关部门批准，可以从事库藏股票的业务。所以，该年每股税后利润＝170 000÷114 667＝1.48(元)。

表 11－19　　A 公司 1996 年普通股股数

日 期	普通股股数变化	股 数	月份权数	加权平均股数
1月1日	已发行在外	100 000	12/12	100 000
3月1日	增资配股	20 000 120 000	10/12	16 667
7月1日	经特批购回库藏	(5 000) 115 000	6/12	(2 500)
11月1日	库藏后再发售	3 000	2/12	500
12月31日	发行在外	118 000	114 667	

以上所述，为简单资本结构下每股税后利润的计算方法。但是不同的企业其资本结构是不相同的。例如，如果企业发行了可转换债券，按照有关约定，这些证券持有者有权于适当的时机将其转换成普通股或借以购买普通股。这就会使每股税后利润的计算变得

复杂化，且会产生降低每股税后利润的潜在可能。这种使得每股税后利润有所下降的现象，一般称之为匀利或稀释。具有潜在匀利影响的有价证券主要有认股权证、可转换公司债券、可调换优先股三种。在计算每股税后利润时应充分考虑这些因素。

这里需要指出的是，尽管在法律上认股权证、可转换公司债券、可调换优先股等并非是发行在外的普通股。但是，从公司财务管理角度，这些证券在将来可能会因行使其购股权或转换权而使发行在外的普通股股数有所增加。因此，从谨慎原则出发，在事实出现之前，考虑到所有的潜在匀利因素而预先低估每股税后利润，以使投资者避免盲目乐观，充分估计投资风险，这样的处理方式是可取的。

1. 考虑认股权证因素

一般来说，认股权证通常被看作是一种约当普通股。所谓约当普通股，是指一定数量的认股权证相当于多少普通股。

$$充分匀利的每股税后利润=\frac{税后利润}{发行在外的普通股股数+约当普通股股数}$$

$$约当普通股股数=认股权证可换得普通股股数\times\left(1-\frac{每股约定价格}{每股市价}\right)$$

【例 11－11】 某股份有限公司 1996 年发行在外普通股有 60 万股，该年税后利润为 356 500 元；1995 年，公司曾经发行了可以每股面值 50 元购买 10 万股普通股的认股权证。1996 年，没有一张认股权证行使其认股权利，公司普通股全年每股平均市价为 65 元。假定该公司不再有其他潜在匀利证券。

约当普通股股数＝100 000×(1－50÷65)＝23 077(股)

充分匀利的每股税后利润＝356 500÷(600 000＋23 077)＝0.57(元/股)

2. 考虑可转换公司债券因素

可转换公司债券是对每股税后利润产生匀利的重要影响因素，通常在计算每股税后利润时采用“假定转换法”，即假定可转换公司债券在会计期初或于其发行日转换成普通股。这样，对每股税后利润的影响有两方面：

一是对税后利润的影响。假定已由债券转换成为普通股，则本期债券利息无须支付，实际上增加了税后利润。

税后利润的增加数＝减少的利息费用×(1－所得税率)

二是对普通股股数的影响。将债券转换成为普通股的股数，实际上也是发行在外的股数。这样，考虑可转换公司债券因素后的每股税后利润的计算公式应是：

$$充分匀利的每股税后利润=\frac{税后利润+因转换而增加的税后利润}{发行在外的普通股股数+因转换而增加的股数}$$

【例 11－12】 某公司在未考虑任何潜在匀利的前提下算得 1996 年每股税后利润为：

10 000 000÷4 000 000＝2.50（元/股）

该公司于1995年发行了总面值为500万元、利率为8%的可转换债券，约定可按每1 000元债券对50股普通股转换。该公司所得税率为35%。

税后利润的增加＝利息费用的减少×（1－所得税率）

＝5 000 000×8%×（1－35%）

＝260 000（元）

普通股股数增加＝5 000 000÷1 000×50＝250 000（股）

充分匀利的每股税后利润＝（10 000 000＋260 000）÷（4 000 000＋250 000）

＝2.41（元/股）

3. 考虑可调换优先股因素

可调换优先股对每股税后利润的匀利影响也可运用“假定转换法”来加以分析。如果调换行为已经发行，则对每股税后利润的影响有以下两个方面：一是计算公式中的税后利润应加上已调换的优先股股利，因为优先股股利是税后发放的，故在公式中不需要考虑税金问题。二是因调换而增加的普通股股数应加到已发行在外的普通股股数中去。

【例11－13】 某公司1996年税后利润为500万元，该年发行在外普通股为50万股，发行在外的面值为100元、约定的年股利率为9%的可调换累积优先股为10万股。优先股与普通股的调换比例为1∶2。

$$每股税后利润=\frac{500-(1\ 000\times 9\%)}{50}=8.20(元/股)$$

$$充分匀利的每股税后的利润=\frac{500}{50+(10\times 2)}=7.14(元/股)$$

每股税后利润被人们认为是公司财务报表中最重要的指标之一，是衡量是否达到目标利润的计量标志，是公司管理效率、盈利能力和股利分配来源的显示器。但关注每股税后利润的同时应该重视每股现金流量，以便正确判断盈利质量。

三、杜邦分析法

杜邦分析法是以净资产报酬率指标为核心所构成的财务指标分析体系，因其方法是由美国杜邦公司的财务人员首先提出应用，所以得名。此分析方法将净资产报酬率进一步分解，通过指标之间的相互关系，重点揭示企业获利能力、资产营运效率和债务结构对股东投资报酬回报的影响，以确定未来企业管理重点。杜邦分析法是企业进行财务状况综合分析的方法之一。

杜邦分析的基本结构如图11－1所示。

杜邦分析中，主要财务指标之间的关系：

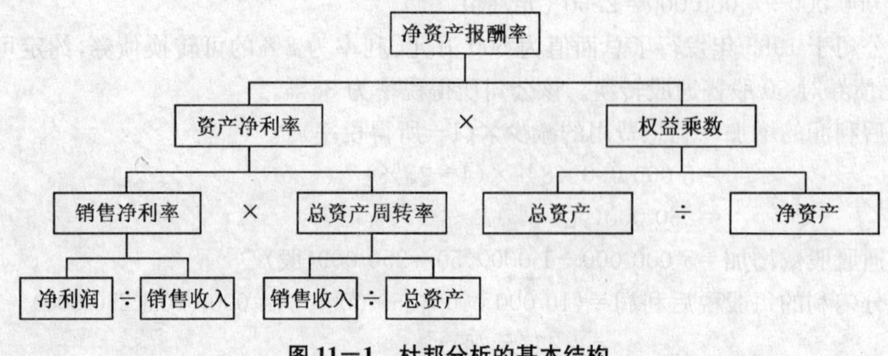

图 11—1 杜邦分析的基本结构

净资产报酬率＝资产净利率×权益乘数

＝销售利润率×总资产周转率×权益乘数

从中我们不难看出,净资产报酬率的高低取决于资产净利率和权益乘数两个因素,而资产净利率的高低又受到销售净利率和总资产周转率两个因素的影响。销售净利率越大,资产净利率越大;总资产周转率越大,资产净利率也会越大。资产净利率以及权益乘数则影响着净资产报酬率的高低。

杜邦分析指标体系在计算时,所涉及的资产和权益应以年度平均数更为准确。但不管使用年平均数还是期末数,都应该保持口径的一致。

杜邦分析法是一个较好的财务综合方法,但也存在着不足之处,比如应收账款、现金等重要的比率没有包含之中,因此应用此法时还须结合综合评价的财务分析方法。

四、财务分析的其他影响因素

上面介绍的各类指标以及杜邦分析法,都是从财务报表资料中取得的;但仍有一些财务报表资料中没有反映出来的因素,会影响企业的财务状况,了解这些因素,将有利于报表使用者作出正确的判断。

例如,在进行企业偿债能力的分析时,我们还应该关注下列两类因素。

1. 增加变现能力的因素

企业流动资产的实际变现能力,可能比财务报表项目反映的变现能力要好一些,主要有以下几个因素。

(1)可动用的银行贷款指标。指银行已同意、企业尚未办理贷款手续的银行贷款限额,可以随时增加企业的现金,提高支付能力。这一数据不反映在报表中,必要时应在财务情况说明书中予以说明。

(2)准备很快变现的长期资产。由于某种原因,企业可能将一些长期资产很快出售变成现金，增加短期偿债能力。企业出售长期资产，一般情况下都是要经过慎重考虑的，企业应根据近期利益和长期利益的辩证关系，正确决定出售长期资产的问题。

(3)偿债能力的声誉。如果企业的长期偿债能力一向很好，有一定的声誉，在短期偿债方面出现困难时，可以很快地通过发行债券和股票等办法解决资金的短缺，提高短期偿债能力。

这种增加变现能力的因素，取决于企业自身的信用声誉和当时的筹资环境。

2. 减少变现能力的因素

减少企业流动资产变现能力的因素，未在财务报表中反映的主要有以下两种。

(1)未作记录的或有负债。或有负债是有可能发生的债务。对这些或有负债，按我国《企业会计准则》并不作为负债登记入账，也不在报表中反映。只有已办贴现的商业承兑汇票，作为附注列示在资产负债表的下端。其他的或有负债，包括售出产品可能发生的质量事故赔偿、尚未解决的税额争议可能出现的不利后果、诉讼案件和经济纠纷案可能败诉并需赔偿等等，都没有在报表中反映。这些或有负债一旦成为事实上的负债，将会加重企业的偿债负担。

(2)担保责任引起的负债。企业有可能以自己的一些流动资产为他人提供担保，如为他人向金融机构借款提供担保、为他人购物担保或为他人履行有关经济责任提供担保等。这种担保有可能成为企业的负债，增加偿债负担。

第三节 财务信息的误导及其防范

在所有的会计报表中，各项目的数字及计算均保持一定的精确度，这就很容易被报表使用者误认为是企业准确的真实的财务状况，其实并非如此。

我国《企业会计准则——基本准则》第十二条指出："企业应当以实际发生的交易或者事项为依据进行会计确认、计量和报告，如实反映符合确认和计量要求的各项会计要素及其他相关信息，保证会计信息真实可靠，内容完整。"

在这里，两次强调"实际"、"如实"，这与我国会计界一贯对会计信息有"客观性"的要求是一致的。但是，什么才叫"实际发生"？怎样做才称得上"如实反映"？准则并未说明，看来，只能从企业涉及的会计业务本身去揭示了。

一、职业判断性业务导致财务信息弹性化的主客观原因

从对企业的会计业务是否具有可验证性的角度分析，企业的会计业务可以分为两类，一类是可验证性业务，另一类是职业判断性业务。

所谓可验证性业务，是指那些可以通过各种凭证来验证业务本身已经发生或已经完

成的业务。例如,外购存货的购入发票、职工工资发放单等均是验证存货购入及其买价、工资发放及发放金额等项业务的有效凭证。应该说,企业相当多的业务属于这一类。对于这类业务,经有关环节验证后,即可作为"实际发生"处理,"如实"在会计系统中予以反映。

而职业判断性业务则是指那些虽已发生,但其业务发生金额和结果具有不确定性,需要靠会计人员的职业判断来决定的业务。这类业务最明显的例子是固定资产折旧额的确定,企业在使用固定资产时,即可视为这项使用固定资产的业务已经发生,至于企业因使用固定资产而受益的金额,则以折旧费的形式来确定。在目前允许采用多种折旧方法的条件下,对同一种固定资产的使用,不同会计人员往往会算出不同的折旧额,而每一种计算结果都有其合理性。在这种情况下,企业对这类业务入账金额的确定,则难以说"实际为×××元",而只能估计确定。

正是对这种职业判断业务的估计处理,才使得企业的财务信息有可能在一定范围内波动。因此,绝不可认为企业的利润为"×××元",而应树立企业的利润"大体上是×××元"的观念。

从我国目前情况看,对职业判断性业务的处理导致企业财务信息弹性化的原因主要体现在客观方面和主观方面。

(一)客观因素方面的主要原因

1. 坏账备抵率的确定

在前面资产负债表有关内容的讲解中,曾经谈到,对坏账损失的处理,可以采用备抵法,坏账备抵金额由下式确定:

坏账备抵金额=期末应收账款余额×估计的坏账率

会计处理的结果是:增提坏账准备将导致企业的管理费用(我国现阶段将坏账损失计入管理费用)增加,降低当期利润;减提坏账准备将减少管理费用,增加当期利润。

虽然我国有关财务制度的规定限定了企业的坏账估计率,即允许企业按时年末应收账款余额的3‰~5‰计提坏账准备,但在这个范围内,坏账率的确定则完全取决于企业的决定。

2. 存货计价方法的选择

我们在前面有关内容的讨论中已经提及,企业有多种方法对存货进行处理。但任何一种方法处理的结果均会与其他方法确定的发出存货成本、期末存货成本出现差异。这种差异,可能导致企业损益表中的利润出现差异。如商业企业对发出库存商品价值高估,就会使利润下降;反之,则会使利润上升。至于方法的选择,完全是企业自己的事情。

3. 固定资产折旧方法的选择

折旧方法的选择,受折旧年限、净残值估计率、固定资产原值等多种因素的制约。而上述任何一种因素的确定，均难以有“唯一正确”之说。因此，企业折旧额(往往计入当期费用)的估计，也将导致当期财务成果出现弹性化。

4. 无形资产摊销方法的确定

与固定资产的折旧一样，无形资产摊销中摊销期的确定也是由主观决定的。与其他资产不同，无形资产对企业的“贡献”期受人的因素、市场因素等影响较大，其长短具有较大的不确定性。企业选择摊销期的长短也就有了弹性。其结果：当无形资产摊销期较短时，计入当期费用的无形资产价值就会提高，利润就会下降；反之，将会使企业的利润上升。

5. 其他方面的方法选择

其他方面，如长期投资(权益投资)中权益法的应用条件，企业运用时可能选择对自己有利的方法；长期债权投资溢价和折价的摊销、或有事项的估计、长期负债利息的确定以及应付债券溢价、折价的摊销等，均可能构成企业高估(或低估)资产、低估(或高估)利润的因素。

这些问题的存在，是由于现行有关制度规定不细或难以精确规定的客观原因而形成。解决这些问题，只能有待于逐步完善和规范有关制度。

(二)主观因素方面的主要原因

1. 人为地操纵销售活动的实现时间

在会计期结束之前，企业如果意识到当期的销售收入未能尽如人意，有时会采取假销售的办法，虚增当期销售收入与利润，以使信息使用者对其利润水平有较高的评价。

2. 人为地操纵期末在产品与产成品的费用分配方法

期末在产品与当期入库产成品的费用分配是一个难以说清而又必须说清的问题。某些企业为了提高利润水平，往往采用高估期末在产品成本、低估入库产成品成本的办法。

3. 与理财活动相结合的操纵活动

这类方法具有较大的欺骗性，这方面的表现有以下两种：

(1)为改善其资本构成而将债务转化成所有者权益。大家知道，企业的负债与所有者权益间的比例如果过高，企业就可能面临资不抵债的困境。一些企业为了达到改善其构成比例的目的，可能精心策划将债务转化成所有者权益的“战略”活动：往往首先以一定时期的高利润吸引目前和潜在的所有者，然后再以“优惠”条件“优先”给予债权人，鼓励债权人放心大胆地将债权放弃，转成企业的所有者。一旦此战略实现，将意味着，原来的债权人不会再对企业有债权要求，企业的负债与所有者权益比率好转。结果，使企业的债权人风险加大。

(2)通过对其他企业的兼并、收购，形成企业集团，同时改善母公司的资本构成。企业集团的组建，有多种经济上的优越性。但也有一些企业进行企业集团组建的目的是要改善其母公司的资本构成。企业集团,应为母子公司的集合体。在集团内部,母子公司是各自独立的法人。母公司获取子公司的控股权,往往是以投入资本作为代价的。

母公司在对外投资获取股权时,既可以用货币资金,也可以用非货币资金(如存货、固定资产、无形资产等)对外投资。而上述非货币资金用于对外投资时,往往涉及有关资产的估价问题。如果在估价过程中,资产以远远高于原账面净值的价值评估,则这部分差额就会增加企业的资本公积。结果既组建了企业集团,又使母公司的资本结构得到改善。

二、阅读审计报告时应注意的问题

在现实生活中,财务报表的使用者往往对审计工作的作用及审计报告的作用产生误解,盲目相信(信任)审计报告。认为只要审计人员出具报告,就可以对会计报表中的这些问题予以解决。其实审计报告只是审计人员站在公正的立场上,对企业编制的报表是否遵循了会计准则,是否恰当地反映了企业的财务状况所表明的一种看法或意见。无保留意见报告是一种最常见的审计报告。但是,在无保留意见的审计报告中,审计意见只有"符合"、"恰当"、"一致"等具有弹性的字眼。因此,在阅读审计报告时应注意以下三点。

1. 无保留意见的审计报告并不意味着企业的会计处理准确无误

审计人员之所以能够出具无保留意见的审计报告,很重要的一点是审计人员认为企业的财务报表编制及会计处理与会计准则的要求无"重大性"差异。或者说,即使企业的会计处理与准则的要求有偏差,但只要审计人员认为这种偏差不足以使信息使用者作出错误决策,则仍然不影响出具无保留意见的审计报告。

另一方面,也可能企业的会计处理没有遵循准则要求,且差异重大,足以导致信息使用者作出错误决策并招致损失。但由于审计人员水平所限或受其他条件的制约,未能发现这些问题,而仍出具了无保留意见的审计报告。在这种情况下,这样的审计报告使企业会计信息对读者的误导反而起到了推波助澜的作用。

从目前的情况看,我国规定,企业的会计年度与日历年度一致。这就意味着,企业均应于 12 月 31 日进行结账,于次年 4 月 30 日之前对外发布财务报表。这就是说,所有需要经过审计人员审计的企业,均要集中在这段时间聘请注册会计师进行审计。由于注册会计师人数有限,在人员、时间、精力与审计任务之间出现巨大的供求不平衡的条件下,只有降低审计工作的质量。这样,就极有可能使本应出具保留意见的审计报告出具成了无保留意见的审计报告。

2. 无保留意见的审计报告并不意味着企业内部无舞弊现象,并不意味着企业的管理工作卓有成效

企业内部是否存在部分职工的舞弊现象,企业的经营管理是否有方,这是企业内部的管理问题,企业的管理者在这方面负有责任。如果企业内部有上述问题,并且在审计过程

中审计人员也已发现，但只要审计人员认为这些问题并不影响企业对财务报表的编制，审计报告也会是无保留意见的。因此，无保留意见的审计报告并不能使与企业有利害相关的有关方面高枕无忧。

3. 保留意见的审计报告、反对意见的审计报告与拒绝表示意见的审计报告也不一定意味着企业在经营与内部管理上“一团糟”

审计报告只是就报表是否恰当地反映了企业的财务状况和经营成果而出具意见，它并不与企业的经营管理有直接的关系。上述三种审计报告的出具，主要原因为：一是审计人员无法得到有关信息；二是审计人员素质不高，本该出具无保留意见的审计报告，但却出具了上述三者之一的审计报告；三是企业确实在会计处理与报表编制上严重触犯现行会计准则与制度。可以看出，即使出现上述第三种情形，也与企业的经营活动和内部管理有一定距离。

但是，应该看到，就大多数情况而言，无保留意见的审计报告的可信度远远大于其他三种报告。

三、使用财务报表时应注意的问题

我们已经看到，在财务报表的背后，到处是与“真实”、“准确”、“可靠”有一定距离的东西。这就告诉我们，简单地依赖报表作出决策极易导致失误。那么，在纷繁复杂的财务报表信息中，如何才能最大限度地保持理智，明智地作出有关决策呢？

我们认为，从观念上、行动上，报表使用者应注意以下两点。

1. 财务报表信息本身具有弹性

与世界上许多事物存在模糊性一样，企业诸如资产价值、费用金额、收入金额及利润等由于计量的原因，其本身就是具有弹性的价值。这已从诸多的会计方法具有可选择性这一点得到验证。这就是说，报表中所列示的数字并不具有“唯一正确”性，能用公式表达出来的关系也并不一定合理。例如，很难有道理来说明加速折旧法中为什么一定要用双倍余额法或年数总和法而不是其他方法(尽管在国外还有其他多种方法)。

因此，在财务报表信息的形成上，除了有“客观”、“实际发生”方面的因素外，还有许多是惯例性的。

2. 加强自身分析财务报表的能力

企业粉饰财务状况的现象，在世界范围内是普遍存在的。但是，由于企业会计核算所固有的“有借必有贷、借贷必相等”原理，任何进入复式簿记系统的粉饰行为均会“顾此失彼”。例如，高估费用，必然低估利润，因此，从对企业财务状况的综合分析中，可以找出一些粉饰痕迹。例如，企业的流动比率与速动比率是经常被粉饰的对象。因为企业明白，越来越多的人认为这两个简单的比率对企业至关重要。但是，如果企业资产的流动性并不强，就必然在其他一些方面如存货周转率、应收账款周转率、应付账款周转率以及现金流量表上反映出来。这就是说，对于一个企业的同一会计期间来说，它的流动比率、速动比率好转很难与存货周转率、应收账款周转率、应付账款周转率、现金流量的恶化同时存在。

复习思考题

1. 财务报表分析由哪几部分指标构成？你怎样理解？
2. 短期偿债能力指标与长期偿债能力指标应该分开考虑还是一起考核？
3. 现金流量指标在财务分析中有什么意义？
4. 杜邦分析法的指标体系是怎样的？有什么意义？
5. 净资产收益率被认为是一个最具综合性的指标，理由是什么？

第十二章

企业并购中的财务战略

【学习目标】

通过本章学习，要求掌握下列内容：

- 企业并购的基本概念、常见形式与类型
- 企业并购产生的效应及其财务战略
- 企业并购的财务运作内容
- 企业并购的财务风险控制

20 世纪 80 年代以来，收购、并购等有关企业资产重组和控制权转移的活动比以往更加活跃，手段和机制更加多样化，所有这些活动被统称为并购。

企业并购是一个公司通过产权交易取得其他公司控制权，以增加自身经济实力的一种经济行为，是为使企业提高核心竞争能力所做出的整体发展规划及其实施。并购在企业发展中具有重要的作用，它是增强企业核心竞争能力，实现规模经济效应的有效途径。并购中的财务运作是并购中具有战略影响的核心环节，我们可将这些财务运作称为并购中的财务战略(以下简称"财务战略")。财务战略的优劣对企业实现并购效应起着决定性作用。

第一节　企业并购概述

一、企业并购的类型

1. 横向并购、纵向并购以及混合并购

横向并购是生产同类产品，或生产类似产品生产技术工艺相近的企业之间所进行的产权交易。横向并购是最常见的一种并购方式，其目的在于扩大企业市场份额，在竞争中取得优势。纵向并购是在生产工艺或经销上有前后衔接关系的企业间的收购兼并，一般被并购企业的产品处于并购企业的上游或下游。如加工制造企业并购前原材料、零部件、半成品等生产企业,向后并购运输公司、销售公司等,其目的在于发挥综合协作优势。混合并购是产品和市场都没有任何联系的企业之间的收购与兼并,即并购企业与被并购企业分处不同的产业部门。混合并购兼具横向并购与纵向并购的优点,而且更加灵活自如。

2. 吸收合并与新设合并

(1)吸收合并。吸收合并指一个企业通过吸收其他企业的形式而进行的合并。采用这种方式,被吸收的企业解散,失去法人资格,继续存在的企业被称为存续公司,存续公司要进行变更登记。

(2)新设合并。新设合并是指两个以上企业通过合并成为一个新的公司而进行的合并。采用此种合并,合并各方均解散,失去法人资格。

3. 直接资产收购

直接资产收购是指并购公司用现金或其他回报购买目标公司的部分或全部资产,收购完成后,一般目标公司仍然存在。

4. 子公司并购

子公司并购是指目标公司被并入一个由并购公司控制的子公司,并获得现金、股票等回报。出于税收方面的考虑,目标公司常用它的资产来换取现金、股票等回报。目标公司依法清算,其股东能从目标公司得到回报。

5. 直接股票收购

直接股票收购是指并购公司直接向目标公司购买股票,以达到收购目标公司的目的。

二、企业并购的程序

我国《公司法》、《上市公司收购管理办法》对有限责任公司与股份有限公司的并购程序作了相应的规定。

(一)《公司法》的相关规定

公司合并经过的程序:

1. 公司合并的决议与批准

根据《公司法》第四十六条、第一百一十二条规定,公司合并应由董事会拟订方案;第三十八条、第一百零三条、第一百八十二条规定,公司合并,应当由公司的股东作出决议,合并决议是股东大会的法定权利;第三十八条、第一百零六条规定,有限责任公司的合并必须经代表 2/3 以上表决权的股东通过,股份有限公司的合并必须经出席会议的股东所持有表决权 2/3 以上通过;同时《公司法》第一百八十三条还规定,股份有限公司的合并,必须经国务院授权的部门或省级人民政府批准。

2. 签订公司合并协议

即两个或两个以上公司就合并事项达成的书面协议。

3. 编制资产负债表及财产清单，通知债权人

《公司法》第一百八十四条规定，公司应当自作出合并决议之日起10日内通知债权人，并于30日内在报纸上至少公告3次。

4. 依法向公司登记机关办理变更手续

《公司法》第一百八十八条规定，公司合并登记事项发生变更的，应当依法向公司登记机关办理变更登记；公司解散的应依法办理公司注销登记；新设公司的，应当依法办理公司设立登记。

（二）《上市公司收购管理办法》的相关规定

上市公司收购是指收购人通过在证券交易所的股份转让活动，持有一个上市公司的股份达到一定比例或通过在交易所股份转让活动以外的其他合法途径，控制一个上市公司的股份达到一定程度，导致其获得或者可能获得对该公司的实际控制权的行为。

《证券法》、《公司法》为上市公司的收购提供了法律基础。2002年9月，中国证券监督管理委员会颁布的《上市公司收购管理办法》和与之配套的《上市公司股东持股变动信息披露管理办法》完善了上市公司并购的法律法规。

《证券法》第七十八条规定，上市公司收购可以采取要约收购或者协议收购的方式。要约收购是指收购人为取得上市公司控制权，向上市公司的管理层和上市公司的股东发出购买其所持有的该公司股份的书面意思表达，并按照其依法公告的收购要约中所规定的收购条件、收购价格、收购期限以及其他规定事项，收购该上市公司股份的收购方式。要约收购不需要事先征得目标公司管理层的同意。协议收购是收购人同上市公司的管理层或者上市公司的股东反复磋商，就收购条件、收购价格、收购期限以及其他事项达成协议，由公司股份持有人转让股票，收购人付出现金，从而达到收购的目的。协议收购必须事先与目标公司管理层或者目标公司股东达成书面转让协议。

三、并购的动因与效应

企业并购可产生协同效应，两公司并购后价值要高于并购前各企业创造价值的总和，即1加1大于2的效应。从财务角度对新企业创造价值的总和进行计量，应该采用未来增量现金流量的折现值。并购的动因与效应主要表现在以下三个方面：

（一）经营协同效应

企业并购后，并购方的品牌效应、销售网络可与并购目标企业共享，使双方合并后产生合理的规模经济，提高整体的经济效益。

（二）管理协同效应

管理效率高的并购方，可以使被并入的目标企业提高整体管理效率，增强股东获利能

力,从而增加企业的价值。

（三）财务协同效应

如果并购目标企业经营效益较差甚至亏损,则并购后可以利用亏损企业递延税款,以及享受税法允许的减免税款条款,达到合理避税的利益。此外,并购后的企业负债能力一般要大于并购前的负债能力之和,通过增加企业的负债能力将给企业带来较大的税后利益。

归纳起来,横向并购可以缩短投入产出时间,降低投资成本,减少重复投资带来的不确定因素,提高行业集中度和企业的市场地位与产品占有率。纵向并购将行业的上下游企业置于同一组织内,可以稳定供应与生产,确保企业经营的可控性,降低交易成本,获得价格优势,提高综合竞争能力。混合并购可以使企业充分利用过剩资源,充分利用资本优势,重组经营要素,实现多元化经营,分散经营风险。

四、并购中的财务战略

并购需要资金,并购离不开财务运作,并购产生的协同效应中,财务协同效应至关重要,因此,财务战略无疑是并购成功与否的决定因素之一。

（一）财务战略的内容

1. 对并购目标企业的价值评估

对并购目标企业的价值评估是根据目标企业当前所拥有的资产价值、负债价值、运营情况、市场价值等指标,确定其价值,并提出并购报价。

2. 确定并购的出资方式

即与被并购方协商提出付款方式。在选择付款方式时,应该考虑的因素包括:并购后持续经营的需要、税收、市场价值可能升值以及税收等因素。

3. 制定融资规划

在确定了并购所需要的资金数量和付款方式后,需要提出融资方案,测算融资成本,制定还款计划。

4. 制定并购后的财务整合、财务控制规划

并购能否成功取决于并购后管理的成败,财务整合与财务控制是管理成败的重要因素之一。财务整合包含财务资本的整合、固定资产的清理、流动资产的结构调整、无形资产保值增值等方面。财务控制则需要针对并购后的新情况,制定相应财务管理制度,建立有效的财务控制体系。

（二）最优财务战略可为企业带来的利益

1. 全局利益

全局利益并不能用当前的具体财务数字体现,而是体现为良好竞争环境的获得。良好竞争环境主要体现在:减少了竞争对手,占有了更大的市场份额,为未来的发展打开了

空间。

2. 营销利益

通过对被并购企业的营销体系进行整合，产生更大的经营收入。

3. 成本费用降低利益

由于两个以上横向或纵向企业的兼并重组，会形成一体化规模效应和资源优势互补，能够促进成本费用的下降。

4. 资金成本下降利益

重组后的企业由于其规模扩大，必然增强其抗风险能力，提高融资能力，有助于获得权益筹资和债务筹资，降低资金成本。

5. 税收降低利益

并购可以利用被并购企业的亏损等因素获得减纳税款的利益；同时，由于并购使资产规模增大，可加大举债，利用财务杠杆效应为股东创造更大的利益。

6. 二级市场利益

同为上市公司之间的并购，在其方案公布及方案实施过程中，对公司未来的期望与想象、二级市场的炒作等因素，会使公司股票大幅上涨，市场总值会超过并购前并购与被并购方股票市场价值的总和。

第二节 并购中财务运作的程序与内容

一、企业并购的阶段划分与财务流程

企业并购一般可划分为四个阶段，四个阶段工作重心有所不同。第一阶段，主要为并购目标的搜寻、筛选与确定。第二阶段，包括了对目标公司的财务评估和定价，以及并购资金的筹集、并购中的谈判。第三阶段，并购企业与被并购企业的战略、组织、财务以及企业文化的整合。第四阶段，对并购效果的评价。并购中的财务运作是为上述四个阶段服务的，我们可用图 12－1 列示财务运作的工作流程。

二、并购中财务工作的内容

在上述各个阶段中，有诸多的财务问题需要解决，并购中财务工作的内容概括起来主要包括四项内容。

(一)进行被并购企业的价值评估

一旦锁定了并购目标企业，就需要对其进行评价，这是并购中财务工作的起点。在财务评价中要注意并购估价的特殊性。即并购估价的对象往往不是目标企业现在的价值，

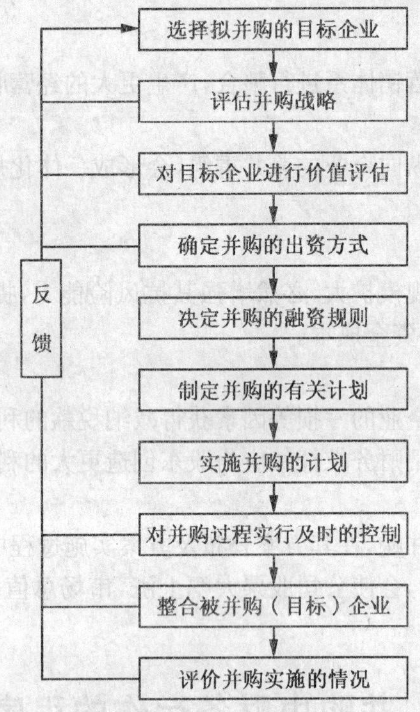

图 12—1 企业并购中的财务运作流程

而是并购后能够为并购企业带来的价值增值。

并购估价的方法通常有：贴现现金流量法、成本法、换股估价法、成本法、期权法等。这里我们介绍贴现现金流量法和换股估价法两种方法的估价模型。

1. 贴现现金流量法

贴现现金流量法认为企业的价值是与其未来能产生的现金流量密切相关的。其原理是假设任何资产的价值等于其预期未来现金流量的现值之和。其基本计算公式如下：

$$V=\sum_{t=1}^{n}\frac{CF_t}{(1+i)^t}$$

式中：V——资产的价值；

n——资产的寿命；

i——与预期现金流量相对应的现金流量；

CF_t——资产在 t 时间产生的现金流量；

t——现金流量产生的时间。

应用以上模型进行估值需要满足三个条件：其一，可以预见的各期现金流量；其二，能够反映现金流量及其风险的贴现率；其三，确定资产寿命。

2. 换股估价法

如果并购采用换股支付，则需对被并购公司确定一个换股比例。换股的计算公式如下：

$$P_{ab}=\beta\cdot(Y_a+Y_b+\Delta Y)\cdot\frac{1}{S_a+ER\cdot S_b}$$

式中：P_{ab}——并购后公司的股票价格；

β——a 公司（a 代表并购企业，下同）的市盈率；

Y_a——并购前 a 公司的总盈余；

Y_b——并购前 b 公司（b 代表被并购企业，下同）的总盈余；

ΔY——盈余由于协同效应产生的协同盈余；

S_a——并购前 a 公司普通股流通数量；

ER——换股比率；

S_b——并购前 b 公司普通股流通数量。

对于并购企业股东，需满足的条件是 $P_{ab}\geqslant P_a$，即并购后企业市场股价大于等于并购前市场价格；对于被并购企业的股东，必须满足 $P_{ab}\geqslant P_b/ER$，即并购后拥有 a 公司的股票价值总额大于等于并购前拥有 b 公司的股票价值总额。因此，由 $P_{ab}\geqslant P_a$ 得出最高的股权转换比率：

$$ER_a=\frac{\beta(Y_a+Y_b+\Delta Y)-P_a\cdot S_a}{P_a\cdot S_b}$$

此时 $P_{ab}=P_a$

由 $P_{ab}\geqslant P_b/ER$，得出最低股权交换比率为：

$$ER_b=\frac{P_b\cdot S_a}{(Y_a+Y_b+\Delta Y)\beta-P_b\cdot S_b}$$

此时 $P_{ab}=P_b/ER_b$

从理论上讲，换股比例应在 ER_a 与 ER_b 之间。但在实际工作中，换股比例还取决于双方谈判中的讨价还价。

（二）并购支出测算与财务可行性分析

不管出于什么样的并购动因，能够给企业带来价值增值必然是并购的最终目的。财务可行性分析应着重做好以下几方面的测算。

1. 测算并购支付价款、并购交易费用

并购支付的价款包括对价款项与溢价。并购交易费用包括并购融资费用、外部审计与律师费用、资产评估费用等。其中并购支付的价款可用下式计算：

$$MAC=E_A\rho(1+\gamma)$$

式中：MAC——并购支付的价款；

E_A——目标企业权益价值；

ρ——控股比率；

γ——支付的溢价率。

公式中的ρ反映的是控股比率，并购企业的权益价值是并购成本的核心构成。

2. 确定支付方式

企业并购支付方式和所需资金的筹资渠道不同，并购筹资的资金成本也不同。

(1)现金支付。现金支付是由并购企业向目标企业以现金支付并购价款。现金并购的融资成本主要考虑资产的变现成本和现金的机会成本。资产的变现成本是指企业在实施并购行为前需要准备大量的现金。但日常的经营现金流一般无法满足现金需要，企业需要出售有价证券、固定资产或其他渠道筹资来获得现金。在出售金融资产或实物资产过程中，将付出一定数额的转换成本。这种转换必然潜在的投资收益，成为现金并购的机会成本。在我国，现金支付是收购时主要的支付手段。例如，上海国际集团有限公司2002年12月以每股人民币2.35元的价格收购浦东金桥所持有的上海浦东发展银行股份有限公司6 000万股股权，交易金额共计人民币1.41亿元。

(2)股票支付。股票支付是指并购企业以增发本企业股票，替换被并购企业的股票方式支付并购价款。以股换股，不需要支付大量现金，不存在转换成本，也不影响并购企业的现金状况。但由于股权稀释，也会加大资本成本。股票支付常见于善意收购，当并购双方规模相当时，被采用的可能性比较大。例如，同方股份1998年11月并购山东鲁颖电子股份公司就采取了股票支付方式。同方股份向山东鲁颖电子股份有限公司定向增发人民币普通股，按照1∶1.8的换股比例(即1股同方股份换取1.8股鲁颖电子股份)换取鲁颖电子所持有的全部股份，鲁颖电子的法人地位消失。合并后，同方股份将以鲁颖电子经评估后的净资产出资，在山东沂南县设立新的有限责任公司，新公司为同方股份的控股子公司。

(3)混合支付。混合支付是现金、股票、认股权证、可转换债券等多种形式的组合。与前面两种方式比较，债券支付资本成本低于股票，认股权证支付可以延期支付股利，可转换债券可以比债券支付的资本成本更低。

上述三种支付方式的筹资都可以选择采用增资扩股、贷款、发行企业债券等方式进行。

3. 确定是否采用杠杆收购方式

杠杆收购是指某一企业并购时以被收购企业的资产与将来收益能力作抵押，获取收购并购资金进行收购的方式。杠杆收购的特点，首先是并购的自有资金占并购总资金的仅20%左右，其次是以被并购公司的资产或未来收益为融资基础。采用杠杆收购，并购企业一般可以获得较大金额的银行贷款用于收购目标企业。

一般而言，被并购企业应具备三个条件方可采用杠杆收购：其一，具有较为稳定的持续的现金流量。因为杠杆收购中并购融资本金数额大、利息额度大，所以，要求被并购企业要有可预测的、稳定的现金净流入，否则债权人不会轻易放贷。其二，并购前的资产负债率较低。杠杆收购是以增加大量的负债为条件的，并购前目标企业的资产负债率低，才有增加负债的空间，能够给予债权人安全感。其三，拥有易于出售的非核心资产。如果被并购企业有易于在市场随时变现的非核心资产，则在企业并购效应无法实现时亦可利用非核心资产的出售偿还债务，也会增加债权人的安全感。

4. 确定并购可能创造的企业价值的二级市场增值

当市盈率高的企业并购市盈率低的企业时，并购企业可以通过并购行为传递企业发展战略信号，从而引起市场对并购企业的重新估值，使投资者看好企业的未来价值。在我国的资本市场上，并购题材往往会引起市场的强力追捧，并购公司与被并购公司的股价都会大幅度上涨。沪深股市实证调研数据显示，并购下的双方企业价值都产生较大增加。

（三）整合双方财务资源

并购后产生的协同效应会显示出企业的高成长性和明显的盈利前景，可以为被并购企业的原有业务提供更扎实的财务支撑，因此，财务资源整合与利用显得尤其重要。

（四）并购效果的评价

并购成功与否，需要通过财务评价作出认定。财务评价应侧重比较并购前与并购后销售收入、企业三项费用、企业效率与效益、公司市场价值是否产生了协同效应等方面。

第三节　并购中的财务风险与控制

企业并购具有一定的并购风险。并购风险主要包括财务风险、营运风险、企业文化整合风险三大部分。其中，财务风险是主要风险之一，而营运风险也包含着财务因素。

并购的财务风险是指由于并购定价、融资、支付等各项财务决策所引起的企业财务状况恶化或财务成果损失的不确定性，以及由于并购价值预期与价值实现严重负偏离而导致的企业财务困境和财务危机。并购中的财务风险是各种并购风险在价值量上的综合反映，是贯穿于企业并购全过程的不确定性因素对预期价值产生的负面影响。

一、并购中财务风险的内容

由于企业并购需要筹集巨额的资金，容易造成财务风险。这些风险主要包括：

（一）企业价值评估风险

在并购方确定了目标企业以后，并购双方最关心的就是以持续经营假设为前提估算目标企业的价值，作为交易的价格，促使交易的成功。

目标企业价格的确定取决于并购企业对其未来收益的大小和时间长短的预期，对目标企业的估价可能由于预测失误而造成不准确，并购企业就产生了估价的风险，其大小取决于并购企业所收集信息的质量。信息的质量取决于多方面因素，例如，目标企业为非上市企业，并购企业获得目标企业的信息就会有一定的难度；再如，目标企业的审计报告的时间与审计结论，都可能对目标企业价值产生不同的估计。由于我国的一些中介机构整体水平不高，审计中往往受到一些不正常因素的干扰，使得其结果有可能欠缺独立性、公正性，如果并购企业不对这种结果进行审慎调查，很容易导致并购成本偏高。

（二）融资风险与支付风险

并购支付的方式会影响融资成本和财务负担。并购企业应积极争取有利于并购的支付方式，尽量避免全现金支付，力争混合支付，以规避大量支付现金引起的流动性风险、汇率风险、税务风险。

（三）流动性风险

流动性风险是指企业并购后由于债务负担过重，缺乏短期融资，导致支付困难的可能性。流动性风险在采用现金支付方式的并购企业表现尤为突出。由于并购活动占用了企业大量的流动性资源，从而降低了企业对外部环境变化的快速反应和适应调节能力，增加了企业营运的风险，使得组合后的企业短期与长期负债比率大幅度上升，资本的安全性降低。如果现金流量安排不当，则流动比率也会大幅度下降，带来资产的流动性风险，影响其短期偿债能力。2002年我国较大的并购案例中，绝大多数企业采取现金并购方式，少数企业选择现金加股票的支付方式，个别并购采用换股方式。

（四）杠杆收购的偿债风险

杠杆收购旨在通过举借债务解决收购中的资金问题，并期望在并购后获得财务杠杆利益。在杠杆收购中，并购企业的自有资金一般只占所需总金额的10%，贷款占资金总额的50%～70%（西方国家还采取向投资者发行高息垃圾债券方式筹资）。由于借款资金成本较高，而收购后目标企业未来资金流量又具有不确定性，所以，杠杆收购必须实现很高的回报率才能使收购者获益，否则，收购公司可能会因资本结构恶化，负债比例过高，付不起本息而破产倒闭。杠杆收购的偿债风险很大程度上取决于整合后的目标企业是否有稳定足额的现金净流量。

二、并购中财务风险的控制

（一）采用收购估价模型合理确定目标企业的价值

采用不同的价值评估方法对同一目标企业进行评估，可能会得到不同的并购价格。企业价值的定价方法有折现现金流量法、市盈率法、市场价格法、同业市值比较方法、账面价值法和清算价值法等多种方法。但并购中目标企业的价值评估区别于一般的企业价值评估。因此，应该在建立并购目标企业价值评估体系的基础上，选取合适的估价模型。如对于经营良好的上市公司，若其市盈率不被高估，可采用市盈率法及对应模型；对财务状况良好、营运能力强的非上市公司则可采用净现值法及对应模型。

(二)设计并购价款支付方式

并购企业可以结合自身能获得的流动性资源、每股权益的稀释、股价的不确定性、股权结构的变动、目标企业的税收等情况，对并购支付方式进行结构设计，尽量安排现金、债务与股权方式的各种组合的混合支付方式。

(三)建立流动性资产组合进行流动性风险管理

流动性风险是一种资产负债结构性的风险，很难在市场上化解，必须通过调整资产负债结构来解决。并购企业可通过分析资产负债的期限结构，将未来的现金流入与流出按期限进行组合，寻找出现正现金流和资金缺口的时点，不断调整自身的资产负债结构来防范流动性风险。

(四)选择目标收购企业时注重其未来现金流量的稳定性

目标企业的经营状况和企业价值往往被市场低估，但要特别注意并购前目标企业的长期债务是否过多，能否核销减免。力争选择经营风险小、产品有较为稳固的需求和市场、发展前景较好、能保证预期较稳定的现金流量的并购目标企业。

(五)并购企业建立偿债基金专户

为防范财务危机，并购企业应在日常经营中能提取一定的现金作为偿债基金以应付债务高峰的现金需要，避免出现技术性破产而导致杠杆收购的失败。

第四节　并购案例

一、2005～2007年我国上市公司九大经典并购案例概览

(一)米塔尔并购华菱管线

2005年1月，作为华菱管线的控股股东，华菱集团与米塔尔钢铁公司签署股权转让协议，前者将其持有的华菱管线74.35%国有法人股中的37.175%转让给米塔尔。转让后，米塔尔与华菱集团成为并列第一大股东。此后，随着国内钢铁行业新政策出台，明确规定外商不能控股国内钢铁企业的背景下，并购双方重新谈判，米塔尔钢铁公司同意其购入的股权减少0.5%，以1%的股权差距屈居第二大股东。

(二)凯雷收购徐工机械

2005年10月，徐州工程机械集团有限公司与国际投资机构凯雷投资集团签署协议，凯雷出资3.75亿美元现金购买徐工集团全资子公司——徐工集团工程机械有限公

司——85%的股权。由于徐工机械持有徐工科技43%的股份，此次股权转让完成后，徐工科技的控股股东将变为凯雷投资。

（三）拉法基控股四川双马

2005年11月，全球最大水泥企业拉法基公司与其合资公司拉法基瑞安水泥有限公司，以3亿元的价格完购四川双马投资集团。由于双马集团持有四川双马66.5%的股权，经过此次股权变更，拉法基瑞安将成为四川双马的实际控制人。

（四）大摩、IFC投资海螺水泥

2005年12月，海螺水泥公告称，公司接到控股股东海螺集团通知，海螺集团已与战略投资者MS Asia Investment Limited和国际金融公司（世界银行集团成员之一，下称IFC）签署协议，拟将其持有的公司13 200万股和4 800万股国有法人股分别转让给MS和IFC。

（五）阿赛洛入股莱钢股份

世界第二大钢铁商阿赛洛股份公司旗下全资企业阿赛洛中国控股公司与莱芜钢铁集团有限公司于2006年2月在济南签署了“股份购买合同”，阿赛洛中国以约20.85亿元人民币收购莱钢集团所持莱钢股份35 423.65万股非流通国有法人股，占莱钢股份总股本的38.41%。在收购完成后，阿赛洛中国与莱钢集团并列莱钢股份第一大股东。

（六）Holchin B. V. 吞下华新水泥

2006年3月，华新水泥公告称，将向其第二大股东Holchin B. V. 定向增发16 000万股A股。此前，拥有世界水泥市场份额5%的全球最大水泥生产销售商Holcim Ltd. 通过全资子公司Holchin B. V. 持有华新水泥8 576.13万股B股，占公司总股本26.11%，是第二大股东，仅次于华新集团27.87%的比例。华新水泥股改后，Holchin B. V. 将成为其大股东。

（七）海螺水泥拿下巢东股份

巢东股份2006年5月公告称，该公司控股股东安徽巢东水泥集团拟将所持公司全部股份转让给海螺水泥和昌兴矿业投资有限公司。其中，海螺水泥拟受让巢东集团持有的巢东股份3 938.57万股；昌兴投资受让8 000万股。

（八）CVC或将控股晨鸣纸业

晨鸣纸业2006年5月公告称，同意亚太企业投资管理有限公司（VC Asia Pacific Limited）（代表其所管理的投资基金，以下简称“CVC”）以认购公司向其非公开发行股份的方式对公司进行战略投资。晨鸣纸业将向CVC非公开发行不超过10亿A股股票，募集资金总额将达50亿元。此次增发完成，CVC持股比例将达到42%左右，成为公司的第一大股东。

（九）三一重工收购沈阳机床13%股权

2007年6月，美国JANA基金与沈阳机床集团签订收购协议，以10.1亿元的售价收购沈阳机床集团30%的股权。由于沈阳机床集团将股权转让分割为30%与19%，分两次向不同战略投资者转让，三一重工在竞购30%股权时未能成功。经历半年时间的后续谈判，双方终于达成一致协议，但此次收购股权已经将剩余的19%调整为受让13%股权。三一重工正式参股沈阳机床集团之后，还将联合中国一航沈阳飞机工业集团，共同投资建设一个飞机零部件建设基地，预计投资金额为17亿元。

二、个别案例剖析

(一)青岛啤酒的并购与扩张

近年来，青岛啤酒并购了一大批严重亏损的小型啤酒企业。曾经有不少人担心青岛啤酒收购了一批"垃圾企业"，会将青岛啤酒这个世界名牌拖垮。但2003年上半年，青岛啤酒集团效益大幅增长，产销量突破120万吨，比上年同期增长40%，利税增长了82%。这其中，60%的利润来自于青岛啤酒并购的38家企业。

青岛啤酒的这个特殊的扩张形式曾经在圈内引起过沸沸扬扬的讨论，究其根本，是以"名牌带动"式资产重组为核心的"大名牌"发展战略，带动青岛啤酒集团走上了低成本扩张的规模经济之路。但是，青岛啤酒的并购并非漫无目的的，它始终遵循四大原则：一是市场布局合理原则——每个企业要有半径150公里以上的"市场圈"，不能造成市场重叠，从而避免了自有品牌之间的相互竞争；二是市场潜力大原则——地区内的人口密度、消费水平、消费习惯等符合啤酒企业的市场拓展要求，具备一定的开拓潜力；三是有一定的人才资源原则——被并购的企业有一定的管理基础，以及熟练的操作工人，保证可以及时投产；四是长短期利益兼顾原则——既要在短期内见到效益，又有适合长远发展的巨大空间。

经过一系列收购，青岛啤酒集团将收购的品牌进行区分，打造了一个全面的品牌管理体系：以"青岛啤酒"作为公司的一线高端品牌，其他则按区域市场分为二线和三线品牌。

集团利用事业部的管理架构，按区域成立了华南、华东、淮海、鲁中、北方等事业部，作为该区域的管理中心，对所属企业统一发展规划。集团总部作为决策中心和资本运作中心，事业部作为利润中心和区域管理中心，下属子公司则是成本中心和质量控制中心，形成集团公司—事业部—子公司的三层管理架构，不仅缩短了公司的管理链，提高了管理效率，而且加强了财务资本控制，使各个分散企业互为补充统一协调的市场。

对于新并购的企业，青啤公司派出工作组，通过"管理输出"推行集团的企业文化和工艺技术，在短时间内使各子公司的管理水平上升到一个新高度。此外，集团还注重调整企业总体的管理组织结构。对总部各个部门进行职能化细分，同时也要求地方的区域营销中心转变为利润中心，生产工厂变为成本中心，以此提供各种支持服务。

(二)中集集团的并购扩张之路

1. 案例背景

中国国际海运集装箱(集团)股份有限公司(简称中集集团)初创于1980年1月,最初由香港招商局和丹麦宝隆洋行共同出资300万美元合资组建,是中国最早的集装箱专业生产厂和最早的中外合资企业之一。

1982年9月22日中集集团正式投产,1987年,交通部中国远洋运输总公司(简称中远公司)对中集进行投资,招商局和中远公司各持有中集集团45%的股份,宝隆洋行则占有10%的股份。1993年,中集集团改组为公众股份公司,定向募集职工股576万股,1994年在深圳证券交易所上市,发行A股1 200万股,B股1 300万股,募集资金19 830万元人民币。1995年起以集团架构开始运作。中集集团致力于为现代化交通运输提供装备和服务,主要经营集装箱、道路运输车辆、机场设备制造和销售服务。截至2005年底,中集集团总资产171.73亿元、净资产94.56亿元,在国内和海外拥有40余家全资及控股子公司,员工34 000人。招商局共持股22.75%,中国远洋运输(集团)总公司控股中远太平洋有限公司的附属全资子公司中远集装箱工业有限公司,持股16.23%。

20世纪80年代以后,我国的对外贸易迅猛发展,极大地带动了集装箱行业的发展。国内经济的持续稳步增长促进了进出口贸易的繁荣,特别是出口业务表现出强劲的发展势头,价低量大仍然是我国出口产品的主要特点,这一特点也决定了其主要依赖于海运的方式,导致国内市场产生了对集装箱的大量需求。加之我国制造业与运输业相对较低的成本特点,进一步增强了集装箱业的竞争能力,也为其提供了更大的发展空间。90年代初期的市场增长使得早期进入该行业的公司取得了较高的回报,行业利润率一度高达30%,吸引了大批厂家进入集装箱行业。国内先后有20多家企业上马集装箱项目;同时,东南亚国家的一些企业开始大力发展集装箱业务。生产能力的激增导致低水平的重复建设和低水平的烈竞争,使得市场供需出现了大逆转,矛盾最严重的时候,全球的需求量为150万箱,但生产能力却高达250万箱。针对行业内重复建设带来的资金、资源严重浪费,国家明确规定控制新的项目上马。与此同时,行业内恶性竞争开始显现,一些技术与管理水平相对较低的企业已陷入困境,难以自拔。

正是在这样一个特殊的市场环境中,作为国内集装箱龙头企业的中集集团敏锐地看到低成本扩张的机会——实施并购。中集集团作为一个股份公司,其在管理水平、市场拓展、融资条件等方面具有不可比拟的优势,通过并购实现规模扩张恰逢其时。

2. 横向并购战略的实施

根据市场条件,中集集团确定了实施横向并购的战略计划,力争通过在集装箱行业的横向并购进行扩张,从而增强自身的核心竞争力,并实现一系列生产要素的有效转移和重组。

(1)当时的并购优势分析。

第一,从市场占有情况来看,中集集团具有其他竞争对手不可比拟的优势,在很大程度上得益于中远的加盟。中远公司的前身是1961年成立的中国远洋运输集团，航运业是它的核心业务，该公司拥有600余艘船舶，1 700万载重吨，在航运企业的世界排名中位居第三。成为中集集团的大股东之后，中远公司对集装箱的需求自然更加倚重中集集团的产品，从而进一步巩固了中集集团的市场优势。

第二，从公司融资来看，中集集团作为上市公司具有得天独厚的资金募集优势。公司1994年以8.5元的价格发行A股1 200万股，B股1 300万股，1996年和1997年又先后增发B股3 000万股和4 800万股，资金实力较为雄厚。上市公司具有比较好的公众形象，容易促成并购的实现，而且国家对上市公司通过并购实现规模扩张持鼓励态度，公司所在地深圳市政府也为推进上市公司并购出台许多优惠政策。

第三，从资金实力看，中集集团已有了殷实的积累，培养出资本运营专家和产品营销队伍，建立起一支卓有成效的管理团队，产品的市场覆盖面不断扩大，客户结构得以优化。时任董事长麦伯良曾说："因为收购企业后要对其进行改造和管理，没有足够的实力是很难产生效益的。"借助公司完善的管理制度，有效的成本控制和质量管理体系，在行业内部中集集团已形成了良好的品牌效益，为收购的实现奠定了坚实的基础。

(2)并购的实施。按照利用核心优势，通过并购实现低成本扩张的战略规划，结合所处产业的特征，对并购目标的选择主要考虑了区域因素。从区域环境来看，在国家沿海开放政策的带动下，整个沿海地区的投资环境、法制环境和思想观念都比较灵活和开放，而且集装箱一生产出来，最好能就近装货出口，成本才会最低。所以，中集集团首先将并购对象锁定在沿海地区。从当时国内集装箱生产的情况来看，华北、华南、华东三大区域结构已初步形成，为了实现最有效的地域布局，实现战略优势，中集集团也制定了在每个区域建立生产基地的并购战略。

从1993年到1998年，中集集团共进行了六次较大规模的并购，如表12－1所示。

表12－1　　　　中集集团主要并购项目

时间(年)	并购对象	简要说明
1993	大连集装箱公司	收购了大连集装箱公司51%的股权，在华北地区建立了生产基地，投入约合人民币1 767万元对生产线加以改造并增加设备
1994	南通顺达集装箱股份有限公司	收购了该公司61.8%的股权，投入约合人民币2 768万元用于生产线的改造
1995	合资经营上海中集冷藏箱有限公司	与中国国际海运集装箱(香港)有限公司、佛罗伦集团有限公司、上海罗南农工商总公司和德国格拉芙有限公司签订合资经营上海中集冷藏箱有限公司的协议，投资总额5 000万美元，中集集团持股52%

续表

时间(年)	并购对象	简要说明
1995	广东省新会大利集装箱厂	整体并购,但在1996年4月将40%的股权转让给4家外商,中集集团仍持股60%
1995	合资成立南方中集	与中国国际海运集装箱(香港)有限公司合资设立深圳南方中集集装箱制造有限公司(南方中集),注册资本为600万美元,中集集团持有75%的股权
1998	上海远东集装箱有限公司	天津北洋集装箱公司受让中远工业公司上海远东集装箱有限公司22.5%的股权和天津北洋集装箱有限公司47.5%的股权

从1993年并购计划的实施,经过7年的发展,至1999年集团资产规模从5.76亿元人民币增长到67亿元人民币,成为世界最大的国际标准干货集装箱制造商和中国最大的冷藏集装箱制造商,2000年度干货集装箱国际市场占有率为38%,国内生产份额将近48%。

(3)并购后的整合。并购完成后,中集集团立即派驻新的管理层对企业进行组织机构重组改造与财务整合,被并购企业的员工则尊重其个人意愿,愿意留下来的都可以留下来,但对原管理层则全部替换,最多一次派驻了29名管理干部。因为中集集团并购主要是通过股权控制实现的,通过更换管理层可以有效地贯彻和落实集团的发展战略与管理思想。正是通过管理层的移植,中集集团将集团公司的目标管理体制带到了被并购公司,使企业、经营者和员工成为真正的利益共同体。财务与资本共同体、完整的考核、激励与约束体系将集团的整体目标层层分解,落实到具体责任人,不仅实现了管理的统一性,而且通过完善的制度保证了经济效益的实现。集团的规模优势主要体现在生产成本的控制和降低上。钢材、油漆、木地板是集装箱生产的主要原材料,大约占生产成本的70%,中集集团就充分利用大规模集团大量采购、需求稳定的特点,通过三级谈判、三级压价,从源头降低了原材料成本。同时,统一计划、统一采购、统一分配、统一核算的集中式管理最大限度地降低了集团内部的成本损耗。并购扩张后,中集集团在主要的三大区域都拥有了生产基地,集团公司统一接单并安排生产使得各下属公司都只是成本中心,通过集团公司的统一调配生产和销售,大大降低了空箱的运输成本。

此外,中集集团对被并购企业也进行文化上的渗透与移植。企业文化能否得到认同往往是并购后整合的关键一步。中集的企业文化核心就是员工的发展与企业的发展紧密结合,企业力图为每一位员工创造最好的发展空间,而员工的发展则是在企业的发展基础上,提倡全体员工“尽心尽力,尽善尽美”,得到认同的企业文化转变为员工创新工作的动力。

3. 案例分析与启示

中集集团成功的并购扩张已成为许多中国企业希望通过并购实现规模化长远发展的典范。从中集集团通过并购实现快速增长的过程中,我们可以得到以下几个方面的启示。

(1)通过横向并购获得规模经济优势。中集集团的一系列并购都属于横向并购,特别是由于许多企业因为竞争不力而处于退出边缘,更是降低了并购的直接成本和难度,并使得管理和技术等具有行业专属性的生产要素有效地转移和重组。

(2)并购后注重整合,为企业发展打下了坚实基础。并购本身并不能创造价值,并购的真正效益来源于并购后对生产要素、财务资源、知识资源的有效整合。并购过程中,无论哪一家被兼并公司都有一些可以转移或可以共享的生产要素,只有对这些生产要素进行重新定位、组合和配置,才能发挥出各种要素的潜能并相互融合,实现管理协同效应和财务协同效应。中集集团公司在并购后的整合过程中,主要是利用了严格的制度和管理人员与财务人员的移植,使目标公司很快成为集团公司价值链上的重要一环,实现了为整体战略目标的服务。

复习思考题

1. 什么是并购?常见的并购形式有哪几种?
2. 并购中的财务风险有哪些?
3. 并购中的支付方式有哪些?
4. 请阐述并购的动因与效应。
5. 并购中的财务风险应如何防范?

附录一 　　　　　　　　　　　　　**复利终值系数表**

期数	1%	2%	3%	4%	5%	6%	7%	8%	9%	10%	11%	12%	13%	14%	15%
1	1.01	1.02	1.03	1.04	1.05	1.06	1.07	1.08	1.09	1.1	1.11	1.12	1.13	1.14	1.15
2	1.0201	1.0404	1.0609	1.0816	1.1025	1.1236	1.1449	1.1664	1.1881	1.21	1.2321	1.2544	1.2769	1.2996	1.3225
3	1.0303	1.0612	1.0927	1.1249	1.1576	1.191	1.225	1.2597	1.295	1.331	1.3676	1.4049	1.4429	1.4815	1.5209
4	1.0406	1.0824	1.1255	1.1699	1.2155	1.2625	1.3108	1.3605	1.4116	1.4641	1.5181	1.5735	1.6305	1.689	1.749
5	1.051	1.1041	1.1593	1.2167	1.2763	1.3382	1.4026	1.4693	1.5386	1.6105	1.6851	1.7623	1.8424	1.9254	2.0114
6	1.0615	1.1262	1.1941	1.2653	1.3401	1.4185	1.5007	1.5869	1.6771	1.7716	1.8704	1.9738	2.082	2.195	2.3131
7	1.0721	1.1487	1.2299	1.3159	1.4071	1.5036	1.6058	1.7138	1.828	1.9487	2.0762	2.2107	2.3526	2.5023	2.66
8	1.0829	1.1717	1.2668	1.3686	1.4775	1.5938	1.7182	1.8509	1.9926	2.1436	2.3045	2.476	2.6584	2.8526	3.059
9	1.0937	1.1951	1.3048	1.4233	1.5513	1.6895	1.8385	1.999	2.1719	2.3579	2.558	2.7731	3.004	3.2519	3.5179
10	1.1046	1.219	1.3439	1.4802	1.6289	1.7908	1.9672	2.1589	2.3674	2.5937	2.8394	3.1058	3.3946	3.7072	4.0456
11	1.1157	1.2434	1.3842	1.5395	1.7103	1.8983	2.1049	2.3316	2.5804	2.8531	3.1518	3.4786	3.8359	4.2262	4.6524
12	1.1268	1.2682	1.4258	1.601	1.7959	2.0122	2.2522	2.5182	2.8127	3.1384	3.4985	3.896	4.3345	4.8179	5.3503
13	1.1381	1.2936	1.4685	1.6651	1.8856	2.1329	2.4098	2.7196	3.0658	3.4523	3.8833	4.3635	4.898	5.4924	6.1528
14	1.1495	1.3195	1.5126	1.7317	1.9799	2.2609	2.5785	2.9372	3.3417	3.7975	4.3104	4.8871	5.5348	6.2613	7.0757
15	1.161	1.3459	1.558	1.8009	2.0789	2.3966	2.759	3.1722	3.6425	4.1772	4.7846	5.4736	6.2543	7.1379	8.1371
16	1.1726	1.3728	1.6047	1.873	2.1829	2.5404	2.9522	3.4259	3.9703	4.595	5.3109	6.1304	7.0673	8.1372	9.3576
17	1.1843	1.4002	1.6528	1.9479	2.292	2.6928	3.1588	3.7	4.3276	5.0545	5.8951	6.866	7.9861	9.2765	10.7613
18	1.1961	1.4282	1.7024	2.0258	2.4066	2.8543	3.3799	3.996	4.7171	5.5599	6.5436	7.69	9.0243	10.5752	12.3755
19	1.2081	1.4568	1.7535	2.1068	2.527	3.0256	3.6165	4.3157	5.1417	6.1159	7.2633	8.6128	10.1974	12.0557	14.2318
20	1.2202	1.4859	1.8061	2.1911	2.6533	3.2071	3.8697	4.661	5.6044	6.7275	8.0623	9.6463	11.5231	13.7435	16.3665
21	1.2324	1.5157	1.8603	2.2788	2.786	3.3996	4.1406	5.0338	6.1088	7.4002	8.9492	10.8038	13.0211	15.6676	18.8215
22	1.2447	1.546	1.9161	2.3699	2.9253	3.6035	4.4304	5.4365	6.6586	8.1403	9.9336	12.1003	14.7138	17.861	21.6447
23	1.2572	1.5769	1.9736	2.4647	3.0715	3.8197	4.7405	5.8715	7.2579	8.9543	11.0263	13.5523	16.6266	20.3616	24.8915
24	1.2697	1.6084	2.0328	2.5633	3.2251	4.0489	5.0724	6.3412	7.9111	9.8497	12.2392	15.1786	18.7881	23.2122	28.6252
25	1.2824	1.6406	2.0938	2.6658	3.3864	4.2919	5.4274	6.8485	8.6231	10.8347	13.5855	17.0001	21.2305	26.4619	32.919
26	1.2953	1.6734	2.1566	2.7725	3.5557	4.5494	5.8074	7.3964	9.3992	11.9182	15.0799	19.0401	23.9905	30.1666	37.8568
27	1.3082	1.7069	2.2213	2.8834	3.7335	4.8223	6.2139	7.9881	10.2451	13.11	16.7387	21.3249	27.1093	34.3899	43.5353
28	1.3213	1.741	2.2879	2.9987	3.9201	5.1117	6.6488	8.6271	11.1671	14.421	18.5799	23.8839	30.6335	39.2045	50.0656
29	1.3345	1.7758	2.3566	3.1187	4.1161	5.4184	7.1143	9.3173	12.1722	15.8631	20.6237	26.7499	34.6158	44.6931	57.5755
30	1.3478	1.8114	2.4273	3.2434	4.3219	5.7435	7.6123	10.0627	13.2677	17.4494	22.8923	29.9599	39.1159	50.9502	66.2118

续表

期数	16%	17%	18%	19%	20%	21%	22%	23%	24%	25%	26%	27%	28%	29%	30%
1	1.16	1.17	1.18	1.19	1.2	1.21	1.22	1.23	1.24	1.25	1.26	1.27	1.28	1.29	1.3
2	1.3456	1.3689	1.3924	1.4161	1.44	1.4641	1.4884	1.5129	1.5376	1.5625	1.5876	1.6129	1.6384	1.6641	1.69
3	1.5609	1.6016	1.643	1.6852	1.728	1.7716	1.8158	1.8609	1.9066	1.9531	2.0004	2.0484	2.0972	2.1467	2.197
4	1.8106	1.8739	1.9388	2.0053	2.0736	2.1436	2.2153	2.2889	2.3642	2.4414	2.5205	2.6014	2.6844	2.7692	2.8561
5	2.1003	2.1924	2.2878	2.3864	2.4883	2.5937	2.7027	2.8153	2.9316	3.0518	3.1758	3.3038	3.436	3.5723	3.7129
6	2.4364	2.5652	2.6996	2.8398	2.986	3.1384	3.2973	3.4628	3.6352	3.8147	4.0015	4.1959	4.398	4.6083	4.8268
7	2.8262	3.0012	3.1855	3.3793	3.5832	3.7975	4.0227	4.2593	4.5077	4.7684	5.0419	5.3288	5.6295	5.9447	6.2749
8	3.2784	3.5115	3.7589	4.0214	4.2998	4.595	4.9077	5.2389	5.5895	5.9605	6.3528	6.7675	7.2058	7.6686	8.1573
9	3.803	4.1084	4.4355	4.7854	5.1598	5.5599	5.9874	6.4439	6.931	7.4506	8.0045	8.5948	9.2234	9.8925	10.6045
10	4.4114	4.8068	5.2338	5.6947	6.1917	6.7275	7.3046	7.9259	8.5944	9.3132	10.0857	10.9153	11.8059	12.7614	13.7858
11	5.1173	5.624	6.1759	6.7767	7.4301	8.1403	8.9117	9.7489	10.6571	11.6415	12.708	13.8625	15.1116	16.4622	17.9216
12	5.936	6.5801	7.2876	8.0642	8.9161	9.8497	10.8722	11.9912	13.2148	14.5519	16.012	17.6053	19.3428	21.2362	23.2981
13	6.8858	7.6987	8.5994	9.5964	10.6993	11.9182	13.2641	14.7491	16.3863	18.1899	20.1752	22.3588	24.7588	27.3947	30.2875
14	7.9875	9.0075	10.1472	11.4198	12.8392	14.421	16.1822	18.1414	20.3191	22.7374	25.4207	28.3957	31.6913	35.3391	39.3738
15	9.2655	10.5387	11.9737	13.5895	15.407	17.4494	19.7423	22.314	25.1956	28.4217	32.0301	36.0625	40.5648	45.5875	51.1859
16	10.748	12.3303	14.129	16.1715	18.4884	21.1138	24.0856	27.4462	31.2426	35.5271	40.3579	45.7994	51.923	58.8079	66.5417
17	12.4677	14.4265	16.6722	19.2441	22.1861	25.5477	29.3844	33.7588	38.7408	44.4089	50.851	58.1652	66.4614	75.8621	86.5042
18	14.4625	16.879	19.6733	22.9005	26.6233	30.9127	35.849	41.5233	48.0386	55.5112	64.0722	73.8698	85.0706	97.8622	112.4554
19	16.7765	19.7484	23.2144	27.2516	31.948	37.4043	43.7358	51.0737	59.5679	69.3889	80.731	93.8147	108.8904	126.2422	146.192
20	19.4608	23.1056	27.393	32.4294	38.3376	45.2593	53.3576	62.8206	73.8641	86.7362	101.7211	119.1446	139.3797	162.8524	190.0496
21	22.5745	27.0336	32.3238	38.591	46.0051	54.7637	65.0963	77.2694	91.5915	108.4202	128.1685	151.3137	178.406	210.0796	247.0645
22	26.1864	31.6293	38.1421	45.9233	55.2061	66.2641	79.4175	95.0413	113.5735	135.5253	161.4924	192.1683	228.3596	271.0027	321.1839
23	30.3762	37.0062	45.0076	54.6487	66.2474	80.1795	96.8894	116.9008	140.8312	169.4066	203.4804	244.0538	292.3003	349.5935	417.5391
24	35.2364	43.2973	53.109	65.032	79.4968	97.0172	118.205	143.788	174.6306	211.7582	256.3853	309.9483	374.1444	450.9756	542.8008
25	40.8742	50.6578	62.6686	77.3881	95.3962	117.3909	144.2101	176.8593	216.542	264.6978	323.0454	393.6344	478.9049	581.7585	705.641
26	47.4141	59.2697	73.949	92.0918	114.4755	142.0429	175.9364	217.5369	268.5121	330.8722	407.0373	499.9157	612.9982	750.4685	917.3333
27	55.0004	69.3455	87.2598	109.5893	137.3706	171.8719	214.6424	267.5704	332.955	413.5903	512.867	634.8929	784.6377	968.1044	1192.5333
28	63.8004	81.1342	102.9666	130.4112	164.8447	207.9651	261.8637	329.1115	412.8642	516.9879	646.2124	806.314	1004.3363	1248.8546	1550.2933
29	74.0085	94.9271	121.5005	155.1893	197.8136	251.6377	319.4737	404.8072	511.9516	646.2349	814.2276	1024.0187	1285.5504	1611.0225	2015.3813
30	85.8499	111.0647	143.3706	184.6753	237.3763	304.4816	389.7579	497.9129	634.8199	807.7936	1025.9267	1300.5038	1645.5046	2078.219	2619.9956

附录二

复利现值系数表

期数	1%	2%	3%	4%	5%	6%	7%	8%	9%	10%	11%	12%	13%	14%	15%
1	0.9901	0.9804	0.9709	0.9615	0.9524	0.9434	0.9346	0.9259	0.9174	0.9091	0.9009	0.8929	0.885	0.8772	0.8696
2	0.9803	0.9612	0.9426	0.9246	0.907	0.89	0.8734	0.8573	0.8417	0.8264	0.8116	0.7972	0.7831	0.7695	0.7561
3	0.9706	0.9423	0.9151	0.889	0.8638	0.8396	0.8163	0.7938	0.7722	0.7513	0.7312	0.7118	0.6931	0.675	0.6575
4	0.961	0.9238	0.8885	0.8548	0.8227	0.7921	0.7629	0.735	0.7084	0.683	0.6587	0.6355	0.6133	0.5921	0.5718
5	0.9515	0.9057	0.8626	0.8219	0.7835	0.7473	0.713	0.6806	0.6499	0.6209	0.5935	0.5674	0.5428	0.5194	0.4972
6	0.942	0.888	0.8375	0.7903	0.7462	0.705	0.6663	0.6302	0.5963	0.5645	0.5346	0.5066	0.4803	0.4556	0.4323
7	0.9327	0.8706	0.8131	0.7599	0.7107	0.6651	0.6227	0.5835	0.547	0.5132	0.4817	0.4523	0.4251	0.3996	0.3759
8	0.9235	0.8535	0.7894	0.7307	0.6768	0.6274	0.582	0.5403	0.5019	0.4665	0.4339	0.4039	0.3762	0.3506	0.3269
9	0.9143	0.8368	0.7664	0.7026	0.6446	0.5919	0.5439	0.5002	0.4604	0.4241	0.3909	0.3606	0.3329	0.3075	0.2843
10	0.9053	0.8203	0.7441	0.6756	0.6139	0.5584	0.5083	0.4632	0.4224	0.3855	0.3522	0.322	0.2946	0.2697	0.2472
11	0.8963	0.8043	0.7224	0.6496	0.5847	0.5268	0.4751	0.4289	0.3875	0.3505	0.3173	0.2875	0.2607	0.2366	0.2149
12	0.8874	0.7885	0.7014	0.6246	0.5568	0.497	0.444	0.3971	0.3555	0.3186	0.2858	0.2567	0.2307	0.2076	0.1869
13	0.8787	0.773	0.681	0.6006	0.5303	0.4688	0.415	0.3677	0.3262	0.2897	0.2575	0.2292	0.2042	0.1821	0.1625
14	0.87	0.7579	0.6611	0.5775	0.5051	0.4423	0.3878	0.3405	0.2992	0.2633	0.232	0.2046	0.1807	0.1597	0.1413
15	0.8613	0.743	0.6419	0.5553	0.481	0.4173	0.3624	0.3152	0.2745	0.2394	0.209	0.1827	0.1599	0.1401	0.1229
16	0.8528	0.7284	0.6232	0.5339	0.4581	0.3936	0.3387	0.2919	0.2519	0.2176	0.1883	0.1631	0.1415	0.1229	0.1069
17	0.8444	0.7142	0.605	0.5134	0.4363	0.3714	0.3166	0.2703	0.2311	0.1978	0.1696	0.1456	0.1252	0.1078	0.0929
18	0.836	0.7002	0.5874	0.4936	0.4155	0.3503	0.2959	0.2502	0.212	0.1799	0.1528	0.13	0.1108	0.0946	0.0808
19	0.8277	0.6864	0.5703	0.4746	0.3957	0.3305	0.2765	0.2317	0.1945	0.1635	0.1377	0.1161	0.0981	0.0829	0.0703
20	0.8195	0.673	0.5537	0.4564	0.3769	0.3118	0.2584	0.2145	0.1784	0.1486	0.124	0.1037	0.0868	0.0728	0.0611
21	0.8114	0.6598	0.5375	0.4388	0.3589	0.2942	0.2415	0.1987	0.1637	0.1351	0.1117	0.0926	0.0768	0.0638	0.0531
22	0.8034	0.6468	0.5219	0.422	0.3418	0.2775	0.2257	0.1839	0.1502	0.1228	0.1007	0.0826	0.068	0.056	0.0462
23	0.7954	0.6342	0.5067	0.4057	0.3256	0.2618	0.2109	0.1703	0.1378	0.1117	0.0907	0.0738	0.0601	0.0491	0.0402
24	0.7876	0.6217	0.4919	0.3901	0.3101	0.247	0.1971	0.1577	0.1264	0.1015	0.0817	0.0659	0.0532	0.0431	0.0349
25	0.7798	0.6095	0.4776	0.3751	0.2953	0.233	0.1842	0.146	0.116	0.0923	0.0736	0.0588	0.0471	0.0378	0.0304
26	0.772	0.5976	0.4637	0.3607	0.2812	0.2198	0.1722	0.1352	0.1064	0.0839	0.0663	0.0525	0.0417	0.0331	0.0264
27	0.7644	0.5859	0.4502	0.3468	0.2678	0.2074	0.1609	0.1252	0.0976	0.0763	0.0597	0.0469	0.0369	0.0291	0.023
28	0.7568	0.5744	0.4371	0.3335	0.2551	0.1956	0.1504	0.1159	0.0895	0.0693	0.0538	0.0419	0.0326	0.0255	0.02
29	0.7493	0.5631	0.4243	0.3207	0.2429	0.1846	0.1406	0.1073	0.0822	0.063	0.0485	0.0374	0.0289	0.0224	0.0174
30	0.7419	0.5521	0.412	0.3083	0.2314	0.1741	0.1314	0.0994	0.0754	0.0573	0.0437	0.0334	0.0256	0.0196	0.0151

续表

期数	16%	17%	18%	19%	20%	21%	22%	23%	24%	25%	26%	27%	28%	29%	30%
1	0.8621	0.8547	0.8475	0.8403	0.8333	0.8264	0.8197	0.813	0.8065	0.8	0.7937	0.7874	0.7813	0.7752	0.7692
2	0.7432	0.7305	0.7182	0.7062	0.6944	0.683	0.6719	0.661	0.6504	0.64	0.6299	0.62	0.6104	0.6009	0.5917
3	0.6407	0.6244	0.6086	0.5934	0.5787	0.5645	0.5507	0.5374	0.5245	0.512	0.4999	0.4882	0.4768	0.4658	0.4552
4	0.5523	0.5337	0.5158	0.4987	0.4823	0.4665	0.4514	0.4369	0.423	0.4096	0.3968	0.3844	0.3725	0.3611	0.3501
5	0.4761	0.4561	0.4371	0.419	0.4019	0.3855	0.37	0.3552	0.3411	0.3277	0.3149	0.3027	0.291	0.2799	0.2693
6	0.4104	0.3898	0.3704	0.3521	0.3349	0.3186	0.3033	0.2888	0.2751	0.2621	0.2499	0.2383	0.2274	0.217	0.2072
7	0.3538	0.3332	0.3139	0.2959	0.2791	0.2633	0.2486	0.2348	0.2218	0.2097	0.1983	0.1877	0.1776	0.1682	0.1594
8	0.305	0.2848	0.266	0.2487	0.2326	0.2176	0.2038	0.1909	0.1789	0.1678	0.1574	0.1478	0.1388	0.1304	0.1226
9	0.263	0.2434	0.2255	0.209	0.1938	0.1799	0.167	0.1552	0.1443	0.1342	0.1249	0.1164	0.1084	0.1011	0.0943
10	0.2267	0.208	0.1911	0.1756	0.1615	0.1486	0.1369	0.1262	0.1164	0.1074	0.0992	0.0916	0.0847	0.0784	0.0725
11	0.1954	0.1778	0.1619	0.1476	0.1346	0.1228	0.1122	0.1026	0.0938	0.0859	0.0787	0.0721	0.0662	0.0607	0.0558
12	0.1685	0.152	0.1372	0.124	0.1122	0.1015	0.092	0.0834	0.0757	0.0687	0.0625	0.0568	0.0517	0.0471	0.0429
13	0.1452	0.1299	0.1163	0.1042	0.0935	0.0839	0.0754	0.0678	0.061	0.055	0.0496	0.0447	0.0404	0.0365	0.033
14	0.1252	0.111	0.0985	0.0876	0.0779	0.0693	0.0618	0.0551	0.0492	0.044	0.0393	0.0352	0.0316	0.0283	0.0254
15	0.1079	0.0949	0.0835	0.0736	0.0649	0.0573	0.0507	0.0448	0.0397	0.0352	0.0312	0.0277	0.0247	0.0219	0.0195
16	0.093	0.0811	0.0708	0.0618	0.0541	0.0474	0.0415	0.0364	0.032	0.0281	0.0248	0.0218	0.0193	0.017	0.015
17	0.0802	0.0693	0.06	0.052	0.0451	0.0391	0.034	0.0296	0.0258	0.0225	0.0197	0.0172	0.015	0.0132	0.0116
18	0.0691	0.0592	0.0508	0.0437	0.0376	0.0323	0.0279	0.0241	0.0208	0.018	0.0156	0.0135	0.0118	0.0102	0.0089
19	0.0596	0.0506	0.0431	0.0367	0.0313	0.0267	0.0229	0.0196	0.0168	0.0144	0.0124	0.0107	0.0092	0.0079	0.0068
20	0.0514	0.0433	0.0365	0.0308	0.0261	0.0221	0.0187	0.0159	0.0135	0.0115	0.0098	0.0084	0.0072	0.0061	0.0053
21	0.0443	0.037	0.0309	0.0259	0.0217	0.0183	0.0154	0.0129	0.0109	0.0092	0.0078	0.0066	0.0056	0.0048	0.004
22	0.0382	0.0316	0.0262	0.0218	0.0181	0.0151	0.0126	0.0105	0.0088	0.0074	0.0062	0.0052	0.0044	0.0037	0.0031
23	0.0329	0.027	0.0222	0.0183	0.0151	0.0125	0.0103	0.0086	0.0071	0.0059	0.0049	0.0041	0.0034	0.0029	0.0024
24	0.0284	0.0231	0.0188	0.0154	0.0126	0.0103	0.0085	0.007	0.0057	0.0047	0.0039	0.0032	0.0027	0.0022	0.0018
25	0.0245	0.0197	0.016	0.0129	0.0105	0.0085	0.0069	0.0057	0.0046	0.0038	0.0031	0.0025	0.0021	0.0017	0.0014
26	0.0211	0.0169	0.0135	0.0109	0.0087	0.007	0.0057	0.0046	0.0037	0.003	0.0025	0.002	0.0016	0.0013	0.0011
27	0.0182	0.0144	0.0115	0.0091	0.0073	0.0058	0.0047	0.0037	0.003	0.0024	0.0019	0.0016	0.0013	0.001	0.0008
28	0.0157	0.0123	0.0097	0.0077	0.0061	0.0048	0.0038	0.003	0.0024	0.0019	0.0015	0.0012	0.001	0.0008	0.0006
29	0.0135	0.0105	0.0082	0.0064	0.0051	0.004	0.0031	0.0025	0.002	0.0015	0.0012	0.001	0.0008	0.0006	0.0005
30	0.0116	0.009	0.007	0.0054	0.0042	0.0033	0.0026	0.002	0.0016	0.0012	0.001	0.0008	0.0006	0.0005	0.0004

附录三　　年金终值系数表

期数	1%	2%	3%	4%	5%	6%	7%	8%	9%	10%	11%	12%	13%	14%	15%
1	1	1	1	1	1	1	1	1	1	1	1	1	1	1	1
2	2.01	2.02	2.03	2.04	2.05	2.06	2.07	2.08	2.09	2.1	2.11	2.12	2.13	2.14	2.15
3	3.0301	3.0604	3.0909	3.1216	3.1525	3.1836	3.2149	3.2464	3.2781	3.31	3.3421	3.3744	3.4069	3.4396	3.4725
4	4.0604	4.1216	4.1836	4.2465	4.3101	4.3746	4.4399	4.5061	4.5731	4.641	4.7097	4.7793	4.8498	4.9211	4.9934
5	5.101	5.204	5.3091	5.4163	5.5256	5.6371	5.7507	5.8666	5.9847	6.1051	6.2278	6.3528	6.4803	6.6101	6.7424
6	6.152	6.3081	6.4684	6.633	6.8019	6.9753	7.1533	7.3359	7.5233	7.7156	7.9129	8.1152	8.3227	8.5355	8.7537
7	7.2135	7.4343	7.6625	7.8983	8.142	8.3938	8.654	8.9228	9.2004	9.4872	9.7833	10.089	10.4047	10.7305	11.0668
8	8.2857	8.583	8.8923	9.2142	9.5491	9.8975	10.2598	10.6366	11.0285	11.4359	11.8594	12.2997	12.7573	13.2328	13.7268
9	9.3685	9.7546	10.1591	10.5828	11.0266	11.4913	11.978	12.4876	13.021	13.5795	14.164	14.7757	15.4157	16.0853	16.7858
10	10.4622	10.9497	11.4639	12.0061	12.5779	13.1808	13.8164	14.4866	15.1929	15.9374	16.722	17.5487	18.4197	19.3373	20.3037
11	11.5668	12.1687	12.8078	13.4864	14.2068	14.9716	15.7836	16.6455	17.5603	18.5312	19.5614	20.6546	21.8143	23.0445	24.3493
12	12.6825	13.4121	14.192	15.0258	15.9171	16.8699	17.8885	18.9771	20.1407	21.3843	22.7132	24.1331	25.6502	27.2707	29.0017
13	13.8093	14.6803	15.6178	16.6268	17.713	18.8821	20.1406	21.4953	22.9534	24.5227	26.2116	28.0291	29.9847	32.0887	34.3519
14	14.9474	15.9739	17.0863	18.2919	19.5986	21.0151	22.5505	24.2149	26.0192	27.975	30.0949	32.3926	34.8827	37.5811	40.5047
15	16.0969	17.2934	18.5989	20.0236	21.5786	23.276	25.129	27.1521	29.3609	31.7725	34.4054	37.2797	40.4175	43.8424	47.5804
16	17.2579	18.6393	20.1569	21.8245	23.6575	25.6725	27.8881	30.3243	33.0034	35.9497	39.1899	42.7533	46.6717	50.9804	55.7175
17	18.4304	20.0121	21.7616	23.6975	25.8404	28.2129	30.8402	33.7502	36.9737	40.5447	44.5008	48.8837	53.7391	59.1176	65.0751
18	19.6147	21.4123	23.4144	25.6454	28.1324	30.9057	33.999	37.4502	41.3013	45.5992	50.3959	55.7497	61.7251	68.3941	75.8364
19	20.8109	22.8406	25.1169	27.6712	30.539	33.76	37.379	41.4463	46.0185	51.1591	56.9395	63.4397	70.7494	78.9692	88.2118
20	22.019	24.2974	26.8704	29.7781	33.066	36.7856	40.9955	45.762	51.1601	57.275	64.2028	72.0524	80.9468	91.0249	102.4436
21	23.2392	25.7833	28.6765	31.9692	35.7193	39.9927	44.8652	50.4229	56.7645	64.0025	72.2651	81.6987	92.4699	104.7684	118.8101
22	24.4716	27.299	30.5368	34.248	38.5052	43.3923	49.0057	55.4568	62.8733	71.4027	81.2143	92.5026	105.491	120.436	137.6316
23	25.7163	28.845	32.4529	36.6179	41.4305	46.9958	53.4361	60.8933	69.5319	79.543	91.1479	104.6029	120.2048	138.297	159.2764
24	26.9735	30.4219	34.4265	39.0826	44.502	50.8156	58.1767	66.7648	76.7898	88.4973	102.1742	118.1552	136.8315	158.6586	184.1678
25	28.2432	32.0303	36.4593	41.6459	47.7271	54.8645	63.249	73.1059	84.7009	98.3471	114.4133	133.3339	155.6196	181.8708	212.793
26	29.5256	33.6709	38.553	44.3117	51.1135	59.1564	68.6765	79.9544	93.324	109.1818	127.9988	150.3339	176.8501	208.3327	245.712
27	30.8209	35.3443	40.7096	47.0842	54.6691	63.7058	74.4838	87.3508	102.7231	121.0999	143.0786	169.374	200.8406	238.4993	283.5688
28	32.1291	37.0512	42.9309	49.9676	58.4026	68.5281	80.6977	95.3388	112.9682	134.2099	159.8173	190.6989	227.9499	272.8892	327.1041
29	33.4504	38.7922	45.2189	52.9663	62.3227	73.6398	87.3465	103.9659	124.1354	148.6309	178.3972	214.5828	258.5834	312.0937	377.1697
30	34.7849	40.5681	47.5754	56.0849	66.4388	79.0582	94.4608	113.2832	136.3075	164.494	199.0209	241.3327	293.1992	356.7868	434.7451

续表

期数	16%	17%	18%	19%	20%	21%	22%	23%	24%	25%	26%	27%	28%	29%	30%
1	1	1	1	1	1	1	1	1	1	1	1	1	1	1	1
2	2.16	2.17	2.18	2.19	2.2	2.21	2.22	2.23	2.24	2.25	2.26	2.27	2.28	2.29	2.3
3	3.5056	3.5389	3.5724	3.6061	3.64	3.6741	3.7084	3.7429	3.7776	3.8125	3.8476	3.8829	3.9184	3.9541	3.99
4	5.0665	5.1405	5.2154	5.2913	5.368	5.4457	5.5242	5.6038	5.6842	5.7656	5.848	5.9313	6.0156	6.1008	6.187
5	6.8771	7.0144	7.1542	7.2966	7.4416	7.5892	7.7396	7.8926	8.0484	8.207	8.3684	8.5327	8.6999	8.87	9.0431
6	8.9775	9.2068	9.442	9.683	9.9299	10.183	10.4423	10.7079	10.9801	11.2588	11.5442	11.8366	12.1359	12.4423	12.756
7	11.4139	11.772	12.1415	12.5227	12.9159	13.3214	13.7396	14.1708	14.6153	15.0735	15.5458	16.0324	16.5339	17.0506	17.5828
8	14.2401	14.7733	15.327	15.902	16.4991	17.1189	17.7623	18.43	19.1229	19.8419	20.5876	21.3612	22.1634	22.9953	23.8577
9	17.5185	18.2847	19.0859	19.9234	20.7989	21.7139	22.67	23.669	24.7125	25.8023	26.9404	28.1287	29.3692	30.6639	32.015
10	21.3215	22.3931	23.5213	24.7089	25.9587	27.2738	28.6574	30.1128	31.6434	33.2529	34.9449	36.7235	38.5926	40.5564	42.6195
11	25.7329	27.1999	28.7551	30.4035	32.1504	34.0013	35.962	38.0388	40.2379	42.5661	45.0306	47.6388	50.3985	53.3178	56.4053
12	30.8502	32.8239	34.9311	37.1802	39.5805	42.1416	44.8737	47.7877	50.895	54.2077	57.7386	61.5013	65.51	69.78	74.327
13	36.7862	39.404	42.2187	45.2445	48.4966	51.9913	55.7459	59.7788	64.1097	68.7596	73.7506	79.1066	84.8529	91.0161	97.625
14	43.672	47.1027	50.818	54.8409	59.1959	63.9095	69.01	74.528	80.4961	86.9495	93.9258	101.4654	109.6117	118.4108	127.9125
15	51.6595	56.1101	60.9653	66.2607	72.0351	78.3305	85.1922	92.6694	100.8151	109.6868	119.3465	129.8611	141.3029	153.75	167.2863
16	60.925	66.6488	72.939	79.8502	87.4421	95.7799	104.9345	114.9834	126.0108	138.1085	151.3766	165.9236	181.8677	199.3374	218.4722
17	71.673	78.9792	87.068	96.0218	105.9306	116.8937	129.0201	142.4295	157.2534	173.6357	191.7345	211.723	233.7907	258.1453	285.0139
18	84.1407	93.4056	103.7403	115.2659	128.1167	142.4413	158.4045	176.1883	195.9942	218.0446	242.5855	269.8882	300.2521	334.0074	371.518
19	98.6032	110.2846	123.4135	138.1664	154.74	173.354	194.2535	217.7116	244.0328	273.5558	306.6577	343.758	385.3227	431.8696	483.9734
20	115.3797	130.0329	146.628	165.418	186.688	210.7584	237.9893	268.7853	303.6006	342.9447	387.3887	437.5726	494.2131	558.1118	630.1655
21	134.8405	153.1385	174.021	197.8474	225.0256	256.0176	291.3469	331.6059	377.4648	429.6809	489.1098	556.7173	633.5927	720.9642	820.2151
22	157.415	180.1721	206.3448	236.4385	271.0307	310.7813	356.4432	408.8753	469.0563	538.1011	617.2783	708.0309	811.9987	931.0438	1067.2796
23	183.6014	211.8013	244.4868	282.3618	326.2369	377.0454	435.8607	503.9166	582.6298	673.6264	778.7707	900.1993	1040.3583	1202.0465	1388.4635
24	213.9776	248.8076	289.4945	337.0105	392.4842	457.2249	532.7501	620.8174	723.461	843.0329	982.2511	1144.2531	1332.6586	1551.64	1806.0026
25	249.214	292.1049	342.6035	402.0425	471.9811	554.2422	650.9551	764.6054	898.0916	1054.7912	1238.6363	1454.2014	1706.8031	2002.6156	2348.8033
26	290.0883	342.7627	405.2721	479.4306	567.3773	671.633	795.1653	941.4647	1114.6336	1319.489	1561.6818	1847.8358	2185.7079	2584.3741	3054.4443
27	337.5024	402.0323	479.2211	571.5224	681.8528	813.6759	971.1016	1159.0016	1383.1457	1650.3612	1968.7191	2347.7515	2798.7061	3334.8426	3971.7776
28	392.5028	471.3778	566.4809	681.1116	819.2233	985.5479	1185.744	1426.5719	1716.1007	2063.9515	2481.586	2982.6444	3583.3438	4302.947	5164.3109
29	456.3032	552.5121	669.4475	811.5228	984.068	1193.5129	1447.6077	1755.6835	2128.9648	2580.9394	3127.7984	3788.9583	4587.6801	5551.8016	6714.6042
30	530.3117	647.4391	790.948	966.7122	1181.8816	1445.1507	1767.0813	2160.4907	2640.9164	3227.1743	3942.026	4812.9771	5873.2306	7162.8241	8729.9855

附录四 年金现值系数表

期数	1%	2%	3%	4%	5%	6%	7%	8%	9%	10%	11%	12%	13%	14%	15%
1	0.9901	0.9804	0.9709	0.9615	0.9524	0.9434	0.9346	0.9259	0.9174	0.9091	0.9009	0.8929	0.885	0.8772	0.8696
2	1.9704	1.9416	1.9135	1.8861	1.8594	1.8334	1.808	1.7833	1.7591	1.7355	1.7125	1.6901	1.6681	1.6467	1.6257
3	2.941	2.8839	2.8286	2.7751	2.7232	2.673	2.6243	2.5771	2.5313	2.4869	2.4437	2.4018	2.3612	2.3216	2.2832
4	3.902	3.8077	3.7171	3.6299	3.546	3.4651	3.3872	3.3121	3.2397	3.1699	3.1024	3.0373	2.9745	2.9137	2.855
5	4.8534	4.7135	4.5797	4.4518	4.3295	4.2124	4.1002	3.9927	3.8897	3.7908	3.6959	3.6048	3.5172	3.4331	3.3522
6	5.7955	5.6014	5.4172	5.2421	5.0757	4.9173	4.7665	4.6229	4.4859	4.3553	4.2305	4.1114	3.9975	3.8887	3.7845
7	6.7282	6.472	6.2303	6.0021	5.7864	5.5824	5.3893	5.2064	5.033	4.8684	4.7122	4.5638	4.4226	4.2883	4.1604
8	7.6517	7.3255	7.0197	6.7327	6.4632	6.2098	5.9713	5.7466	5.5348	5.3349	5.1461	4.9676	4.7988	4.6389	4.4873
9	8.566	8.1622	7.7861	7.4353	7.1078	6.8017	6.5152	6.2469	5.9952	5.759	5.537	5.3282	5.1317	4.9464	4.7716
10	9.4713	8.9826	8.5302	8.1109	7.7217	7.3601	7.0236	6.7101	6.4177	6.1446	5.8892	5.6502	5.4262	5.2161	5.0188
11	10.3676	9.7868	9.2526	8.7605	8.3064	7.8869	7.4987	7.139	6.8052	6.4951	6.2065	5.9377	5.6869	5.4527	5.2337
12	11.2551	10.5753	9.954	9.3851	8.8633	8.3838	7.9427	7.5361	7.1607	6.8137	6.4924	6.1944	5.9176	5.6603	5.4206
13	12.1337	11.3484	10.635	9.9856	9.3936	8.8527	8.3577	7.9038	7.4869	7.1034	6.7499	6.4235	6.1218	5.8424	5.5831
14	13.0037	12.1062	11.2961	10.5631	9.8986	9.295	8.7455	8.2442	7.7862	7.3667	6.9819	6.6282	6.3025	6.0021	5.7245
15	13.8651	12.8493	11.9379	11.1184	10.3797	9.7122	9.1079	8.5595	8.0607	7.6061	7.1909	6.8109	6.4624	6.1422	5.8474
16	14.7179	13.5777	12.5611	11.6523	10.8378	10.1059	9.4466	8.8514	8.3126	7.8237	7.3792	6.974	6.6039	6.2651	5.9542
17	15.5623	14.2919	13.1661	12.1657	11.2741	10.4773	9.7632	9.1216	8.5436	8.0216	7.5488	7.1196	6.7291	6.3729	6.0472
18	16.3983	14.992	13.7535	12.6593	11.6896	10.8276	10.0591	9.3719	8.7556	8.2014	7.7016	7.2497	6.8399	6.4674	6.128
19	17.226	15.6785	14.3238	13.1339	12.0853	11.1581	10.3356	9.6036	8.9501	8.3649	7.8393	7.3658	6.938	6.5504	6.1982
20	18.0456	16.3514	14.8775	13.5903	12.4622	11.4699	10.594	9.8181	9.1285	8.5136	7.9633	7.4694	7.0248	6.6231	6.2593
21	18.857	17.0112	15.415	14.0292	12.8212	11.7641	10.8355	10.0168	9.2922	8.6487	8.0751	7.562	7.1016	6.687	6.3125
22	19.6604	17.658	15.9369	14.4511	13.163	12.0416	11.0612	10.2007	9.4424	8.7715	8.1757	7.6446	7.1695	6.7429	6.3587
23	20.4558	18.2922	16.4436	14.8568	13.4886	12.3034	11.2722	10.3711	9.5802	8.8832	8.2664	7.7184	7.2297	6.7921	6.3988
24	21.2434	18.9139	16.9355	15.247	13.7986	12.5504	11.4693	10.5288	9.7066	8.9847	8.3481	7.7843	7.2829	6.8351	6.4338
25	22.0232	19.5235	17.4131	15.6221	14.0939	12.7834	11.6536	10.6748	9.8226	9.077	8.4217	7.8431	7.33	6.8729	6.4641
26	22.7952	20.121	17.8768	15.9828	14.3752	13.0032	11.8258	10.81	9.929	9.1609	8.4881	7.8957	7.3717	6.9061	6.4906
27	23.5596	20.7069	18.327	16.3296	14.643	13.2105	11.9867	10.9352	10.0266	9.2372	8.5478	7.9426	7.4086	6.9352	6.5135
28	24.3164	21.2813	18.7641	16.6631	14.8981	13.4062	12.1371	11.0511	10.1161	9.3066	8.6016	7.9844	7.4412	6.9607	6.5335
29	25.0658	21.8444	19.1885	16.9837	15.1411	13.5907	12.2777	11.1584	10.1983	9.3696	8.6501	8.0218	7.4701	6.983	6.5509
30	25.8077	22.3965	19.6004	17.292	15.3725	13.7648	12.409	11.2578	10.2737	9.4269	8.6938	8.0552	7.4957	7.0027	6.566

续表

期数	16%	17%	18%	19%	20%	21%	22%	23%	24%	25%	26%	27%	28%	29%	30%
1	0.8621	0.8547	0.8475	0.8403	0.8333	0.8264	0.8197	0.813	0.8065	0.8	0.7937	0.7874	0.7813	0.7752	0.7692
2	1.6052	1.5852	1.5656	1.5465	1.5278	1.5095	1.4915	1.474	1.4568	1.44	1.4235	1.4074	1.3916	1.3761	1.3609
3	2.2459	2.2096	2.1743	2.1399	2.1065	2.0739	2.0422	2.0114	1.9813	1.952	1.9234	1.8956	1.8684	1.842	1.8161
4	2.7982	2.7432	2.6901	2.6386	2.5887	2.5404	2.4936	2.4483	2.4043	2.3616	2.3202	2.28	2.241	2.2031	2.1662
5	3.2743	3.1993	3.1272	3.0576	2.9906	2.926	2.8636	2.8035	2.7454	2.6893	2.6351	2.5827	2.532	2.483	2.4356
6	3.6847	3.5892	3.4976	3.4098	3.3255	3.2446	3.1669	3.0923	3.0205	2.9514	2.885	2.821	2.7594	2.7	2.6427
7	4.0386	3.9224	3.8115	3.7057	3.6046	3.5079	3.4155	3.327	3.2423	3.1611	3.0833	3.0087	2.937	2.8682	2.8021
8	4.3436	4.2072	4.0776	3.9544	3.8372	3.7256	3.6193	3.5179	3.4212	3.3289	3.2407	3.1564	3.0758	2.9986	2.9247
9	4.6065	4.4506	4.303	4.1633	4.031	3.9054	3.7863	3.6731	3.5655	3.4631	3.3657	3.2728	3.1842	3.0997	3.019
10	4.8332	4.6586	4.4941	4.3389	4.1925	4.0541	3.9232	3.7993	3.6819	3.5705	3.4648	3.3644	3.2689	3.1781	3.0915
11	5.0286	4.8364	4.656	4.4865	4.3271	4.1769	4.0354	3.9018	3.7757	3.6564	3.5435	3.4365	3.3351	3.2388	3.1473
12	5.1971	4.9884	4.7932	4.6105	4.4392	4.2784	4.1274	3.9852	3.8514	3.7251	3.6059	3.4933	3.3868	3.2859	3.1903
13	5.3423	5.1183	4.9095	4.7147	4.5327	4.3624	4.2028	4.053	3.9124	3.7801	3.6555	3.5381	3.4272	3.3224	3.2233
14	5.4675	5.2293	5.0081	4.8023	4.6106	4.4317	4.2646	4.1082	3.9616	3.8241	3.6949	3.5733	3.4587	3.3507	3.2487
15	5.5755	5.3242	5.0916	4.8759	4.6755	4.489	4.3152	4.153	4.0013	3.8593	3.7261	3.601	3.4834	3.3726	3.2682
16	5.6685	5.4053	5.1624	4.9377	4.7296	4.5364	4.3567	4.1894	4.0333	3.8874	3.7509	3.6228	3.5026	3.3896	3.2832
17	5.7487	5.4746	5.2223	4.9897	4.7746	4.5755	4.3908	4.219	4.0591	3.9099	3.7705	3.64	3.5177	3.4028	3.2948
18	5.8178	5.5339	5.2732	5.0333	4.8122	4.6079	4.4187	4.2431	4.0799	3.9279	3.7861	3.6536	3.5294	3.413	3.3037
19	5.8775	5.5845	5.3162	5.07	4.8435	4.6346	4.4415	4.2627	4.0967	3.9424	3.7985	3.6642	3.5386	3.421	3.3105
20	5.9288	5.6278	5.3527	5.1009	4.8696	4.6567	4.4603	4.2786	4.1103	3.9539	3.8083	3.6726	3.5458	3.4271	3.3158
21	5.9731	5.6648	5.3837	5.1268	4.8913	4.675	4.4756	4.2916	4.1212	3.9631	3.8161	3.6792	3.5514	3.4319	3.3198
22	6.0113	5.6964	5.4099	5.1486	4.9094	4.69	4.4882	4.3021	4.13	3.9705	3.8223	3.6844	3.5558	3.4356	3.323
23	6.0442	5.7234	5.4321	5.1668	4.9245	4.7025	4.4985	4.3106	4.1371	3.9764	3.8273	3.6885	3.5592	3.4384	3.3254
24	6.0726	5.7465	5.4509	5.1822	4.9371	4.7128	4.507	4.3176	4.1428	3.9811	3.8312	3.6918	3.5619	3.4406	3.3272
25	6.0971	5.7662	5.4669	5.1951	4.9476	4.7213	4.5139	4.3232	4.1474	3.9849	3.8342	3.6943	3.564	3.4423	3.3286
26	6.1182	5.7831	5.4804	5.206	4.9563	4.7284	4.5196	4.3278	4.1511	3.9879	3.8367	3.6963	3.5656	3.4437	3.3297
27	16.1364	5.7975	5.4919	5.2151	4.9636	4.7342	4.5243	4.3316	4.1542	3.9903	3.8387	3.6979	3.5669	3.4447	3.3305
28	6.152	5.8099	5.5016	5.2228	4.9697	4.739	4.5281	4.3346	4.1566	3.9923	3.8402	3.6991	3.5679	3.4455	3.3312
29	6.1656	5.8204	5.5098	5.2292	4.9747	4.743	4.5312	4.3371	4.1585	3.9938	3.8414	3.7001	3.5687	3.4461	3.3317
30	6.1772	5.8294	5.5168	5.2347	4.9789	4.7463	4.5338	4.3391	4.1601	3.995	3.8424	3.7009	3.5693	3.4466	3.3321

参考文献

1.《财务管理》(中级会计资格),全国会计专业资格考试用书 2007。

2.《财务成本管理》,财政部注册会计师(CPA)考试用书,经济科学出版社 2007。

3.《财务管理学》,荆新、王化成主编,中国人民大学出版社 2005。

4.《高级财务管理学》,王化成主编,中国人民大学出版社 2007。

5.《当代企业理财学》,刘锦辉、刘红英著,山西经济出版社 2007。

6.《财务管理》,秦海敏主编,南京大学出版社 2007。

7.《财务管理》,马元兴主编,高等教育出版社 2002。

8.《财务管理学》,陈炳辉主编,中国金融出版社 2004。

9.《中国企业大并购》,荆林波主编,中国社会科学文献出版社 2002。

10.《财务管理》,王关义、华宇虹、何志勇编著,经济管理出版社 2007。

11.《证券投资学》,任淮秀主编,高等教育出版社 2007。

12.《证券投资学》,何建、彭明强主编,西南财经大学出版社 2007。

13.《财务管理》,王斌主编,高等教育出版社 2007。

14.《财务管理》,姚海鑫主编,清华大学出版社 2007。

15.《财务管理学》,袁琳主编,经济科学出版社 2007。

16.《财务管理学》,王义华、薛芳主编,武汉理工大学出版社 2007。

17.《财务管理》,陆正飞主编,东北财经大学出版社 2006。

18.《财务管理学》,曹惠民主编,立信出版社 2007。

19.《财务管理》,王玉春,中国财政经济出版社 2005。

20.《并购实务》,干春晖编著,清华大学出版社 2004。